정신건강사회복지론

김기태 · 최송식 · 최말옥 · 김경미 · 이미경 · 박은주 · 최윤정 공저

Social Welfare in Mental Health

학지사

머리말

4차 산업혁명 시대가 도래하여 여러 가지 면에서 좋아질 것이라고 한다. 그러나 모두가 다 그런 것은 아닐 것이다. 4차 산업혁명으로 산업은 급속하게 재편될 것이고, 많은 사람은 일자리를 갖지 못하여 조기퇴직을 하게 되는 등의 어두운 면도 나타날 수 있다. 다차원적 불평등이 심화되고, 그런 문제로 가장 크게 피해를 입게 될 분들은 정신장애를 가진 분들일 것이다. 시대적 특성으로 인해 당면하게 될 정신건강문제에 대해 2015년에 펴낸 『정신건강론』에서 많은 부분을 다루었다. 그러나 그 책은 사회복지를 전공하면서 정신건강사회복지론을 배우거나, 정신건강사회복지를 전공하고자 하는 이들이 읽기에는 다소 일반적인 차원에서 집필되었다.

이에 이 책에서는 정신장애 문제를 가진 분들이 지역사회에 정착하는 데 사회복지와 정신건강사회복지가 어떻게 준비하고, 나아가야 할 것인지에 대한 저자들의 평소 고민을 담아내고자 노력하였다. 정신건강사회복지론을 새롭게 집필하기 위해 공저자들이 모여서 목차를 정하고, 집필할 부분을 의논하고도 한참이 흐른 후에 이 책의 출간이 가능하였다. 학생들을 위한 교육과 연구 그리고 대학 행정에 분주한 가운데 공저자들이 이 책을 잘 집필하여 준 것에 감사드린다. 더불어 이 책의 일부 내용을 사용하도록 허락해 주신 황성동 교수님과 박봉길 교수님께도 감사드린다.

이 책은 코로나바이러스감염증-19(COVID-19)가 한국과 세계를 바꾸고 있는 와중에 집필되었다. 코로나바이러스감염증-19라는 감염성 질환은 현재진행형으로 한국 사회를 변화시키고 있으며, 지옥(각자도생과 시장논리에 따른 문제해결)과 천국(공공성 강화, 신속한 정보공개 및 연대의식과 협동을 통한 문제해결)을 경험하게 한다. 의료전달체계가 잘 구축되고, 방역(질병예방)을 위한 보건체계와 치료를 위한 의료체계가 협력적으로 작동하여야 함을 체험하게 되었다. 그러기 위해서는 한 국가 내 공공의료가 차지하는 비율이 일정한 수준 이상으로 갖추어져 있고, 그에 맞는 인력

공급과 재원확보가 중요하다는 것을 잘 일깨워 주고 있다.

　세계도 변화하고 있다. 하늘길, 바닷길, 육로 등 대부분의 국가가 코로나바이러스감염증-19를 차단하기 위해 문을 걸어 잠그고, 배타적이고 극단적인 차단정책에 중점을 두고 있다. 코로나바이러스감염증-19의 감염력과 전파속도를 감안하면 이해되는 방향이기도 하지만, 한편으로는 세계적인 국가고립 정책이 가속되어 사람과 물류의 이동이 완전히 차단당하고 있어, 그 경제적 충격파는 엄청나게 부정적으로 나타나고 있다. 1929년에 발생한 미국의 경제대공황 이후 가장 극심한 폐해를 초래하고 있다. 새로운 정신건강문제의 등장과 욕구해결의 방법 전환 등도 이루어질 필요가 있는 현실을 마주하고 있는 것이다.

　이 책은 한국사회복지교육협의회가 2019년 사회복지교육과정의 개편지침을 완료한 후, 그에 맞추어서 이루어진 우리 저자들의 작업이다. 과거와는 달리, 지침에 충실하면서도 읽는 사람들의 가독성을 높일 수 있도록 집필하고자 하였다. 또한 정신건강사회복지에 대한 체계적 사고와 실천방법을 잘 구사할 수 있는 전문가에게 적합하도록 집필하였다.

　제1부에는 정신건강사회복지의 기초가 되는 내용으로 제1장에서는 정신건강사회복지의 개요, 역사, 기능을 다루었고, 제2장에서는 정신건강의 개념, 정신의학적 증상과 정신질환의 유형을 소개하였다.

　제2부에서는 정신건강사회복지의 법과 제도로 정신건강사회복지의 근간이 되는 법률과 제도를 다루었다. 제3장에서는 정신건강 관련 법률 및 제도로 정신건강복지 법과 정신건강 관련 제도 및 환경을 검토하였으며, 제4장에서는 정신건강사회복지 전달체계를 소개하고, 정신건강 실천영역으로 전통적 정신건강 실천영역과 특수영역으로 나누어 살펴보았다. 제5장에서는 정신건강사회복지 인력체계 안에 실습 및 수련제도를 포함하여 정신건강사회복지사의 배출과 관련된 내용을 기술하였다. 이는 정신건강사회복지사의 전문성 향상과 직결된 문제서 현재의 한국 정신건강사회복지의 위기에 해당한다고 해도 과언이 아닐 것이다. 위기는 또 다른 기회가 될 것이다.

　제3부에서는 정신건강사회복지 실천을 기능과 방법 측면에서 사정, 상담(개인, 집단, 가족), 정신사회재활, 사례관리, 위기개입, 주거와 고용, 옹호를 포함시키고 있다.

　제4부에서는 정신건강사회복지의 이슈란 차원에서 지역사회 기반의 정신건강사

회복지 실천, 정신장애인 인권, 생애주기별 정신건강, 사회문제로서의 정신건강(자살, 중독, 재난)을 다루었으며, 마지막 제5부에서는 정신건강사회복지의 미래를 살펴보았다.

　이 책은 대학과 전문대학에서 정신건강사회복지론을 수강하는 학생들에게 유용하도록 집필되었다. 그러나 대학원생이나 현장의 정신건강사회복지사들이 한번 읽어 주길 권한다. 정신장애인의 지역사회 정착을 지원하기 위한 방향과 지역사회 중심의 통합적 돌봄에서 동일한 사회복지사나 다른 직종과의 제휴와 연계에서 필요한 이론 및 관점을 정립하는 데 도움이 될 것이다.

　공동저자들이 최선을 다해 집필에 임했지만, 초판이라는 성격 때문에 미흡한 부분도 많이 있을 것이다. 그것은 전적으로 공동저자들의 책임이라고 하겠다. 그러나 독자들이 읽고 가감 없는 질책을 해 준다면, 그것을 반영하여 더욱 좋은 책이 될 수 있도록 적극 수정해 나갈 것이다.

　끝으로 상황이 어려운 가운데서도 이 책이 훌륭하게 발간될 수 있도록 노력해 준 학지사의 김진환 대표님과 편집과 교정을 위해 애써 준 직원 분들께도 감사드린다.

2021년 3월
저자 일동

차례

제4부 정신건강사회복지의 이슈

제1부

정신건강사회복지의 기초

정 신 건 강 사 회 복 지 론

정신건강사회복지의 개요

학습 목표

- 정신건강사회복지의 의의를 설명할 수 있다.
- 정신건강사회복지의 역사를 이해하고 설명할 수 있다.
- 정신건강사회복지의 구성요소와 기능을 이해하고 정신건강사회복지사의 역할을 설명할 수 있다.

정신건강사회복지는 급격한 사회변동의 흐름에 의해 제기되는 다양한 정신건강 문제에 대처하기 위해 변화해 왔다. 정신병원 환경의 비치료적 요소에 대한 사회과학적 시각에 영향을 받은 이후 정신질환자의 삶의 질을 높이기 위한 재활과 회복에 관심을 두게 되었다. 이후 정신질환자와 가족이라는 한정된 협의적 활동이 아닌 일반인들의 정신건강증진이라고 하는 광의의 개념으로 확대되면서 모든 시민이 행복하고 정신적으로 건강하게 살기 위한 '삶'에 관심을 가지게 되었다. 공존과 성장을 중시하는 사회문화의 흐름에 의하여 '어떻게 삶을 살아 나갈 것인가?'라는 과제 속에서 정신질환자들이 일반인들과 함께 살아가는 사회뿐만 아니라 다중적 재난과 같은 상황에 대처하고, 자연과 함께 공존하는 이슈에 대한 개입 등 그 범위가 확장되고 있다.

이 장에서는 정신건강사회복지의 의의, 정신건강사회복지의 역사, 영역에 따른 정신건강사회복지의 기능 및 역할을 중심으로 변화하는 정신건강 현장에서 정신건강사회복지의 전반적인 이해를 돕고자 한다.

1. 정신건강사회복지의 의의

정신건강사회복지는 정신의학 영역에서 이루어지는 사회복지활동이라 할 수 있다. 이렇게 이해할 때 정신건강사회복지는 정신의학의 영역을 어떻게 규정하느냐와 사회복지활동이란 무엇인가에 따라서 상당히 달라질 수 있다. 사회변화와 정신건강문제의 다양화, 정신건강문제를 바라보는 시대적 상황 등에 따라 정신건강사회복지의 초점은 변화한다고 할 수 있다.

정신의학의 발달과정을 살펴볼 때, 정신병원 환경의 비치료적 요소에 대한 사회과학적 반성을 통하여 정신의학의 발전을 도모할 때의 정신건강사회복지는 정신의학과 관련을 맺고 있는 제반 영역과는 달리 사회과학적, 특히 사회학적 시각에 의해 영향을 받았다. 의료보험의 확대로 인한 의료수요 급증에 따라 환자에 대한 절대적 진료시간의 부족이 발생하고, 환자를 전인적으로 이해하여야 할 정신의학 영역에서조차도 지나치게 생물학적으로 이해하는 경우가 많아지고 있다. 이러한 현실 속에서 정신건강사회복지사는 정신과 의사가 담당하고 있는 역할과 책임을 타 전문직과 분담하고, 다학제적 · 협력적 실천을 통해 정신과 환자의 치료, 재활, 회복 등이 가능하도록 하는 역할이 증가하고 있다.

정신의학 영역에서 다루고 있는 질환은 만성적 질환이 많기 때문에 단순히 병원 안에서 환자의 증상을 완화시키는 것뿐만 아니라 환자가 성공적으로 사회에 적응할 수 있도록 지속적인 지원을 필요로 하게 된다. 만성정신질환자의 다양한 욕구를 충족시키고 회복을 성공적으로 이루어 내기 위해서는 지역사회를 배경으로 중요한 역할을 수행할 수 있는 정신건강사회복지의 중요성이 더욱더 증가하고 있다. 병원 내에서 이루어지는 치료활동뿐만 아니라 지역사회 내 클라이언트가 사회적 역할을 수행해 나갈 수 있도록 지속적으로 돕고, 필요에 따라서 사회적 서비스가 적절하게 연결될 수 있도록 원조하기 위해서는 무엇보다도 정신건강사회복지의 활동이 필수적이라고 할 수 있다.

치료와 재활을 중심으로 하던 과거의 정신건강에 대한 접근에서 예방과 정신건강증진으로의 패러다임 변화는 국민의 정신건강증진을 위한 서비스 제공을 확대하고, 중증 정신질환자의 복지지원서비스를 강화하는 방향으로 한국의 정신보건정책이 변화하게 되었다. 선택적인 정신건강서비스가 아닌 전 국민을 대상으로 하는 보편적인 서비스로의 전환은 중증정신질환자를 위한 정신건강을 위해 심리적 안녕뿐만 아니라 개인의 능력과 회복력을 높이고, 지지적인 생활환경을 조성한다는 의미이다. 이는 지역사회 내 정신건강을 증진할 수 있는 환경을 구축하여 정신질환자뿐만 아니라 일반 국민들의 정신건강을 증진한다는 것으로 정신건강사회복지 실천대상의 변화와 함께 실천전문가, 실천분야의 다양화를 가져온다는 것을 의미한다. 정신질환자와 가족을 위한 임상적 접근에서 벗어나 생애주기적 관점에서 다양한 연령을 대상으로 정신건강을 증진하고, 지역사회를 중심으로 사회통합과 공존을 위한 개입을 위해 정신건강사회복지는 함께 성장하는 활동이 요구되는 것이다. '사회적 배제'에서 벗어나기 위함이 아닌 정신질환자, 정신장애인과 그 가족을 포함한 모든 국민이 '어떻게 정신적으로 건강하게 함께 살아 나갈 것인가?'에 대한 기능과 역할을 도모해야 할 것이다.

1) 정신건강사회복지의 정의[1]

정신건강사회복지는 학자와 시대에 따라 다양하게 정의된다. 한국에서도 정신의료사회사업, 정신보건사회사업, 정신보건복지, 정신보건사회복지, 정신건강사회복지 등으로 변천되는 용어를 통해서도 그 정의가 달라졌음을 알 수 있다.

영국에서는 정신건강사회복지에서 '정신보건'의 뜻을 두 가지 측면에서 해석하였다. 하나는 정신건강사회복지가 심리학적 혹은 정신분석학적 이해에 기초한다는 견해이고, 다른 하나는 지식이나 이해를 말하는 것이 아니라 사회복지 실천의 장

---

[1] 정신건강사회복지의 정의를 설명하는 데 있어 정신질환자와 그 가족에 비중을 둔 협의의 개념에 초점을 둔 경우와 전 국민을 대상으로 하는 광의의 개념으로 사용하는 역사적 흐름에 의해 '정신보건사회복지', '정신건강사회복지'라는 용어가 혼용되고 있다. 이에 여기서는 그러한 역사적 흐름에 의해 용어가 혼용됨을 밝히고 법적인 용어를 제외하고는 '정신건강사회복지'로 명명하였음을 밝혀 둔다.

(場)을 말한다는 것이다(Timms, 1964: 169-182). 1930년대 정신건강사회복지를 정신의료사회사업으로 명명하고, 사회복지사들은 독립적인 영역을 강조한 반면, 영국의학계에서는 정신의학의 보조 업무로 보았다. 1940년대 정신건강사회복지사는 지역사회가 정신건강에 대한 적절한 이해를 하도록 활동하는 기능을 하므로 전문가로서 팀의 한 부분이 되어야 한다고 했다. 1950년대 초에 들어와서 정신건강사회복지사는 정신보건전문가들에 대한 자문과 슈퍼비전에서 지도력을 발휘해야 한다는 견해가 대두되어 정신건강영역에서의 자신감과 사회복지정체감을 형성하였다고 할 수 있다.

미국에서도 정신건강사회복지가 정신의학자와 협력으로 수행하는 사회복지인지 본질적으로 특수한 사회복지인지에 대한 문제가 제기되었다. 즉, 1920년대 이래로 정신건강사회복지에 대한 두 가지 다른 정의가 제시되고 있다(Ferguson, 1969: 432-495).

첫째, 정신장애인과 그 가족을 위하여 의료 활동의 필수적 서비스 형태로서 이루어지는 사회복지를 말하며, 정신의학과 협동관계를 이루고 있다는 것을 강조한다. O'Keefe는 주로 이런 관점에서 정신건강사회복지를 규정하고 있다. 즉, 정신건강사회복지란 정신보건기관(Mental Health Agency)이나 보건 프로그램에서 이루어지는 사회복지로 지역 내의 정신보건을 향상시키는 사업과 정신적·정서적 장애가 있는 사람을 대상으로 일하며, 환자의 치료와 타 전문가를 포함하는 정신보건 치료팀으로 이루어지고 주로 정신의학기관에서 이루어진다(O'Keefe, 1954: 387).

둘째, 실천의 장과는 관계없이 실천의 본질을 강조하는 것으로 정신건강사회복지란 정신의학에 관한 지식과 지식을 실천에 적용하는 사회복지 실천영역이라는 것이다. 사회복지라는 단어 앞에 정신의학 혹은 정신보건이라는 단어를 더 붙이는 것은 정신병리에 관한 지식을 보다 깊이 이해하여야 하는 실천의 역동적 특성을 나타낸다.

전미사회복지사협회에서는 정신건강사회복지라고 부르는 것은 하나의 뚜렷한 실천양식보다는 장(場)을 나타내는 것이라는 입장을 취하고 있다. 미국사회복지교육협의회에서도 이와 유사한 정의를 내리고 있다. 즉, 정신건강사회복지사의 역할과 기능은 정신장애인의 진단, 치료 및 재활을 위하여 제공되는 서비스를 하는 것이라고 서술하고 있다.

정신건강사회복지가 실천의 장과는 관계없이 본질적으로 특수한 것이라는 정의를 주장할 경우 오늘날 모든 사회복지에 '정신건강'이란 말을 붙여야 할 것이라는 비판을 받는다. 왜냐하면 현대 사회복지교육의 동향이 과거에 정신건강사회복지사의 훈련에만 강조하던 내용을 모든 사회복지에도 제공하기 때문이다. 즉, 사회적 역기능의 해결, 인간행동의 이해, 스트레스와 일탈행동에 대한 심리적 반응의 이해 등 모든 측면에서 정신역동적 지식의 필요성이 강조되기 때문에 이는 모든 사회복지사가 기본적으로 갖추어야 하는 것이지 정신건강사회복지사만 갖추어야 할 내용이 아니라고 하는 견해가 타당할 것이다.

정신건강사회복지가 우리나라에 도입된 것은 비교적 최근이며, 1962년 국립정신병원의 개설과 더불어 정신건강사회복지사가 정신과의 치료진으로서 채용된 것에서 시작한다. 그 후 정신병원 혹은 일반병원의 정신과에 정신건강사회복지사가 배치되었지만, 지금까지 정신건강사회복지의 정의에 대해서는 통일적 견해를 보이지 않는다. 이러한 경향은 일본에서도 비슷하게 나타나고 있고, 카시와기아키(栢木昭)는 일본의 정신건강사회복지의 특징을 다음과 같이 네 가지로 요약하였다(大島侑 編, 1987: 250-251).

① 정신건강사회복지는 사회복지의 한 분야로서, 정신의학에 없는 사회복지의 이론 및 실천체계를 기초로 하고 있다.
② 정신건강사회복지는 개인대상의 사회복지 실천을 핵심으로 하지만 집단을 대상으로 하는 사회복지 실천, 관리운영, 교육, 훈련, 조사연구, 지역사회 교육활동 등의 다양한 기능을 한다.
③ 정신건강사회복지사는 정신과 의사를 중심으로 하는 정신보건팀의 일원으로 활동한다.
④ 정신건강사회복지는 정신적 · 정서적 장애를 가진 사람에 대한 서비스 제공을 주된 목적으로 설치되고 있는 정신과 병 · 의원 및 정신보건의 기관 · 시설에서 실시된다.

이렇게 볼 때 ①과 ②의 측면은 정신건강사회복지를 정신보건의 다른 전문직과 구별시키는 점인 반면에, ③과 ④의 측면은 정신건강사회복지를 사회복지의 다른 영역과 구별되게 하는 점이라고 말할 수 있다. 이러한 특성은 현재에도 적용되는 부분이 많지만 ④는 그 범위가 더 확장되었다. 정신적·정서적 장애를 가진 사람뿐만 아니라 전 국민을 대상으로 그 범위가 확장되었으며, 정신과 병·의원, 정신보건의 기관 및 시설뿐만 아니라 지역사회 전체를 실천영역으로 한다.

즉, 정신건강사회복지란 정신적·정서적 장애를 가진 사람이나 그 가족뿐만 아니라 그러한 가능성을 가진 전 국민을 대상으로 정신의학과 사회복지 실천이론, 사회복지 실천기술을 바탕으로 개인의 정신건강증진을 통해 삶의 질을 향상할 뿐만 아니라 정신적으로 건강한 지역사회를 위해 공존하는 사회문화와 환경을 만들어 나가는 사회복지 실천영역이라고 할 수 있다.

2) 정신건강사회복지의 구성요소

정신건강사회복지의 개념을 구체화하기 위하여 앞에서 설명한 정신건강사회복지의 정의적 요소를 Perlman(1975: 669-675)이 제시하고 있는 사회복지 실천의 구성요소에 입각하여 설명하는 것이 유용할 것이다. Perlman(1986: 254)은 초기에는 사회복지 실천의 구성요소를 4P로 요약하여 제시하였다가 나중에 2P를 추가하여 6P로 설명하고 있다. Perlman의 설명을 활용하면 정신건강사회복지는 그 대상인 사람(person)이 있어야 하고, 그 사람은 문제(problem)를 가지고 있으며, 그러한 문제를 가진 사람을 도와주기 위해서는 일정한 장소(place)에서 일정한 과정(process)을 거치면서 업무가 진행되어야 한다. 또한 클라이언트와 함께 과정을 진행하는 전문가(professional person)와 물질적 재화, 기회, 관계, 사회적 지지 등을 지칭하는 제공(provision)의 개념으로 구성요소를 이해할 수 있다.

(1) 사람(대상)

정신건강사회복지에서 '누구를 대상으로 할 것인가?'는 협의의 개념에서 바라볼 것인가, 광의의 개념에서 바라볼 것인가에 따라 다르다. 협의의 개념에서는 정신질환자나 정신장애인, 그 가족을 대상으로 하지만 광의의 개념에서는 전 국민 혹은 지역사회주민 모두를 대상으로 한다. 병원이나 재활시설의 정신건강사회복지사는 주로 협의의 개념에서 대상자를 접하지만 지역사회 정신건강복지센터나 복지관 등에서는 광의의 개념으로 대상자에 대한 개입을 확장하고 있다.

정신적·정서적·사회적 생활상의 어떤 측면에서 전문적 원조를 받을 필요가 있다고 자인하거나 혹은 받을 필요가 발견되어 정신의학적 기관에 찾아오는 정신장애인과 부적응적·일탈적·이상적인 사람을 대상으로 하는데 이를 환자 또는 클라이언트라고 한다. 정신장애인의 경우 본인이 스스로 문제를 해결하고자 원조를 구하는 경우가 매우 적고, 가족이나 주변이 원조를 요청하는 경우가 많다. 사회복지사가 문제로 느끼고, 곤란을 겪고 있는 것으로 파악하는 경우에도 클라이언트 본인은 전혀 문제라고 인식하지 못하고 도리어 주변 사람에게 문제가 있다고 느끼는 경우가 흔하다. 그래서 클라이언트는 변화에 대한 동기가 부족하고 주체성이 결핍되어 있기 때문에, 사회복지 실천의 대상이 되지 않으면 안 된다. 동기를 끌어내는 것도 사회복지 실천의 커다란 원조이다.

(2) 문제

문제의 부분도 사람(대상)과 마찬가지로 협의의 개념에서는 정신질환이나 정신장애로 인한 다양한 문제를 다룬다. 그러나 광의의 개념에서는 정신적·정서적 어려움을 야기할 수 있는 부분을 어떻게 예방하고, 개인의 정신건강을 증진할 것인가 하는 것에 관심을 가지고 홍보와 캠페인을 펼치는 것도 포함된다.

협의의 개념에서의 문제란 클라이언트가 직면하고 있는 고통이나 사회적 부적응, 즉 정신장애이다. 정신건강 혹은 정서적 성숙에 대비된 정신장애란 정서적 및 정신적으로 건강하지 못한 상태, 즉 환경의 압력에 의해 성격의 요소들이 왜곡되어 있어 사회적 역할을 적절하게 수행할 수 없는 상태라고 할 수 있다.

문제를 파악하기 위해서는 사람들의 생활을 살펴야 한다. 정신건강사회복지사는 해결되어야 할 문제가 무엇인지, 무엇이 가장 중요한 것인지를 생각하지 않으면 안 된다. 예를 들면, 자녀가 학교를 휴학하고 가출을 하지 않을까를 염려하여 정신건강복지센터에 내원하여 상담을 하는 경우, 부모는 자녀를 학교에 데리고 가야 한다고 생각한다면, 함께 가고 싶지 않은 부모-자녀 관계의 문제는 이유가 되지 않는다. 이를테면 따돌림을 당한 것 때문에 정신병의 초기 증상이 생겨나지는 않는다. 주요한 문제는 자녀도 학교에 가고 싶지 않은 것과 진실한 문제를 끌어내어 해결하고자 하므로, 그 해결을 향하여 정신건강사회복지사의 원조가 필요하다. 이때 정신건강사회복지사는 '상황 속의 인간'과 생태체계적 관점에서 문제를 이해하는 것이 전제되어야 한다.

(3) 장소

정신건강사회복지는 종합병원 정신과, 정신병원이나 외래환자를 대상으로 개별적 치료를 주로 하는 정신의료기관, 정신건강복지센터(Community Mental Health Center), 정신요양시설, 정신재활시설, 보건소, 중독관리통합지원센터, 아동상담소 등에서 실시된다. 어떤 측면에서는 대상자가 있는 곳이 정신건강사회복지사가 일하는 곳일 것이다.

정신건강사회복지사는 기관이나 시설을 대표하여 클라이언트에게 상담을 원조한다. 그러므로 기관의 기능에 입각하여 업무를 수행하는 것이 좋다. 앞에서 열거했던 기관은 각각 상이한 기능을 갖고 있기 때문에, 그곳에서 원조를 받는 것은 한계가 있다.

Perlman은 사회복지 실천가는 자기의 기관이나 시설을 대표하지만, 자신의 전문직을 대표하기도 한다고 하였다. 따라서 정신건강사회복지사는 기관을 대표하여 클라이언트의 복지나 사회적 역할의 재획득을 얻고자 하는 임무를 수행해야 한다. 그러나 실제에서 정신건강사회복지사는 기관의 기능과 클라이언트의 욕구나 권리보호 사이에서 갈등을 느끼는 경우가 많다. 소속기관에 좌우되어 병원이나 정신보건시설의 개선노력을 기울이는 데 있어 의욕을 잃지 않아야 하는 것이 중요하다.

(4) 과정

Perlman은 사회복지 실천의 과정은 본질적으로는 문제해결의 과정이라고 하였다. 이 과정에서 사회복지사는 클라이언트가 당면하고 있는 문제에 대처함으로써 원조한다. 따라서 정신건강사회복지사는 정신의학적 치료팀과의 협력하에 사회복지의 제 방법론을 활용하여 클라이언트의 기본적 욕구충족을 돕고, 사회화 과정에서 결핍된 경험에 대한 생활학습의 기회를 다시 부여한다. 나아가 클라이언트의 책임 분담을 통한 사회적 역할수행의 훈련, 퇴행된 행동의 억제, 규범 내에서 활동할 수 있는 민주적 태도 양성, 곧 현실지향적·인본주의적·민주적 생활을 통한 학습활동으로 이루어진다.

그 과정에서 정신건강사회복지사가 문제를 해결하는 사람이 되려고 하지 말고, 클라이언트가 자신의 문제에 매진하여 해결할 수 있도록 돕는 원조과정이 중요하다.[2]

(5) 전문가

정신건강영역에서 사회복지 실천의 전문가로는 정신건강전문요원의 한 전문직종으로 정신건강사회복지사가 있다. 정신건강사회복지사는 클라이언트의 문제해결이나 원조에 대해서는 원조관계를 중시하고, 클라이언트의 주체성을 잘 존중하는 것이 요구된다. 정신건강사회복지 분야에 있어서 클라이언트는 사회복지사에 대한 의존과 신뢰에 바탕을 두어 대개 인간관계를 맺었던 경험을 가진 사람이 많다. 그러나 이 사회복지사를 신뢰해야 한다는 생각에 따라 관계가 생기기도 하지만, 오히려 효과적 정신건강사회복지 실천을 방해할 수도 있다. 전문가의 자기계발과 반성적 고찰이 특히 중요한 이유이다.

(6) 서비스 제공 내지 정책

국민의 정신보건 향상과 정신건강서비스의 질 향상을 위한 제도 및 대책은 클라이언트의 문제해결을 추구하는 모든 제도 혹은 대책이다. 정신건강사회복지 분야에 대해서는 제도나 사회자원이 타 분야에 비하여 부족하거나 지연되고 있다. 그러므로 그러한 제도의 정비 혹은 대책을 추진하는 작업에 정신건강사회복지사가 참여하여 기획능력을 발휘하는 것이 앞으로는 더욱 중요한 방법과 과업이 될 것이다.

(7) 목적

정신건강사회복지의 목적은 정신적 · 정서적 장애로 고통을 받고 있는 환자의 정신건강 회복, 사회적응, 그리고 정신건강을 촉진하는 지역사회 내의 활동에의 참여를 통하여 사회기능을 향상시키는 데 있다.

---

2) 이러한 사회복지의 일반적 실천과정에 대한 상세한 설명은 김기태 등의 『사회복지실천론』(2007: 155-372)을 참고하시오.

2. 정신건강사회복지의 역사

정신건강사회복지가 발달해 온 내용을 영국(Younghusband, 1978: 165-194; Sands, 1991: 31-49)과 미국의 경우를 살펴본 후 마지막으로 한국의 역사를 살펴보겠다.

1) 영국

(1) 태동기

18세기 대도시를 중심으로 '광인(lunatics)' 수용을 위한 대형시설이 대부분 민간에 의해 운영되면서 그 수가 늘어났다. 민간운영의 이들 시설들이 환자 학대 등 심각한 문제점을 야기하게 되자 1845년 「The Lancy Act」를 제정하여 시설의 설립과 운영책임을 지방정부로 이양시켰다. 1914년에 이들 시설 수가 140여 개에 달하고 이것이 1960년대까지 영국정신건강서비스의 중추역할을 담당하였다(Hall, 2006). 1880년대 영국의 사회복지단체가 주체가 되어 정신병원에서 퇴원한 환자를 대상으로 갈 곳이 없는 불우한 환자에게는 위탁가정 혹은 사회복지시설과 요양원 등에 의뢰하고 퇴원한 환자는 지역사회에 잘 적응할 수 있도록 직장을 알선해 주며 방문하여 필요한 보호를 제공하고 가족을 지도하였다. 19세기 초부터 1950년대에 이르기까지 영국에서는 광인수용소가 정신장애인 관리의 중추기능을 수행하였으며, 수용이 주목적이어서 수용규모가 수백 명에서 수천 명까지 다양하였다. 1930년에 정신병원(mental hospital)으로 개명하였다.

1920년대는 정신보건운동이 아동상담소를 중심으로 이루어지던 때로 정신건강사회복지도 아동상담소에 다른 전문가들과 함께 팀성원으로 참여하기 시작한 때라고 할 수 있다.

처음에는 주로 민간단체에 의해 아동상담소가 설치되었다. 1926년에 동런던클리닉과 1929년에 런던아동가이던스클리닉 등이 세워졌으며 그 후 차츰 정부가 아동상담소를 설립하였다. 1944년에 정신장애아동의 복지증진을 위한 「교육법(The Education Act)」을 제정함으로써 정신장애아동에 대한 교육기회가 확대되었으며, 1950년 부적응학생의 의학적 · 교육적 · 사회적 문제를 교육제도 내에서 치료하는 방법을 연구 및 보고한 조사위원회(Committee of Enquiry)의 활동이 있었다.

1956년 언더우드위원회(The Underwood Committee)는 그 활동보고서에서 이상적 아동상담소를 운영하기 위해서는 영국 전체에 필요한 전문인력의 수에 대하여, 전임으로 근무하는 정신과 의사가 140명, 정신건강사회복지사가 420명, 임상심리학자가 14명 필요하다고 제안하였다. 1950~1960년 사이에 지방교육당국이 직접 운영하는 아동상담소는 162개소에서 261개소로 증가하였다. 그 결과 전임으로 근무하는 정신과 의사는 51명에서 183명으로, 정신건강사회복지사는 93명에서 124명으로, 임상심리학자는 101명에서 197명으로 증가하여 아동상담소 정신과팀 중에서 정신건강사회복지사가 가장 낮은 증가율을 보이고 있다. 이러한 수치는 보고서가 바람직한 숫자로 제안하고 있는 인원의 1/4에 지나지 않는다.

(2) 발전기

1930년대는 정신의학의 발달이 주로 정신병원을 중심으로 하여 이루어지던 시기이며 따라서 사회복지사도 주로 정신병원에서 입원환자와 외래환자를 중심으로 활동하게 되었다. London, Middlesex, Oxford, Manchester, Shrewsbury 등 대도시를 중심으로 정신병원이 설립되어 지역 간 불균형을 야기하였다.

초기에는 사회복지사의 정신병원에서의 직책이 아동상담소에서의 정신건강사회복지사의 직책보다 열등하다고 생각하였다. 그러나 정신병원에서는 아동상담소에서의 직책보다 더욱 광범위한 분야의 일을 하게 되었다. 정신병원의 정신건강사회복지사는 사회력을 알아내고, 후속서비스를 제공하고, 환자와 가족 및 고용주에게 설명할 수 있어야 하며, 환자의 퇴원에 도움을 주고, 다른 사회서비스와 협력하고 행정적으로 도움을 주며, 치료 및 조사연구작업에 적극적으로 참여하는 등 그 역할이 다양하였다. 이 시기에 가장 중요한 발전 중 하나는 정신병원에 있어서 정신의학 분야에 관련된 집단사회사업의 적용이다.

(3) 정착기

이 시기는 정신보건에 종사하는 사회복지사를 전문적으로 훈련시키고 지역사회 정신보건센터를 중심으로 사회복지의 활동범위가 확대되어 간 시기이다.

정신보건사회사업훈련센터가 1929년에 런던경제대학(London School of Economics)

에 설치되었고, 1930년에 17명의 회원으로 영국정신건강사회복지사협회(BAPSW)가 창립되었으며, 1961년에는 회원이 850명으로 늘어났다. 1947년에는 맨체스터대학교(Manchester University)에도 정신건강사회복지훈련센터가 설치되었다.

1948년 이전에는 대부분의 정신건강사회복지사가 정신병원과 지방정부에서 일하였다. 그리고 제2차 세계대전 이전의 지역사회정신보건서비스는 주로 정신질환자에 대한 감독과 정신병원에 있었던 환자에 대한 제한된 사후보호에 국한되었다. 1954년에는 리버풀대학교(Liverpool University)에 훈련센터가 설립되어 1962년까지 1,202명의 정신건강사회복지사를 배출하였다.

1959년에 「정신보건법」이 제정됨으로써 영국의 정신장애인 탈원화가 시작되었고, 그 구체적 내용은 가정, 숙박시설 및 사교클럽 등과 같은 지역사회서비스 범위를 확대하는 방향으로 이루어졌다. 이 법의 핵심은 병원입원이 반드시 필요하지 않을 경우 개인이 수용, 치료받는 행위를 금지한 것과 더불어 정신질환도 신체질환같이 환자의 자유 의지에 따라 병원서비스를 받도록 하는 것이었다(Cockerbam, 2006). 1960년대부터 정신건강정책에서 지역사회정신건강보호가 상당히 강조되어 왔다. 1962년에 종합병원대책(Hospital Plan)을 통해 대형종합병원의 단계적 폐쇄를 시도하여 정신장애인의 탈원화가 가속되었다(Nettleton, 1997). 1963년에는 지역사회보호서비스(Community Care Service)의 개발에 대한 정부보고서가 발표되었으며, Blacker는 정신과 응급처치와 정신질환자에 대한 지역사회정신건강서비스를 위하여 필요로 하는 정신건강사회복지사를 약 100명으로 추정하였고, 매킨토시보고서(The Macintosh Report)에서는 그보다 2배 많은 200명이 필요하다고 주장하였다.

영허즈번드보고서(The Younghusband Report)에서는 10만 명 이하의 인구를 가진 지방정부에서도 적어도 10년 안에 정신건강사회복지사를 고용하라고 제안하였는데, 이에 따라 약 200명의 정신건강사회복지사를 채용하였으며, 10만 명 이상의 인구를 가진 도시는 약 300명의 정신건강사회복지사가 필요할 것으로 추정하였다.

이 시기에 이루어진 지역사회정신보건센터의 주요 기능은 다음과 같다. 즉, ① 입원환자 치료, ② 외래환자 치료, ③ 응급환자 진료, ④ 개방병동에서의 부분 입원, ⑤ 지역사회 자문과 의뢰 및 교육 프로그램 등이다. 지역사회정신보건서비스는 다음의 세 가지 측면에서 그 특징을 지닌다. 첫째는 사회복지적 측면이 임상분야의 보조자 위치를 벗어나 정신과 의사로부터의 많은 협조 없이 독립적으로 수행된다는 점이고, 둘째는 지역사회정신보건서비스를 받는 클라이언트들이 모든 종류의 질병과 부적응으로부터 고통받고 있다는 점이며, 셋째는 지역사회정신보건서비스에서 정신건강사회복지사는 단지 그들만이 환자를 다루는 것이 아니라 다른 사회복지서비스를 제공하는 그들의 동료를 위한 상담서비스를 제공한다는 것이다.

(4) 지역사회 중심의 정신보건시대

1980년대 이전까지 영국 지역사회보호의 성격은 환자를 '고립된 대형 정신병원'에서 '지역사회병원'으로 이전시키는 것이어서, 주로 증상이 비교적 심각하지 않은 환자들을 호스텔, 성인위탁 보호가정(adult fostering) 등과 같은 기존 시설로 이전하는 수준이었기 때문에 실제 지역사회 내의 서비스 전달현장에서의 변화는 거의 없었다. 이러한 지역사회보호는 1980년대에 와서 그 의미가 크게 변화하였는데, 더 이상 '수용소를 대신한 지역병원에서의 치료'를 의미하지 않는 것이었다. 즉, 중증의 환자를 대상으로 한 다양한 지역사회서비스—호스텔, 주간센터, 그룹홈, 생활지도사가 지도하는 일반가정집 형태의 주거시설, 본인의 집 등이 생겨나면서 보다 많은 사람이 자신의 가정, 숙박시설, 지역 내 관련시설 등에서 생활하는 형태로 변화하기 시작하였다(Emerson, 2004). 이러한 주거서비스와 함께 간호서비스, 낮병원, 작업치료, 주간보호센터, 드롭인센터(drop-in center)와 사교클럽, 우애집단프로그램, 복지권리조언센터, 고용—훈련프로그램, 세탁서비스, 가정봉사서비스, 식사배달서비스, 주거시설프로그램, 위기개입서비스, 아웃리치서비스, 응급구호서비스 등이 지역사회에서 제공되었다(신창식 · 김도환 · 노병일, 2007).

1983년「정신보건법」개정의 핵심은 정신보건법위원회를 설치하여 입원환자 권리보호와 퇴원환자의 사후보호 기능을 강화시킨 것이다. 정신보건법위원회는 강제입원이나 구금에 관해서는 이를 결정하는 사람들과는 구별되는 별도의 기구를 통해 면밀히 조사되어야 한다는 사회적 요구를 반영하여 설치하였다. 이 위원회는 환자치료동의에 관한 독립적인 의학적 견해 제공, 법적 구금력 검토, 주기적인 환자 면담을 통한 불만사항 조사 등의 권한 행사를 통해 입원의 장기화와 강제화로부터 환자를 보호하는 기능을 수행하였다(Curran & Bingley, 1994: 김연옥, 2010: 157 재인용). 또한 117조항을 새로 동비하여 "환자에 대한 더 이상의 사후보호가 필요하지 않을 때까지 보건당국과 지역당국은 자원종사기관들과 협력하여 법에 해당하는 모든 환자에게 사후보호의 책임을 진다"고 공식화함으로써 지역사회보호를 강화시켰다.

2) 미국

(1) 태동기

1773년 버지니아주 윌리엄스버그에 최초로 정신병원이 설립되어 감옥과 소년원에 감금되어 있던 정신병 환자를 이전시켰다. 1900년대 초기에 Beers(1876~1943)는 자신이 정신병원에 입원하였던 중에 겪은 부적당한 치료에 대한 인식을 통하여 퇴원 후에 정신건강협회를 조직하여 정신위생운동의 선구자가 되었다.

1904년 Meyer(1866~1950)는 맨해튼 주립병원에서 환자의 생활에 영향을 미치는 사회적 힘에 대한 이해를 넓히고, 정신질환의 환경적 원인을 이해하기 위하여 자기의 부인에게 환자의 가정을 방문하게 하였다. 또한 환자의 가족, 학교, 지역사회가 정신질환의 발병 초기에 관여하도록 권유하였으며 특히 회복기의 환자에 있어서 작업요법과 오락요법을 시도하였고 사후지도계획을 통하여 정신건강사회복지의 원리를 최초로 적용하였다(Perlman, 1975: 674).

1905년 보스턴의 매사추세츠종합병원에서 Cabot과 Cannon이 많은 환자의 질병이 그 배후에 있는 사회환경과 깊은 관계가 있다는 것을 깨닫고 사회복지 프로그램을 처음으로 시도하였다. 같은 해 Putnam의 지도하에 매사추세츠종합병원의 신경진료소에서 사회복지사를 최초로 채용하였다(Fink, Wilson, & Conover, 1949: 247). 1906년에는 뉴욕주의 자선조직협회의 후원을 받아 맨해튼 주립병원에서 새로 입원한 환자의 사회력을 조사하기 위하여 정신의료사회복지사를 채용하였다(Zastrow, 1982: 127-129). 또한 정신과 병동(psychopathic ward)에서 정신질환자의 사후지도 프로그램의 마련을 위한 목적으로 사회복지사 Horton이 일을 하게 되었다(Wittmann, 1979: 1201).

이 당시 사회복지사의 역할은 정신의학자에 대한 보조자의 위치에서, 첫째, 새로운 입원환자에 대하여 환자의 생활력을 알아보고(history-taking), 둘째, 환자의 가족이나 친지들과 환자의 유대를 강화시키도록 노력하고 특별한 환자에 대해서는 보호자와의 관계를 유지시키며, 셋째, 한 환자의 병이 악화될지도 모르는 갑작스러운 위기를 피하도록 환자를 돕는 일 등이었다. 지역사회에서는 환자가 그들의 가족에게 유익하고 학교와 교도소에서 활동할 책임을 가지며 지역사회기관에 병원시설을 알리고, 지역사회와 병원의 공적 관계를 향상시키는 활동을 하게 하였다.

(2) 발전기

1913년 보스턴정신병원에서 의사 Southard와 사회복지책임자인 Jarrett는 정신의료사회복지사의 성장의 힘과 방향을 제시하였으며, '정신의료사회사업(psychiatric social work)'이라는 용어를 최초로 사용하고, 정신의학자와 정신의료사회복지사의 협동체계를 통하여 환자를 치료하였다(최송식, 2008: 69). 또한 Jarrett의 지도 아래 스미스대학(Smith College), 전국정신위생위원회(National Commitee for Mental Hygiene) 그리고 보스턴정신병원의 협력으로 단기훈련과정을 만들었다. 1914년 Southard와 Jarrett 등이 사회복지사를 위한 훈련을 시작하였으며 이런 과정을 시몬대학(Simmon College)의 사회복지학과에 두었다(Perlman, 1986: 674-675).

Meyer는 존스홉킨스병원(Johns Hopkins Hospital)의 핍스진료소(Phipps clinic)에서 전적으로 클리닉을 책임질 수 있는 사회복지사를 채용하였으며, 또한 존스홉킨스대학교의 경제학과 내에 사회복지 학생을 훈련시키는 부서를 두었다. 1918년 미국 동부의 대도시뿐만 아니라 서부의 시카고까지 정신과 진료소나 정신병원에 사회복지사가 채용되기에 이르렀다.

1918년 스미스대학에서 최초로 정신의료사회복지사를 양성하기 위한 교과과정[3]을 두게 되었고, 뉴욕대학교의 사회복지학과에 특수한 목적으로 사회복지사를 위한 정신위생과정을 설치하고 Dr. Glueck과 Dr. Kenworthy가 가르치게 하였다.

이 시기에 사회복지사는 임상심리학자, 간호사와 함께 정신과 의사가 주도하는 팀의 일원으로 환자 질병의 요인인 가정문제와 생활환경에 대한 정보를 얻음으로써 진단과정에 도움을 주고, 환자의 퇴원에 따르는 준비과정에 개입하였다. 정신과 의사의 인력 부족으로 장기입원환자와 응급환자도 다루게 되었다.

미국에서 원래 정신의료사회복지사는 정신의학자의 보조자로 간주하였다. 그리하여 사회복지사의 과업은 정신장애인이나 지적장애인에 대한 배경정보를 정신의학자에게 제공하는 것으로 제한되었다. 클라이언트의 개인력 조사, 가족접촉, 환경

---

[3] 초기에는 8주 훈련과정이었으나 후에 대학원에서 1년간의 훈련과정을 두었다.

조정이 사회복지사의 주된 업무였다. 그러다가 사회복지사가 더 많은 전문교육을 받고 사회복지대학(학과)에서는 교과과정에서 정신의학적 정보와 정신분석학 이론을 받아들임으로써 사회복지사는 치료적 책임을 더욱 많이 맡게 되었다. 어떤 시설에서는 사회복지사의 역할이 한정되고 어떤 다른 시설에서는 정신의학자의 리더십의 영향을 받기는 하지만 정신의학팀의 동등한 구성원이 되었다. 정신의학자가 환자를 치료하는 동안 사회복지사는 가족구성원을 도왔다.

(3) 정착기

1920년 보스턴병원에서 정신의료사회복지사는 자신들의 서비스에 대한 전문적 체계의 형성과 수준을 유지하기 위한 목적으로 정신의료사회복지사클럽을 조직하였다. 1922년 이 클럽은 1918년에 결성된 미국의료사회복지사협회의 분과로 들어갔다가 1926년 미국정신건강사회복지사협회의 결성으로 독립되었다. 1955년에 이 협회는 전미사회복지사협회로 통합되었다(김상규 · 윤욱 · 전재일, 1983: 374-375). 정신건강사회복지사협회의 목적은 크게 두 가지였다. 첫째는 정신의학에 관련된 사회복지의 특수성을 발전시키기 위한 것이다. 둘째는 사람들을 원조함에 있어 필연적인 '정신위생'에 관한 지식과 통찰을 필요로 하는 사회복지의 다른 분야에 기여하기 위한 것이다.

1922년부터 아동상담소 계몽운동이 일어나 1930년대와 1940년대에 정부보조와 민간보조로 활발해졌는데, 여기서 정신건강사회복지사는 가족구성원의 연구와 치료에 중대한 영향을 줄 수 있는 새로운 지식체계를 가족집단을 통하여 정립하게 되었다. 이와 같은 아동의 일탈행위에 대한 접근방법의 시도와 사회복지사의 정신보건분야의 교육과 훈련 기회의 확대는 아동상담소 사업에서 팀구성원으로서의 위치를 확립시키고 이 분야에서 전문직으로서 인정받게 하였다.

두 차례의 세계대전을 거치는 동안에 제1차 세계대전에서는 조직적 훈련을 촉진시켰으며 광범위한 실천의 기회를 갖도록 영향을 미쳤다. 세계적십자사의 후원으로 육군과 해군 및 보훈병원에 정신의료사회복지사를 두게 되었다. 제2차 세계대전 동안 적십자사는 신경정신과가 있는 육군과 해군병원에 무수히 많은 사회복지사를 채용하게 만들었다. 1942년에는 정신의료사회복지사협회와 Maida Solimon의 노력으로 군대 내 정신건강사회복지서비스가 만들어졌으며, 1945년에는 전문적 자격을 갖춘 사회복지장교의 직위가 인정되었고, 1951년에는 공군에도 장교직위의 정신건강사회복지사를 두게 되었다. 1974년에는 새로 구성된 의료부대의 16개 전문직의 하나로 정신건강사회복지사가 포함되었다(NASW, 1977: 900).

1920년대와 1930년대에 더욱 진보적인 진료소에서는 사회복지사에게 정신요법을 허용하였다. 사회복지에서 논의의 쟁점이 된 것은 환자를 치료하는 동안에 케이스워크를 실행할 것인가와 정신요법을 실행할 것인가 하는 것이었다. 그런데 중요한 것은 정신요법과 케이스워크 양자가 유사한 훈련이 요구되는 문제해결의 방법이면서 하나는 클라이언트의 생활적응에서 제한된 변화를 촉진하고 다른 하나는 광범위한 변화를 조장시킨다는 것이다. 즉, 정신요법은 정신내면적 및 대인관계의 영역에 도움을 주는 데 한정되고, 케이스워크는 이상의 내용을 포함한 보다 광범위한 면에 초점을 둘 뿐만 아니라 사회적ㆍ경제적 및 환경적 영역에 도움을 준다. 정신치료자와는 달리 사회복지사는 면접기술 이외의 기술을 활용하여 클라이언트를 돕는 데 전체 환경을 활용할 수 있다. 이런 발전에 힘입어 1940년에서 1950년 사이에 사회복지사는 정신보건세팅에서 자신들의 역할을 더욱 확장하였다(최송식, 2008: 75).

(4) 지역사회정신보건체계의 확립

1946년 「정신보건법」의 입법으로 국립정신보건연구소가 설립되고, 인력의 양성, 조사연구, 지역사회정신보건서비스에 기여하게 되었다. 그리고 1950년대의 정신약물학의 급속한 발달로 의학모델의 절정을 이루었다. 또한 이 시기에 병원중심의 치료환경에 대한 사회학자들의 비판과 문제제기에 따라 탈수용화에 대한 경향이 증가하고, 정신장애인의 치료가 지역사회를 중심으로 하는 지역사회정신보건체계의 확대가 가능해졌다.

지역사회정신건강 프로그램의 급속한 발전은 이 분야에서 일하는 여러 다른 전문가들, 즉 지역보건간호사, 정신건강보조원, 상담목사 등과 역할 중복과 혼란 상태를 만들어 내었다. 특히 지역사회정신건강사업의 확대는 사회적 재활과 직업재활에 중점을 두게 되었으며, 이에 따라 정신건강사회복지사는 환자나 장애인 개인의 역할보다도 조직의 조정과 사회자원체계에 더 많은 관심을 갖고 역할을 수행하게 되었다.

1963년 케네디 대통령에 의해 「지역사회정신보건법(Community Mental Health

Act)」이 제정되었으며, 동년에 「지역사회정신보건센터법」도 마련되었다(Wittmann, 1979: 1206). 이러한 배경으로 정신보건분야에 관여하는 전문요원인 정신과 의사가 1976년에 23,000명(이 중 17,000명이 환자진료에 관여함), 임상심리학자는 1977년에 44,500명(이 중 80%가 박사학위 소지자이고, 17%는 석사학위 소지자임), 사회복지사는 1974년에 195,000명으로 그중 7만여 명이 석사학위 이상의 학력이고, 26,000명이 임상에서 치료자로 일하였다. 정신과 간호사는 1976년에 39,000명이 근무하였으며 이 중 11,000명이 석사학위 이상의 학력자였다. 「지역사회정신보건센터법」이 제정되기 1년 전인 1962년에 515,000명의 환자가 주립정신병원에 입원해 있었는데, 1982년에는 121,000명으로 획기적으로 줄어들었다.

1950년대까지 사회복지사는 클라이언트에게 케이스워크나 정신요법을 주로 실시했다. 점차 사회복지사는 집단요법, 가족치료, 병실환경 등에 관심을 기울였고 치료공동체 프로그램을 운영하였다. 사회복지사는 전통적 접근법을 개발하고 실험하는 데 앞장서기도 했다.

오늘날 정신건강 분야에서 사회복지사의 활동무대가 보다 넓어지고 있고, 전문성이 더욱 요청되므로 석사학위 이상의 교육을 받을 필요성이 증가하였다. 이들의 요구를 충족시키기 위하여 평생교육, 워크숍, 대학원 교육프로그램 등이 활용된다.

전통적 케이스워크 기술과 집단요법이 여전히 가장 많이 활용되는 방법이다. 이제 사회복지사의 역할은 자문과 기획까지 포함하게 되었고 경험 있는 사회복지사는 교육자의 역할까지 수행한다. 또한 사회복지사는 지역사회정신건강센터에서 사례관리자는 물론 리더십을 가지며 행정적 역할까지 수행하고 있다(Friedlander & Apte, 1980: 448-450).

20세기의 마지막 20년간 동안 정신의학 패러다임은 다시 바뀌었다. 연방정부가 지역사회정신건강 프로그램에 직접 자금을 제공하던 방식을 중단하였다. 1981년 레이건 행정부 아래에서 「포괄재정조정법(Omnibus Budget Reconciliation: PL-97-35)」이 통과되었다. 이 법률은 연방정부의 주정부와 지방정부에 대한 재정지원 방식에 일대 전환을 가져온 포괄보조금제도를 확립하였다. 포괄보조금(BG)이란 연방정부는 재정의 지출용도를 넓은 범위에서만 지정할 뿐 그 범위 내에서는 주정부 혹은 지방정부가 자유로이 지출을 결정할 수 있게 하는 방식이다(김정아, 2005: 111). 이 법률은 「진보적 정신보건체제법(Progressive Mental Health System Act)」을 대체하여, 사회복지와 보건 및 정신보건에 대한 연방정부의 책임을 주정부로의 이양을 촉진시켰다. 1980년 동안「포괄재정조정법」을 실행하게 됨으로써 연방재정지원은 결국 줄어들게 되었다. 레이건 정부 아래 역시 많은 정신병 클라이언트에게 장애급여에 대한 기준이 더욱 엄격하게 적용되었고, 그래서 정신장애인은 자신의 보충적 사회보장급여(Supplemental Security Income: SSI)를 상실하는 위협에 처하였다.

1980년대 후반에 이르러 지역사회정신보건제도는 재정 압박을 받았고, 빈곤하면서 심각한 정신질환을 가진 자와 다른 취약계층에 대한 서비스 욕구가 증대하였다. 다양한 지방소비자단체뿐만 아니라 전국정신보건협회(National Mental Health Association), 전국정신질환자동맹(National Alliance for the Mantally Ill: NAMI), 그리고 전국우울증 및 조울병환자협회(National Depressive and Manic Depressive Association)와 같은 옹호를 목적으로 하는 사회단체는 정신보건분야에서 영향력을 갖춘 주요한 세력이 되었다.

1986년에 제정되어 주정부가 정신보건에 대한 종합계획을 의무화한 법률인「포괄적 정신보건서비스계획법(State Comprehensive Mental Health Services Plan Act: PL 99-660)」은 정신질환을 가진 사람을 위하여 제공하는 지역사회 중심서비스시스템의 내용을 담은 종합계획안을 제출하도록 요구하였다. 그 안에 꼭 담겨야 할 내용에는 주정부가 지역사회 중심서비스시스템을 어떻게 설립하고 운영하며 그 서비스를 받게 될 대상은 누구로 할 것인지 등이다. 이 법은 주정부가 연방정부의 예산지원을 받으려면 반드시 주정부나 지방정부가 사례관리를 제공해야 한다고 명문화하였다. 그럼으로써 지역사회정신보건에서 사례관리의 실시가 의무적으로 이루어져야 하며, 이런 업무를 담당할 전문요원으로 정신건강사회복지사, 정신보건간호사, 정신보건임상심리사의 업무영역이 더욱 명확해지게 되었다.

1990년에「미국장애인법(Americans with Disabilities Act: ADA, PL 101-336)」이 통과되었다. 장애인법은 신체장애뿐만 아니라 정신장애인에 대해서도 고용, 교육, 공공숙박시설, 공공서비스, 그리고 교통서비스 이용에서 차별을 금지하였다.

3) 한국

(1) 태동기

우리나라의 정신건강사회복지는 1945년 대한신경정신의학회가 조직되기 전에는 전무하였으며, 광복과 더불어 조선신경정신의학회가 대한신경정신의학회로 바뀌어 정신의학의 체계적 연구를 시작하면서 정신의학자, 심리학자와 더불어 사회복지사 권기주가 청소년문제에 관심을 갖고 연구하였다.

직접적 계기는 한국전쟁으로 미군병원에서 정신건강사회복지사가 정신과 의사와 함께 일하던 것에서 크게 영향을 받았다. 특히 정신건강사회복지사인 Morgan의 역할이 한국 정신과 의사에게 많은 영향을 미쳤다. 그는 전쟁신경증을 가진 군인을 돕는 과정에서 한국 정신과 의사에게 사회복지사의 필요성을 인식시켜 주었다.

1958년 서울시립아동상담소가 개설되면서 정신의학자(유석진 박사), 정신건강사회복지사(하상락 교수), 심리학자 및 법률전문가들이 팀접근을 시도하였다.

1962년 국립정신병원의 개설과 더불어 정신건강사회복지사(김원진 외 1명)가 정신질환자를 위한 서비스와 사회복지전공 학생의 실습을 담당하였고, 같은 해 가톨릭 교구에서 운영하는 사회복지회의 부회장(정의방)이 가톨릭의과대학 성모병원 무료진료소와 자살예방센터에 파견근무를 하였으며, 1963년 4월 6일에는 성모병원 신경정신과에 전임사회복지사(이미영)가 채용되어 환자의 개인력 조사와 가족상담 등을 수행하였다. 그리고 1967년 3월 1일에는 자살예방센터에 전임정신건강사회복지사(정의방: 의료사회복지과장 겸무)를 채용하였다. 1968년 7월에 중앙대학교 부속 필동성심병원에 신경정신과 개설과 더불어 정신건강사회복지사(정의방,[4] 박순자)가 채용되어 환자의 개인력 조사, 집단지도, 가족상담 및 방문 등의 활동을 하였다.

1969년 1월 1일에 대구동산기독병원(현재 계명대학교 부속 동산의료원) 신경정신과에 정신건강사회복지사(김기태)가 채용되었으며 주된 업무는 환자의 개인력 조사, 가족상담, 집단요법 등이었다. 1965년 의료사회복지사(박현경)를 채용한 연세대학교 의과대학 부속 세브란스병원에서는 1970년부터 정신건강사회복지도 겸하게 되었다.

---

[4] 성심병원 의료사회복지와 과장으로서 정신건강사회복지 활동에 참여하였다.

(2) 발전기

이 시기부터는 정신건강사회복지사가 정신과 전문병원에 근무하기 시작하였다. 1971년 한강성심병원, 용인정신병원, 혜동의원에 정신건강사회복지사가 일하기 시작하였다. 1973년 9월 20일 대통령령 제6863호로 「의료법 시행령」이 개정되어 종합병원에 환자의 갱생, 재활과 사회복귀를 위한 상담과 지도를 위하여 「사회복지사업법」에 정한 사회복지사를 1인 이상 두도록 명시하였다. 이로 인하여 종합병원 내 사회복지사의 활동이 확대되었다. 1974년 안양신경정신병원, 고려대 부속병원, 서울기독병원에 정신건강사회복지사가 채용되었고 1976년에는 서울백제병원에 사회복지사가 채용되었다.

1977년 7월 1일부터 시행된 의료보험에서 정신건강사회복지사의 치료활동에 대한 보험청구를 할 수 있게 규정하였다. 이로 인하여 정신과 전문병원에서 사회복지사의 채용이 늘어날 수 있는 여건이 조성되었다. 1978년 정신과 전문병원인 부산한병원에 정신건강사회복지사(안영실)가 최초로 근무하기 시작하였는데 이는 부산지역 정신건강사회복지의 효시라고 할 수 있으며, 나중에 그 수가 5명으로 늘어나기도 하였다.

1979년에는 이화여대 부속병원, 전주예수병원, 1982년에 부산백병원, 1983년에 서울적십자병원, 1984년에 군산개정병원 등에서 정신건강사회복지사가 활동하였다.

(3) 정착기

1980년대를 거치면서 종합병원에서도 정신건강사회복지사를 채용하게 되어 1990년에 이르러서는 전국적으로 약 100여 개에 이르는 기관에서 정신건강사회복지사가 활동하고 있다. 1995년 10여 년의 우여곡절 끝에 「정신보건법」이 제정됨으로써 이제 우리나라도 정신건강사회복지가 지금까지의 병원중심의 활동에서 그 활동영역을 확대하여 지역사회까지 나아갈 수 있는 전기가 마련되었다. 또한 「정신보건법」의 제정으로 인하여 정신보건전문요원의 자격제도가 마련되었고 이에 따라서 정신건강사회복지사도 전문자격을 갖추기 시작하였다. 1993년 2월에 연세대학교 알렌관에서 한국정신의료사회복지학회의 창립총회(제1대 회장 대구대학교 사회복지학과 김규수 교수 선출)와 세미나가 개최되었으며, 이 학회와 협회의 설립(1997. 1. 11. 한국정신사회복지사회 회장을 학회장이 겸임함)을 통하여 회원들의 학술적 연구와 임상적 훈련을 지원할 수 있는 조직을 갖추게 되었다(박종삼, 1993: 26).

1996년 말 당시 정신보건사회사업가로 현장에서 활동하고 있던 자들 가운데서 한국사회복지사협회가 인정한 전문정신보건사회사업가 67명, 정신보건사회사업가 108명, 임상사회복지사 8명이 1997년 7월 14일자로 정신건강사회복지사 자격을 취득하게 되었고, 그 수는 183명(1급 72명, 2급 111명)이다. 그리고 자격증의 유무를 떠나 당시 정신과 병·의원, 그리고 정신요양원 등 약 100여 곳의 기관에 근무하는 정신건강사회복지사는 약 180여 명에 이르렀다. 이들 중에는 학사학위 소지자가 제일 많으며 석사학위와 박사학위 소지자도 다수 있다. 사회복지사의 역할도 클라이언트의 개인력 조사, 케이스워크 치료, 재활서비스, 집단치료, 가족치료, 치료공동체 프로그램 운영, 사회복지전공 학생의 실습교육 등 다양해졌으며, 그 기능도 확대되고 있다.

이들 정신건강사회복지사는 1997년 「정신보건법」의 시행 이후 매년 1년간의 수련을 거쳐서 자격증을 취득하게 된다. 2010년부터 한국정신건강사회복지학회와 한국정신건강사회복지사협회는 각 단체의 설립정신과 취지에 따라 그동안 학회가 담당해 오던 정신건강사회복지사 수련과정 운영에 대한 일체의 권한을 협회에 이관하고, 이론교육에 대한 지원만을 담당하면서 양 단체가 조화롭게 정신건강사회복지학문과 실천기법의 발전과 회원의 권익신장을 위해 노력해 오고 있다.

(4) 지역사회정신보건체계의 확립

1995년 제정된 「정신보건법」은 개정과정을 거쳐 「정신건강복지법」으로 개정되면서 지나치게 의료중심적이고, 정신질환자의 인권에만 초점을 맞추던 한계를 극복하고 전 국민의 정신건강증진 및 중증정신질환자를 위한 복지를 구축하고자 하였다. 무엇보다 정신질환자나 정신장애인들이 지역사회에서 적절한 치료와 보호를 받으면서 자신의 삶을 영위할 수 있고, 일반 국민들의 정신건장증진을 위한 예방과 조기개입, 홍보 등을 위한 지원에 중점을 두었다. 이는 지역사회정신보건체계를 더욱더 공고히 해 나가는 밑거름이 되었다. 전체 국민을 위한 정신건강상담 및 전문적 심리치료 서비스를 확대하고 중증정신질환자에 대한 복지서비스를 강화하는 방향으로 인프라를 구축하고, 정신건강 통합서비스를 구축해 나가고 있다.

만성정신질환자들은 적절한 치료와 서비스를 받을 수 있도록 하고, 사례관리를 강화하였다. 아울러 생애주기별로 서비스를 받을 수 있도록 하면서 노인들은 복지와 요양을, 아동 · 청소년들은 정신건강문제의 유형에 따라 상담 및 치료, 가족교육 및 치료 등을 받도록 하였다. 이와 같은 지역사회정신보건체계가 적절히 이루어지려면 무엇보다 지역사회주민들의 협조와 정신질환에 대한 편견을 없애는 노력이 필요하다.

3. 정신건강사회복지의 기능

일반적으로 정신보건영역에서의 사회복지의 기능은 정신건강사회복지의 개념을 어떻게 규정하는가에 따라 달라지며, 정신건강사회복지의 기능은 실천이 이루어지는 장(場)이나 기관의 성격에 의해서 그리고 병원(기관)을 책임지고 있는 정신의학자의 성향과 신념, 정신건강사회복지사의 기술, 신념 및 성향에 영향을 받는다.

> 미국에서는 1920년에 사회복지사가 정신건강팀으로 참가하여 주로 환자의 가족과 사회적 배경을 조사하고 가족을 원조하며 지역사회생활을 돕는 것을 목적으로 활동하였다. 타 전문가들이 클라이언트의 내면세계와 내면적 요구에 중점을 두는 반면에 사회복지사는 클라이언트의 외면세계/외면적 요구에 초점을 두며, 특히 클라이언트와 사회환경이 서로 상호작용하고 있는 측면에 중점을 둔다.

사회복지의 개입대상영역을 [그림 1-1]에서와 같이 개인, 환경, 공유영역 이렇게 세 가지로 나눌 때, 우측에 중점을 두는 Medical Model은 주로 개인에게 문제가 있다고 보고 개인에 대한 서비스를 위주로 개입하는 경향이 있다. 좌측에 중점을 두는 Social Model은 주로 사회환경에 관심을 갖고 환경을 변화시키려는 경향이 있으나, 중도파의 Ecological Model은 개인에게도 개입하고 환경에도 개입하되 궁극적으로는 양 체계 사이의 상호작용에 주된 관심을 두고 있다.

방법론상 사회복지는 Person-in-Environment의 관점을 가지고 사람과 환경, 체계와 체계 사이의 상호작용이 기능적이고 적응적인 것이 되도록 돕는 일에 역점을 두어 왔다. 생태체계론적 관점에서 보면, '문제'란 체계와 체계 사이의 역기능적이

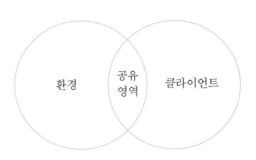

| 그림 1-1 | 사회복지의 개입대상영역

거나 부적응적인 관계 혹은 상호작용을 의미한다. 문제를 해결하려는 것, 즉 사회복 지서비스란 체계 간에 적절한 관계가 이루어지고 적절한 양과 질의 상호작용이 생 겨나도록 작업하는 것이라 할 수 있다. 이것이 심리학적 접근이나 사회학적 접근과 구별되는 사회복지의 정체성이라고도 할 수 있다.

Kyes와 Hofling은 정신건강사회복지사의 기능을 다음과 같이 지적하고 있다(김 태일, 1980: 22-24).

첫째, 클라이언트가 건설적 방법으로 자신의 사회환경을 이용할 수 있도록 개별 적 접촉을 통하여 돕는다.

둘째, 가족과의 개별적 접촉을 통하여 클라이언트에게 고용, 주택, 재정적 지원 및 보호를 제공할 수 있는지를 파악하고 돕는다.

셋째, 클라이언트 자신과 그의 가족구성원에 대한 의도적 감정을 다루도록 개별 적으로 원조한다.

넷째, 클라이언트(환자)와 가족에게 이용 가능한 의료자원을 알리고 지역사회센 터의 이용방법과 목적 등을 안내하여 그 이용을 돕는다.

다섯째, 클라이언트와 가족이 거주하고 있는 지역사회 내의 사회기관을 안내하 거나 보다 나은 치료와 보호를 위해서 그 밖의 사회자원을 안내한다.

여섯째, 클라이언트가 병원에 입원 중일 때에도 자신의 가족 및 집단, 지역사회와 관계를 유지하도록 돕는다.

일곱째, 클라이언트에 대한 전반적 프로그램에 중요한 기여를 하기 위하여 클라 이언트의 사회력, 가족력, 직업력 등에 대한 정보를 수집한다.

여덟째, 정신건강팀의 다른 전문가들과 공동활동에 적극적으로 참여하여 조사, 사정, 계획, 치료 및 사후보호서비스에 있어서 수평적 입장에서 상호 협동적으로 참여한다.

아홉째, 클라이언트의 치료목표를 잘 달성하기 위하여 지역사회 내의 유력 인사와 적극적인 친화관계를 형성한다.

이러한 정신건강사회복지사의 기능을 좀 더 자세하게 적용 분야별로 검토하면 다음과 같다(Watkins, 1983: 45-66; Grinker, Macgregor, Slan, Klein, & Kohrman, 1961: 285-291; Perlman, 1975: 669-675).

1) 병원에 입원한 클라이언트에 대한 서비스

일반적으로 병원에 입원하는 정신장애인은 그 증세가 심한 상태에 있다. 우리나라에서 정신장애인을 전문적으로 치료하는 병원으로는 국립정신병원, 사립정신병원이 있으며 이들을 다시 대학병원을 포함한 종합병원 내의 정신과, 정신과 전문병원, 정신과 의원 등 세 가지로 분류할 수 있다. 병원에 입원하는 클라이언트를 위해서 정신건강사회복지사는 다음과 같은 기능을 한다.

① 환자와 가족에게 병원시설과 프로그램을 설명한다. 병원에 입원하는 클라이언트는 시설에 감금된다는 태도를 가지기 쉬우며 클라이언트의 가족도 병원의 입원절차와 클라이언트의 병원생활에 대하여 궁금해하고 불안해할 수 있다. 따라서 클라이언트와 가족에게 병원의 시설과 프로그램에 대한 자세한 설명을 해 준다.
② 클라이언트가 병원에 입원함으로써 발생하는 가족문제를 해결하는 데 도움을 준다. 즉, 정신장애를 가진 어머니가 입원함으로써 아동을 보호하지 못하여 발생하는 아동의 생활문제를 해결하기 위해 노력한다.
③ 가족은 정신질환이 죽음을 동반하지는 않을지, 클라이언트가 병으로 인해 실직을 하지는 않을지, 걱정을 하며 불안해할 수 있으므로 가족불안을 경감하도록 돕는다.

④ 경제적 어려움이 있는 경우 경제문제를 해결하기 위해 가족과 논의한다.

⑤ 병원의 치료절차를 가족에게 설명해 준다. 그리고 정신질환에 대한 이해의 부족으로 입원치료가 계속 필요함에도 불구하고 중도에 퇴원시키려는 가족에게는 치료에 잘 협조하도록 돕는 역할도 한다.

⑥ 병원에서 사회복지사가 가장 공통적으로 하는 활동이 클라이언트의 개인력 조사이다. 클라이언트의 개인력 조사는 클라이언트에 대한 정확한 이해와 효과적 치료를 위해 대단히 중요하며 출생에 관한 사항, 발달사, 병력, 대인관계기술, 학력, 성의 발달, 직업 등 가능한 한 광범위한 내용을 포함해야 한다 (Nay, 1979: 79-94).

⑦ 입원하는 클라이언트에 대한 케이스워크 치료, 정신요법, 집단치료 등을 실시한다.

⑧ 클라이언트 가족의 병리를 파악하고 치료한다.

⑨ 클라이언트의 퇴원계획을 수립하고 사후보호를 실시한다. 퇴원 후 가족과 함께 생활할 경우, 클라이언트와 가족이 재결합할 준비를 하고 직장 및 지역사회에 잘 적응하도록 돕는다.

2) 외래환자서비스

정신건강사회복지사는 외래환자를 위하여 정신요법, 집단치료 등을 하기도 하며, 환자를 지역사회 내의 다른 자원과 연결시키는 일, 환자를 위하여 가족구성원, 고용주 혹은 환자와 중요한 관계를 맺고 있는 다른 사람의 태도를 수정하도록 원조하는 역할을 한다. 그리고 정신건강사회복지사는 면접실에서 치료를 위한 면접뿐만 아니라 필요한 경우 가정, 학교 혹은 직장방문 등을 실시한다.

외래환자에 속하는 사람은 지지적 치료를 통하여 지역사회에서 기능할 수 있는 정신질환자, 약물 혹은 알코올중독자, 신경증적 성격비행자, 학교적응상의 문제를 가진 아동 및 청소년, 행동문제, 갈등가족, 생활위기에 직면한 사람 등이다. 외래환자는 대체로 치료를 받으려는 동기가 강하기 때문에 자발적으로 오는 경우가 많다. 중상류층 환자의 치료를 위하여 정신역동이론을 많이 활용하는 경향이 있다. 그러나 이 정신역동이론에 근거한 통합치료는 저학력이면서 경제적으로 낮은 지위의 사람에게는 잘 받아들여지지 않으므로 이들에게는 행동수정기술 등과 같은 더욱 직접적이고 눈에 보이는 결과를 가져오는 행동지향적 접근법, 지지적 상담, 위기개입이나 지시적 상담 등을 많이 활용하는 것이 좋다. 전통적 치료방법을 고수하는 치료자는 이와 같은 치료는 미봉책에 불과하다고 주장하기도 한다. 외래환자의 특성은 다양하므로 환자의 특성에 따라 적절한 치료방법을 사용하여야 한다.

3) 부분입원서비스

부분 혹은 시간제 입원서비스는 병원 입원과 외래환자서비스 중간에 속하는 것으로 병원이나 의원에서 하루에 몇 시간 정도의 치료를 받고 가정에서나 직장에서도 일정한 활동을 하는 것을 말한다. 부분입원의 범주에 속하는 것으로는 낮병원과 밤병원이 있다. 낮병원은 낮 동안에 보통은 6~8시간 정도 병원이나 정신건강증진시설에서 오락요법, 작업요법, 집단치료 혹은 개별치료를 받다가 저녁에는 집으로 돌아가 가족과 함께 생활하는 것을 말한다. 한편, 밤병원이란 낮 동안에는 클라이언트가 학교 혹은 직장에서 활동을 하다가 밤에는 병원에 와서 치료 프로그램에 참여하는 것을 말한다.

부분 혹은 시간제 입원서비스는 외래환자진료소보다는 더욱 조직적인 서비스를 제공하지만 병원에 완전히 입원하여 치료를 받는 것에 비하면 제약을 덜 받고 외래환자진료와 입원시설의 장점을 모두 가지고 있다. 특히 시간제 입원서비스는 환자가 완전히 입원을 하는 데서 받는 스트레스를 완화해 주는 이점이 있다. 그리고 이 시간제 입원서비스는 입원환자와 외래환자 간의 교량역할을 한다. 즉, 병원에서 퇴원하는 사람은 정상적 생활상황으로 쉽게 돌아갈 수 있도록 당분간 부분병원 프로그램에 참여한다.

일반적으로 이러한 시간제 입원서비스에서 정신건강사회복지사의 역할은 클라이언트의 개인력 조사, 환자에게 프로그램에 대한 오리엔테이션 제공, 치료목표의 설정 등을 포함한 인테이크 업무, 개별치료, 집단치료 및 가족치료, 퇴원계획을 겸한 사후서비스, 사례관리 등을 하는 것이다. 특히 정신건강사회복지사가 직접적 서비스를 제공할 경우에 명심해야 할 것은 환자는 적응력이 약하다는 사실이다. 따라서 지지적 사회복지 실천을 하고 구체적 대처기술을 가르치며 가족구성원의 치료에 의한 환경조정에 많은 노력을 기울인다.

4) 비전통적 서비스

병원에서의 서비스 이외에 사회복지사가 직접적 정신건강서비스를 제공하는 곳
으로는 산업체, 교정관련기관(교도소, 보호관찰소, 비행청소년예방센터), 재활서비스,
학교, 아동보호전문기관, 상담기관 및 가정폭력예방 관련기관, 지역사회복지관 등
이 있다. 이러한 곳에서는 정신건강서비스에 주요 목표를 두는 것이 아니고 일차적
목적은 각기 다른 것에 있다. 정신건강을 위한 사회복지사는 그 기관의 일차적 목표
를 달성하기 위하여 고용된다. 예컨대, 진보적 사업체 혹은 산업체에서는 종업원의
일시적 생활위기를 포함한 정서적 문제가 생산성을 저하시키는 원인이 된다는 것
을 인식하고 직장 내의 정신건강서비스를 제공하는데, 이런 접근은 개인 근로자에
게 자연스러운 환경 내에서 치료하는 이점을 가진다. 일반적으로 여기서 제공되는
서비스는 미국의 경우 외래환자진료소나 가족서비스 기관의 모델을 따른다.

정신건강사회복지사의 역할은 일반사회복지사의 역할과 완연히 다르다기보다
는 종사하는 세팅이 달라짐으로써 일반사회복지사가 수행하는 일반가(generalist)로
서의 사회복지사의 역할에 더하여 보다 전문가(specialist)로서 사회복지사의 역할을
수행하게 된다고 볼 수 있다. 정신건강사회복지사의 핵심역할은 ① 위기개입상담
가, ② 진단가, ③ 치료자, ④ 중개자와 중재자, ⑤ 교육자, ⑥ 기술훈련가, ⑦ 사례관
리자, ⑧ 촉진자, ⑨ 소비자와 가족자문가, ⑩ 팀협력자(기관 내·외부), ⑪ 옹호자와
지역사회조직가, ⑫ 프로그램 평가자와 연구자, ⑬ 행정가와 정책분석가 등이다.
이처럼 다양한 역할을 수행하고 있는 정신건강사회복지사는 그중에서도 치료자,
중개자, 중재자, 기술훈련자의 역할을 많이 수행하고 있으며, 갈수록 사례관리자로
서의 역할이 정신건강사회복지사의 핵심역할로 떠오르고 있다. 그런 측면에서 어
느 한 부분을 정신건강사회복지사의 역할로 강조하기는 어렵다.

> 💡 **생각해 볼 문제**
>
> • 정신건강영역에 사회복지가 왜 반드시 필요한지에 대하여 논의해 봅시다.
> • 정신건강사회복지의 역사를 통해 정신질환자에 대한 서비스의 변화를 설명해 봅시다.
> • 정신건강사회복지사는 정신건강영역에서 어떠한 기능을 통해 전문성과 정체성을 가질 수 있
>   는지 토의해 봅시다.

📎 참고문헌

김기태 · 김수환 · 김영호 · 박지영(2007). **사회복지실천론**. 경기: 양서원.

김상규 · 윤욱 · 전재일(1983). **사회복지론**. 서울: 형설출판사.

김연옥(2010). 영국의 정신장애인 탈원화 경험에 관한 연구. **사회과학연구, 26**(2), 147-170. 경성
    대학교 사회과학연구소.

김은정 역(2004). **복지의 종말: 미국 복지개혁의 비판**. Mink, G. 저. 서울: 신정.

김태일(1980). 한국 정신과사회사업 발전의 필요성에 관한 연구. 중앙대학교 대학원 석사학위
    논문.

박종삼(1993. 2.). 우리나라 정신보건사회사업의 현실과 과제. **한국정신보건사회사업학회 창립총
    회 및 세미나 자료집**.

신창식 · 김도환 · 노병일(2007). **지역사회 정신보건정책 및 서비스**. 서울: 도서출판다운샘.

오승환(2006). 참여정부의 재정분권이 지방자치단체의 정신보건 서비스에 미친 영향 분석. **정신
    보건과 사회사업, 22**, 236-257.

조효제 역(1997). **건강과 질병의 사회학**. Nettleton, S. 저. 서울: 한울.

최송식(2008). **지역사회정신보건과 사례관리실천**. 경기: 공동체.

大島侑 編(1987). **社會福祉實習教育論**. 東京: 海聲社.

Cockerbam, W. (2006). *Sociology of mental disorder*. New Jersey. USA: Pearson Prentice
    Hall.

Curran. C., & Bingley, W. (1994). The mental health act commission. *Psychiatric Bulletin, 18*,
    328-332.

Emerson, E. (2004). Deinstitutionalization in England. *Journal of Intellectual and*

Developmental Disability, 29(1), 79-84.

Ferguson, E. A. (1969). Social work an introduction. Philadelphia: J. B. Lippincott Company.

Fink, A. E., Wilson, E. E., & Conover, V. (1949). The field of social work. New York: Holt, Rinehart & Winston, Inc.

Friedlander, W. A., & Apte, R. Z. (1980). Introduction to social welfare. New Jersey: Englewood Cliffs.

Grinker, R. R., Macgregor, S. R. H., Slan, K., Klein, A., & Kohrman, J. (1961). Psychiatric social work: A transactional case book. New York: Basic Books, Inc.

Hall, J. (2006). Mental health delivery systems in Great Britain. In Compared. R. P. Olson (Ed.), Mental health systems. Springfield. Illinois. U.S.A Charles C. Thomas Publisher. LTD.

National Association of Social Workers. (1992). NASW standards for social work case management. Washington, DC: Author.

Nay, W. R. (1979). Multimethod clinical assessment (pp. 79-94). New York: Gardner Press.

O'Keefe, D. E. (1954). Psychiatric social work. In R. H. Kurtz (Ed.), Social work year book. New York: NASW.

Perlman, H. H. (1975). Social work in psychiatric setting. In S. Arieti (Ed.), American handbook of psychiatry (2nd ed.). New York: Basic Books, inc.

Perlman, H. H. (1986). The problem solving model. In F. J. Turner (Ed.), Social work treatment (3rd ed.). New York: Free Press.

Sands, R. G. (1991). Clinical social work practice in community mental health (pp. 31-49). New York: Macmillan Publishing Company.

Timms, N. (1964). Psychiatric social work in Britain (1939~1962). London: Routhledge & Kegan Paul.

Watkins, T. R. W. (1983). Services to Individuals. In J. W. Callicutt & P. J. Lecca (Eds.), Social work and mental health (pp. 45-66). New York: The Free Press.

Wittmann, M. (1979). Social work. In S. Arieti (Ed.), American handbook for psychiatry (2nd ed.). New York: Basic Books Inc.

Younghusband, E. (1978). Social work in Britain: 1950~1975 (Vol. 1., pp. 165-194). London: George Allen & Unwin.

Zastrow, C. (1982). Introduction to social welfare institutions: Social problems, serivices, and current issues. Homewood, Illinois: The Dorsey Press.

제2장

정신건강과 정신장애

학습 목표

- 정신건강의 개념을 설명할 수 있다.
- 정신과 증상의 종류를 이해하고 설명할 수 있다.
- 정신질환의 대표적인 유형인 조현병, 우울장애, 양극성장애의 진단 및 증상, 원인, 치료방법에 대해 이해하고 설명할 수 있다.

제2장에서는 정신건강사회복지 기초로서 정신건강과 정신장애에 대해 살펴보고자 한다. 정신건강의 기본적인 개념과 정신질환에 대한 관점에 대해서 간략히 살펴보고 정신과 증상에 대해서 알아보고자 한다. 이를 바탕으로 정신적으로 가장 건강하지 않은 상태로 이해될 수 있는 정신질환의 대표적인 유형인 조현병, 우울장애, 양극성장애에 대해 살펴볼 것이다.

1. 정신건강의 개념

정신건강에 대한 고전적 정의는 질병론적 관점에서 바라보는 정신장애가 없는 상태를 말한다. 하지만 이 관점은 질병론적 관점에서 질병이 없는 상태를 건강한 상태로 보는 것과 같으므로 한계를 가져온다. 물론 정신적으로 건강한 사람이 사회적 기능이나 사회적 관계를 잘하고 자신을 잘 관리하며 적응적일지 모른다. 그러나 정신질환과 이상행동이 없다고 해서 정신적으로 건강하다는 것을 의미하는 것은 아니라는 것이다. 그리고 정신과 약을 먹거나 치료, 상담을 받는다고 해서 사회적으로 차별을 받을 만큼 정신적으로 건강하지 못하다는 것도 아니다.

특히 Keyes는 정신건강에 대한 새로운 개념을 주장하면서 건강한 정신을 지닌 사람은 '정신장애로부터 자유로운 동시에 정신적 웰빙을 경험하고 있는 사람'이라고 하였다. 이는 우울증, 불안장애, 알코올 남용 등 정신장애를 경험하면 정신적으로 건강하지 못한 사람이며, 정신장애로 이환되지 않은 사람은 정신적으로 건강한 사람이라는 전통적인 견해에서 벗어난 견해이다(임영진, 2010). 건강을 질병이 없는 상태로 보는 소극적인 협의의 개념에서 개인의 삶을 행복하게 유지하는 적극적인 광의의 개념으로 전환하고 있는 것이다.

다시 말해, 정신적으로 건강하다는 것을 정신장애가 없는 상태를 넘어선 행복한 삶을 누리는 정신적으로 성숙한 상태로 정의하는 것이다. 행복은 시대와 철학, 종교적 관점에 따라 그 의미가 다르게 정의되어 왔다. 현대의 복잡하고 다양한 사회에서 인간은 서로에게 영향을 주고받으며 상호작용적 존재가 되고 있다. 그러므로 자율성과 개체성을 주장하면서도 상대적인 존재가 될 수밖에 없다. 그러므로 행복감을 느끼는 것에도 다양한 요인이 작용하며 요인들의 영향도 다르다. 그런 의미에서 행복은 무엇이고, 어떻게 해야 의미 있게 사는 것이며, 행복하게 살기 위해서는 어떻게 해야 하는가에 대한 끊임없는 질문을 던져 왔다. 그러한 해답을 찾기 위해 많은 연구자들이 지속적으로 연구를 진행하고 있다.

정신분석학을 창시한 Freud는 인간의 본성적 욕망은 문화적 환경과 갈등을 겪을 수밖에 없으며 갈등을 최소화하는 것이 최선이라는 소극적이고 비관적인 행복관을 주장하였다. 인본주의 심리학자인 Rogers는 인간은 자신의 잠재력을 발휘하여 유능한 존재가 되고자 하는 자기실현적 성향을 지닌 존재임을 주장하며 진실성, 수용성, 공감성과 더불어 무조건적 긍정적 존중이 성장을 촉진시켜 행복에 이르게 한다고 보았다. Maslow 역시 그의 욕구위계설(hierarchy of needs)에서 인간은 결핍 동기가 채워지면 성장하고자 하는 동기를 추구한다고 가정하였다. 그는 인간의 욕구

가운데 자기실현(self-actualization) 욕구가 가장 높은 수준이 욕구이며, 인간의 행복은 자신과 타인의 있는 그대로의 수용, 자율성과 독립성, 일에 대한 몰입과 창의적인 활동 등을 통한 자기실현이 이루어질 때 달성된다고 하였다(Maslow, 1962: 권석만, 2015 재인용). 이와 같이 행복에 대한 정의는 학자에 따라 다양하게 제시되지만, 행복은 무엇인가라는 질문에는 절대적인 주장이 있을 수 없다. 하지만 행복은 대체로 감정이나 정서를 반영하는 것과 관계가 깊으며 행복의 정도가 좀 더 고차원적인 측면을 지닐 때 개인의 자아실현, 삶의 질 등이 향상되는 것을 느낄 수 있다고 볼 수 있다.

행복에 가치를 두는 현상은 보편적인 현상으로 지속적으로 관심을 가져왔다. 최근 긍정심리학에 대한 연구의 증가와 그 중요성이 부각되면서 행복감의 개념에 대한 논의가 본격적으로 이루어지기 시작했다. 이러한 긍정심리학, 행복하고 성숙한 삶을 위한 개념들은 이상행동과 정신장애를 이해하고 치료함으로써 인간의 행복한 삶을 지향하고자 한다. 그 맥락에서 회복이라고 하는 개념도 치료의 결과보다는 과정을 의미하며, 정신장애인들의 주관적인 느낌과 평가를 의미하게 되었다(Mueser et al., 2002).

정신적으로 건강하지 못한 사람의 경우에서의 회복(Recovery)의 개념도 개인이 환경과의 상호작용을 통하여 변화·발달·성장하는 과정(Mancini, 2003)으로 보며, 모든 증상이 제거된 것은 아니지만 초점을 질병이 아닌 성장과 관련되어 있다고 보는 것이다(Anthony, 1993; Deegan, 1988; 배정규, 2004; Hopper, Harrison, Janca, & Sartorius, 2007). Recovery라는 용어는 이전에 증상의 감소라는 의미(Resnick et al., 2004)로서 결과적인 용어로 사용되기도 하였으나, 현재는 주로 과정으로서의 의미를 내포하고 있으며, 자신의 느낌을 주관적으로 평가하는 것이라 할 수 있다(배정규, 2004 재인용). Recovery는 어떤 증상이 완전히 사라진 상태가 아니라 클라이언트의 주관적이고 내면적인 부분이 새롭고 가치 있게 변화되고 삶의 목적을 얻게 되는 과정이므로(Deegan, 1988) 증상 제거에 초점을 두지 않고, 자아존중감이나 정체성의 회복, 사회적응을 유지하는 것과 같은 더 넓은 영역에 중심을 두고 있다(Surgaeon General Reports, 1999).

'회복(recovery)'은 정신질환을 질병으로 보고 완전히 치료되어 이전의 건강한 상태로 돌아가는 것을 종착점으로 보는 것이 아니다(Jacobson & Curtis, 2000: 김지영,

2002: 10 재인용). 인간의 모든 삶의 과정을 존재하는 것과 되어 가는 과정을 의미하는 독특하고 개별적인 경로로 보는 삶의 의미와 목적을 발견하는 과정으로 보는 것이다. 즉, 정신적으로 건강하다는 것은 자신의 능력을 잘 발휘하고, 삶의 과정에서 스트레스에 잘 대처하며, 자신의 삶의 목적과 의미를 찾아가는 과정에서 다른 사람과 지역사회의 삶이 윤택해지도록 노력하는 것이다.

2. 정신과 증상

정신과적 증상이란 인격기능이 비정상적일 때 나타나는 행동, 사고, 의식 등에서 발생하는 특이적 반응들이다. 신체질환의 증상은 그 원인이 다소 분명한 데 반하여 정신과 증상의 원인은 단순한 것일 수도 있지만 대개는 복합적이고 숨겨진 것들일 경우가 많다. 특히 정신질환에서 보이는 증상은 한 개인의 살아온 과정과 삶의 역동이 고스란히 녹아 있기 때문에, 정신질환을 가진 개인의 이해를 위해서는 증상의 의미를 이해하는 것이 무엇보다도 중요하다. 이 절에서는 정신과 증상의 종류 및 양상을 MSE(Mental Status Examination)의 기준에 근거하여 살펴보고자 한다.[1]

1) 외모, 전반적 태도(appearance, general attitude)

내담자를 처음 만나게 되었을 때 대화를 나누기 이전에 첫인상에서 그 사람의 현재 상황을 살펴보는 것이 중요하다. 예를 들어, 시선접촉(eye contact)이 잘 이루어지는지, 위생상태, 표정, 체격, 행동사항 등에서 특이사항을 보이지는 않는지 유심히 살펴보아야 한다. 이를 통해 내담자가 언어적으로 보고하고 있지 않은 불안, 기분변화, 일상생활 기능, 외부세계에 대한 관심의 여부 등을 파악할 수 있다. 또한 대화를 이어 나가는 중에 사용하는 언어, 말의 속도, 기분 변화, 상담자에 대한 태도 등도 내담자의 증상을 이해하는 중요한 단서들이 될 수 있다.

---

1) 대한신경정신의학회(1997)를 참고함.

2) 의식의 장애(disturbance of consciousness)

의식이란 자기와 자기를 둘러싸고 있는 환경 간의 관계를 파악하고 이해하며 대응하는 활동을 말한다. 즉, 외계로부터 오는 자극을 감각기관에서 감지하여 중추신경까지 전달하여 과거의 경험에 비추어 이를 해석하고 판단하는 과정이다. 의식이 명료하다는 것은 이러한 과정에 어려움이 없다는 것이며, 만약 이 과정에서 어느 한 부분이라도 장애가 있을 때 여러 증상이 나타나며, 그 종류와 유형은 다음과 같다.

(1) 주의력 장애(disorder of attention)

주의력은 외계의 자극을 검색하는 기능으로 외부자극에 대한 각성(vigilance), 자극에 대한 선택과 집중(concentration), 집중된 자극을 과거의 경험과 결부시켜 해석하는 연상(association)의 과정을 통해 이루어진다. 이러한 과정에서 문제가 발생할 때 다음의 증상이 나타날 수 있다.

① 주의산만성(distractibility)

주의를 필요로 하는 자극이나 상황에 주의를 집중하지 못하고 주변의 모든 자극에 골고루 주의가 분산됨으로써 집중이 안 되는 상태로 정신질환의 초기증상이나 가벼운 기질성 증후군에서 흔히 나타난다.

② 선택적 부주의(selective inattention)

불안을 야기하는 어떤 특수한 자극에 대해서 선택적으로 주의를 차단하는 것으로 히스테리에서 흔히 나타난다.

③ 과잉각성(hypervigilance)

내외의 자극에 대해 과잉하게 주의를 주고 초점을 맞추는 상태로 망상이나 편집상태와 관련된다.

(2) 의식의 착란(confusion)

의식의 착란은 의식의 장애 중에서 가장 가벼운 상태로 의식의 장애 중 가장 가벼

운 상태이다. 주위를 이해하고 자신과의 관계를 이해하는 지남력의 장애가 대표적
이다. 지남력 장애는 사람, 장소, 시간에 대한 인지하는 능력을 의미한다. 뇌의 산소
부족 · 대뇌 감염 · 뇌의 손상 등에 의해 많이 나타나며, 심인성으로는 해리장애와
전환장애에서 나타난다.

(3) 의식의 혼탁(clouding of consciousness)

의식의 착란보다 심한 의식의 장애상태이다. 주위 자극에 정상적인 반응을 하지
못하고, 주의력이 현저히 감퇴하며, 주위 환경 및 상대방의 언어에 대한 이해력이
거의 상실되어 있다. 대뇌기능의 광범위한 장애로 발생하는 경우가 많으며, 발작적
인 형태의 의식혼탁은 뇌전증이나 히스테리에서 볼 수 있고, 심인성이 원인이 되는
경우 해리장애에서 많이 나타난다.

(4) 섬망(delirium)

대체로 뇌의 기질적 원인에 의해 급성으로 나타나는 경우가 많아 응급실을 자주
찾게 된다. 지남력의 장애, 정서적인 심한 불안정, 안절부절못함, 당황, 자율신경 부
조화 증상, 착각 및 환각 등을 등의 증상이 나타난다. 이러한 증상은 밤에 더 심해지
고 기복이 아주 심하며, 회복 후 그동안의 일을 잘 기억하지 못하고 꿈 같다는 표현
을 하기도 한다. 심한 열병, 수술 후, 정신병, 독성물질에 의한 뇌기능 장애에서 많
이 발생하며, 알코올의 금단증상에서도 종종 발생한다. 대부분이 뇌의 기능변화가
원인이기는 하지만 심인성에 의해서도 나타나는 경우가 드물게 존재한다.

(5) 혼미(stupor)

섬망보다 더 정도가 심한 의식의 장애로 주변의 상황을 전혀 파악하지 못하고 인
식하지 못하는 경우에 해당된다. 상당한 자극에 대해서도 거의 반응을 보이지 않는
상태이나 강한 자극에는 일시적으로 반응을 보이는 상태이다. 심인성 혹은 기질적
원인에 의해서 나타나며 심인성의 경우 진정한 의식의 중단이 아니므로 갑작스러
운 공격적 행동으로 이행할 가능성이 있다.

(6) 혼수(coma)

모든 정신활동과 신경조직의 기능이 마비되고, 단지 생명유지에 필요한 부분, 즉 심장과 폐를 지배하는 신경기능만 살아 남아 있는 상태이다. 이때 모든 의식기능은 완전히 정지해 있다.

3) 기분 및 정동장애(disorders of mood and affect)

정동(affect)은 어떤 사람의 마음속에 나타나는 주관적인 느낌으로 가장 직접적인 본능의 산물이다. 기분(mood)은 자신에 의해 주관적으로 경험되고 일정한 기간 동안 지속되는 감정을 의미한다. 의미의 구분 없이 사용하는 경우가 많으며, 그 구체적인 유형 및 양상은 다음과 같다.

(1) 정동의 부적합성(inappropriateness of affect)

그 사람이 처해 있는 상황에 어울리거나 조화롭지 못한 감정상태를 경험하거나 보고하는 것을 말한다. 대부분 조현병에서 많이 나타난다.

(2) 정동의 둔마 및 무감동(blunted affect and apathy)

정동의 둔마(blunted affect)가 객관적인 상황에 대해 본인이 느끼는 정동을 적절하게 드러내지 못하거나 겉으로 거의 감정이 거의 없는 상태를 말한다면, 무감동(apathy)는 외부자극에 대해서 주관적인 느낌이 없는 것 같으며 객관적인 반응조차도 없는 상태를 말한다.

(3) 우울한 기분(depressive mood)

슬픈 감정의 정도가 심하고, 오래 끌어 그런 감정을 초래할 만한 여건을 넘어서는 시기까지 장기간 슬퍼하는 병적인 상태를 말한다. 일반적으로 불면, 두통, 식욕상실, 체중감소, 성욕감퇴, 무기력 등의 신체증상을 동반하기도 한다. 우리나라에서는 우울한 기분은 소화기·심장기 계통의 신체적 증상으로 나타나는 경우가 많으며, 외국과는 달리 외로움보다는 화에 의한 증상을 보이는 경우가 많다.

(4) 유쾌한 기분(pleasurable mood)

유쾌한 기분은 그 정도에 따라 다행감(euphoria), 의기양양(elation), 고양된 기분 (exaltation), 황홀감(ecstasy) 등이 있다. 다행감은 낙관적 태도와 자신감·들뜬 기분 등을 느끼는 상태이며, 의기양양은 자신감이 가득하여 행동의 과감함을 보이는 상태, 고양된 기분은 다소 과대적인 생각이 주를 이루어 타인과의 관계에서 어려움이 초래되기도 하는 상태이며, 황홀감은 유쾌한 기분의 극치로 무아지경의 상태를 일컫는다. 유쾌한 기분상태에서는 평소의 성격이 좀 명랑해진 것 같은 인상을 주고 매사 낙관적이고 활동도 많아지며 악의 없는 농담도 잘한다. 그래서 주위 사람을 잘 웃기고 항상 유쾌하며 자신감에 차 있는 모습을 보인다. 그러나 점차 강도가 지나치면서 타인에게 안하무인격으로 행동하게 되고 자기 뜻대로 따르지 않으면 적개심을 보이며 마구 화를 내기도 한다.

(5) 불안(anxiety)

불안은 외부의 자극이 없음에도 불구하고 막연하게 위험이 닥칠 수 있다는 느낌이나 초조한 감정상태를 말한다. 불안은 신체 및 자율신경계의 증상과 정신적·심리적 증상으로 나타날 수 있다. 먼저, 신체 및 자율신경계의 증상으로는 가슴 뜀, 호흡곤란, 입마름, 메스꺼움, 소변 자주 마려움, 어지럼증, 근육의 긴장, 식은땀, 배의 꼬르륵거림, 떨림, 창백한 피부 등이 있다. 정신적·심리적 증상으로는 무섭고 위협을 느낌, 자극과민성, 공황, 예기불안, 정신적 공포, 사소한 일에 대한 걱정, 집중곤란, 잠들기 어려움, 이완할 수 없음 등이 있다.

불안이 너무 극심하여 곧 죽을 것 같은 느낌이 드는 아주 심한 불안상태로 자아기능이 붕괴된 상태를 공황장애(panic disorder)라고 한다. 반복되는 심한 불안발작상태를 의미하며, 예고 없이 찾아오고, 다양한 불안증상이 동반되며, 자기붕괴의 경향을 보인다.

(6) 양가감정(ambivalence)

양가감정은 동일한 대상이나 상황에 대하여 정반대의 감정이나 태도를 갖는 것을 말한다. 정상인도 경험하는 감정이기는 하지만 병리적인 차원에서는 조현병에서 흔히 보인다.

4) 사고의 장애(disorders of thought)

사고(thought)는 생물체가 가지고 있는 최고의 정신기능으로 자극이 있을 때 갖고 있는 모든 정신기능을 총동원하여 그 자극을 이해하고 해석, 판단하는 기능을 의미한다. 자극에 대한 반응은 심리적인 것으로서, 무의식적이고 감정적인 여러 요인에 의해 영향을 받지만 현실적인 상황에서 이성과 논리에 의해 수정이 이루어지게 되는데, 이러한 수정에 문제가 생기면 정신과적 증상을 나타낼 수 있다. 여기서는 사고과정(thinking process)과 사고내용(thought content)에서 나타나는 증상을 중심으로 살펴보고자 한다.

(1) 사고과정의 장애

어떤 생각과 생각들 사이에는 연결과정이 고리와 같이 연결되어 있는데, 이 연결된 고리의 흐름을 연상(association)의 과정이라고 한다. 이러한 과정에서 나타날 수 있는 사고과정의 증상 유형은 다음과 같다.

① 사고의 비약

사고의 비약(flight of idea)은 사고의 연상활동의 증가에 의해 사고가 비정상적으로 빨리 진행되는 것을 말하며, 생각의 흐름이 주제에서 벗어나 지엽적으로 탈선하여, 마지막에는 하려는 생각의 목적지에 달성하지 못하기도 한다. 주로 조증의 상태에서 많이 나타난다.

② 사고의 지연

사고의 지연(retardation of thought)은 연상의 속도가 느려 전체적인 사고 진행이 느려지거나 거의 이루어지지 않아서 어떤 결론에 도저히 이르지 못한 경우를 말한다. 우울증과 조현병에서 자주 나타나는 증상 중의 하나이다.

③ 사고의 우원증과 이탈

사고의 우원증(circumstantiality)은 어떤 관념에서 출발하여 결론에 도달하기는 하지만 여러 가지 지엽적인 이야기들에 많은 시간을 보내고 결론에 도달하는 사고과정의 장애이다. 이와 유사하나 사고의 이탈(tangentiality)은 지엽적인 많은 이야기를 하다가 결국 결론에 도달하지 못하는 경우를 말한다.

④ 사고의 차단

사고의 차단(blocking of thought)은 사고의 흐름이 갑자기 멈추는 현상, 즉 사고의 진공 상태가 되는 것을 의미한다. 아무런 외부의 영향 없이 말하던 사람이 갑자기 도중에 마치 생각이 떠오르지 않는 것 같이 말을 중단해 버리는 것으로 생각을 정리하는 것이 아니라 생각이 멈추어 버리는 현상이다. 전형적으로는 조현병에서 많이 나타난다.

⑤ 사고의 부적절성

사고의 부적절성(irrelevance of thought)은 어떤 질문에 대해서 질문의 내용과는 전혀 맞지 않는 엉뚱한 대답을 하는 경우를 말한다. 즉, 동문서답을 하는 경우로 조현병에서 많이 나타난다.

⑥ 지리멸렬

지리멸렬(incoherence)은 사고진행이 와해되어 논리적 연결이 없고 의미론적으로도 파괴된 언어를 사용하는 경우가 많으며 도무지 줄거리를 알 수 없는 이야기를 하는 경우를 말한다. 조현병에서 많이 보이는 증상이다.

⑦ 신어조작증

신어조작증(neologism)은 개인이 자신만이 아는 의미를 가진 새로운 말을 만들어내는 현상을 말한다. 예를 들어, '특장 이순신'이라는 말은 '특별한 장군 이순신'이라는 의미로 만들어 낸 말이다. 조현병에서 주로 나타내는 증상이다.

(2) 사고내용의 장애

어떤 자극이 주어졌을 때 개인이 자극을 판단하고 해석하는 내용에서 생기는 증상으로 그 구체적인 종류는 다음과 같다.

① 망상(delusion)

망상이란 사실과 다른 잘못된 신념, 현실과 동떨어진 생각이며, 이성이나 논리적인 설득으로 교정되지 않는 생각을 말한다. 망상 형성에 영향을 주는 요인은 좌절된 욕망이나 희망, 열등감, 생물학적 부족감, 도덕적으로 받아들일 수 없는 속성, 괴로움을 주는 욕망, 심한 죄책감과 불안에 대한 방어를 요하는 상황 등이다. 조증, 우울증, 기질성 정신장애에서도 나타나기도 하지만 조현병에서 가장 많이 나타나는 증상이다. 그 구체적인 유형은 다음과 같다.

• 피해망상(persecutory delusion)

각종 정신장애에서 가장 흔하게 볼 수 있는 망상으로 타인이 자신이나 자신의 가족을 해치려고 한다거나, 죽이려고 계속 미행하고 감시한다고 믿는 잘못된 생각이다. 이런 망상은 자신의 무력감, 세상에 대한 원망, 우울감 등이 자신 외부의 대상에게 투사(projection)되어 형성되는 경우가 많다.

• 과대망상(grandiose delusion)

과대망상은 자신의 힘이나 능력, 또는 중요성을 현실과는 동떨어지게 실제보다 과장하여 생각하는 망상이다. 자신이 초능력의 인간이 되었다든지, 자신도 모르는 사이에 영적인 힘이 자신에게 작용했다든지, '나는 예수다'라든지, 자신은 모든 사람에게 존경받는 사람이고 모든 문제를 다 해결해 줄 수 있는 능력이 있다고 믿는 것 등이다.

• 우울망상(depressive delusion)

우울망상은 죽을 죄를 지었다거나 곧 망할 것이라든가, 치명적인 병에 걸렸다고 믿는 경우, 자신은 존재 가치가 없다는 믿음, 더 이상 가난에서 헤어날 수 없다는 믿음 등이 포함된다. 우울증이나 조현병에서 자주 나타난다.

• 관계망상(delusion of reference)

객관적 그리고 실제적으로는 자신과는 아무런 관계가 없는 일상생활에서의 어떤 사건들이 자신과 아주 특수한 관련성이 있다고 생각하는 잘못된 믿음을 관계망상이라고 한다. 신문보도나 방송내용이 자신을 비난하기 위해서 빗대놓고 이야기하는 것이라고 믿는 것, 지나가는 사람들끼리 이야기하며 웃는 것은 자신을 조롱하는 것이라고 믿는 것, TV에서 가수가 노래를 부르면서 웃는 것은 자신을 사랑하는 표현을 하는 것이고 생각하는 것 등이 있다.

- 기타망상
- 색정 망상(erotic delusion): 색정망상은 이 세상 모든 사람이 나를 사랑한다, 나는 이 세상의 모든 이성을 사랑해야 하는 의무가 있다는 등의 내용으로 이루어진 망상이다.
- 신체망상(somatic delusion): 신체망상은 자신의 장기 한 부분이 남과 특이하게 다르다고 믿고 있거나, 자신의 몸속에 벌레가 기어 다니고 있다 등의 믿음을 갖는 망상이다.
- 피조정망상(delusion of being controlled): 자신이 타인에 의해 조정되고 있다는 믿음의 망상이다.
- 관찰망상(delusion of being observed): 흔히 피해망상과 연관되어 있는 망상으로, 도청장치나 CCTV에 의해 관찰당하고 감시당하고 있다는 내용의 망상이다.

② 건강염려증(hypochondriasis)

심리적 불안이 육체로 이동한 사고내용으로 자기가 어떤 질병에 걸렸다고 확신을 가지며 두려움을 수반하는 형태를 말하는데 대개는 그럴 만한 증거가 없음에도 불구하고 계속 병이 있다는 확신으로 이 병원 저 병원을 찾아다닌다. 자신의 적개심에 대한 죄책감이 신체질병에 대한 믿음으로 나타나는 경우가 많다.

③ 집착과 강박사고(preoccupation and obsession)

어떤 특정한 생각이 그 사람의 모든 사고 영역을 지배하고 있는 상태를 집착(preoccupation)이라고 한다. 강박사고(obsession)는 특정한 어떤 생각이 비합리적이고 부적절하다는 사실을 잘 알고 있어서 그런 생각을 하지 않으려고 애를 씀에도 불구하고 본인의 의사와 무관하게 반복해서 같은 내용의 생각 때문에 심하게 고통받는 사고의 형태이다.

④ 이인증(depersonalization)

평소에 자주 보거나 부딪히던 상황이나 물건, 외부 자극이나 자신의 몸이 갑자기 아주 생소하게 생각되는 상태를 말한다. '내가 내가 아닌 것 같다', '내 신체가 내 것이 아닌 것 같다', '이상하고 생소하게 느껴진다' 등으로 나타나며, 괴로운 현실을 피하는 하나의 도피수단으로 볼 수 있다.

⑤ 공포증(phobia)

어떤 특정한 대상이나 상황에 대한 병적인 두려움을 말한다. 특정 대상이나 상황에 대한 비합리적 두려움과 회피행동을 나타내는 특정공포증, 특정한 장소에 대한 광장공포증, 사회적 상황을 회피하는 사회공포증 등이 있다.

5) 지각의 장애(disorders of perception)

지각이란 외부의 자극을 말초로부터 인지하여 오감을 통하여 대뇌에 전달함으로써 그 사람의 과거의 경험에 비추어서 주관적이고도 객관적으로 인식하는 것을 말한다. 지각에서 나타나는 증상은 실인증, 착각, 환각이 있다.

(1) 실인증(agnosia)

기질적인 뇌 기능의 장애로 인하여 사물을 정확하게 인지 못하는 경우를 말하며, 병태실인증, 신체부위 실인증, 입체감각실인증, 시각실인증, 얼굴실인증 등이 있다.

(2) 착각(illusion)

착각은 감각자극을 잘못 해석하는 것이다. 뒤에 언급될 환각과의 차이는 착각은 외부의 자극이 실제 존재하는 것을 잘못 해석하는 것이며, 환각은 실제 자극이 없는 것을 지각적으로 체험하는 것이다. 원인은 심리적인 욕구나 감정, 또는 충동이 대상에 투사되어 나타나기도 하고, 기질적 원인에 의해 나타나기도 한다.

(3) 환각(hallucination)

환각은 외부의 자극이 없는데도 외부에서 자극이 들어온 것처럼 지각하는 것이다. 환각의 정신병리는 자아(ego)에게 용납되지 않는 욕망이 독자적으로 의식계를 뚫고 나오려면 변장이 필요하고 이러한 변장에 의해 형성된다. 즉, 투사의 기제를 이용하여 자신의 욕구, 자존심, 죄의식, 억눌리고 배척당한 충동 등이 환각이라는 현상으로 나타난 것이다. 그 세부적인 유형은 다음과 같다.

① 환청(auditory hallucination)

실제로 존재하지 않는 소리를 지각하는 것으로 환각 중 가장 빈번하게 보고된다. 의식이 명료한 상태에서의 환청은 심리적 요인에 의해 조현병, 정동장애에서 많이 나타난다. 정동장애에서의 환청은 기분 좋은 내용도 있으나, 기분 좋은 내용의 소리보다는 책망하고, 비난하는 내용이 더 많다. 의식이 혼탁한 상황에서 지각되는 환청은 뇌의 기질적인 장애가 원인인 경우가 대부분이다.

② 환시(visual hallucination)

존재하지 않는 사물이 보이는 지각형태로, 단순한 작은 물체나 이상한 빛이 보이는 수도 있고, 심할 때는 영화의 화면과 같이 복잡한 경우도 있다. 조현병 등의 정신질환에서 나타나기도 하지만, 대개는 뇌의 기능장애를 보이는 기질성 정신장애에서 더 흔하게 보고된다.

③ 환취(olfactory hallucination)

실제로 없는 냄새를 지각하는 상태를 환후라고 한다. 송장 썩는 냄새, 고기 썩는 냄새 등과 같이 기분 나쁜 냄새가 대부분이며, 자신의 몸에서 이상한 냄새가 난다고 호소하는 경우도 있다.

④ 환미(gustatory hallucination)

매우 드문 환각의 일종으로 환취와 동반되는 경우가 많다. 이상한 맛을 느낀다든지 음식에서 독약 맛이 난다든지 하는 경우가 있다.

⑤ 환촉(haptic hallucination)

환촉은 자극될 것이 전혀 없는데도 피부에 무엇이 닿는 것 같은 감각을 지각하는 상태이다. 진정섬망에서 흔히 보고되며 몸에 벌레가 기어 다닌다는 호소를 종종 한다.

6) 행동의 장애(disorders of activity)

행동이란 여러 가지 정신활동의 총체적 결과로서 표면적으로 나타나는 행태를 의미한다. 행동은 개인의 전체적인 상황 특히 감정상태를 반영하므로 행동변화는 정진질환의 가장 신속하고 현저한 지침이 될 수 있다.

(1) 과잉행동(overactivity)

과잉행동은 행동목표가 수시로 바뀌고 한 가지 일이 끝나기 전에 다른 일을 시작하는 등 주의력이 산만한 경우가 많고, 겉으로 보기에는 굉장히 바쁜 것 같으면서도 실제로 이루어 놓은 일은 거의 없는 수가 많다. 경조증 혹은 조증에서 흔히 볼 수 있으며, 과대망상 및 사고비약이 동반되는 경우가 많다.

(2) 저하된 행동(decreased activity)

동작의 전반적인 저하나 감퇴와 동작이 느리고 시작하기 힘든 정도에서 거의 운동이 없는 상태까지 그 정도가 다양하다. 또한 일을 시작한다고 하더라도 사고의 흐름이 느리고, 말도 느리며, 일의 수행이 느리다. 우울증이나 조현병에서 특징적으로 나타난다.

(3) 반복행동(repetitious activity)

반복되는 행동은 조현병이나 강박장애에서 흔히 나타나며 구체적인 유형은 다음과 같다.

① 상동증(stereotype)

다른 사람이 보기에는 이유가 없는 것 같은 행동을 반복적으로 하는 것으로, 이러한 단조로운 동작은 상한 감정의 표시 또는 강한 정서와 결부된 복합체의 결과로 무의식 속의 갈등이나 긴장을 해소하기 위한 방편일 경우가 많다.

② 기행증(mannerism)

상동증처럼 단조롭게 반복되지는 않으나 개인이 갖고 있는 독특한 버릇이나 표정을 말한다. 누구에게 질책을 받을 때마다 손목시계를 본다든지, 의자에 앉아 있다가 일어날 때 꼭 의자를 한 바퀴 돌고 나서야 다음 일을 시작하는 행동을 말한다. 혹은 조현병 환자가 병실 복도의 이쪽 끝까지 계속 똑같은 속도와 태도로 왕복하는 경우라든지, 의미 없이 옷의 단추를 계속 끼었다가 빼었다가 하는 행동들도 포함된다.

③ 음송증(verbigeration)

매너리즘이 행동의 반복인 데 비하여 의미 없는 단어나 짧은 문장을 이유 없이 반복하는 경우를 음송증이라고 한다.

④ 보속증(perseveration)

자신은 다른 행동을 하려고 노력하는데도 불구하고 뇌 기능의 저하로 인하여 새로운 동작으로 넘어가지 못하고 반복적으로 행동하는 것을 말한다.

⑤ 강직증(catalepsy)

반복적 행동의 가장 심한 증상으로 행동 자체가 멎어서 부동의 자세를 취하는 것으로 부동자세를 지속적으로 유지하는 것이다. 어떤 경우에는 외적인 힘에 의해서 강요된 자세에서 조금도 움직이지 않는 수가 있는데, 이는 밀랍 인형처럼 그대로 움직이지 않는다고 하여 납굴증이라고 한다.

(4) 자동증(automatism)

타인의 명령에 자동적으로 복종하여 마치 로봇처럼 행동하는 것을 의미한다. 타인이 말한 것을 그대로 따라 하는 것은 반향언어(echolalia), 타인의 행동을 그대로 따라 하는 것을 반향동작(echopraxia)이라고 한다.

(5) 거부증(negativism)

거부증은 자동증과는 반대로 타인의 요구에 반대되는 행동을 하거나, 저항적인 표시로 반응을 하지 않는 것을 말한다. 질문에 대하여 아무 대꾸도 하지 않는 함구

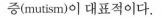

증(mutism)이 대표적이다.

(6) 강박행동(compulsive activity)

강박행동은 강박사고와 함께 나타나는 경우가 많으며, 자신이 하지 않으려고 부단히 노력하여도 저항할 수 없이 반복되는 행동이다. 흔히 끊임없이 손을 씻는 행위, 가스를 잠그었나 지속적으로 확인하는 행동 등이 있다.

(7) 충동적 행동(impulsive activity)

어떤 정리된 욕구나 계획에 의해서가 아니라 순간적인 감정의 지배에 따라 예기치 않은 행동을 폭발적으로 일으키는 현상이다. 충동적 행동은 여러 가지 경우에 나타난다. 감정조절이 잘 안 되는 상태, 자신과 주위 환경과의 관계를 그릇 판단하는 경우, 조현병에서 망상이나 환각의 지배를 받아 일으키는 경우에 나타난다.

7) 기억의 장애(disorders of memory)

기억은 생물체가 살아가면서 경험하는 것을 뇌의 특정한 부위에 저장해 두었다가 필요에 따라 끄집어내어 사용하는 능력을 의미한다. 그 과정은 기록(registration), 보유(retention), 재생(recall)으로 구성된다. 기억의 장애의 구체적인 유형은 다음과 같다.

(1) 기억과다(hyperamnesia)

기억력이 정상 이상으로 항진되어 있어 쓸데없는 자세한 것까지 모두 기억하는 경우이다. 실생활에서는 천재들이 이에 해당되며, 경조증이나 편집증에서 기억과잉이 나타난다.

(2) 기억상실(amnesia)

① 기질성 기억상실(organic amnesia)
대체로 신경학적인 소견을 동반하고, 의식이나 지능의 장애를 동반하는 경우가 많다. 기질성 기억상실은 서서히 시작되고 진행되며, 회복은 서서히 그리고 불완전하게 되는 경우가 많고 전반적인 기억상실 형태를 취한다. 뇌손상 이후의 기억들을 상실하는 전진성 기억상실, 뇌손상 이전의 기억을 상실하는 후진성 기억상실이 있다.

② 심인성 기억상실(psychogenic amnesia)

심인성 기억상실은 대개 심리적인 충격 후에 갑자기 발생하며 회복도 갑자기 그리고 완전하게 되고 어떤 사건이나 시간에 국한된 선택적인 기억상실이 흔하다. 방어나 회피의 목적으로 기인하는 경우가 많다.

③ 기억착오(paramnesia)

과거에 없었던 일을 마치 있었던 것처럼 기억하거나, 사실과 다르게 왜곡하여 기억하는 것이며 이것은 자신의 기억능력에 문제가 있을 때 자신을 방어하고 보호하려고 하는 무의식적인 기전이 작용한 결과라고 할 수 있다. 자신이 기억하지 못하는 부분을 조작적으로 메우는 작화증(confabulation), 정상적인 기억에 자신에게 유리한 조작된 기억이나 지엽적인 기억을 보태는 회상성 조작(retrospective falsification)이 있다. 회상성 조작은 의도적이지 않다는 것에서 거짓말과는 구별된다.

④ 기시현상(de-ja-vu)과 미시현상(jamais-vu)

기시현상이란 처음 경험하는 일을 마치 과거에 경험한 것처럼 느끼는 현상이며, 미시현상은 과거에 경험한 일들을 마치 처음 경험하는 것처럼 느끼는 현상을 말한다. 이러한 현상은 정상인들이 피곤했을 때 혹은 강한 정동상태일 때 나타나는 현상이고 기타 정신병적 상태에서 가끔 경험한다.

8) 지능의 장애(disorders of intelligence)

지능이란 한 개인이 경험을 통하여 배우고 판단을 내리고, 어떤 개념을 활용하여 과거와 현재를 통찰하고 미래를 예측하여 환경에 맞게 자신의 행동을 조절하고 미래를 계획하여 적절하게 새로운 상황에 적응해 낼 수 있는 능력이다. 지능의 장애에는 지적능력장애(mental retardation)와 치매(dementia)가 있다. 기질적인 뇌의 장애

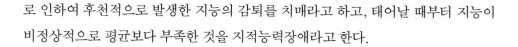

로 인하여 후천적으로 발생한 지능의 감퇴를 치매라고 하고, 태어날 때부터 지능이 비정상적으로 평균보다 부족한 것을 지적능력장애라고 한다.

9) 병식(insight)

병식이란 자신이 병들어 있는 것을 아는가, 자신의 병의 종류를 인식하는가, 치료 받는 이유를 아는가, 발병에 관한 자신의 심리적 의미를 얼마만큼 스스로 인식하고 있는가를 의미한다. 병식의 수준은 ① 완전히 병을 부인하는 것, ② 병을 어느 정도 인식하고 도움이 필요하다는 것을 알지만 동시에 부인하는 것, ③ 병을 인식하나 외부 요인으로 돌리는 것, ④ 자신이 뭔가 모르는 요인 때문에 병이 생겼다는 정도의 병식, ⑤ 지적인 병식, ⑥ 진실한 감정적 병식 등에 이르는 수준이 있다.

3. 정신질환의 유형

현재 가장 널리 사용되고 있는 정신장애 분류체계는 DSM-5와 ICD-10이다. DSM-5[2]는 미국정신의학회에서 발간하는 『정신장애의 진단 및 통계편람(Diagnostic and Statistical Manual of Mental Disorders)』의 다섯 번째 개정판으로 2013년에 출간되었다. DSM은 세계적으로 가장 많은 임상가와 연구자가 사용하고 있다. DSM[3]의 분류는 장애의 원인이 아닌 증상의 기술적 특징에 근거하여 이루어져 있다.

ICD-10은 세계보건기구(WHO)에서 발간하는 『세계질병분류(International Classification of Diseases)』의 10번째 개정판으로서 그 안에 정신장애의 분류와 진단

---

2) DSM-IV까지는 개정판 숫자를 로마자로 표기해 왔으나 DSM-5부터는 아라비아 숫자로 표기하고 있다. 이는 새로 출간된 DSM-5는 정신장애의 특징에 대한 새로운 발견과 정신장애를 다룰 개선된 방식이 출현 했을 때 내용을 갱신할 수 있는 '생명력 있는 문서(living documents: DSM-5, 1, DSM-5, 2 등)로 만들어 새로 나타나는 증거들에 기반하여 개별적인 진단과 진단 범주를 지속적으로 개정하겠다는 계획을 나타낸다(고진경, 2013).
3) DSM은 1952년 DSM-I이 처음 발행된 이후 사회문화적 상황에 대한 변화, 임상적 유용성 및 진전된 연구 결과 등을 반영하여 여러 번의 개정이 이루어졌으며, 1994년 네 번째 개정판인 DSM-IV가 발간되었으며, 2013년 5월에 DSM-5가 발행되었다.

기준이 포함되어 있으며 2019년 5월 제11차 국제질병표준분류기준(ICD-11)이 발표되었다(이는 2022. 1. 1. 부로 효력 발생). DSM-5는 ICD-11과 조화를 이루도록 개정이 되었으며, 임상가들이 정신장애 진단을 좀 더 편리하게 할 수 있도록 구성하면서, 최근의 과학적인 연구결과를 반영하려고 노력했다(권석만, 2013). DSM-5에서 주목할 만한 변화는 1980년 'DSM-Ⅲ'에서 처음 채택된 이후 DSM-Ⅳ-TR까지 사용했던 다축체계의 삭제이다. DSM-5 개발자들은 축 구분에 과학적인 근거가 없다는 점을 강조하였으며, 정신장애가 신체적, 생물학적 요인 및 과정과 별개의 것도 아니고, 일반적인 의학적 상태가 행동적, 심리사회적 요인과 연관이 있다는 점을 고려할 때 축 구분은 무의미하다고 보았다(고진경, 2013). 아울러 범주적 진단체계의 한계를 보완하기 위해서 차원적 평가를 도입한 혼합 모델(hybrid model)을 적용하여 모든 환자의 주된 증상과 다양한 공병증상을 심각도 차원에서 평가하도록 되어 있다(권석만, 2013). DSM-5에 포함되어 있는 정신장애의 범주는 〈표 2-1〉과 같다.

〈표 2-1〉 정신장애의 범주

정신장애의 범주	주요 특성
1. 신경발달장애 (Neurodevelopmental Disorders)	-중추신경계, 즉 뇌의 발달 지연 또는 뇌 손상과 관련된 것으로 알려진 정신장애를 포함 -하위유형: 지적장애, 의사소통장애, 자폐스펙트럼장애, 주의력결핍과잉행동장애, 운동장애
2. 조현병 스펙트럼 및 기타 정신증적 장애 (Schizophrenia Spectrum and Other Psychotic Disorders)	-조현병을 비롯하여 그와 유사한 증상을 나타내는 심각한 정신장애를 포함 -망상, 환각, 혼란스러운 언어, 부적절한 행동, 둔마된 감정이나 사회적 고립을 특징적으로 나타내는 일련의 정신장애 -하위유형: 분열형성격장애, 망상장애, 단기정신증적장애, 정신분열형장애, 조현병, 분열정동장애
3. 양극성 및 관련장애 (Bipolar and Related Disorders)	-기분변화가 매우 심하여 기분이 고양된 상태와 침체된 상태가 주기적으로 나타나는 일련의 장애 -하위유형: 제1형 양극성장애, 제2형 양극성장애, 순환감정장애
4. 우울장애 (Depressive Disorders)	-우울하고 슬픈 기분을 주된 증상으로 하는 다양한 장애 -하위유형: 주요우울장애, 지속성 우울장애, 월경전기불쾌장애, 파괴적 기분조절곤란장애

5. 불안장애 (Anxiety Disorders)	−불안과 공포를 주된 증상으로 하는 장애로서 불안이 나타나는 다양한 양상에 따라 구분 −하위유형: 범불안장애, 특정공포증, 광장공포증, 사회불안장애, 공황장애, 분리불안장애, 선택적 무언증
6. 강박 및 관련장애 (Obsessive-Compulsive and Related Disorders)	−강박적인 집착과 반복적인 행동을 특징적으로 나타내는 일련의 장애를 포함 −DSM−5에 처음으로 독립된 장애 범주로 제시 −하위유형: 강박장애, 신체변형장애, 저장장애, 모발뽑기장애, 피부벗기기장애
7. 외상−및 스트레스사건−관련장애 (Trauma-and Stressor-Related Disorders)	−충격적인 외상사건이나 스트레스 사건을 경험한 이후에 부적응 증상을 나타내는 다양한 경우를 포함 −DSM−5에 처음으로 독립된 장애 범주로 제시 −하위유형: 외상후스트레스장애, 급성스트레스장애, 반응성 애착장애, 탈억제 사회관여장애, 적응장애
8. 해리장애 (Dissociative Disorders)	−의식, 기억, 자기정체감 및 환경지각 등의 평소와 달리 급격하게 변화하는 장애 −하위유형: 해리성 기억상실증, 해리성 정체감 장애, 이인증/비현실감 장애
9. 신체증상 및 관련장애 (Somatic Symptom and Related Disorders)	−원인이 불분명한 신체증상을 호소하거나 그에 대한 과도한 염려를 나타내는 부적응문제를 의미 −하위유형: 신체증상장애, 질병불안장애, 전환장애, 허위성장애
10. 급식 및 섭식장애 (Feeding and Eating Disorders)	−개인의 건강과 심리사회적 기능을 현저하게 방해하는 부적응적인 섭식행동과 섭식−관련 행동 −하위유형: 신경성식욕부진증, 신경성폭식증, 폭식장애, 이식증, 반추장애, 회피적/제한적 음식섭취장애
11. 배설장애 (Elimination Disorders)	−아동기나 청소년기에 흔히 진단되는 장애 −대소변을 가릴 충분한 연령이 되었음에도 불구하고 이를 가리지 못하고 옷이나 적절치 않은 장소에서 배설 −하위유형: 유뇨증, 유분증
12. 수면−각성 장애 (Sleep-Wake Disorders)	−수면의 양이나 질의 문제로 인해서 수면−각성에 대한 불만과 불평을 나타내는 다양한 경우 −하위유형: 불면장애, 과다수면장애, 수면발작증, 호흡관련 수면장애 등
13. 성기능장애 (Sexual Dysfunctions)	−원활한 성행위를 방해하는 다양한 기능장애를 포함 −하위유형: 남성성욕감퇴장애, 발기장애, 조루증, 지루증, 여성 성적관심/흥분장애 등

14. 성 불편증 (Gender Dysphoria)	−자신에게 주어진 생물학적 성과 자신이 경험하고 표현하는 성 행동 간의 현저한 괴리로 인해 심각한 고통과 사회적 적응 곤란을 나타내는 경우
15. 파괴적, 충동통제 및 품행장애 (Disruptive, Impulse Control, and Conduct Disorders)	−정서와 행동에 대한 자기통제의 문제를 나타내는 다양한 장애를 포함 −하위유형: 적대적 반항장애, 품행장애, 반사회적 성격장애, 간헐적 폭발성 장애, 도벽증, 방화증
16. 물질−관련 및 중독 장애 (Substance-Related and Addictive Disorders)	−술, 담배, 마약 등과 같은 중독성 물질을 사용하거나 중독성 행위에 몰두함으로써 생겨나는 다양한 부적응적 증상 포함 −물질−관련장애와 비물질−관련장애로 구분
17. 신경인지장애 (Neurocognitive Disorders)	−뇌의 손상으로 인해 의식, 기억, 언어, 판단 등의 인지적 기능에 심각한 결손이 나타나는 경우 −하위유형: 주요신경인지장애, 경도신경인지장애, 섬망
18. 성격장애 (Personality Disorders)	−성격 자체가 부적응적이어서 사회적 기대에 어긋난 이상행동을 지속적으로 나타내는 경우 −A, B, C 세 군집으로 분류되는 10가지 유형
19. 성도착장애 (Paraphilic Disorders)	−성행위 방식에서 비정상성을 나타내는 장애로서 변태성욕증이라고도 함
20. 기타 정신장애 (Other Mental Disorders)	−개인에게 현저한 고통과 더불어 사회적, 직업적 기능의 저하를 초래하는 심리적 문제이지만 앞에서 제시한 정신장애 진단기준을 충족시키지 못하는 경우

1) 조현병

조현병은 망상, 환각, 혼란스러운 언어를 비롯하여 현실을 왜곡하는 부적응 증상들을 나타내는 심각한 정신장애이다. 임상 장면에서 접하게 되는 정신장애 중에는 이러한 조현병과 유사한 증상을 나타내지만 그 심각도나 지속기간이 다양한 장애들이 있다. 최근에는 이러한 장애들이 조현병과 공통적인 유전적 또는 신경생물학적 기반을 지닌다는 연구결과들이 제시되었다. 이러한 연구결과에 근거하여 조현병과 유사한 증상을 나타낼 뿐 아니라 공통적인 원인적 요인을 지닌 것으로 추정되는 다양한 정신장애를 조현병 스펙트럼장애(Schizophrenia Spectrum Disorder)라고 지칭하고 있다(Tandon & Carpenter, 2013; Tienari et al., 2003: 권석만, 2014 재인용). 조

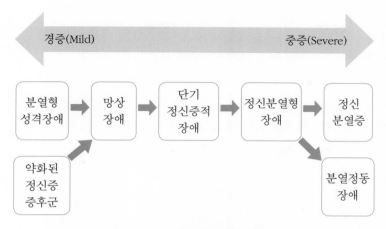

|그림 2-1| 조현병 스펙트럼장애

출처: 권석만(2014).

현병 스펙트럼장애는 현실을 왜곡하는 기괴한 사고와 혼란스러운 언어를 특징으로 하는 다양한 장애를 의미하며 증상의 심각도에 따라서 스펙트럼상에 배열할 수 있는데 [그림 2-1]과 같다(권석만, 2014).

여기서는 조현병스펙트럼 장애에서 대표적인 조현병에 관해서 자세히 살펴보고자 한다.

(1) 조현병의 진단

조현병(schizophrenia)은 뇌의 기질적 이상이 없는 상태에서 사고, 감정, 지각, 행동 등 인격의 다양한 측면에서 이상이 생겨 망상이나 환각, 혼란스러운 사고와 행동을 포함하는 여러 가지 부적응적 증상을 보이는 주요 정신질환이다. 조현병은 초기에 적절하고 집중적인 치료를 통해 회복이 가능하지만 그렇지 못할 경우 만성화되어 심리사회적 부적응을 보이며, 이로 인해 인간의 삶을 황폐화시킬 수 있다. 이러한 조현병에 대한 DSM-5의 진단기준은 다음과 같다.

A. 다음 중 2가지 이상의 증상(1, 2, 3 중 하나는 반드시 포함)이 1개월 동안(성공적으로 치료되었을 경우에는 그 이하일 수도 있음) 상당 부분의 시간에 나타나야 한다.

   1. 망상

   2. 환각

   3. 혼란스러운 언어(예: 빈번한 주제 이탈이나 뒤죽박죽된 표현)

   4. 심하게 혼란스러운 행동이나 긴장증적 행동

   5. 음성증상들(예: 감소된 정서표현이나 무의욕증)

B. 이러한 장해가 시작된 후 상당부분의 시간 동안, 1가지 이상의 주요한 영역(직업, 대인관계, 자기돌봄)의 기능 수준이 장해의 시작 전보다 현저하게 저하되어야 한다(아동기나 청소년기에 시작될 경우에는 대인관계, 학업적, 또는 직업적 기능에서 기대되는 수준에 이르지 못해야 한다).

C. 장해가 계속 진행되고 있다는 징후가 최소한 6개월 이상 지속되어야 한다. 이러한 6개월의 기간에는 기준 A를 충족시키는 증상들(즉, 활성기 증상)을 나타내는 1개월 이상의 기간과 더불어 전구기 또는 관해기의 증상이 나타나는 기간을 포함한다. 이러한 전구기나 관해기 동안, 장해의 징후는 단지 음성증상만으로 나타나거나 기준 A에 열거된 증상이 2개 이상의 증상이 약화된 형태(예: 기이한 신념, 비일상적인 지각경험)로 나타날 수 있다.

D. 분열정동장애와 정신증적 특성을 나타내는 우울 또는 양극성장애의 가능성이 배제되어야 한다. 즉, (1) 주요우울삽화나 조증삽화가 활성기 증상과 함께 동시에 나타난 적이 없어야 한다. (2) 만약 기분 삽화가 활성기 증상과 함께 나타났었다면, 그것은 활성기와 잔류기의 전체 기간 중 짧은 기간 동안에만 나타난 것이어야 한다.

E. 이러한 장해는 물질(예: 남용 물질, 치료약물)이나 다른 신체적 질병의 생리적 효과에 의한 것이 아니어야 한다.

F. 아동기에 시작하는 자폐스펙트럼장애나 의사소통 장애를 지닌 과거 병력이 있을 경우, 조현병의 진단에 필요한 다른 증상에 더해서 현저한 망상이나 환각이 1개월 이상 나타날 경우에만 조현병을 추가적으로 진단하게 된다.

출처: American Psychiatric Association (2013).

(2) 주요 증상

조현병의 주요 증상은 지각, 사고, 언어, 감정, 행동, 의욕 등 모든 영역에 걸쳐 다양하게 나타난다. 이러한 다양한 증상은 환자마다 다르고 또 한 환자에서도 시기에 따라 다른 증상들이 나타난다. 조현병의 증상은 양성증상(positive symptom)과 음성증상(negative symptom)으로 구분되는데, 양성증상은 사고(망상), 지각(환각), 언어 및 의사소통(와해된 언어), 그리고 행동장애(와해된 행동 및 긴장된 행동)가 포함된다. 음성증상은 정상적 일상생활이나 사회적 기능이 줄어드는 것으로 정서적 둔마, 무논리증, 무의욕증 등이 있다. 조현병의 대표적인 증상들에 대해 살펴보면 다음과 같다(임혁 · 채인숙, 2010; 유수현 외, 2012; 김기태 · 황성동 · 최송식 · 박봉길 · 최말옥, 2009).

① 사고장애: 망상

망상(delusion)은 사실과는 다른 생각을 실제 사실이라고 믿는 것이다. 이러한 잘못된 믿음은 일반인들이 동의할 수 없는 내용일 뿐 아니라 어떠한 논리적인 대화나 설득, 과학적 근거 제시에도 교정되지 않는다. 환자에 따라 망상은 다양하게 나타나며 보통 여러 망상을 복합적으로 갖는 경우가 많다.

② 지각장애: 환각

주위에 자극이 없는데도 불구하고 자극이 있는 것처럼 감각적으로 잘못 지각을 하는 경우로 환청, 환시, 환미, 환촉, 환후 등의 지각장애로 나타난다. 조현병에 가장 흔한 종류는 환청으로 주위에 아무도 없는데 사람의 말하는 소리가 들리는 증상이다.

③ 행동적 증상
• 와해된 행동과 말: 상황에 맞는 목표지향적 행동을 하지 못하고 상황이나 자신의 연령, 위치에 걸맞지 않은 엉뚱한 행동이나 말을 하는 경우
• 긴장성 행동: 긴장형 정신분열병에서 자주 보이는 증상으로 마치 몸이 굳은 것처럼 어떤 특정한 자세를 취하고 그대로 있는 경우

④ 음성증상
• 정서적 둔마: 외부 자극에 대한 정서반응이 매우 느려져서 표정이 없고 무감각해 보이는 상태

- 무언어증: 언어반응이 없거나 매우 적어 간단한 대답만 하거나 언어반응이 없는 경우
- 무욕증: 아무런 의욕이 없어 보이는 상태로 평소의 목표지향적 행동을 하지 않고 대인관계나 사회활동에도 무관심해지는 것

(3) 조현병의 원인

조현병의 원인은 아직 충분히 알려지지 않은 상황으로 어떤 한 요인에 의해 발병하기보다는 생물학적 원인, 심리사회적 원인, 취약성-스트레스 모델 등 다양한 요인이 복합적으로 작용하여 발생하는 것으로 추측된다. 그러나 최근의 연구결과에 따르면, 조현병은 생물학적 요인과 밀접하게 연관되어 있음이 시사되고 있다(권석만, 2014). 이러한 조현병의 원인은 다음과 같이 제시될 수 있다.

① 생물학적 요인

생물학적 입장에서는 조현병을 뇌의 장애로 규정하고 유전적 요인,[4] 뇌의 구조적 또는 기능적 결함,[5] 신경전달물질의 이상 등으로 설명하고 있다.

뇌의 신경전달물질이상은 조현병의 생물학적 원인 중 가장 강력하게 지지되는 내용으로 많은 연구가 진행되었다. 다양한 신경전달물질 중 조현병과 관련된 것으로 가장 주목받고 있는 것은 도파민(dopamine)이다. 도파민은 사고, 운동, 감정 등과 관련된 정보를 처리하는 물질로 뇌 속에서 도파민 시스템의 불균형이 생기면 조현병의 주요 증상이 나타난다고 보는 것이다. 이 외에도 최근에는 도파민 외에 세로토닌(serotonin)이 주목을 받고 있는데, 이 두 가지 신경전달물질의 수준이 높으면 조현병 증상이 나타난다는 세로토닌-도파민 가설이 제기되고 있다(권석만, 2014).

---

[4] 조현병은 유전적 요인이 강력한 영향을 미치는 것으로 알려지고 있다. 가계연구에 따르면 조현병 환자의 부모나 형제자매는 일반인의 10배, 조현병 환자의 자녀는 일반인의 15배까지 조현병에 걸리는 비율이 높다. 심지어 3촌 이내의 친족에서는 일반인의 2.5~4배 가까운 발병률을 나타내었다. 부모 모두가 조현병 환자일 경우에 자녀의 36% 정도가 조현병을 나타내는 것으로 보고되었다.
[5] 조현병 환자는 정상인보다 뇌실의 크기가 크고 뇌피질 양이 적으며 전두엽, 변연계, 기저신경절, 시상, 뇌간, 소뇌에서 이상을 나타낸다는 다양한 연구결과가 보고되고 있다.

② 심리적 요인 및 가족관계요인

정신분석적 입장에서는 조현병의 심리적 원인에 대한 다양한 주장이 제기되고 있다. Freud(1924)는 조현병을 통합된 자아가 발달하기 이전 단계, 즉 오이디푸스 단계 이전의 심리적 갈등과 결손에 의해서 생겨나는 장애로 보았다(권석만, 2014). Hartman은 조현병의 병적 증상은 심한 갈등, 조절 불가능한 과도한 공격성과 관련시켜, 이것이 자아기능의 자율적인 발전을 저해하여 지각장애, 논리적 사고와해, 대인관계 장애를 일으킨다고 주장하였다. Sullivan은 조현병은 정신 내부의 갈등보다 인간관계의 깊은 장애에서 기인된다고 보았다. 대상관계이론에서는 조현병의 기원을 생애초기 발달과정에 두고 있다(임혁 · 채인숙, 2010).

또한 조현병 유발과 관련한 가족관계 요인에 관한 연구가 많이 이루어져 왔는데 특히 부모의 양육태도, 가족 간 의사소통, 부모와 자녀의 의사소통 방식, 부모의 부부관계 등이 조현병의 발병과 경과에 중요한 영향을 미친다고 보고되었다(권석만, 2014).

③ 사회문화적 요인

조현병의 발병에 사회문화적 환경이 영향을 미친다는 것을 의미한다. 조현병 환자들이 사회경제적으로 낮은 계층에서 발병빈도가 높다는 연구결과들이 있는데 이것은 병의 원인이라기보다는 결과라는 주장이 함께 존재한다. 또한 일부에서는 산업화와 도시화가 병의 원인과 관련이 있다고 밝히고 있다.

④ 취약성-스트레스 모델

조현병은 반복되는 만성적 경과를 보이거나 자주 재발하는 경우가 흔하다. 조현병은 장애 자체가 만성화되는 것이 아니라 장애에 대한 취약성이 지속되는 장애라는 것이 취약성-스트레스 모델이다. 조현병에 대한 취약성의 정도는 개인마다 다르며 유전적 요인과 출생 전후의 신체적-심리적 요인에 의해 결정된다. 즉, 취약성을 지닌 사람에게 스트레스 사건이 발생하여 그 적응부담이 일정한 수준을 넘게 되면 조현병이 발병한다는 것이다. 이 모델은 유전적 요인이 조현병의 발병에 중요한 영향을 미친다는 점을 인정하지만, 유전적 취약성을 지닌 사람도 과중한 환경적인 스트레스가 주어지지 않으면 발병 없이 살아갈 수 있다고 본다. 또한 조현병이 발생하더라도 스트레스가 줄어들면 증상이 감소되고 병전의 기능 수준으로 회복될 수 있다고 가정한다. 이 모델은 조현병의 원인으로 제시된 다양한 요인을 통합하여 조현병의 유발과 경과를 설명하고 있으며, 동시에 조현병의 치료와 예방을 위한 시사점을 준다. 조현병의 치료를 위해서는 약물치료뿐 아니라 심리사회적 개입을 통해 환경적 스트레스를 감소시키고 스트레스에 대한 대처능력을 향상시키는 것이 중요하다(권석만, 2014; 임혁 · 채인숙, 2010).

(4) 조현병의 치료

앞에서 살펴본 바와 같이 조현병은 다양한 원인이 복합적으로 작용하는 것으로 보기 때문에 치료 및 개입 또한 포괄적이고 통합적이어야 한다. 다음에서 조현병의 치료 및 개입 방법에 대해 간략히 소개하도록 하겠다.

① 약물치료

조현병 발병의 생물학적 원인에 따른 치료방법은 약물치료이다. 항정신병 약물은 증상을 경감시키는 데 있어서 결정적이며, 특히 망상과 환각과 같은 급성기 정신증상을 포함한 양성증상의 감소에 매우 효과적이다. 따라서 다른 심리사회적 개입에 우선해 집중적 약물치료를 통해 증상을 완화시키는 것은 매우 중요하다. 그러나 항정신병 약물(anti-psychotics)은 치료적 작용 외에 신체적 · 심리적 부작용[6]을 동반하게 된다. 따라서 부작용을 잘 알고 대처하는 것이 약물순응도를 높이고 치료 효과를 거두는 데 매우 중요하다.

② 정신사회재활치료

조현병의 원인에 대한 스트레스-취약성 모델에 따르면 약물치료뿐 아니라 다양한 심리사회적 개입이 요구되는데 이러한 심리사회적 개입의 대표적인 것이 정신사회재활치료이다. 정신사회재활치료의 목표는 대처능력을 강화시킴으로써 독립

---

[6] 항정신병 약물로 생길 수 있는 부작용으로 가장 흔한 것은 입이 마르고, 가라앉고, 변비가 생기는 것이다. 그 외에도 안절부절못하며, 몸이 뻣뻣해지고 눈앞이 흐릿해지는 등의 증상이 나타나기도 한다. 그렇지만 이러한 부작용은 일시적이며 시간이 경과하면 대부분 없어진다.

적 사회생활기술을 향상시키고자 하는 것이다. 이러한 정신사회재활치료에는 환경
치료를 포함하여 개인정신치료, 집단치료, 가족상담 및 치료, 가족교육, 정신건강교
육, 사회기술훈련, 인지행동 및 행동치료 방법, 직업재활, 자조모임, 가족자조모임
등이 포함되며 다양한 개입이 이루어지고 있다.

③ 사례관리

사례관리란 지지와 격려가 필요한 대상에게 지역사회 내에서 안정된 생활을 유
지해 나갈 수 있도록 지속적이고 통합적인 서비스를 제공하는 것이다(임혁 · 채인숙,
2010). 사례관리는 항정신병 약물의 개발, 탈시설화로 인한 지역사회 정신보건의 확
대와 함께 지역사회에서 활성화되었다. 이러한 사례관리는 일련의 과정으로 이루
어지는데 사정단계에서 강점과 장애물에 대한 사정이 반드시 포함되며, 자원연결
후 조정과 점검의 과정이 필수적이다. 사례관리는 다른 대상과 마찬가지로 정신장
애인들에게도 인테이크, 사정, 계획, 개입, 조정, 종결 및 사후관리 등의 과정으로
진행된다(유수현 외, 2012).

2) 우울장애

사람은 누구나 기분의 변화를 경험하면서 삶을 영위한다. 이러한 기분이 지나
치게 들뜨거나 지나치게 가라앉아서 현실에서 생활하는 데 어려움을 겪게 되는 경
우 기분에 장애가 있다고 이야기를 하고 정신질환으로 진단되기도 한다. 이전의
DSM-IV에서는 기분장애(mood disorder)로 분류되었으나 현재 DSM-5에서는 우
울장애와 양극성장애로 분류하여 진단이 이루어진다. 우울장애는 슬픔, 공허감, 짜
증스러운 기분과 수반되는 신체적 · 인지적 증상으로 인해 개인의 기능을 현저하게
저하시키는 부적응 증상을 의미한다(권석만, 2013). 여기서는 우울장애의 증상, 원
인, 유형 등에 대해 간략히 살펴보고자 한다.

(1) 우울장애의 진단 및 증상

우울장애는 우울상태가 주요한 증상으로 나타나는 정신장애로 우울상태는 정서,
사고, 지각, 신체, 행동 등의 다양한 영역에서 장애가 나타난다. 이러한 우울장애는

주요우울장애, 지속성 우울장애, 월경전기 불쾌장애, 파괴적 기분조절곤란 장애 등 하위유형으로 구분되는데 다음에서는 주요우울장애와 지속성 우울장애의 진단 및 증상에 관해 살펴보겠다.

① 주요우울장애

주요우울장애(Major Depressive Disorder)는 가장 심한 증상을 나타내는 우울장애의 유형으로 DSM-5 진단기준은 다음과 같다. 다음 표에서 제시되는 9가지 증상 중 5개 이상의 증상이 거의 매일 연속적으로 2주 이상 나타나야 한다. 이러한 5개 증상 중 적어도 하나는 (1)항의 지속적인 우울한 기분과 (2)항에서 제시된 흥미나 즐거움의 현저한 저하가 반드시 포함되어야 한다.

---

(1) 하루의 대부분. 그리고 거의 매일 지속되는 우울한 기분이 주관적 보고나 객관적 관찰을 통해 나타난다.

(2) 거의 모든 일상활동에 대한 흥미나 즐거움이 하루의 대부분 또는 거의 매일같이 뚜렷하게 저하되어 있다.

(3) 체중조절을 하고 있지 않은 상태에서 현저한 체중감소나 체중증가가 나타난다. 또는 현저한 식욕감소나 증가가 거의 매일 나타난다.

(4) 거의 매일 나타나는 불면이나 과다수면이 나타난다.

(5) 거의 매일 나타나는 정신운동성 초조나 지체를 나타낸다. 즉, 좌불안석이나 처져 있는 느낌이 주관적 보고나 관찰을 통해 나타난다.

(6) 거의 매일 피로감이나 활력상실을 나타낸다.

(7) 거의 매일 무가치감이나 과도하고 부적절한 죄책감을 느낀다.

(8) 거의 매일 사고력이나 집중력의 감소, 또는 우유부단함이 주관적 호소나 관찰에서 나타난다.

(9) 죽음에 대한 반복적인 생각이나 특정한 계획 없이 반복적으로 자살에 대한 생각이나 자살 기도를 하거나 자살하기 위한 구체적 계획을 세운다.

② 지속성 우울장애

지속성 우울장애(Persistent Depressive Disorder)는 우울증상이 2년 이상 지속적으로 나타나는 경우를 말한다. 지속성 우울장애는 DSM-5에서 새롭게 제시된 진단명으로 DSM-IV의 만성 주요 우울장애와 기분부전장애를 합친 것이다.

지속성 우울장애는 2년 이상 지속된 우울한 기분을 비롯하여 (1) 식욕부진이나 과식, (2) 불면이나 과다수면, (3) 활력의 저하나 피로감, (4) 자존감의 저하, (5) 집중력의 감소나 결정의 곤란, (6) 절망감 중 2가지 이상의 증상이 나타날 경우 진단될 수 있다. 주요우울장애가 2년 이상 지속되면 지속성 우울장애로 진단명이 바뀌게 된다(권석만, 2013).

지속성 우울장애의 핵심증상은 만성적인 우울감이다. 아울러 자신에 대한 부적절함, 흥미나 즐거움의 상실, 사회적 위축, 낮은 자존감, 죄책감, 과거에 대한 반추, 낮은 에너지 수준, 생산적 활동의 감소 등을 나타낸다. 지속성 우울장애는 비만성적 우울장애에 비해서 만성적인 경과를 보이기 때문에 실업, 사회적 위축, 일상생활 부적응 등이 더욱 심각할 수 있다(권석만, 2013; Satyanarayana et al., 2009).

(2) 우울장애의 원인

우울장애의 원인 역시 다른 정신장애와 마찬가지로 명확하게 밝혀지지는 않았다. 따라서 생물학적 · 심리학적 · 사회적 원인 등을 전체적으로 고려하여 발병을 이해해야 한다.

첫째, 생물학적 원인으로 유전적 요인, 신경전달물질의 불균형, 뇌구조의 기능 이상, 내분비계통의 이상이 우울장애와 관련된 것으로 주장되고 있다(유수현 외, 2012).

둘째, 심리적 원인으로 Freud는 우울장애를 분노가 무의식적으로 자기에게 향해진 현상으로 이해하였다. Stricker(1983)는 어린시절 상실 경험이 우울장애를 일으킬 수 있는 취약성으로 작용한다고 하였고, Bibring(1953)은 손상된 자기존중감을 우울장애의 가장 주요한 특징으로 보았다(권석만, 2013). 행동주의적 입장에서 부정적 좌절을 많이 경험한 사람은 무력감이 학습되어 우울감을 가지며, 상황을 변화시키려 하지 않는다고 설명하며, 이를 학습된 무력감이라고 한다. 인지이론가들은 인지적 오류와 왜곡이 우울증상을 만들어 낸다고 설명한다.

셋째, 우울장애의 발생에 영향을 주는 사회환경적 요인은 주요한 생활사건,[7] 사소한 생활사건,[8] 사회적 지지의 결여 등으로 나누어 볼 수 있다(권석만, 2013).

(3) 우울장애의 치료

우울장애의 치료는 약물치료, 인지행동치료, 정신치료 등이 주로 이루어진다. 첫째, 약물치료는 우울장애에 효과적인 치료방법으로 대표적인 약물은 삼환계 항우울제, MAO 억제제, 세로토닌 재흡수 억제제 등이 있다. 이 약물들은 모두 신경전달물질의 균형을 조절하는 역할을 한다.

둘째, 인지행동치료가 우울장애에 많이 적용되는데 인지치료는 우울한 사람의 사고체계를 정밀하게 탐색하여 인지적 왜곡을 찾아내어 교정함으로써 자신과 세상에 대해 보다 현실적이고 긍정적인 사고를 하도록 돕는 것이다. 인지치료는 우울하게 만드는 자동적 사고와 역기능적 신념을 찾아내고 변화시키기 위해 소크라테스식 대화법, 일일 인지기록표 작성, 일기쓰기 등의 방법을 적용한다. 또한 행동적 접근으로 자기생활관찰표 작성하기, 시간계획표를 만들어 생활하기, 과제수행표를 만들어 실행하기, 대처기술훈련, 사회기술훈련 등도 병행하여 실시한다(유수현 외, 2012).

셋째, 정신치료는 우울장애를 가지고 있는 환자의 무의식적 갈등을 잘 파악하여 적절한 방법으로 직면시키고 해석해 준다. 이러한 정신치료는 환자의 우울증상을 삶의 전반적 맥락에서 이해하고 우울장애에 대해 심층적이고 포괄적인 치료적 접근을 하는 장점을 지니고 있지만 효과에 대해서는 논란이 많은 것이 사실이다(권석만, 2013).

3) 양극성장애

과거에 양극성장애는 우울장애와 함께 기분 조절에 어려움이 있어 어려움을 겪는 장애로 함께 분류되었다. 그러나 최근에는 우울장애와 양극성장애는 원인, 경

---

7) 커다란 좌절감을 안겨 주는 충격적인 사건으로 여기에는 사랑하는 가족의 사망이나 심각한 질병, 가정불화, 실직 등 다양한 사건이 포함된다.

8) 충격적 사건은 없었지만 일상생활 속에서 자주 경험하게 되는 여러 가지 사소한 부정적 생활사건들이 오랜 기간 누적되면 우울장애가 유발될 수 있다.

과, 예후 등에서 차이를 지닌 것으로 밝혀지고 있다. 따라서 DSM-5에서는 양극성장애를 독립된 진단범주로 분류하고 있다. 여기서는 양극성장애에 관해 살펴보기로 한다.

(1) 양극성장애의 진단 및 증상

양극성장애(Bipolar Disorder)는 우울한 기분상태와 고양된 기분상태가 교차되어 나타나는 경우로 기분이 몹시 고양된 조증상태만 나타나거나 우울장애와 상태가 번갈아 나타나는 경우 진단이 된다. 과거에는 조울증으로 불리기도 하였다. 양극성장애는 제1형 양극성장애와 제2형 양극성장애, 순환감정 장애로 분류되는데 다음에서는 제1형 양극성장애와 제2형 양극성장애 대해 살펴보겠다.

① 제1형 양극성장애

제1형 양극성장애(Bipolar I Disorder)는 기분이 비정상적으로 고양되는 조증 상태를 특징적으로 나타내는 장애이다. 이 장애의 DSM-5 진단기준은 다음과 같다.

A. 비정상적으로 의기양양하고 자신만만하거나 짜증스러운 기분을 나타내고 목표지향 행동이나 에너지 수준이 비정상적으로 증가된 상태가 1주일 이상 분명하게 지속되는 조증삽화(manic episode)를 나타내야 한다.

B. 이러한 조증삽화에서 다음에 제시되는 7가지 증상 중 3가지 이상(기분이 과민한 상태인 경우에는 4가지)이 심각한 정도로 나타나야 한다.

　(1) 팽창된 자존심 또는 심하게 과장된 자신감

　(2) 수면에 대한 욕구 감소(예: 단 3시간의 수면으로도 충분하다고 느낌)

　(3) 평소보다 말이 많아지거나 계속 말을 하게 됨

　(4) 사고의 비약 또는 사고가 연달아 일어나는 주관적인 경험

　(5) 주의산만(예: 중요하지 않거나 관계없는 외적 자극에 너무 쉽게 주의가 이끌림)

　(6) 목표 지향적 활동(직장이나 학교에서의 사회적 또는 성적 활동)이나 흥분된 운동성 활동의 증가

　(7) 고통스러운 결과를 초래할 쾌락적인 활동에 지나치게 몰두함(예: 흥청망청 물건 사기, 무분별한 성행위, 어리석은 사업투자)

C. 이러한 기분장애가 심각하여 직업 적응은 물론 일상생활에 현저한 곤란이 있거나 자신 및 타인을 해칠 가능성이 있어 입원이 필요하거나 정신증적 양상이 동반

D. 이러한 증상이 물질의 직접적인 생리적 효과로 인한 것이 아니어야 한다.

제1형 양극성장애는 가장 심한 형태의 양극성장애로 한 번 이상의 조증 삽화가 나타나는 모든 경우를 말한다. 흔히 제1형 양극성장애를 지닌 사람들은 한 번 이상의 주요우울삽화(major depressive episode)[9]를 경험한다(권석만, 2013). 양극성장애의 경우 DSM-5에서는 현재 나타내고 있는 증상의 심각도를 경도(mild), 중등도(moderate), 중증도(severe)로 평가한다.

② 제2형 양극성장애

제2형 양극성장애(Bipolar II Disorder)는 제1형 양극성장애와 매우 유사하지만 조증 삽화의 증상이 상대적으로 미약한 경조증 삽화(hypomanic episode)를 보인다는 점에서 구분된다. 즉, 제2형 양극성장애는 과거에 주요우울장애를 경험한 적이 있으며 동시에 기분이 고양되는 비정상적인 기분상태를 나타내지만 조증 삽화보다 그 심각도가 미약한 경조증 삽화를 나타내는 경우를 말한다(권석만, 2013).

(2) 양극성장애의 원인

양극성장애는 여러 가지 이론적 입장에서 그 원인에 대한 설명이 제시되고 있으나 유전을 비롯한 생물학적 요인에 의해서 많은 영향을 받는 장애로 알려져 있다. 여기서는 생물학적 원인과 심리적 원인에 관해서 살펴보기로 한다(권석만, 2013).

첫째, 양극성장애의 생물학적 원인은 유전적 요인, 신경전달물질, 신경내분비적 요인, 수면 생리적 요인들에 대한 연구가 진행되고 있다. 양극성장애는 유전되는 경향이 강한 장애로 알려져 있는데 양극성장애로 진단받은 환자의 대다수는 가족 중에 동일한 장애 또는 주요우울장애를 지녔던 사람들이 있는 것으로 밝혀졌다. 노르에피네프린(norepinephrine), 세로토닌(serotonin), 도파민(dopamine) 등의 물질이 양

---

9) 주요우울장애의 증상이 2주일 이상 지속되는 경우

극성장애의 신경화학적 기제와 관련이 되어 있으며, 갑상선 기능이상 및 수면장애도 기분장애와 관련이 있다고 알려져 있다.

둘째, 심리학적 원인의 경우 정신분석적 입장에서 양극성장애의 조증 증세를 무의식적 상실이나 자존감 손상에 대한 방어나 보상반응으로 보고 있다. 인지적 입장에서 조증 증상을 나타내는 사람은 우울증 증상을 나타내는 사람과 마찬가지로 현실의 해석에 인지적 왜곡이 있다고 본다. 조증 환자는 획득과 성공을 주제로 하는 자동적 사고를 지니는데 생활경험을 해석하는 과정에서 인지적 오류를 범한다.

(3) 양극성장애의 치료

제1형 양극성장애, 특히 조증 삽화가 나타날 때는 입원치료와 약물치료를 우선적으로 고려해야 하는데, 가장 대표적인 항조증 약물은 리튬(Lithium)이다. 리튬은 기분안정제(mood stabilizer)로서 모든 유형의 양극성장애를 치료하는 데 사용되고 있으며 특히 조증 삽화를 진정시키고 예방하는 효과를 지닌다고 알려져 있다. 그러나 약물치료만으로 한계가 있기 때문에 심리치료와 함께 병행하는 것이 좋다. 그 외에 가족교육, 인지행동치료, 대인관계 및 사회적 리듬치료 등이 이루어질 수 있다.

생각해 볼 문제

- 정신적으로 건강한 삶과 사회복지 실천과의 연관성에 대해 논의해 봅시다.
- 정신과 증상에 어떠한 종류가 있는지 예를 들어 설명해 봅시다.
- 정신질환의 대표적인 유형 중 하나를 선택하여 증상, 원인, 치료방법에 대해 설명해 봅시다.

참고문헌

고진경(2013). DSM-5의 변화와 문제에 대한 개관. 한국심리치료학회지, 5(2), 1-11.

권석만(2013). 현대이상심리학. 서울: 학지사.

권석만(2014). 이상심리학의 기초-이상행동과 정신장애의 이해. 서울: 학지사.

권석만(2015). 현대 성격심리학: 이론적 이해와 실천적 적용. 서울: 학지사.

김기태 · 황성동 · 최송식 · 박봉길 · 최말옥(2009). **정신보건복지론**. 경기: 양서원.

김지영(2002). 정신분열병 환자의 회복경험: '삶의 재구성' 과정. 이화여자대학교 대학원 박사학위논문.

대한신경정신의학회(1997). **신경정신과학**. 서울: 하나의학사.

배정규(2004). 정신장애인의 재기태도와 삶의 질−척도개발과 모형검증을 중심으로. 계명대학교 대학원 박사학위논문.

유수현 · 천덕희 · 이효순 · 성준모 · 이종하 · 박귀서(2012). **정신건강론**. 경기: 양서원.

임영진(2010). 성격강점과 긍정심리치료가 행복에 미치는 영향. 서울대학교 대학원 박사학위논문.

임혁 · 채인숙(2010). **정신건강의 이해**. 경기: 공동체.

American Psychiatric Association (1994). *Diagnostic and statistical manual of mental disorders* (4th ed.). Washington, DC: APA.

American Psychiatric Association (2013). *Diagnostic and statistical manual of mental disorders* (5th ed.). Washington, DC: APA.

Anthony, W. A. (1993). Recovery from mentall illness: The guiding vision of the mentall health service system in the 1990. *Psychosocial Rehabilitation Journal, 16*(4), 11-23.

Deegan, P. E. (1988). Recovery: The lived experience of rehabilitation. *Psychosocial Rehabilitation Journal, 11*(4), 11-19.

Hopper, K., Harrison, G., Janca, A., & Sartorius, N. (2007). *Recovery from schizophrenia−An international perspective.* New York: Oxford Universty Press.

Jacobson, N., & Curtis, L. (2000). Recovery as policy in mental health services: Strategies emerging from the states. *Psychiatric Rehabilitation Journal, 23*(4), 333-341.

Mueser, K. T., Corrigan, P. W., Hilton, D. W., Tanzman, B., Schaub, A., Gingerich, S., Essock, S. M., Tarrier, N., Morey, B., Vogel-Scibilia, S., & Herz, M. I. (2002). Illness management and recovery: A review of the research. *Psychiatric Services, 53*(10), 1272-1284.

Resnick, S. G., Rosenheck, R. A., & Lehman, A. F. (2004). An exploratory analysis of correlates of recovery. *Psychiatric Services, 55*(5), 540-547.

Satyanarayana, S., Enns, M. W., Cox, B. J., & Sareen, J. (2009). Prevalence and correlates of chronic depression in the Canadian community health survey: Mental health and well-being. *The Canadian Journal of Psychiatry, 54*(6), 389-398.

Surgaeon General Reports (1999). The Fundamental of mental health and menral illness. chapter 2 in *Mental health: A report of the surgeon general.* www.mentalhealth.org.

제 **2** 부

정신건강사회복지의 법과 제도

정 신 건 강 사 회 복 지 론

제3장

정신건강 관련 법률[1] 및 제도

학습 목표

- 정신건강복지법의 제정과정을 이해하고 그 배경을 설명할 수 있다.
- 정신건강복지법의 내용과 의의를 이해하고 설명할 수 있다.

　「정신보건법」은 기본적으로 정신장애인들에 대한 규제나 통제를 강화하는 법이 아니라 정신장애를 앓고 있는 많은 사람에게 복지혜택을 주는 기반을 마련하는 복지보장법의 성격을 지녀야 한다. 그러나 1995년 12월에 전 6장 61조 부칙 6조로 이루어져 입법화된 우리나라의 「정신보건법」은 입법과정에서 정신장애인의 보호보다는 정신장애인들을 강제입원시키는 근거를 마련함으로써 정신장애인을 통제하고 사회일반을 보호하려는 사회보호 측면이 지나치게 부각된 점을 부인할 수 없을 것이다. 그러한 한계에도 불구하고, 「정신보건법」은 기존의 무허가시설에 수용되거

---

1) 1995년 제정된 「정신보건법」이 2016년 전면개정을 통해 현재의 「정신건강증진 및 정신질환자 복지서비스 지원에 관한 법률(이하 정신건강복지법)」로 명칭이 변경되었다.

나, 명확한 근거 없이 정신의료기관에 입원되는 상황, 정신의료기관에서의 인권침해 등을 규제하고 있다는 의미에서는 의의가 있다고 할 수 있다. 앞서 기술한 「정신보건법」의 한계를 극복하고자 2016년 「정신보건법」은 「정신건강증진 및 정신질환자 복지서비스 지원에 관한 법률」로 명칭이 변경되고 전면 개정된다. 「정신건강복지법」은 정신질환자의 복지 증진 조항의 신설, 전 국민 정신건강증진 조항의 신설을 담고 있어 기존의 「정신보건법」보다는 진일보하였다고 볼 수 있다. 이 장에서는 「정신보건법」의 제정에서 「정신건강복지법」으로의 개정에 이르는 과정과 주요 내용을 검토하고, 정신건강사회복지서비스 제공의 법적 근거가 되는 「정신건강복지법」의 주요 내용에 대해 살펴보고자 한다.

1. 정신보건법의 제정과정

우리나라에서는 1960년대 이후 「정신보건법」의 제정에 대한 관심과 함께 입법을 꾸준히 시도해 오다가 1995년 12월에 국회를 통과하여 드디어 법으로 제정되었다. 1968년 대한신경정신의학회와 대한의학협회가 공동심의 채택한 「정신위생법」안을 최초로 정부에 입법건의하였으나 정부는 예산 부족을 이유로 기각하였으며 그 후 입법 건의는 1978년과 1980년에 두 번에 걸쳐 이루어졌으나 받아들여지지 않았다.

그러다가 1984년 TV의 〈추적 60분〉에서 기도원 사건이 방영되고, 정신질환자들의 인권보호란 측면에서 여론이 형성되어 법제정의 필요성이 제기되었다. 이에 보건사회부(현 보건복지부)는 대한신경정신의학회와 관련 전문기관들의 자료, 각국의 입안사례들을 참고로 하여 1985년 9월 21일에 입법예고(보사부 공고 제86-53호)하고 11월 14일 국무회의에서 법안심의를 통과시킨 뒤 11월 22일 국회에 제출하였으나 야당의 반대와 대한신경정신의학회, 대한변호사회, 요양시설협회, 한국사회복지협회 등 관련 집단들의 반대에 부딪혀 보류되었다.

그 후 1991년 가을 대구에서 나이트클럽 방화사건과 서울 여의도광장 자동차질주 사건이 발생하자 법무부가 사건을 정신질환과 연계시켜 범죄 예방 차원에서 「정신보건법」의 제정에 관여하기 시작하였다. 이에 1992년 1월 보건사회부는 「정신보건법」 입법을 재추진할 계획을 발표하였고, 4월 29일과 6월 3일의 두 차례의 공청회를 거쳐 9월 7일 입법을 예고하였으며(보사부공고 제92-51호) 11월 국무회의의 심의를 거쳐 제14대 국회에 법안이 제출되었다. 그러나 여전히 전문가들의 반대가 심하자 국회는 1993년 8월 공청회를 개최하여 정부와 전문직 간의 타협점을 찾고자 하였으며, 타협점 찾기에 실패한 국회는 법안심의를 미루어 왔다. 국회심의를 통과하지 못한 법안은 오랫동안 계류되어 있었다. 1995년 10여 년 넘게 법 제정을 유보하다가 정부가 법 제정 절차에서 여러 이해관계자의 상황을 조절하여 1995년 12월 30일 법률 제5133호로「정신보건법」이 제정되었다.

「정신보건법」 제정의 다음과 같은 의의를 갖는다. 첫째, 정신과 병원에 입원규정의 미비로 정신질환자의 입원에 대한 근거가 없었으나,「정신보건법」 제정으로 정신질환자 입원규정이 명문화되었다. 둘째, 정신보건인력[2]과 시설에 대한 기준을 마련하였다. 이를 근거로 사회복지영역에서는 정신보건사회복지사가 국가자격증으로 인정되는 법적 토대가 마련되었다. 셋째, 정신의료기관의 정신질환자 치료가 인권중심 및 보호중심을 표방하였다. 넷째, 정부의 정신보건정책 기조가 장기입원 수용을 억제하고 지역사회정신보건을 지향한다고 표방하였다. 그러나 새로운 공공 지역사회정신보건사업의 지원정책이 부실하여 지역사회정신보건 지향은 선언적 수준에 머물렀다.

2. 정신보건법의 정신건강복지법으로의 개정과정

1995년 제정된「정신보건법」은 모두 17번의 개정과정을 거치고, 18번의 개정과정에서「정신건강복지법」으로 전면개정된다.「정신보건법」의 개정과정을 간략하게 살펴보면 다음과 같다.

---

2)「정신보건법」에서「정신건강복지법」으로 전면개정되면서 '정신보건'은 '정신건강'으로 대체되었으나, 이 장에서「정신보건법」의 의의 및 의미를 설명하기 위해서는「정신보건법」에 사용된 '정신보건'의 용어를 사용하였다.

1) 1997년 전면개정

본 개정의 계기는 정신요양시설의 신설과 정신요양병원의 폐지이다. 「사회복지사업법」에 의해 운영되던 정신요양시설을 「정신보건법」에 명시하였으며, 정신의료기관과 역할 구분이 모호한 정신요양병원을 폐지하였다. 동의입원의 명칭을 보호의무자에 의한 입원으로 변경하였으며, 보호의무자에 의해 입원된 환자에 대해 정신과전문의가 퇴원이 가능하다고 판단하면 보호의무자의 퇴원신청이 없어도 즉시 퇴원이 가능하도록 퇴원절차를 간소화시켜 정신질환자의 인권보호를 강화하고자 하였다. 평가입원제도를 폐지하여 시도지사에 의한 입원절차에 포함될 수 있도록 하여 행정적 입원의 간소화를 꾀하였다.

2) 2000년 일부개정

본 개정은 정신질환자의 개념을 확대하는 차원에서 이루어진다. 즉, 정신질환을 정의함에 있어서 "'정신질환자'라 함은 정신병(기질적 정신병을 포함한다)·인격장애·알코올 및 약물중독 기타 비정신병적 정신장애를 가진자를 말한다"로 규정함으로써 정신질환의 범위에 '알코올 및 약물중독'을 추가하게 된다(김충휘, 2017). 또한 현실적으로 운영실적이 없는 시·도지사의 정신의료기관 지정제도를 폐지하는 등 현행 제도의 운영상에 나타난 일부 미비점을 개선·보완하였다. 정신질환자의 인권침해를 예방하기 위하여, 정신의료기관에 자의로 입원한 정신질환자에 대한 퇴원중지제도를 폐지하여 환자의 퇴원에 대한 자율성을 보장하였고, 300병상 이상의 정신의료기관의 설치를 금지하여 정신의료기관의 대형화를 방지하는 근거를 마련하였다.

3) 2004년 일부개정

1994년부터 지역사회정신건강사업의 시범사업으로 운영되던 정신보건센터(현 정신건강복지센터)의 운영근거를 개정을 통해 「정신보건법」에 명시하였다. 법 개정 이전 정신보건센터는 운영의 법적 근거가 없어 사업수행 및 기관정체성에 혼란이 있었고 이를 보완하기 위하여 보건소 또는 국·공립정신의료기관에 정신보건센터를 설치하도록 하였다. 또한 정신의료기관이 시설기준 등에 미달하게 된 때에는 정신의료기관 허가를 취소하거나 폐쇄 또는 사업을 정지할 수 있도록 하였다.

4) 2008년 일부개정

본 개정은 정신장애인의 인권강화에 중점을 두고 진행되었으며, 정신보건시설 종사자는 연 4시간의 정신질환자 인권교육을 이수하는 것을 명문화하였다. 정신질환자 입원에서의 인권강화를 위해서는 보호의무자에 의한 입원에서 보호자의 요건을 2명으로 확대하였으며, 자의입원한 환자의 경우 연 1회의 퇴원의사를 확인하고 기록에 남길 것을 의무화하도록 하였다. 시·도지사에 의한 입원을 절차의 현실화를 위하여 시·군·구청장에 의한 입원으로 변경하였으며, 계속입원심사에서 대면 심사 및 심사의 질을 향상하기 위하여 각 기초자치단체에서 시행하도록 기초심판 위원회의 기능을 강화하였다. 그리고 정신병적 증상으로 입원 등을 하기 전에 자타해 위험성이 있는 환자에 대해서는 시장·군수·구청장이 외래치료명령을 청구할 수 있도록 하는 외래치료명령제를 도입하였다. 지역사회에서 정신질환자의 재활을 위하여 사회복귀시설(현 정신재활시설)에 직업재활시설을 포함하여 정신질환자를 위한 지역사회 자원을 확대하고자 하였다.

5) 2016년 전면개정: 정신건강복지법으로 개정

기존의 「정신보건법」이 지나치게 의료중심적이고, 의료기관에서 정신질환자의 인권강화에 초점을 둔 한계를 극복하고자 「정신보건법」의 법명을 「정신건강복지법」으로 개정하고, 정신질환자의 비자의입원 제도 개선을 통해 정신질환자의 인권을 보호하고자 하였으며, 정신질환자 범위를 중증정신질환자로 축소하여 정신건강서비스 수혜 문턱을 낮추고자 하였다.

3. 정신건강복지법의 구성과 내용

기존의 「정신보건법」은 지나치게 의료중심적이고, 실질적으로 전 국민의 정신건강 증진 및 정신질환자를 위한 복지를 포괄하는 내용을 담고 있지 못한 한계를 안고 있었다. 특히 2016년 헌법재판소가 「정신보건법」에 명시된 보호의무자에 의한 입원을 헌법불일치로 판결하자, 「정신보건법」상의 입원제도에 대한 대대적인 수정과 인권 강화에 대한 필요성이 절실하게 되었다. 2016년 개정된 「정신건강복지법」은 기존의 정신보건환경 및 입원절차에 대한 많은 변화를 야기하게 될 것으로 예측되었으며, 이의 안정적 정착을 위해 1년 이후인 2017년 5월 30일에 시행된다. 「정신건강복지법」의 개정목적은 정신질환자의 지역사회 관리, 정신질환자 범위를 중증정신질환자로 축소, 전 국민 정신건강증진의 장 신설, 비자의 입원제도 개선, 정신질환자의 인권보호, 정신질환자에 대한 복지서비스 제공 등이며 총 8장 89조로 구성되어 있다.

1) 제1장: 총칙

제1장은 총칙으로 본 법의 목적, 기본이념, 각 용어의 정의, 국가 및 지방자치단체의 책무, 국민의 권리, 정신건강증진시설의 장의 의무 등을 명시하고 있다. 이 법은 정신질환의 예방·치료·권리보장과 정신건강 친화적인 환경 조성에 필요한 사항을 규정함으로써 국민의 정신건강증진 및 정신질환자의 인간다운 삶을 영위하는 데 이바지함을 목적으로 함을 명시하고 있다.

「정신보건법」은 정신질환 유형·중증도에 관계없이 의학적 의미의 모든 정신질환자를 포함하나, 「정신건강복지법」은 정신질환자를 "독립적 일상생활을 하는 데 중대한 제약이 있는 사람"만 포함하여 정신질환자의 개념을 축소하였다. 개념 축소의 기대효과는 가벼운 우울증만 치료받아도 법적 정신질환자가 되어 화장품제조판매업, 말사육사 등 여러 자격 취득이 원천 차단되는 문제를 완화하여 정신질환에 대한 차별을 감소하고 치료접근성을 향상시키고자 하는 것이다.

법 1장에서는 정신건강관련 시설의 종류를 명시하고 있다. 정신건강 관련 시설의 종류는 정신건강복지센터와 정신건강증진시설로 크게 구분하였다. 정신건강증진시설에는 정신병원 또는 의원·병원 정신건강의학과를 포함하는 정신의료기관(제3조 제5호), 정신요양시설(제3조 제6호), 생활시설·재활훈련시설을 포함하는 정신재활 시설(제3조 제7호)이 있다.

본 법에서 규정하고 있는 이념은 다음과 같다.

① 모든 국민은 정신질환으로부터 보호받을 권리를 가진다.
② 모든 정신질환자는 인간으로서의 존엄과 가치를 보장받고, 최적의 치료를 받을 권리를 가진다.
③ 모든 정신질환자는 정신질환이 있다는 이유로 부당한 차별대우를 받지 아니한다.
④ 미성년자인 정신질환자는 특별히 치료, 보호 및 교육을 받을 권리를 가진다.
⑤ 정신질환자에 대해서는 입원 또는 입소가 최소화되도록 지역사회 중심의 치료가 우선적으로 고려되어야 하며, 정신건강증진시설에 자신의 의지에 따른 입원 또는 입소가 권장되어야 한다.
⑥ 정신건강증진시설에 입원등을 하고 있는 모든 사람은 가능한 한 자유로운 환경을 누릴 권리와 다른 사람들과 자유로이 의견교환을 할 수 있는 권리를 가진다.
⑦ 정신질환자는 원칙적으로 자신의 신체와 재산에 관한 사항에 대하여 스스로 판단하고 결정할 권리를 가진다.
⑧ 정신질환자는 자신에게 법률적·사실적 영향을 미치는 사안에 대하여 스스로 이해하여 자신의 자유로운 의사를 표현할 수 있도록 필요한 도움을 받을 권리를 가진다.
⑨ 정신질환자는 자신과 관련된 정책의 결정과정에 참여할 권리를 가진다.

2) 제2장: 정신건강증진 정책의 추진

「정신건강복지법」은 일반인의 정신건강증진 및 정신질환자 복지서비스와 관련하여 국가 및 지방자치단체의 역할과 의무를 명시하고 있다. 국가 및 지방자치단체는 매 5년마다 국가 및 지방자치단체의 정신건강복지 기본계획을 수립하여야 하며, 기본계획의 내용에는 정신질환자의 조기퇴원 및 사회적응·정신건강증진을 위한 협력방안·정신질환자와 그 가족의 지원 등이 포함되어야 한다. 또한 보건복지부장관은 매 5년마다 정신건강 실태조사를 시행하여야 하며, 이를 근거로 정신건강복지 기본계획을 수립하여야 한다. 일반인의 정신건강증진을 위하여 정신질환 조기발견, 국가 및 지방자치단체의 정신건강증진 사업 추진, 학교 등에서의 정신건강사업 실시를 명시하고 있고, 매년 10월 10일은 정신건강의 날로 지정하여 정신건강과 관련한 국민의 관심증대를 도모하고 있다. 정신건강증진을 위하여 정신건강복지센터, 국가트라우마센터, 중독관리통합지원센터의 설치 운영에 관한 사항을 제시하고 있다.

법 2장에서는 정신건강인력에 대한 규정을 명시하고 있다. 정신건강전문요원은 전문분야에 따라 정신건강임상심리사, 정신건강간호사, 정신건강사회복지사, 정신건강작업치료사[3]로 구분한다.

3) 제3장: 정신건강증진시설의 개설·설치 및 운영 등

「정신건강복지법」 제3장에서는 정신건강증진시설의 설치, 운영에 관한 규정을 명시하고 있다. 정신건강증진시설은 정신의료기관, 정신요양시설, 정신재활시설을 포함한다. 이 법에서는 정신의료기관 설치 운영을 제한하는 규정을 두고 있고, 과징금의 명시를 통해 정신의료기관이 환자의 권익보호와 공익을 위한 활동을 지원하고 있다. 정신의료기관에서의 정신질환자 치료환경을 보장하기 위하여 〈표 3-1〉에서와 같이 정신의료기관의 종사자 수를 명시하고 있다.

〈표 3-1〉 정신의료기관 종사자의 수 및 자격기준(「정신건강복지법 시행규칙」 제11조)

구분	정신병원	병원급 이상의 의료기관에 설치된 정신건강의학과	정신과의원
정신건강 의학과 전문의	입원환자 60명당 1명을 두되, 그 끝수에는 1명을 추가한다. 이 경우 정신건강의학과전공의는 정신건강의학과전문의 0.5명으로 본다.		1명을 두되, 정신건강의학과 전공의는 정신건강의학과 전문의 0.5명으로 본다.

---

3) 정신건강작업치료사는 2020. 4. 7. 「정신건강복지법」 개정에 의해 정신건강전문요원에 포함되었다. 자격제도 및 자격관리와 관련한 준비기간을 고려하여 3년의 유예기간을 두고 있어, 아직 자격제도 및 역할이 본 법에 명시되어 있지 않다. 따라서 이 책에서는 본 법에 명시된 3개 영역의 정신건강전문요원의 자격 및 역할을 제시하고자 한다.

간호사	입원환자 13명당 1명을 두되, 그 끝수에는 1명을 추가한다. 이 경우 간호사 정원의 2분의 1의 범위 안에서 간호사를 간호조무사로 대체할 수 있다.	정신병원과 같다. 다만, 입원환자가 5명 미만이거나 외래환자만을 진료하는 경우에는 간호사를 간호조무사로 대체할 수 있다.
정신건강 전문요원	입원환자 100명당 1명을 두되, 그 끝수에는 1명을 추가한다. 이 경우 정신건강전문요원의 자격취득을 위하여 수련 중인 자로서 수련기간이 1년을 경과한 자는 정신건강전문요원 0.5명으로 본다.	

비고 1. 외래환자 3명은 입원환자 1명으로 본다.
    2. 낮병동 환자 2명은 입원환자 1명으로 본다.

정신요양시설의 설치 · 운영과 관련하여 설치운영자를 사회복지법인 및 비영리법인, 국가 및 지방자치단체로 규정하고 있고, 퇴원의사의 확인 등과 관련한 기록의무를 강화하였다. 그리고 보호의무자가 본인의 동의서를 받아 정보제공을 요청하는 경우라도 환자 본인에게 해가 되는 경우는 정보제공 거부가 가능하게 하는 등 정신질환자의 인권보호 조치를 강화하였다.

정신재활시설은 정신의료기관에서 퇴원하거나, 지역사회에서 생활하는 정신질환자의 기능향상을 지원하기 위한 시설로서 생활시설 · 재활훈련시설 · 그 밖의 대통령령으로 정하는 시설을 포함한다. 이상에서 설명한 정신건강증진시설에 더해, 정신건강복지전달체계에서 핵심적인 역할을 하고 있는 정신건강복지센터를 포함한 정신건강증진 및 관련시설의 종류 및 기능은 〈표 3-2〉와 같다.

〈표 3-2〉 정신건강증진 및 관련시설의 종류(「정신건강복지법」에 근거하여 재편집)

구분	정신건강복지센터	정신건강증진시설		
		정신의료기관	정신요양시설	정신재활시설
근거	제15조	제19조	제22조	제26조
대상	일반 국민	정신질환자	정신질환자	정신질환자 및 정신건강상 문제가 있는 사람 중 대통령령으로 정하는 사람

종류	−광역 정신건강복지 센터 −기초 정신건강복지 센터	−정신병원 −정신과의원 −(병원의) 정신건 강의학과	정신요양시설	−생활시설 −재활훈련시설 −그 밖에 대통령령 으로 정하는 시설
목적	정신건강증진사업 및 정신질환자 복지서비 스 지원	정신질환자의 입 원 · 치료	정신질환자를 입소 시켜 요양 서비스를 제공	정신질환자 등의 사 회적응을 위한 각종 훈련과 생활지도

4) 제4장: 복지서비스의 제공

「정신보건법」이 「정신건강복지법」으로 전면개정되면서 새로이 신설된 내용이 사회복지서비스 관련 규정이다. 「정신건강복지법」에서 규정하고 있는 정신질환자를 위한 복지서비스의 내용은 다음과 같다.

- 정신질환자를 위한 복지서비스 개발(제33조)
- 고용 및 직업재활 지원(제34조)
- 평생교육 지원(제35조)
- 문화 · 예술 · 여가 · 체육활동 등 지원(제36조)
- 지역사회 거주 · 치료 · 재활 등 통합지원(제37조)
- 가족에 대한 정보제공과 교육(제38조)

본 법에서 제시한 복지서비스가 대부분 선언적인 내용임에도 기획재정부 요구로 대폭 간소화, 예산지원규정이 삭제되었다. 이는 법이 국가의 복지서비스 실시 여부에 대한 권한만 부여해 놓고, 실제 실시할 의무를 부과하지는 않는 형태로 규정을 두어 형식적, 선언적이라는 비판을 받고 있다.

5) 제5장: 보호 및 치료

1995년 「정신보건법」 제정 이전에 정신질환자는 무허가 시설에 불법적으로 수용되기도 하였고, 정신의료기관에 입원하는 경우에도 명확한 입원규정 없이 수용되는 사례가 발생하였다. 정신질환자의 인권보호를 위해 정신의료기관 및 정신요양시설에 입원(소)에 관한 명확한 규정을 마련했다는 것이 「정신보건법」의 의의라고 할 수 있다. 「정신건강복지법」은 진일보하여 정신질환자의 인권을 강화하는 방향으로 정신의료기관 및 정신요양시설 입원(소)규정을 마련하고자 하였다. 입원과정에서 정신질환자의 자의입원을 우선으로 하고, 사적 영역에서의 강제입원[4]에 대한 공적 영역의 역할을 강화하는 방향으로 개정이 이루어졌다. 「정신건강복지법」에서 규정하고 있는 정신질환자의 정신의료기관 및 정신요양시설 입원(소)규정은 다음과 같다.

(1) 자의입원(제41조)

환자 스스로 입원을 신청하고, 정신과전문의의 대면평가를 통해 필요성이 인정되면 입원이 가능하며, 본인이 퇴원을 희망할 경우 언제든지 퇴원 가능한 입원유형이다.

(2) 동의입원(제42조)

환자 스스로가 입원에 동의하고, 보호의무자 1인의 동의를 받아 정신과전문의 대면평가를 통해 입원하는 유형이다. 본인이 퇴원을 신청하고, 보호자가 이에 동의하면 즉시 퇴원이 된다. 그러나 본인이 퇴원을 신청하였으나 보호자가 이에 동의하지 않으면 정신과전문의 진단으로 최대 72시간까지 퇴원 제한이 가능하다.

(3) 보호의무자에 의한 입원(제43조)

보호의무자 2인 이상의 신청과 정신과전문의 권고로 진단 입원 가능하다. 진단입원 후 소속이 다른 전문의의 치료입원 동의 소견이 있어야 1개월간 치료입원이 가능하며, 한 달 이내에 입원적합성 심사위원회에서 치료입원의 필요성 등 입원적합성에 관한 심사를 받아야 한다. 3개월 이후 계속입원심사를 받아야 하며, 추가 3개월 이후 계속입원심사를 받고, 이후에는 6개월마다 계속입원심사를 받아야 한다. 상속ㆍ이혼 등 재산 관련 다툼이나 가정불화 등으로 인한 악용 사례가 가장 많이 나타나는 입원제도로 평가받고 있다.

---

4) 보호의무자에 의한 입원

(4) 특별자치시장·특별자치도지사·시장·군수·구청장에 의한 입원[5](제44조)

자·타해의 위험이 있고, 정신과 증상을 보이는 환자를 정신과전문의 또는 정신건강전문요원이 시장·군수·구청장에게 입원을 신청하고, 시장·군수·구청장이 정신과전문의 대면평가를 통해 입원시키는 유형이다. 2주의 진단입원기간 동안에 주치의와 다른[6] 정신과전문의의 치료입원 진단이 있으면 계속입원이 가능하고, 입원적합성심사 및 계속입원심사의 과정은 보호의무자에 의한 입원과 동일하다. 비자발적 입원이라는 측면에서 보호의무자에 의한 입원과 유사하나 환자 본인과 이해관계가 상충될 가능성이 낮다.

(5) 응급입원(제50조)

자·타해 위험이 크고 급박한 경우 의사·경찰관[7]의 동의를 받아 정신의료기관에 입원의뢰하여 3일간 입원이 가능하다. 3일 이후에는 즉시 퇴원시키거나 다른 유형의 입원형태로 전환하여야 한다. 각 입원유형의 특징과 요건을 정리하면 〈표 3-3〉과 같다.

〈표 3-3〉 정신의료기관 입원유형

	자의입원 (제41조)	동의입원 (제42조)	보호의무자에 의한 입원(제43조)	행정입원 (제44조)	응급입원 (제50조)
유형	자발적		비자발적		
요건	정신질환 또는 정신건강상 문제가 있는 사람	정신질환자	입원치료 필요한 정신질환자 및 (and) 자·타해 위험	정신질환으로 자·타해 위험발견 → 정신과전문의 또는 정신건강전문요원의 신청	입원치료가 필요한 정신질환자 및 (and) 자·타해 위험 → 경찰관과 의사의 동의
입원 신청	본인이 입원신청서 제출	본인의 신청+보호의무자 동의	보호의무자 2인의 신청	시장·군수·구청장	의사 및 경찰

5) '특별자치시장·특별자치도지사·시장·군수·구청장에 의한 입원'은 행정기관이 정신질환자의 입원을 청구하는 제도이므로 이를 '행정입원'으로도 칭한다. 이 책에서는 '행정입원' 용어를 주로 사용하고자 한다.
6) 행정입원은 정신과전문의 혹은 정신건강전문요원이 신청하였기 때문에 치료입원을 위한 정신과전문의의 진단평가는 보호의무자에 의한 입원과는 달리 같은 병원의 정신과전문의가 수행할 수도 있다.
7) 앞서 네 가지 입원유형은 정신과전문의 대면평가에 의해서만 입원이 결정되나, 응급입원의 경우 급박성으로 인하여 일반의사와 경찰관의 동의를 통해서 입원 가능하다.

입원 절차	별도 절차 없음		정신과전문의 1인 입원권고 → 2주간 진단입원 → 소속이 다른 정신과전문의 2인의 일치된 소견으로 입원(치료입원) 확정	정신과전문의 1인 입원권고 → 2주간 진단입원 → 정신과전문의 2인의 일치된 소견으로 입원(치료입원) 확정	의사 및 경찰 입원권고 → 3일간 입원 → 3일 이후 퇴원 및 타 유형의 입원으로 전환
기간	제한 없음		3개월간		3일
입원 신고	해당 없음		3일 내 신고		해당 없음
입원 적합성의 심사	해당 없음		국립정신병원 등에 설치된 입원적합성 심사위원회가 심사 (최초 입원일부터 1개월 이내)		해당 없음
퇴원 의사의 표시	본인의 신청(2개월마다 퇴원의사 확인 필요)		본인 또는 보호의무자의 신청	시장·군수·구청장의 입원 해제	해당 없음
퇴원 제한	신청하면 지체 없이 퇴원	정신과전문의 진단으로 최대 72시간 제한 가능	입원요건 충족 시 퇴원거부 가능	해제하면 지체 없이 퇴원	해당 없음
입원 연장의 요건	해당 없음	해당 없음 (72시간 내 비자발적 입원으로 전환 필요)	소속 다른 정신과전문의 2인 소견+보호의무자 2명 이상 동의 3개월(1차)+6개월 연장	2인 이상의 전문의 판단 3개월(1차)+6개월 연장	해당 없음

출처: 인권위원회(2017) 재정리.

「정신보건법」에서 「정신건강복지법」으로의 개정에서 입원과 관련한 주요한 변화는 강제입원의 경우 입원적합성 심사위원회를 신설하였다는 것이다. 이는 기존의 보호입원 및 행정입원이 공적입원심사의 절차가 미비하여 입원과정에서 정신질환자의 인권침해 가능성이 있어 이를 방지하기 위하여 입원의 공적절차를 마련하였다는 데 의의가 있다.

입원적합성심사위원회는 법 45조에 따라 국립정신의료기관[8]에서 심사하도록 하고 있다. 심사항목은, 첫째, 환자가 법에 따른 적법한 입원 등을 하였는지 여부, 둘째, 환자의 진단과 증상에 비추어 볼 때 신고 당시 입원이 필요했었는지 여부, 셋째, 환자의 진단과 증상, 치료경과에 비추어 볼 때 퇴원이 필요한지 여부 등이다. 위원회의 구성은 10명 이상 30명 이내로 구성하고 정신과전문의, 법조인, 정신질환자가족, 전문가, 당사자 등이 포함된다. 입원적합성심사위원회의 조사원을 따로 두고 심사를 실시하며, 서면조사와 대면조사의 방법을 활용한다.

6) 제6장: 퇴원 등의 청구 및 심사

우리나라는 정신질환자의 평균입원일수가 2017년 기준 168일로 OECD 평균 49일(이영문, 2020)에 비해 높게 나타나고 있어 장기입원 및 수용중심의 정신질환자 관리 및 치료가 이루어지고 있음을 시사하고 있다. 정신질환자의 단기입원 및 지역사회 중심의 돌봄서비스를 제공하기 위하여 「정신건강복지법」에서는 정신의료기관에 입원한 환자가 퇴원을 청구할 수 있고, 비자의 입원의 입원기간의 연장 여부를 심의할 수 있는 정신건강심사위원회를 운영하고 있다. 정신건강심의위원회는 광역과 기초 단위로 운영되고 있으며 구성 및 기능은 〈표 3-4〉와 같다.

〈표 3-4〉 **정신건강심의위원회의 구성과 기능**

구분		광역정신건강심의위원회	기초정신건강심의위원회
구성 및 임기	구성	• 10명 이상 20명 이하 • 시 · 도지사 위촉(임기 2년)	• 6명 이상 12명 이하 • 시 · 군 · 구청장 위촉(임기 2년)
	자격	• 다음 각 호 1명 이상 포함 **(굵은 글씨 광역 3명 이상, 기초 2명 이상 필수 포함)** ① 정신건강의학과 전문의 ② 판사 · 검사 또는 변호사 ③ 정신건강복지센터 소속 정신건강전문요원	

---

8) 전국에 국립정신의료기관은 국립정신건강센터, 국립춘천병원, 국립공주병원, 국립나주병원, 국립부곡병원이 있다.

		④ 정신질환자의 회복과 재활에 노력한 가족 ⑤ 정신건강 전문지식과 경험 보유자(시설의 설치 운영자, **관련학과 전임강사 이상, 정신질환자였던 사람, 그 외 관계 공무원, 인권전문가 등 정신건강과 인권 관련 전문지식과 경험 보유자**)	
기능	심의 및 심사	• 정신건강증진시설에 대한 감독 • 입원연장 등 재심사 　(기초심사위원회의 결정에 불복하여 　재심사를 청구한 경우) • 기타 복지부령으로 정하는 사항	• 입원 등 기간연장의 심사 • 퇴원 등 또는 처우개선의 심사 • 입원기간 연장 • 외래치료 명령 • 기타 복지부령으로 정하는 사항
	요청	정신질환자에 대한 인권침해 행위에 대하여 국가인권위에 조사 요청	
입원연장 등 심사청구 절차		〈심사청구〉 정신질환자 또는 보호자: 시장·도지사에게 청구 → 기초정신건강심의위원회 회부 → 기초정신건강심의위원회 내 기초정신건강심사위원회에서 심사 → 기초정신건강심의위원회 시장·군수·구청장에게 보고 → 시장·군수·구청장 퇴원 등 명령 〈재심사 청구〉: 기초정신건강심의위원회 심사결정사항에 불복하는 경우 정신질환자 또는 보호자: 시장·도지사 청구 → 광역정신건강심의위원회 회부 → 광역정신건강심의위원회 내 광역정신건강심사위원회에서 심사 → 광역정신건강심의위원회 시장·도지사에게 보고 → 시장·도지사 퇴원 등 명령	

출처: 인권위원회(2017).

　과거 「정신보건법」에서는 정신건강심의위원회의 결정이 퇴원, 임시퇴원, 처우개선조치로 제한되었다. 「정신건강복지법」에서는 퇴원, 임시퇴원, 처우개선조치 이외에도 외래치료명령 조건부 퇴원, 3개월 이내 기한을 둔 퇴원, 3개월 이내 재심사, 다른 정신의료기관 등으로의 이송, 자의입원 혹은 동의입원으로의 전환 등으로 결정을 다양화하여 정신질환자의 인권 및 처우개선 향상에 기여하고자 하였다.

　「정신보건법」에서는 계속입원심사가 입원 후 6개월 이후에 진행되고, 이후 6개월 단위로 진행되었다. 「정신건강복지법」에서는 이를 개선하여 첫 입원 이후 3개월 이내 계속입원심사를 실시하고 이후 3개월 이후 심사, 2번의 심사 이후에는 6개월마다 계속입원심사를 실시하도록 제도를 수정·보완하여 정신질환자의 장기입원을 예방하고자 하는 제도적 기틀을 마련하였다고 할 수 있다.

7) 제7장: 권익보호 및 지원 등

「정신건강복지법」 제7장은 정신질환자의 인권보호와 권익보호를 위한 규정들로 구성되어 있다. 그 구체적인 내용은 다음과 같다.

- 응급입원을 제외하고는 정신건강의학과 전문의의 대면 진단에 의하지 아니하고 정신질환자를 정신의료기관 등에 입원시킬 수 없도록 함
- 정신질환자라는 이유로 교육, 고용, 시설이용 기회의 제한 및 박탈 금지
- 정신건강증진시설의 장과 종사자는 1년에 4시간의 인권교육을 받도록 함
- 정신질환자 또는 정신건강증진시설과 관련된 직무 수행에서 알게 된 다른 사람의 비밀 누설의 금지
- 정신증진시설 이외의 시설에 정신질환자 수용의 금지
- 정신건강증진시설 입원 정신질환자에게 폭행 및 가혹행위 금지
- 정신의료기관에 입원 한 사람에 대한 전기충격요법, 인슐린혼수요법, 마취하최면요법, 정신외과 요법 등의 치료에 대한 본인 혹은 보호의무자의 동의 의무화
- 통신과 면회의 자유 제한 금지
- 격리 · 강박의 제한 및 절차 준수
- 입원한 정신질환자에 대한 치료, 재활, 사회적응에 도움이 인정되는 경우에 한한 작업의 시행
- 직업훈련의 지원

8) 제8장: 벌칙

「정신건강복지법」 제8장은 벌칙조항을 담고 있다. 정신의료기관 및 시설 종사자가 정신질환자의 입 · 퇴원절차 위반, 비밀보장 위반, 정신건강증진시설 이외의 시설 수용, 정신질환자의 권익 및 보호의무 위반, 시설 운영기준 미준수, 정신건강전문요원 자격증 대여 시 벌칙규정을 명시하고 있다.

4. 정신건강복지법의 의의 및 과제

1995년「정신보건법」제정 이후 20여 년 만에 전면개정된「정신건강복지법」은 전 국민의 정신건강증진, 정신질환자의 보호를 의료 · 수용중심에서 지역사회 보호와 지원으로의 전환, 비자의 입원과정에서의 정신질환자의 인권보호 강화 등의 내용을 포함하고 있다.「정신건강복지법」으로의 개정과정에서 나타난 의의와 향후 정신건 강서비스 패러다임에서「정신건강복지법」의 과제에 대해 살펴보고자 한다.

1) 정신건강복지법의 의의

(1) 강제입원에 대한 공적 개입 제도 마련

「정신건강복지법」으로의 개정의 촉발적 역할은 헌법재판소의 보호의무자에 의한 입원의 헌법불일치 판정이었다. 헌법재판소는 정신질환자의 치료 목적으로 보호의 무자에 의한 입원이 필요할 수 있음을 인정하지만, 사적 영역에서 개인의 자유권 침 해의 우려를 제기하고 강제입원에서 공적 영역에서의 개입이 필요함을 주문한다. 이에 근거하여「정신건강복지법」은 보호입원 및 행정입원 과정에서 정신질환자의 입원을 국가기구가 관리감독하는 기능을 강화하고자 하였으며, 입원적합성 심사위 원회가 그러한 기능을 수행하도록 명문화하였다.

(2) 정신건강심의위원회를 통한 장기입원 개선

「정신건강복지법」에서는 입원적합성 심사위원회를 도입하면서 정신건강심의위 원회를 계속 유지함으로써, 계속입원심사와 입원심사기구를 이원화하였다.「정신 보건법」의 계속입원심사제도를 개선하여 입원 초기 3개월에 계속입원심사를 시행 함으로써, 정신의료기관에서 초기에 집중적 치료를 시행하여 장기입원을 예방하고 자 하였다. 그러나 계속입원심사에서 계속입원 명령의 비율이 높아, 향후 본 위원회 의 장기입원을 방지하는 실질적 역할 강화를 위한 방안 마련이 필요하다.

(3) 정신질환자의 복지서비스 제공 명시

과거의 「정신보건법」은 정신의료기관의 입원절차, 정신의료기관 종사자 자격기준, 정신의료기관의 종사자 기준 등을 제시하는 의료법적 성격을 많이 내포하고 있었다. 「정신건강복지법」에서는 정신질환자에 대한 주거, 고용, 평생교육, 복지서비스 등에 대한 전면 지원과 재활, 복지, 권리보장 등의 정신질환자를 위한 복지서비스 제공을 명시하고 있어 복지법적 성격이 강화되는 의의가 있다.

(4) 지역사회돌봄으로의 패러다임 전환

「정신보건법」 제정 이후에 정신병상 수는 지속적으로 증가하여 지역사회 중심의 정신질환자 돌봄이 이루어지지 않았다. 그러나 「정신건강복지법」 제37조 지역사회 거주·치료·재활 등 통합지원은 정신질환에 대한 국가의 대응방식이 기존의 입원 중심에서 지역사회치료 체계로 전환하겠다는 의지로 보인다. 이는 사회복지전달시스템이 지역사회돌봄으로 나아가고 있는 상황과도 맥을 같이한다고 할 수 있다.

2) 정신건강복지법의 과제

(1) 복지서비스 제공기관 및 예산규정 강화

정신질환자를 위한 복지서비스 제공에 대한 명시는 「정신건강복지법」의 복지법으로서의 성격이 강화되었음을 보여 준다. 그러나 앞서 살펴보았듯이 복지서비스에 대한 규정이 선언적이고 수행기관, 예산에 대한 명시적 제시가 이루어지지 않아 한계를 갖는다. 따라서 향후 「정신건강복지법」은 복지서비스에 대한 규정의 강화가 필요하다.

(2) 장애인복지법과의 연계체계 구축

「장애인복지법」 제15조에 따르면 「정신건강복지법」의 적용을 받는 장애인에게는 「장애인복지법」을 적용하지 않는다는 제한규정을 두고 있다. 그 결과 정신장애인은 중앙 또는 지방정부가 설립한 복지과에서 제공하는 주거, 상담, 치료, 훈련 등의 서비스로부터 배제되어 있다. 따라서 정신질환자의 지역사회 서비스 이용을 제한하는 「장애인복지법」 제15조의 수정을 위한 「정신건강복지법」의 개선이 필요하다.

(3) 비자의입원에서의 정신질환자 인권강화를 위한 제도 마련

「정신건강복지법」에서 비자의입원과정에서의 공공의 역할을 강화하기 위하여 입원적합성심사위원회를 신설하는 등 정신질환자의 인권강화를 위한 노력을 기울였다. 그러나 입원적합성 심사위원회가 의료적 합의체 기관의 성격이 강하고, 서면심사 중심으로 심사가 이루어지고 있어 실질적으로 환자의 인권강화에는 한계가 있다. 따라서 향후 후견적, 보호적 역할을 강화하는 형태의 비자의입원 절차가 마련될 필요가 있다.

💡 **생각해 볼 문제**

- 「정신건강복지법」에서 규정하고 있는 정신의료기관 입원유형의 장 · 단점을 비교해 보고 논의해 봅시다.
- 「정신건강복지법」에서 정신질환자의 복지서비스 강화를 위해 필요한 사항에 대해 조사해 봅시다.

📎 **참고문헌**

김충휘(2017). 정신건강복지법의 주요 내용과 개선 방안에 관한 연구. 토지공법연구, 80, 330-331.

법제처. 정신건강증진 및 정신질환자 복지서비스 지원에 관한 법률.

법제처. 정신건강증진 및 정신질환자 복지서비스 지원에 관한 법률 시행규칙.

법제처. 정신건강증진 및 정신질환자 복지서비스 지원에 관한 법률 시행령.

신권철(2017). 한국 정신보건법의 변화와 그 의미. 경희법학, 52(3), 171-210.

이영문(2020). 2018 국가 정신건강 현황 보고서. 국립정신건강센터.

인권위원회(2017). 정신건강증진시설 종사자 인권교육 강사 보수교육 자료집.

http://stats.oecd.org

제**4**장
정신건강사회복지 전달체계

 학습 목표

- 정신건강서비스의 전달체계와 전달체계 내에서의 각 기관의 역할과 기능을 이해하고 설명할 수 있다.
- 다양한 정신건강사회복지 실천현장에서의 정신건강사회복지사의 역할과 기능을 이해하고 설명할 수 있다.

과거 정신건강에 대한 접근은 정신질환의 치료와 재활을 중심으로 이루어져 왔다. 정신과적 문제를 갖고 있는 사람을 대상으로 원조하는 선택적 서비스가 정신건강분야의 주류를 이루어 왔다. 그러나 현대인들이 빠르게 변화하는 사회에 적응하는 과정에서 정서·심리적으로 겪는 어려움이 증가되면서, 정신건강의 방향은 일반시민의 정신질환을 예방하고, 더 나아가 정신건강을 증진시키는 방향으로 관심이 전환되고 있다. 우리나라 정신건강 정책 및 제도의 핵심이라고 할 수 있는 「정신보건법」이 1995년 제정되어 2016년 「정신건강증진 및 정신질환자 복지서비스 지원에 관한 법률(이하 정신건강복지법)」으로 개정이 추진되었고, 법 명칭의 변화는 국가정책이 국민의 정신건강증진을 포함하고자 하는 의지의 반영이라고 볼 수 있다. '정신보건센터'라는 명칭으로 개관한 기관의 명칭이 '정신건강복지센터'로 변경되는 것은 정신건강의 대상이 선택적 대상에서 보편적 대상으로의 전환을 보여 주는 실제적 예로 보인다.

'정신질환의 치료 및 재활'에서 '정신질환의 예방 및 정신건강증진'으로의 패러다임의 전환은 국가의 정신건강정책의 변화와 더불어 실천대상의 변화, 실천전문가의 다양화, 실천분야의 확장을 가져올 수밖에 없다. 기존의 정신질환에 대한 접근을 주도하던 정신의학, 간호, 사회복지, 심리영역뿐만 아니라 보육, 교육, 고용, 교정, 사업장 등이 정신건강증진을 위한 중요한 대상 및 실천영역으로 포함되고 있다. 따라서 이 장에서는 정신건강 실천환경을 살펴보고 정신건강의 다양한 실천영역 및 각 영역에서의 정신건강사회복지사의 역할을 살펴보고자 한다.

1. 정신건강 현황

「정신건강복지법」에서는 5년마다 국민의 정신건강현황조사를 실시하도록 규정하고 있고, 이에 근거하여 정부가 정신건강증진 정책을 수립하도록 하고 있다. 2001년 처음으로 실시한 이후 네 번째로 조사된 2016년에 시행된 정신질환실태 역학조사에 의하면 정신질환 평생유병률은 25.4%로, 성인 4명 중 1명이 평생 한번 이상 정신건강문제를 경험하고 있는 것으로 밝혀졌다. 조사결과에 의하면 전반적으로 정신질환 유병률이 감소추세인 것은 정신건강서비스의 이용률 증가로 인한 예방이나 조기치료의 효과 등이 작용하였을 것으로 분석된다. 다만, 아직도 선진국에 비해서는 정신건강서비스 이용이 적어, 정신질환에 대한 인식개선과 서비스 접근성 확보 등 정책적 노력이 계속될 필요성이 있다. 역학조사에서 중증정신질환자는 인구의 약 0.5%로 WHO 평균 추정치 1%를 밑돌고 있다. 이는 우리나라의 중증정신질환에 대한 강한 편견과 배제가 영향을 주고 있다고 보인다.

이 조사결과에 의하면 알코올 사용장애 평생 유병률은 12.2%(남자 18.1%, 여자 6.4%)이며, 알코올 사용장애 1년 유병률은 3.5%(남자 5%, 여자 2.1%)이다. 1년 유병률 자료를 근거로 지난 한 해 이환된 환자 수는 139만 명으로 추정된다. 또한 2017년 국민건강통계 결과에 따르면, 주 2회 이상 음주하고 1회 평균 7잔(여성 5잔) 이상 음주한 고위험음주자의 비율은 14.2%로 나타났다. 음주로 인한 사회경제적 비용은

2013년 9조 4천 524억 원으로 나타나 음주로 인한 사회적 손실이 심각함을 보여 준다. 이뿐만 아니라 음주운전으로 인한 교통사고, 아동학대, 가정폭력, 성폭력 등은 알코올로 인한 사회적 문제로 보인다. 그러나 우리나라에서는 아직 알코올 문제를 단순 개인의 문제로 취급하고, 국가의 절주 관련 예산도 연간 14억에 그치는 등 알코올로 인한 개인 및 사회적 문제에 대한 사회적 노력이 더욱 강화되어야 함을 알 수 있다.

우리나라의 자살률은 OECD 국가 중 1위에 이를 만큼 심각한 사회문제이다. 2018년 통계청이 발표한 사망원인통계에 따르면, 우리나라의 자살률은 인구 10만 명당 자살사망률이 26.6명으로 나타난다. 자살은 결코 개인의 문제로 끝나지 않는다. 누군가의 자살은 주변의 자살유가족의 건강과 안녕에 치명적인 영향을 주며, 약 3조 856억 원의 사회경제적 비용을 지출하게 하는 사회적 현상이다.

다행히 우리나라는 2011년 자살률이 인구 십만 명당 31.2명을 기록하고 지속적으로 감소 추세에 놓여 있다. 「자살예방 및 생명존중문화 조성을 위한 법률」의 제정, 자살예방업무 수행기관의 설립, 중앙부처의 자살예방정책과의 신설, 자살예방 인력의 배치, 국정 과정에 자살예방정책의 포함 등의 사회적 노력이 이루어 낸 결과일 것이다. 그러나 여전히 높은 자살률은 우리 국민의 안전을 위협하고 있고, 이에 대한 국가 단위의 정책과 개입전략이 지속적으로 발전되어야 할 필요가 있다.

2. 정신건강 추진방향과 전달체계

정신건강증진을 위한 실행계획이 부재하여 계획실행에 대한 체계적 관리, 충분한 확충 등의 미흡으로 이를 보완하기 위해 WHO 권고기준에 맞춰 범부처 차원의 5개년 종합대책을 수립하고, 구체적 이행을 위한 실행계획을 수립(2016~2020)하였다. 국민 정신건강증진, 자살예방, 중증 정신질환자 삶의 질 향상 및 중독관리 등 정신건강에 영향을 미치는 분야가 포함된 종합대책을 수립하고, 무엇보다도 범부처 협의체를 통하여 협조체계 구축 및 계획이행 여부 점검과 평가를 강화하였다. 구체적인 추진전략 및 목표는 [그림 4-1]과 같다.

비전	행복한 삶, 건강한 사회

정책 목표	Ⅰ. 국민 정신건강증진 Ⅱ. 중증 정신질환자 지역사회 통합 Ⅲ. 중독으로 인한 건강 저해 및 사회적 폐해 최소화 Ⅳ. 자살위험 없는 안전한 사회구현

정책목표	전략
국민 정신건강증진	1. 인식개선을 통한 정신건강서비스 이용 제고 2. 정신건강 문제 조기발견 및 개입 강화 3. 생애주기별 정신건강 지원체계 구축
중증 정신질환자 지역사회 통합	1. 조기 집중치료로 만성화 방지 2. 중증 · 만성 질환자 삶의 질 향상 3. 정신질환자 인권 강화
중독으로 인한 건강 저해 및 사회적 폐해 최소화	1. 중독 예방을 위한 사회적 환경 조성 2. 중독문제 조기선별 · 개입체계 구축 3. 중독자 치료 · 회복 지원 강화
자살위험 없는 안전한 사회구현	1. 전 사회적 자살예방 환경 조성 2. 맞춤형 자살예방 서비스 제공 3. 자살예방정책 추진기반 강화

│그림 4-1│ 우리나라 정신건강사업의 정책목표 및 전략

출처: 정부부처합동(2016).

이와 같은 정신건강사업 추진전략에 의해 정부는 정신건강 패러다임의 전환을 천명한다. 기존의 중증정신질환자 관리 중심, 입원중심의 치료 및 개입, 분절적 정책 등에서 일반인의 건강증진, 지역사회 중심, 범부처 간 통합 등으로 국가정책의 변화를 추구하고자 한다. 중증정신질환자 보호에서도 지역사회 돌봄으로 전환한다.

[그림 4-1]에서 제시된 정신건강사업의 정책목표 및 전략을 수행하기 위하여 「정신건강복지법」에서는 다양한 정신건강증진관련시설을 규정하고 있다. 〈표 4-1〉의 다양한 정신건강증진관련시설을 통한 정신건강서비스의 전달체계는 [그림 4-2]와 같다. 전달체계에 제시되어 있는 각 기관의 기능 및 각 기관에서의 정신건강사회복지사의 역할은 다음 절에서 살펴보고자 한다.

〈표 4-1〉 **정신건강증진기관 · 시설현황**

구분	기관 수	주요 기능
정신건강복지센터	255 (광역 16 기초 239)	• 지역사회 내 정신질환 예방 • 정신질환자 발견 · 상담 · 정신재활훈련 및 사례관리 • 정신건강복지시설 간 연계체계 구축 등 • 지역사회 정신건강사업 기획 · 조정
정신 의료기관	54	• 정신질환자 진료, 지역사회정신건강사업 지원
	1,774	• 정신질환자 진료
정신요양시설	59	• 만성 정신질환자 요양 · 보호
정신재활시설	345	• 병원 또는 시설에서 치료, 요양 후 사회복귀를 촉진하기 위한 훈련 실시
중독관리통합지원센터	50	• 중독 예방 및 중독자 상담 · 재활 훈련

출처: 보건복지부(2020).

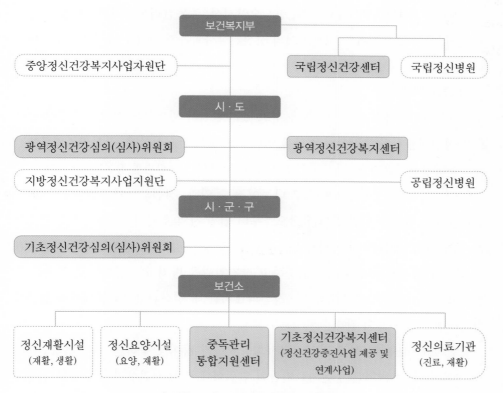

|그림 4-2| 정신건강서비스 전달체계

출처: 보건복지부(2020).

3. 정신건강사회복지 실천영역

1) 전통적 실천영역

전통적 실천영역은 정신질환에 대해 가장 일선에서 서비스를 제공하고 있는 기관이라고 할 수 있다. 수용화시절에는 정신의료기관 및 정신요양시설이 대표적인 실천영역이었다. 1995년 「정신보건법」의 제정과 함께 수용중심 접근에서 벗어나 지역사회정신건강사업이 도입, 실행되면서 정신질환자에 더해 일반인이 그 대상에 포함되었고, 지역사회정신건강복지센터를 중심으로 일반인을 위한 정신건강증진, 정신질환 예방, 정신질환 편견해소와 같은 서비스가 수행되기 시작하였다. 「정신건강복지법」에서는 정신건강증진 및 정신건강증진관련시설로 정신의료기관, 지역사회정신건강복지센터, 정신재활시설, 정신요양시설, 중독관리통합지원센터를 분류하고 있어, 이에 근거하여 각 기관에서의 정신건강사회복지 실천을 살펴보고자 한다.

(1) 정신의료기관

정신의료기관에서는 정신질환을 겪고 있는 환자를 원조하는 실천을 수행해야 하므로 정신질환자의 특징이나 질환을 이해하는 것이 필수적이다. 정신의료기관에는 국 · 공립정신의료기관, 민간정신의료기관(대학병원 · 종합병원 정신건강의학과, 전문정신병원, 정신건강의학과 의원)으로 나누어질 수 있다. 정신의료기관에 있는 정신건강전문가의 업무는 입원 전의 상담으로부터 입원 시의 초기면접, 입원 중의 원조활동, 퇴원원조, 퇴원 후의 사회복귀를 위한 원조 등 다양하다. 정부는 정신의료기관은 정신과 환자의 급성치료에 집중하고 장기입원을 방지하는 방향으로 정책을 추진하고 있다. 정신의료기관에서는 정신의료기관 내 정신건강사회복지사의 업무를 정리하면 〈표 4-2〉와 같다.

정신의료기관에서 최근 정신건강사회복지사가 많이 근무하는 곳이 낮병원(day hospital)이다. 낮병원은 정신의료기관의 입원형태 중 낮시간에만 부분입원의 형태로 서비스를 제공하는 기관이다. 미국부분입원협회에서는 낮병원을 중증도의 정신질환자에게 외래치료에서 제공하기 어려운 심층적이고 조정된 다차원의 협력 치료

〈표 4-2〉 정신의료기관에서의 정신건강사회복지사의 역할

구분		정신건강사회복지사의 역할
정신의료기관	진단과정	• 입원사정과 계획 • 심리사회적 평가(개인력 · 가족력 · 사회력 조사) • 사회환경조사
	치료과정	• 개별문제 상담 • 가족상담 및 교육 • 집단활동 및 집단치료 • 사회재활 프로그램(예: 사회기술훈련) • 병실 내 프로그램 기획 및 운영 • 치료팀 간의 팀워크 활동 • 가정 · 학교 등의 방문을 통한 서비스
	퇴원과정	• 퇴원계획 및 재활계획 상담 · 지도 • 사회복귀와 재활을 위한 지역사회기관 연결 • 낮병원 서비스 제공 • 지역사회 자원 동원 및 연결 • 퇴원 후 사후서비스를 위한 가정방문

출처: 권진숙 · 김정진 · 전석균 · 성준모(2017).

를 제공하기 위해, 진단적 · 의학적 · 정신과적 · 정신사회적 직업준비 및 훈련의 요소를 포함하는 통원치료방식으로 정의하고 있다. 입원치료의 대안으로 입원치료보다 덜 제한적이면서 더 융통성 있는 프로그램을 운영하는 집중적이고 포괄적인 통원치료 형태라는 것이다(김연수 외, 2002: 13 재인용).

우리나라에서는 하루 6시간 이상 병원에서 프로그램을 운영하여 정신질환자에게 서비스를 제공하면 1일의 입원으로 인정하고 있다. 낮병원에서 약물 및 증상 교육, 집단상담 프로그램, 일상생활훈련, 사회기술훈련, 가족상담 등의 서비스를 제공한다. 이는 정신질환자의 효율적 질병관리, 일상생활기능 증진, 사회적응력 향상 등을 목적으로 하고 있다. 낮병원은 독립적인 기관으로 운영되기보다는 대학병원이나 종합병원, 개인정신건강의학과 의원의 부속기관으로 운영되고 있으며 주 3일 내지 주 5일 운영되고 있다.

(2) 지역사회정신건강복지센터

지역사회정신건강복지센터의 목적은 지역사회 중심의 통합적인 정신질환자 관리체계를 구축함으로써 정신질환자의 조기발견 · 상담 · 치료 · 재활 및 사회복귀를 도모하고, 일반 시민의 정신건강증진과 정신질환 예방 · 정신질환의 편견해소와 같은 사업을 함께 수행하는 기관이다. 보건복지부는 지역사회정신건강복지센터를 지역사회정신보건사업 수행의 중추적인 역할을 수행하는 기관으로 설정하고 있으며, 지역사회 정신건강증진 관련기관 및 서비스를 조정하고 통합하는 기능을 지역사회 정신건강복지센터에 부여하고 있다.

지역사회정신건강복지센터는 광역자치단체인 광역시 · 도 단위에 설치되는 광역정신건강복지센터와 시 · 구 · 군 단위에 설치되는 기초정신건강복지센터 두 유형이 있다. 광역정신건강복지센터는 각 광역시 · 도의 정신건강시스템 구축 강화, 24시간 자살예방 및 위기관리서비스, 정신건강증진사업 및 교육홍보사업 등을 제공할 목적으로 운영된다. 기초정신건강복지센터는 인구 20만 명당 1개소를 설치할 수 있으며, 정신건강증진과 자살예방, 정신장애인의 사회복귀를 위한 전문적인 서비스 제공, 지역사회 네트워크 구축사업을 수행하며, 광역정신건강복지센터의 구체적 사업 내용은 〈표 4-3〉에, 기초정신건강복지센터의 구체적 사업 내용은 〈표 4-4〉에 제시하는 바와 같다.

〈표 4-3〉 **광역정신건강복지센터의 사업 내용**

영역	사업 내용
기획	• 광역단위 정신건강사업 및 자살예방사업의 기획 및 수립 • 국가정책사업을 반영한 지역사회정신건강사업 및 자살예방사업 기획 및 수립
지역사회진단 및 연구조사	• 지역사회정신건강에 대한 진단 및 연구조사 • 현황 조사사업 결과의 지역사회 공유 • 기초단위 서비스 제공현황 분석 및 특성화된 지역사회 연구조사를 실시하여 프로그램 개발 및 효과성 검증 연구 • 지역사회 요구도 조사
교육	• 지역사회 종사자 대상으로 교육계획 수립 및 운영 • 정신건강, 자살, 중독, 응급 및 위기관리, 정신건강사례관리시스템, 재난 등 교육 및 매뉴얼 제공 • 대상자 욕구조사 및 의견수렴을 반영한 교육 프로그램 구성

네트워크 구축	• 지역사회 새로운 자원 발굴 및 파악 • 지역사회 유관기관과 협력하여 수행할 수 있는 사업 기획 및 운영 • 지역사회 재해(재난) 발생 시 직접 서비스 수행 지원
인식개선사업	• 정신건강 및 자살문제 인식개선을 위한 지역사회 홍보 및 사업수행 • 콘텐츠 개발, 캠페인 및 홍보 행사 • 광고 및 홍보자료 제작 및 배포
지역특성화 사업	• 지역특성 현황을 분석한 자료를 근거로 사업계획 수립 및 운영 • 사업계획 수립을 위한 현황파악 및 조사 실시 • 사업담당인력, 예산, 평가방법, 효과성 등이 포함된 사업계획 수립 및 운영
정신건강위기 상담 운영	• 24시간 정신건강상담전화 1577-0199 운영

출처: 보건복지부(2019).

〈표 4-4〉 기초정신건강복지센터의 사업 내용

영역	사업 내용
중증정신질환자 관리	• 지역 내 다양한 기관 및 정신의료기관과의 연계를 통한 신규발견 및 등록 체계 활성화 • 전문적 사례관리 서비스 제공 • 중증정신질환 조기개입체계 구축 • 개별적 서비스 계획의 수립과 제공 • 위기개입 서비스 제공 및 위기대응체계 구축 • 포괄적 서비스 제공과 지역사회 네트워크 구축 • 정신건강심사위원회 업무 지원 • 긴급지원 대상자 발굴
자살예방	• 인식개선사업 • 고위험군 조기발견 및 치료 연계 • 자살 위기대응 및 사후관리체계 마련 • 자살수단 접근 차단
정신건강증진	• 인식개선 사업 • 고위험군 조기발견 및 치료연계 사업 • 중독문제 개선을 위한 사업
아동·청소년 정신건강증진	• 고위험군 발굴, 심층사정평가, 정신건강서비스 제공 • 지역사회 현황 파악 및 연계체계 구축 • 교육 및 홍보 • 정신건강문제 조기발견 및 사후관리 서비스 • 지역사회서비스 투자사업(아동·청소년심리지원서비스)과의 연계

재난정신건강 지원	• 재난 발생 시 심리지원 계획 및 심리지원 체계 구축, 교육 지원 • 재난정신건강 현황 등 자료 협조 • 재난 현장 위기대응 및 현장 상담소 운영 • 고위험군 대상에 대한 정신의료기관 연계 및 관리
행복e음 보건복지통합 전달체계 구축	• 사회복지정보시스템과 연동한 보건복지 통합전달체계 구축

출처: 보건복지부(2019).

우리나라 정신건강전달체계에서 중추적 역할을 수행하고 있는 정신건강복지센터에서의 정신건강사회복지사의 역할은 〈표 4-5〉와 같다.

〈표 4-5〉 정신건강복지센터에서의 정신건강사회복지사의 역할

- 정신건강증진에 대한 상담 및 지도
- 정신건강 계몽과 홍보
- 지역의 정신건강 실태 파악
- 정신건강증진에 대한 자문과 교육
- 지역사회 관련 기관들과의 연결 및 협조
- 지역사회 자원 개발 및 활용
- 의료기관이나 상담기관으로의 의뢰 및 알선
- 재가환자들의 가정방문지도 및 상담
- 정신질환자 조기발견 및 조기조치
- 지역주민의 정신건강증진을 위한 활동
- 지역사회 정신장애의 역학조사 활동

출처: 권진숙 외(2017).

(3) 정신재활시설

정신재활시설에서 정신건강전문가의 초점은 정신장애인의 기능 회복을 위한 서비스를 제공하는 것이다. 수용 중심의 서비스를 받던 정신장애인이 지역사회에서 생활하면서 경험하는 다양한 어려움을 해결할 수 있도록 지원하고, 정신장애인을 사회의 한 구성원으로 받아들일 수 있도록 지역사회의 변화를 도모하는 기능을 수행한다.

국가 및 지방자치단체는 정신장애인의 지역사회에서의 생활지원 및 재활을 지원하기 위하여 「정신건강복지법」 제26조에 근거하여 정신장애인의 기능회복 및 지역사회 생활지원을 위한 재활시설이 설치, 운영되고 있다. 정신재활시설은 정신질환

〈표 4-6〉 정신재활시설의 구체적인 종류 및 사업

종류		사업
1. 생활시설		가정에서 생활하기 어려운 정신질환자 등에게 주거, 생활지도, 교육, 직업재활훈련 등의 서비스를 제공하며, 가정으로의 복귀, 재활, 자립 및 사회적응을 지원하는 시설
2. 재활 훈련시설	가. 주간재활시설	정신질환자 등에게 작업·기술지도, 직업훈련, 사회적응훈련, 취업지원 등의 서비스를 제공하는 시설
	나. 공동생활가정	완전한 독립생활이 어려우나 어느 정도 자립능력을 갖춘 정신질환자 등이 공동으로 생활하며 독립생활을 위한 자립역량을 함양하는 시설
	다. 지역사회 전환시설	지역 내 정신질환자 등에게 일시보호 서비스 또는 단기 보호 서비스를 제공하고, 퇴원했거나 퇴원계획이 있는 정신질환자 등의 안정적인 사회복귀를 위한 기능을 수행하며, 이를 위한 주거제공, 생활훈련, 사회적응훈련 등의 서비스를 제공하는 시설
	라. 직업재활시설	정신질환자 등이 특별히 준비된 작업환경에서 직업적응, 직무기능향상 등 직업재활훈련을 받거나 직업생활을 할 수 있도록 지원하며, 일정한 기간이 지난 후 직업능력을 갖추면 고용시장에 참여할 수 있도록 지원하는 시설
	마. 아동, 청소년 정신건강지원시설	정신질환아동·청소년을 대상으로 한 상담, 교육 및 정보제공 등을 지원하는 시설
3. 중독자재활시설		알코올중독, 약물중독 또는 게임중독 등으로 인한 정신질환자 등을 치유하거나 재활을 돕는 시설
4. 생산품 판매시설		정신질환자 등이 생산한 생산품을 판매하거나 유통을 대행하고, 정신질환자 등이 생산한 생산품이나 서비스에 관한 상담, 홍보, 마케팅, 판로개척, 정보제공 등을 지원하는 시설
5. 종합시설		제1호부터 제4호까지의 정신재활시설 중 2개 이상의 정신재활시설이 결합되어 정신질환자 등에게 생활지원, 주거지원, 재활훈련 등의 기능을 복합적·종합적으로 제공하는 시설

출처: 보건복지부(2020).

자 또는 정신건강상 문제가 있는 사람 중 대통령령으로 정하는 사람의 사회적응을 위한 각종 훈련과 생활지도를 하는 시설이다(보건복지부, 2020). 정신재활시설의 구체적인 종류 및 사업은 〈표 4-6〉과 같다.

　　정신재활시설의 운영목표는 정신재활시설의 운영의 적정성, 전문성, 투명성 및 효율성을 제공하여 입소·이용자에게 양질의 재활훈련서비스, 자립과 사회참여를 지원 및 제공함으로써 사회복귀를 촉진 도모하는 것이다. 이러한 목표를 달성하기 위한 정신재활시설에서의 정신건강사회복지사의 역할은 〈표 4-7〉과 같다.

〈표 4-7〉 정신재활시설에서의 정신건강사회복지사의 역할

- 개별적인 재활 및 사회복귀 계획 수립을 위한 상담
- 생활기술 및 대인관계기술 지도
- 직업훈련과 취업에 관한 지도 및 상담
- 가족교육 및 정신장애인 가족회 육성 및 운영
- 사회복귀를 위한 사회적응 프로그램 운영
- 의료기관과 지역사회기관과의 연결 업무
- 지역주민의 정신건강증진을 위한 계몽활동 및 교육
- 지역사회 자원 동원과 후원조직 운영
- 정신건강심의위원회에서의 자문활동

출처: 권진숙 외(2017).

(4) 정신요양시설

　　정신요양시설은 가족의 보호가 어려운 만성 정신질환자를 정신요양시설에 입소시켜 요양보호함으로써 이들의 삶의 질 향상 및 사회복귀를 도모하기 위해서 설치·운영하는 정신건강증진기관이다. 정신요양시설에서는 수용보호뿐만 아니라 사회복귀를 촉진하여야 하나 현실에서는 오히려 장기 입소[1]로 인해 사회복귀의 어려움이 있다. 정신요양시설에서의 정신건강사회복지사의 역할은 〈표 4-8〉과 같다.

---

[1] 정신보건기관(정신의료기관, 정신요양시설) 재원기간 평균값은 2016년을 기준으로 303일이다. 그러나 정신요양시설의 평균재원기간은 3,931일로 정신의료기관 226일에 비해 장기간 입원이 이루어지고 있으며, 정신요양시설이 입소 중심으로 운영되고 있음을 보여 주고 있다(국립정신건강센터, 2018).

〈표 4-8〉 정신요양시설에서의 정신건강사회복지사의 역할

- 심리사회적 상담 및 개별문제 지도
- 각종 집단활동 프로그램 운영
- 대인관계기술 및 생활훈련 실시
- 가족상담 및 가정방문
- 무연고자를 위한 후원자 연결 업무
- 기초생활수급권자를 위한 행정 업무
- 지역사회 자원동원과 후원조직 육성

출처: 권진숙 외(2017).

(5) 중독관리통합지원센터

중독관리통합지원센터는 2000년 7월 보건복지부와 한국음주문화연구센터가 공동으로 알코올상담센터로 운영되다가 2014년 알코올뿐 아니라 4대 중독[2]에 대한 서비스를 제공하기 위하여 중독관리통합지원센터로 기관 명칭을 변경하였다. 중독관리통합지원센터는 중독 관련 사용장애군과 그 가족에 대한 체계적 · 지속적 관리, 상담, 재활 서비스 및 프로그램 제공을 통한 회복과 사회복귀를 지원하고 있다. 중독관리통합지원센터에서 제공하는 구체적인 서비스 내용은 〈표 4-9〉와 같다.

〈표 4-9〉 중독관리통합지원센터의 주요 서비스

영역	서비스 내용
중독 조기발견 및 개입서비스	• 신규 발견 및 이용체계 구축 • 고위험군 조기발견 및 단기 개입서비스
중독질환 관리사업	• 사례관리서비스 • 위기관리서비스 • 재활 프로그램 • 직업재활서비스

---

2) 4대 중독에는 도박 · 인터넷 · 알코올 · 마약 중독이 포함된다.

중독질환 가족지원사업	• 신규 가족발견 및 이용체계 구축 • 사례관리 서비스 • 가족교육 및 프로그램 • 위기관리 서비스 • 가족모임 지원 서비스
중독 폐해 예방 및 교육사업	• 아동·청소년 예방교육사업 • 직장인 중독폐해 예방지원사업 • 지역주민 예방교육사업 • 인식개선 및 홍보사업
지역사회 사회안전망 조성사업	• 보건복지 네트워크 구축 • 지역법무 연계·협력체계 구축 • 자원봉사관리·운영체계 구축 • 경찰 및 응급지원 네트워크 구축 • 지역인프라 구축
지역진단 및 기획	• 지역사회 진단 및 연구 • 지역 특성을 고려한 특화 서비스 기획 • 자원조정 및 중재

출처: 보건복지부(2019).

중독관리통합지원센터에서 정신건강사회복지사의 역할은 〈표 4-10〉과 같다.

〈표 4-10〉 중독관리통합지원센터에서의 정신건강사회복지사의 역할

• 신규 클라이언트 발견 및 관리(사례관리, 위기관리, 직업재활)
• 신규 클라이언트 가족 발견 및 관리(사례관리, 가족교육, 가족모임 지원)
• 고위험군 조기발견 및 개입 서비스
• 아동, 청소년 예방교육 사업
• 직장인 및 지역주민을 위한 예방교육사업
• 지역사회안전망 조성사업(보건복지 및 응급지원 네트워크 구축)
• 지역사회 진단 및 연구

출처: 권진숙 외(2017).

2) 새로운 실천영역

(1) 자살예방센터 및 자살예방사업

우리나라는 OECD 국가 중에서 지난 10여 년간 자살률 1위를 기록하는 등 자살문제가 심각한 사회문제로 대두되고 있다. 과거 자살을 개인적 문제로 인식하던 경향은 2011년 「자살예방 및 생명존중문화 조성을 위한 법률」의 제정을 계기로 자살을 사회적 문제로 인식하게 되었다. 이후 국가적 자살예방 정책·제도·서비스 개발을 위한 국가 차원의 중앙자살예방센터가 신설되고, 제1·2·3차 자살예방 기본계획이 수립되는 등 다양한 정부 차원의 자살예방 정책이 발표되어 자살예방에 대한 사회적 관심을 모아 가고 있다.

이러한 자살예방 사업 수행을 위하여 중앙정부는 2011년 중앙자살예방센터, 2014년 중앙심리부검센터를 설치한다. 또한 보건복지부 정신건강정책과에서 담당하던 자살예방사업을 2018년 자살예방정책과를 신설하여 독립적으로 자살예방사업을 기획·시행하는 등의 조직적 체계도 구축하게 된다. 자살예방과 관련하여 정부에서는 자살예방기본계획(2018)을 발표하였고 그 구체적인 내용은 〈표 4-11〉과 같다.

〈표 4-11〉 자살예방기본계획

전략	정책과제	세부과제
자살관련 사회인식 개선	자살관련 사회인식 개선	• 생명존중 문화조성 및 자살예방 홍보 강화 • 자살관련 언론보도 개선
	자살예방을 위한 사회적 지지체계 마련	• 자살예방 사회복지안전망 강화 • 범부처 자살예방 협력체계 구축
	자살위험 환경개선	• 자살수단의 접근성 차단 • 온라인상의 자살유해정보 차단 강화
맞춤형 자살예방 서비스 제공	생애주기별 자살예방대책 추진	• 아동, 청소년 자살예방 • 청년, 중장년층 자살예방 • 노인 자살예방

	자살 고위험군 지지체계 강화	• 자살고위험군 대상별 자살예방대책 추진
		  −자살유가족 지원사업
		  −정신, 신체 질환자 자살예방사업
		  −실직자, 빈곤층 자살예방사업
		  −청소년, 연예인 상담지원사업
		  −취약계층 돌봄 종사자 생명지킴이 교육

	자살 위기대응 및 사후관리체계 마련	• 24시간 자살위기대응체계 구축 • 응급실 기반 자살시도자 사후관리사업
자살예방정책 추진기반 강화	지역사회 자살대응 역량강화	• 지역사회 자살예방연계체계 마련 • 1차 의료기관의 자살예방 역량강화
	정신건강 인프라 확충	• 지역사회 정신건강서비스 전달체계 강화 • 국가 차원의 공공 정신건강서비스 기능 확대
	생명지킴이 교육 등 자살예방 인력 확충	• 생명지킴이 양성 확대 • 전문가 교육 강화
	근거기반 자살예방 연구체계 마련	• 자살 추적관찰체계 구축 • 근거기반의 조사, 연구 추진

출처: 보건복지부(2018).

(2) 트라우마 센터

세월호 사건 이후 우리나라는 재난의 문제에 대한 사회적 관심과 원조가 필요함을 인식하게 된다. 2016년 개정된 「정신건강복지법」 제15조에는 재난을 경험한 사람의 심리정서지원을 위해 국가트라우마센터의 설치·운영에 대한 규정을 두고 있다. 구체적으로 심리지원을 위한 지침의 개발 및 보급, 트라우마 환자에 대한 심리상담과 심리치료, 트라우마에 관한 조사와 연구, 심리지원 관련 기관 간 협력체계의 구축, 그 밖에 심리지원을 위하여 보건복지부장관이 정하는 업무로 제시하고 있다.

재난의 특성상 다양한 심리적 트라우마와 상실이 발생할 수 있다. 재난은 물질적, 신체적 피해뿐만 아니라 정신적인 후유증을 남길 수 있다. 재난 이후 피해자들의 정신적인 문제에 대한 관심은 재난피해를 최소화하는 데 반드시 고려되어야 한다. 재난 전에 비해 재난 이후에 17%가 더 많은 정신병리를 보고한다고 한다. 이러한 정신과적 어려움에는 우울, 불안, 무력감, 알코올 및 약물 사용의 증가, 외상후스트레스장애 등이 있다.

최근 우리나라에서는 세월호 사건, 지진, 감염병의 발생, 화재, 산사태 등 크고 작은 자연 및 사회재난이 발생하고 있고, 향후 재난은 더욱 증가할 것으로 예측된다. 재난 발생 시 재난지역 주민의 기본 서비스와 안전을 확보하고, 이후 심리정서지원이 이루어져야 할 것이다. 심리정서지원의 대상은 지역주민 전체, 재난으로 인한 심한 정서적 어려움을 경험하는 표적집단, 재난으로 인한 정신병리를 경험하는 임상군으로 나누어질 수 있다. 3단계군의 재난 심리정서서비스 개입군의 욕구에 근거한 서비스 제공 및 전략이 마련되어야 할 것이다. 대표적인 서비스로는 심리교육, 정신건강 정보제공, PFA(Psychological First Aid), 학교기반 트라우마 인지행동 개입, 마음회복기술훈련 등이 있다.

(3) 산업현장

산업현장에서 근로자들의 정신건강을 지원하는 서비스의 기원은 20세기 초 미국에서 '직장알코올중독프로그램(Occupational Alcoholism Program: OAP)'에서 출발한다. 근로자의 알코올문제로 인하여 개인의 정신건강 및 삶의 질이 저하될 뿐만 아니라 직장 내에서의 대인관계 문제, 생산성 저하, 산업재해의 문제가 자주 발생하게 되었다. 이에 따라 알코올로 인한 개인적, 산업체적 차원의 문제를 지원하기 위하여 OAP 프로그램을 직장 내에 도입하여 서비스를 제공하였고 긍정적인 효과를 거두었다. 1970년대 이후, 근로자들은 알코올 문제뿐만 아니라 우울증, 자살, 가족의 정신과적 어려움에 대한 원조 욕구가 발생하게 되었고, 기존의 OAP보다 더욱 다각적인 문제에 대한 광범위한 지원 프로그램을 필요로 하게 되었으며, 직장인 지원 프로그램(Employment Assistance Program: EAP)이 시행되었다.

EAP는 근로자 지원 프로그램으로 직장에서 얻는 스트레스는 물론 가정문제, 재산관리, 경력관리 등에 대한 전문가 상담을 통해 직원들의 스트레스를 완화해 주는 서비스이다. 미국의 근로자 지원 전문가 협회(Employee Assistance Professional Association: EAPA)에서는 EAP를 생산성 문제가 제기되는 직무조직을 돕고, 건강문제, 부부·가족문제, 법적·재정적 문제, 알코올 및 약물 문제, 정서문제, 스트레스 등 업무성과 전반에 영향을 미칠 수 있는 근로자 문제를 해결하기 위해 개발된 기업 장면에 기반한 프로그램으로 정의하고 있다(최수찬, 2005). 그러나 직장 내에서 정신건강 관련 서비스가 주어지는 경우, 서비스를 받는 사람이 공개되어 낙인을 부여하는 단점이 존재하여 현재는 직장인 지원 프로그램이 직장내뿐 아니라 〈표 4-12〉에

〈표 4-12〉 EAP 유형

EAP 모형	운영 주체	서비스 주체	장점	단점
내부모형	기업	담당부서 또는 위촉 EAP 전문가	• 조직 이해 유리 • 직접 관리 기능	• 고비용 • 서비스 종류 한계
외부모형	기업	EAP 전문가	• 비밀보장 신뢰도 확보 유리 • 서비스 운영 탄력성 확보 유리	• 갑작스러운 서비스 종결 발생 가능 • 조직 이해도 미흡 가능성 존재
컨소시엄 모형	기업 컨소시엄	서비스 기관모임	• 가격 저렴 • 영세 기업 이용 가능	• 의사결정 어려움 • 책임 소재 불명확
협회모형	협회	협회 또는 EAP 전문기관	• 선입견 배제	• 의사결정 어려움 • 책임 소재 불명확
노동조합 모형	노동조합	노동조합	• 조직 이해 유리	• 서비스 종류 한계
정부 지원형	정부	EPA 전문기관	• 중소, 영세 사업장 및 취약계층 등의 이용 가능	• 조직 이해도 미흡 가능성 존재

출처: 우종민 · 최수찬(2008) 재구성.

제시되었듯이 지역사회 등에서 다양한 형태로 서비스가 제공되고 있다.

우리나라에서는 1990년대에 들어서면서 산업현장에 근무하는 근로자들의 정신 건강에 대한 관심이 높아지면서 기업 내에 사내 상담실을 설치하기 시작하였다. 삼 성그룹, 포항제철이 사내 상담실을 비롯한 복지문화센터를 서울, 광양에 대규모로 도입하였고, 삼성전자는 서울, 수원, 구미 등 총 9곳에 열린 상담센터를 설치(박명 진, 2011)하여 종사자들의 정신건강뿐 아니라 가족문제, 대인관계 문제에 대한 다각 적인 지원을 제공하고 있다.

산업현장에서 근로자의 정신건강을 지원하는 EAP는 우리나라에서 아직 도입단 계이며, 지속적으로 다양한 유형의 EAP를 시범적으로 시행하는 기업체가 생겨나고 있다. 다양한 유형의 EAP 시행과 비용, 인력, 예산, 조직, 내담자 차원의 효과성 및 만족도에 대한 연구가 지속적으로 이루어지고, 이를 근거로 한 EAP의 확대가 이루 어져야 할 것이다.

(4) 교정분야

교정시설은 물적 시설을 구비함과 동시에 인적 구성 요건을 갖추고 범죄인을 처우하는 국가시설로서 국가 또는 공공단체 등의 행정 주체에 의하여 공적 목적에 병용되는 인적·물적 설비의 총합체이다. 교정시설에서 범법행위로 수용, 감호를 받고 있는 범죄자는 분노조절의 어려움, 충동성, 죄의식의 결여 등 생래적인 정신과적 문제뿐만 아니라 교정시설의 보호를 받고 있다는 자존감의 저하, 우울증, 자살충동, 사회적응의 불안감 등의 정신건강문제(배다현, 2008)를 보여 주고 있다. 또한 이수정 등(2000)은 재소자가 강박증, 편집증, 정신증, 경조증에서 일반인에 비해 높은 위험성을 보이고 있다고 보고하였다. 이와 같이 증가하는 교정기관에서의 재소자들의 정신건강에 대한 문제에 대처하기 위하여 교정기관에서의 정신건강서비스에 대한 욕구가 증가하고 있다. 여기에서는 치료감호소, 교도소, 보호관찰소 등에서 이루어지고 있는 재소자를 위한 정신보건서비스를 살펴보고자 한다.

① 치료감호소

치료감호소는 정신질환 범법자를 수용, 치료하는 정신병원의 기능을 가진 수용기관이자 법원·검찰·경찰로부터 형사피의자의 정신감정을 의뢰받아 수행하는 감정기관이다. 치료감호란 정신질환 및 약물중독 등으로 금고 이상의 형에 해당하는 죄를 범한 자들을 일정하지 않은 기간 동안 시설에 수용하여 치료 및 교정·교화하며 형벌을 대체 또는 보완하는 예방적 기능을 수행하는 것으로, 일종의 보안처분이다. 치료감호소에서의 정신건강서비스는 ① 사회보호법에 의거하여 치료감호 선고를 받은 자의 수용·보호 및 치료, ② 치료감호 업무 발전을 위한 조사·연구, ③ 법원, 검찰, 경찰로부터 정신감정을 의뢰받은 자에 대해 정신감정 실시, ④ 사회보호위원회의 결정에 의해 위탁된 보호감호자 치료 등이다. 이를 위한 정신건강전문가의 역할은 치료감호 중인 자를 위한 감호소에서의 치료적 개입, 수감자의 기초생활보장 수급자 신청, 입원 병원이나 입소할 시설을 찾아 주는 등 지역사회로 복귀시키기 위한 실제적이고 적극적인 개입 등이다(정경수, 2013).

② 교도소

우리나라에는 서울, 대전, 광주, 대구 교정청 체제로 50개 교정시설을 설치·운영하고 있다. 법무부에서는 재소자 중 정신건강상의 문제가 있거나 호소하는 대상자를 선별하여 별도의 시설인 정신보건센터를 운영하면서 프로그램 및 상담을 진행하고 있다. 50개의 교정시설에 모두 정신보건센터를 설치하여 운영하는 것을 목표로 하고 있기는 하나, 2012년부터 군산교도소를 시범사업으로 하여 지속적으로 확대 운영하고 있다. 각 정신보건센터에서는 사회복지사, 임상심리사, 간호사를 각 1명씩 배치하여 재소자 중 30명을 선별하여 별도 수용 및 정신건강 프로그램을 진행하고 있다.

③ 보호관찰소

보호관찰소는 죄를 지은 사람으로서 재범 방지를 위하여 보호관찰, 사회봉사, 수강(受講) 및 갱생보호(更生保護) 등 체계적인 사회 내 처우가 필요하다고 인정되는 사람에 대한 선도 및 교화업무를 담당하는 법무부 산하기관이다. 보호관찰소에서는 성인범에 대한 보호관찰의 실시 및 「가정폭력범죄의 처벌 등에 관한 특례법」, 「전자장치 부착 등에 관한 법률」 등의 제정에 따라 가정폭력사범, 성폭력사범 등에 대한 보호관찰 업무를 수행하게 되었다. 서울, 광주, 부산, 대전, 대구 등 17개 본소가 광역시에 설치되어 있으며, 현재는 총 56개의 보호관찰소가 설치되어 서비스를 제공하고 있다.

보호관찰을 조건으로 선고유예를 받은 자, 집행유예를 선고받은 자, 가석방되거나 임시퇴원된 자, 「소년법」에 따른 보호처분을 받은 자 등 보호관찰 대상자를 대상으로, 지도 및 선도를 통해 건전한 사회 복귀를 촉진하고, 효율적인 범죄예방 활동을 전개함으로써 개인 및 공공의 복지를 증진함과 아울러 사회를 보호함을 목적으로 운영된다.

보호관찰소에서 제공되는 정신건강서비스로는 2006년부터 정신건강전문가(사회복지사, 임상심리사, 전문상담교사 등)를 채용하여 수강명령 집행에 따른 집단프로그램을 운영하고, 보호관찰 대상자 관리를 위한 사례관리서비스를 제공하며, 각종 조사 작성을 위한 심리사회적 사정을 수행하고, 사회봉사 명령 집행을 위한 지역사회 자원 동원 및 활용의 서비스를 제공하고 있다. 이와 같은 서비스를 제공하기 위해 정신건강전문가는 상담기술, 자원연계, 집단상담, 전문기록, 사례관리 등과 관련한 역할이 필요하다.

(5) 기타

최근 급증하는 현대인의 정신건강문제를 지원하기 위해 앞서 소개한 실천영역 이외의 다양한 영역에서 정신건강관련 서비스가 제공되고 있다. 먼저, 가정법원에서의 정신건강상담서비스가 활성화되고 있다. 재판과정을 통하여 이혼을 하려는 부부와 협의과정을 통하여 이혼하려는 부부를 대상으로, 이혼을 다시 한번 재고해 보고, 정말 이혼을 하려고 한다면 서로에게 상처가 되지 않는 과정을 안내하고, 자녀양육에서의 각자의 역할을 숙고하는 원조를 제공하기 위하여 가정법원에서는 가사조사관 및 가사상담위원을 통한 서비스를 제공하고 있다. 수원지방법원 안산지원에서는 가사재판 중인 부부가 모두 상담을 받도록 지원하고 있고, 부산의 경우 가사재판은 필요에 따라, 협의이혼은 모든 부부에게 상담서비스를 제공하여 이혼으로 인한 고통을 최소화하고자 하고 있다.

또한 최근에는 상담, 심리, 교육, 사회복지 등에서 정신건강을 전공한 전문가들 중심으로 개인개업실천을 통한 정신건강서비스를 제공하고 있다. 아동상담센터, 가족치료연구소, 놀이치료센터 등의 형태로 개업을 한 이후에 국가가 시행하는 사회서비스와 연계하여 정신건강문제와 연관된 서비스를 필요로 하는 사람에게 제공하고 있다.

산업화, 개인주의화, 사회양극화, 평균 수명의 증가, 물질 중심 사회의식구조 등으로 인해 미래에는 개인의 정신건강이 더욱 위협받게 될 것이다. 위협받는 개인의 정신건강을 지원하기 위해 다양한 분야에서 더욱 전문화되고 특성화된 정신건강서비스의 필요성이 증대될 것이므로, 정신건강관련 실천영역은 지속적으로 확대되리라 전망된다.

생각해 볼 문제

• 이 책에서 제시되지 않은 다양한 정신건강사회복지 실천현장(예를 들어, 군, 경찰, 희망복지사
  업지원단, 개업정신건강사회복지 등)과 정신건강사회복지사의 역할에 대해 조사해 봅시다.
• 정신질환자의 회복 및 일반인의 정신건강증진을 위해 협력할 필요성이 있는 행정기관들의 역
  할에 대해 논의해 봅시다.

참고문헌

관계부처합동(2018). 자살예방 국가 행동계획.

김연수 · 서민경 · 권자영 · 성준모 · 전혜성 · 최지은 · 유수현(2002). 낮병원. 서울: 나눔의집.

권진숙 · 김정진 · 전석균 · 성준모(2017). 정신건강사회복지론. 경기: 공동체.

국립정신건강센터(2018). 2018 국가 정신건강현황 보고서. 서울: 국립정신건강센터.

박명진(2011). 근로자지원프로그램(EAP)의 활성화 방안에 대한 탐색적 접근: 프로그램 유형별
     비교연구를 중심으로. 중앙대학교대학원 대학원 석사학위논문.

배다현(2008). 여성재소자들의 정신건강 상태와 정신건강 서비스 욕구에 관한 연구. 한동대학
     교 대학원 석사학위논문.

법제처. 정신건강증진 및 정신질환자 복지서비스 지원에 관한 법률.

보건복지부 국립정신건강센터(2020). 국가정신건강현황보고서 2018.

보건복지부 삼성서울병원(2017). 2016년도 정신질환실태 조사.

보건복지부(2019). 정신건강사업안내.

보건복지부(2020). 정신건강사업안내.

우종민 · 최수찬(2008). 근로자지원프로그램의 이론과 실제. 강원: 인제대학교 출판부.

이수정 · 이윤호 · 서진환(2000). MMPI점수로 본 교도소 재소자들의 정신건강문제 실태 연구.
     한국심리학회지, 19, 43-63.

정경수(2013). 교정기관에서의 정신보건사회복지사의 역할. 한국정신보건사회복지사협회 부산
     경남지부 세미나 자료집.

정부합동부처(2016). 정신건강종합대책.

최수찬(2005). 근로자 지원프로그램의 개념과 최신 동향. 한국직무스트레스학회 제1차 연수교육
     및 춘계학술대회 자료집.

통계청. 사망원인통계 2011~2018.

제5장

정신건강사회복지 전문인력

 학습 목표

- 정신건강사회복지 실습의 과정을 이해하고 설명할 수 있다.
- 정신건강사회복지사가 되기 위한 수련과정의 절차, 교육내용을 이해하고 설명할 수 있다.
- 정신건강 분야의 대표적인 직역인 정신의학, 정신건강임상심리, 정신건강간호의 특징과 역할을 이해하고 설명할 수 있다.

정신건강사회복지사는 1995년 「정신보건법」에 자격기준, 자격 취득 절차, 역할 등에 대한 규정이 제정됨으로써 공적 자격으로 지위를 갖추게 되었다. 2018년 「사회복지사업법」 개정에 의해 특정 영역 사회복지사에 정신건강사회복지사가 포함됨으로써 정신건강사회복지사는 정신건강 영역뿐 아니라 사회복지 영역에서도 제도화된 자격으로 자리매김하게 되었다.

정신건강 분야는 정신건강사회복지뿐 아니라 정신의학, 정신건강임상심리, 정신건강간호, 정신건강작업치료 등 다양한 학제가 함께 서비스를 제공하는 다학제간 협력이 이루어지는 영역이다. 클라이언트에게 유용한 다학제 접근을 위해서는 정신건강사회복지 분야의 서비스, 정책, 제도에 대한 전문적인 이해뿐만 아니라 타 전문 분야의 역할, 서비스, 제도에 대한 이해가 필수적이다.

이 장에서는 정신건강사회복지사 양성을 위한 법적인 정신건강사회복지사 수련과정을 안내하고, 정신건강사회복지사가 갖추어야 할 이론적·실천적 기반을 소개하고자 한다. 또한 정신건강 분야의 타 전문영역의 역할과 서비스를 소개하여 다학제간 개입을 위한 기초정보를 제공하고자 한다.

1. 정신건강사회복지 실습

1) 사회복지 실습의 의의

일반적으로 사회복지 실습은 사회복지이론을 실제로 현실에 적용해 보고 실제 사회복지 실천현장에서 갖는 사회복지 실천 및 이론의 제한점을 극복할 수 있을 것인지에 주안점을 두고 있다. 실제로 일을 배워 보고 경험하는 가운데 실패와 성공을 체험하고, 사회복지에 대한 자신의 기본생각들을 정립하는 것이 실습에 임하는 자세라고 할 수 있다. 또한 사회복지 실습은 산발적으로 이해되고 있는 지식과 기술을 체계화시키고 정리된 지식으로 만드는 과정이다.

사회복지 실습의 목적은 크게 두 가지 측면에서 규정할 수 있다. 첫째, 학생의 입장에서는 ① 학교에서 배운 지식을 실천에 옮기는 기회가 되고, ② 새로운 실천기술을 배우는 기회가 되며, ③ 지역사회자원 및 사회복지기관에 대한 지식을 습득할 수 있는 기회가 되고, ④ 자신의 능력과 한계에 대한 통찰력과 자아인식을 통해 사회복지전문직에 대한 인식 등 사회복지를 택한 동기에 대한 제고와 확신의 과정을 갖게된다. 둘째, 기관의 입장에서는 ① 사회복지의 전반적 발전과 함께 보조를 맞출 수 있는 기회가 되고, ② 클라이언트에게 서비스를 제공함과 동시에 서비스 영역을 개발하게 되며, ③ 전문사회복지사 양성을 위해 이론적 지식과 기술향상을 도모하고 교육 프로그램을 개발할 수 있는 기회를 부여받는다.

정신건강 분야에서의 실습도 기타 사회복지 실습과 유사하며, 여기서는 정신건강영역에서의 실습의 목적과 내용에 대해서 살펴보고자 한다.

2) 정신건강사회복지에 있어 실습의 목적

　2018년 「사회복지사업법」이 개정되면서 사회복지사 자격제도에 특정 영역 전문 사회복지사제도가 도입되었으며, 정신건강사회복지사, 의료사회복지사, 학교사회 복지사가 포함되었다. 정신건강사회복지사는 정신건강사회복지 실천영역에서 정신건강서비스 지원을 담당하게 된다. 관련기관으로는 정신의료기관(종합병원, 정신과병원), 정신건강복지센터, 정신재활시설, 정신요양시설, 중독관리통합지원센터, 한국도박문제관리센터, 자살예방센터, 트라우마센터, 정신건강복지사업지원단, 보건소 정신보건팀, 찾아가는 동주민센터 등이 있다. 정신건강사회복지의 기반은 사회복지에 있으며, 사회복지 이론 및 실천기술뿐 아니라 정신의학 영역의 제 지식과 기술을 활용하여 정신건강의 어려움을 경험하는 클라이언트에게 서비스를 제공하는 전문화된 영역이다.

　정신건강사회복지 실습은 정신건강사회복지사를 양성하기 위한 가장 기초적인 과정으로 1962년 국립정신병원의 개설과 더불어 정신건강사회복지사가 사회복지 전공학생의 실습을 담당했던 것이 우리나라 정신보건사회복지 실습의 효시로 여겨진다. 그 후 한국의 정신건강사회복지는 1995년 「정신보건법」의 제정, 지역사회정신건강 패러다임의 도입, 다양한 정신건강문제에 대한 전문 사회복지서비스의 제공 등의 역사를 통해 발전해 왔으며, 정신건강사회복지 실습 또한 시대적 흐름에 대응하는 방식으로 변화 · 발전되어 왔다. 여기서는 정신건강사회복지 분야에 있어서 실습의 목적 및 과정에 대해 살펴보고자 하며, 정신건강영역에서의 실습에서 학생은 어떤 점에 의의를 두어야 할 것인가에 대해 살펴보고자 한다.

(1) 정신장애인을 정확히 이해한다

　일반적으로 정신장애인에 대해서는 '무서운', '이해 불능', '사회적응 불가능'이라는 선입관을 가지고 있는 경우가 많다. 환자에 대한 원조는 환자를 있는 그대로 정확하게 이해하는 일에서부터 시작하는데, 선입관에 사로잡혀 있으면 환자를 정확하게 이해하는 데 어려움을 갖게 된다. 실습은 학생들에게 우선 정신질환자에 대한 그러한 선입관을 바꿀 수 있는 기회를 제공한다. 개인적으로 잠시 개별환자와 접촉해 본 경험을 통하여 환자가 갖고 있는 증상에 압도되어 버린 경우도 있을 것이다.

실습에 참여한 학생은 이러한 선입관에서 벗어나 한 사람의 환자를 단순하게 그 증상뿐만 아니라 환경과의 상호작용을 포함해서 전인적으로 이해하려고 노력해야 한다. 환자를 객관적으로 더 나아가 전인적으로 이해하는 것이 정신건강 실습에 있어서 중요한 목표 중 하나이다. 전인적 인간으로 정신질환자를 만나고 이해할 수 있는 실습기회는 실습생의 편견과 오해를 개선할 수 있을 뿐 아니라, 이를 경험한 실습생은 이후 사회적으로 존재하는 정신질환에 대한 오해와 편견을 바꿀 수 있는 자원으로서의 역할을 수행할 수 있어야 할 것이다.

(2) 정신건강사회복지사의 구체적 역할을 이해하고 훈련한다

정신건강사회복지실습은 정신건강사회복지사는 어떤 형태의 업무를 행하고 있으며, 의료팀을 구성하는 의사, 간호사, 임상심리학자 등의 타 전문직과 어떤 형태의 협력관계 속에서 역할을 수행하고 있는지를 배우는 것이다.

정신건강사회복지사의 업무는 사회복지사가 근무하고 있는 기관의 형태나 여건에 따라서 크게 달라지고 있다. 예를 들면, 정신병원에서의 사회복지사이면서도 상담업무를 주로 하는 경우도 있고, 지역사회 정신건강증진 관련시설 종사자의 경우 재활·기관연계·사례관리·위기개입 등을 주된 업무로 하는 경우도 있다. 학생은 실습지의 정신건강증진시설에 대한 이해를 증진시키고, 기관에서 근무하는 정신건강사회복지사가 주로 어떤 형태의 업무를 행하고 있는지, 그 개요를 미리 조사하여 파악할 필요가 있다.

최근 이루어지고 있는 정신건강사회복지사의 업무를 분석해 보면 크게 상담 등의 직접원조업무, 집단을 활용한 사회복지 실천, 지역자원 연계 및 의뢰, 정신장애인 가족 지원 실천, 퇴원환자 모임 원조, 직업재활 서비스, 재활센터에서의 사회기술훈련, 사례관리 등 다양한 영역으로 활동이 확장되고 있다.

(3) 새로운 정신건강환경 및 제도를 이해한다

정신건강영역에서 실습을 하는 학생들은 한국에 정신건강사회복지가 등장하게 된 배경 및 역사적 전개과정에 대한 이해와 정신건강사회복지의 역할에 대한 이해를 증진시킬 필요가 있다. 정신건강사회복지 도입 초기에는 정신건강사회복지는 정신의료기관에서 정신의학적 접근 중심의 임상적 서비스가 주를 이루었다. 그러나 1995년 「정신보건법」이 제정되고, 2016년 「정신건강복지법」으로 개정되는 역사 속에서 정신건강서비스 실천현장이 지역사회로 확장되고, 정신건강사회복지서비스의 클라이언트가 정신질환자뿐만 아니라 일반시민으로까지 확대되었다.

최근 자살, 트라우마, 재난, 중독, 위기개입 등 다양한 정신건강문제가 등장하면서 정신건강서비스의 체계 및 제도도 많은 변화를 가져오고 있다. 정부는 새로운 정신건강의 제도 및 정책을 마련하기 위하여 2016년 '정신건강종합대책', 2018년 '자살예방국가행동계획', 2019년 '중증정신질환자 보호·재활 지원을 위한 우선 조치 방안'을 발표하였다. 이러한 정책 및 제도의 변화는 정신건강사회복지 실천에서도 변화와 발전이 필요함을 시사하고 있다. 따라서 정신건강사회복지 실습에 임하는 학생은 정신건강사회복지의 역사적 전망을 더듬어 보고 실습에 임하는 것이 바람직하며, 정신과 영역에서의 시대에 따라 변화하고 있는 실천활동에 대한 이해를 증진시켜야 할 것이다.

(4) 다학제간 역할 및 협력을 이해한다

일반적으로 협력이란 어느 한쪽의 노력에 비해 둘 혹은 그 이상이 함께 협력함으로써 더 나은 결과를 예상할 수 있는 때 취해지는 행동 양식이다. 그리고 사회복지 실천과 관련해서 이루어지는 협력은 클라이언트에 대하여 복수의 전문직이 함께 원조를 행하는 것으로서 각 전문직의 독자성과 고유성을 존중하고 적절한 의사소통과 조정을 통해 한 가지 목적을 달성하고자 조정하고, 이해하고, 합의하는 것을 말한다(김기태·황성동·최송식·박봉길·최말옥, 2009). 이에 정신건강현장에서는 정신과의사뿐 아니라 정신건강간호사, 정신건강임상심리사, 정신건강사회복지사 등이 함께 팀으로 환자를 위한 치료적 환경을 조성하고 있다.

특별히 정신건강현장에서 팀협력이 요구되는 이유는 정신질환의 경우 생물학적, 심리학적, 사회·환경적 요인들이 복합적으로 영향을 주고받으면서 발생하는 경우가 많기 때문에 어떤 하나의 진단명으로 질환을 분류하는 것에 그쳐서는 안 되며 환자를 둘러싸고 있는 총체적 환경 속에 놓여 있는 존재로 이해하기 위해서는 각 전문인력들이 그들의 전문적 기능과 역할을 토대로 협력할 수밖에 없는 것이다. 정신건강사회복지 실습 학생은 정신건강 분야에서 활동하는 다양한 정신건강전문가에 대해 이해하고, 대상자의 복지증진을 위한 협력체계 구축의 방법을 이해하는 것이 중요하다. 팀협력을 효과적으로 유지하기 위해서는 팀 구성원들에게 다음과 같은 자세가 요구된다(이영호·심경순·김태준, 2010).

- 개성을 두드러지게 드러내기보다는 팀의 목적을 성취하는 데 팀의 일원으로서 활동하는 것이 우선되어야 한다.
- 팀의 다른 구성원이 활용하는 방법에 대해서 이해한다.
- 팀의 다른 구성원들이 차지하는 기여에 대한 존중이 필요하다.
- 환자에 대한 치료목표 달성 과정에서 팀의 다른 구성원들로부터 무엇을 배울 수 있을지를 생각한다.
- 나의 열심이 팀의 다른 구성원들의 기능에 관련될 수 있다는 사실을 인식해야 한다.

(5) 자기인식을 증진시킨다

사회복지사는 자신을 도구로 클라이언트를 돕는 원조전문가이다. 사회복지사가 원조의 도구가 될 때 전문성을 강화하기 위해서는 사회복지사 개인의 편견, 선입견, 가치관, 종교 등의 개인적 요소가 원조과정에 영향을 주지 않도록 통제하는 것이 중요하다. 사회복지사의 개인적 성향이 원조관계에 미치는 영향을 최소화하기 위해서는 사회복지사가 자신에 대한 인식을 객관적이고, 명확하게 할 필요가 있다.

정신건강사회복지 실습은 학생들에게 심리정서적 어려움을 경험하는 클라이언트를 만나는 기회를 제공한다. 정신건강실습기간 동안 클라이언트와 관계에서 전이·역전이 감정의 경험, 환자의 방어기제 이해를 통한 실습생 자신의 방어기제의 이해, 비합리적 사고에 대한 이해, 다양한 정신질환의 원인에 대한 분석, 정신질환 형성에 영향을 주는 요인에 대한 이해 등은 실습생의 자기인식을 강화할 수 있는 기회를 제공할 것이다. 실습을 통해 확장된 자기인식은 향후 사회복지사로 현장에서 역할을 수행하고, 전문가로서의 역량을 증진시킬 수 있는 중요한 자원이 될 수 있다.

(6) 정신건강사회복지의 당면과제를 이해하고 대안을 논의한다

160시간의 정신건강사회복지 실습은 정신건강사회복지에 대해 충분히 경험하고, 정신건강복지서비스의 현황을 충분히 이해하고 실천하기에는 부족하다고 할 수 있다. 정신질환의 잦은 재발, 정신질환에 대한 사회적 편견, 정신건강복지서비스의 낮은 접근성, 정신질환자를 위한 복지서비스 제공의 필요성, 개인의 정신건강증진을 위한 정신건강복지서비스의 개발 필요성 등은 학생이 정신건강실습기간 동안 고민하게 되는 정신건강복지서비스의 한계와 과제일 것이다. 이를 위해서는 실습 이후에도 사회복지 분야에서 다음과 같은 주제에 대해 고민하고 해답을 찾는 노력을 기울여야 하며, 이는 정신건강사회복지 정책 및 서비스의 발전에 기여할 수 있을 것이다.

① 정신장애인의 인권문제와 지역사회 돌봄에 관한 고찰
② 새롭게 등장하는 정신건강문제(자살, 트라우마, 재난 등)에 대한 이해와 대처방안
③ 정신건강의 중요성, 정신질환 편견해소 등 정신건강 인식개선
④ 지역사회 정신건강체제 및 지역사회 정신건강 지지서비스 체계의 확립에 관한 연구
⑤ 정신건강사회복지사의 자격제도에 관한 연구
⑥ 정신건강사회복지 전문성 강화를 위한 실천프로그램 개발에 관한 연구

2. 정신건강사회복지 수련

1) 정신건강사회복지사 수련제도의 개요

(1) 정신건강사회복지사 자격제도 도입배경

우리나라에서는 한국전쟁 이후 1950년대에 미군병원에서 근무하던 정신의료사회사업가를 출발로 1958년 성모병원, 1962년 서울국립정신병원, 1963년 가톨릭 성모병원, 1963년 세브란스병원 등에서 일반의료사회복지와 함께 정신건강사회복지를 함께 담당하는 사회사업가가 등장하게 되었다. 1973년 「의료법」에서 종합병원단위의 의료기관에 사회복지사자격증 소지자를 두도록 한 조항, 1987년 정신의료사회복지사에 의한 서비스가 급여기준으로 인정되는 수사체계 변화 등에 의해 의료

기관 중심의 정신건강사회복지사가 많이 활동하였다(권진숙 외, 2017). 이후 1980년대 지역사회 중심의 정신건강서비스의 도입에 의해 클럽하우스 모델인 '태화샘솟는집', 정신건강복지센터의 시범적 운영 등으로 지역사회 기반의 정신건강서비스를 제공하는 정신건강사회복지사가 등장하게 된다.

그러나 1995년 「정신보건법」에서 정신보건사회복지사[1] 제도가 마련되기 이전에 활동했던 정신건강사회복지사는 그 어떤 법적 근거를 갖지 못하였다. 1995년 「정신보건법」의 제정으로 인하여 정신보건전문요원의 자격제도가 마련되었고 이에 따라서 정신보건사회복지사도 전문자격을 갖추게 되었다. 1995년 제정된 「정신보건법」이 1997년 1월 시행되면서 동법 제7조(정신보건전문요원) 규정에 의거 '정신보건사회복지사' 수련제도가 시작되었고(경과규정에 의거 첫해 1급 자격증 소지자 72명, 2급 자격증 소지자 111명), 2016년 5월 「정신보건법」이 개정된 「정신건강복지법」 제17조(정신건강전문요원의 자격 등)에 의거 '정신건강사회복지사' 수련제도로 명칭이 변경되어 시행되고 있다. 여기에서는 「정신건강복지법」에서 규정하고 있는 정신건강사회복지사의 수련과정에 대해 살펴보고자 한다.

(2) 정신건강사회복지사 자격기준

정신건강사회복지사는 1급과 2급이 있으며, 수련 자격규정도 상이하다. 수련자격은 「사회복지사업법」에 의한 사회복지사 1급 자격 소지자를 공통요건으로 하고 있으며, 정신건강사회복지사 2급은 사회복지사 1급 자격을 갖춘 자가 될 수 있고 수련기간은 1년이다. 정신건강사회복지사 1급은 대학원 사회복지학과에서 석사학위를 취득한 자 중에서 지원할 수 있으며, 그 수련기간은 3년이다. 「정신건강복지법 시행령」 제12조에 명시되어 있는 정신건강전문요원의 자격기준은 〈표 5-1〉과 같다.

---

[1] 「정신보건법」에서는 '정신보건사회복지사'로 명시되었으나, 2016년 개정된 「정신건강복지법」에서는 '정신건강사회복지사'로 명칭이 변경되었다.

〈표 5-1〉 **정신건강전문요원의 자격기준(「정신건강복지법 시행령」 제12조)**

등급 \ 종류	정신건강임상심리사	정신건강간호사	정신건강사회복지사
1급	1. 심리학에 대한 석사학위 이상을 소지한 사람(석사 이상 학위 취득 과정에서 보건복지부장관이 정하는 임상심리관련 과목을 이수한 경우로 한정한다)으로서 법 제17조 제1항에 따른 정신건강전문요원 수련기관(이하 이 표에서 "수련기관"이라 한다)에서 3년(2급 자격 취득을 위한 기간은 포함하지 아니한다) 이상 수련을 마친 사람 2. 2급 정신건강임상심리사 자격을 취득한 후 정신건강증진시설, 보건소 또는 국가나 지방자치단체로부터 정신건강증진사업등을 위탁받은 기관이나 단체에서 5년 이상 근무한 경력(단순 행정업무 등 보건복지부장관이 정하는 업무는 제외한다)이 있는 사람 3. 「국가기술자격법 시행령」 제12조의2 제1항에 따른 임상심리사 1급 자격을 소지한 사람으로서 보건복지부장관이 지정한 수련기관에서 3년(2급 자격취득을 위한 기간은 포함하지 아니한다) 이상 수련을 마친 사람	1. 「의료법」에 따른 간호사 면허를 취득하고, 간호학에 대한 석사학위 이상을 소지한 사람으로서 보건복지부장관이 지정한 수련기관에서 3년(2급 자격 취득을 위한 기간은 포함하지 아니한다) 이상 수련을 마친 사람 2. 2급 정신건강간호사 자격을 취득한 후 정신건강증진시설, 보건소 또는 국가나 지방자치단체로부터 지역사회 정신건강증진사업등을 위탁받은 기관이나 단체에서 5년 이상 근무한 경력(단순 행정업무 등 보건복지부장관이 정하는 업무는 제외한다)이 있는 사람 3. 2급 정신건강간호사 자격을 소지한 사람으로서 간호대학에서 5년 이상 정신간호분야의 조교수 이상의 직에 있거나 있었던 사람	1. 사회복지학 또는 사회사업학에 대한 석사학위 이상을 소지한 사람으로서 보건복지부장관이 지정한 수련기관에서 3년(2급 자격 취득을 위한 기간은 포함하지 아니한다) 이상 수련을 마친 사람 2. 2급 정신건강사회복지사 자격을 취득한 후 정신건강증진시설, 보건소 또는 국가나 지방자치단체로부터 정신건강증진사업등을 위탁받은 기관이나 단체에서 5년 이상 근무한 경력(단순 행정업무 등 보건복지부장관이 정하는 업무는 제외한다)이 있는 사람

| 2급 | 1. 심리학에 대한 학사학위 이상을 소지한 사람(학위 취득 과정에서 보건복지부장관이 정하는 임상심리관련 과목을 이수한 경우로 한정한다)으로서 수련기관에서 1년(1급 자격취득을 위한 기간을 포함한다) 이상 수련을 마친 사람

2. 「국가기술자격법 시행령」제12조의2 제1항에 따른 임상심리사 2급 자격을 소지한 사람으로서 수련기관에서 1년(1급 자격취득을 위한 기간을 포함한다) 이상 수련을 마친 사람 | 1. 「의료법」에 따른 간호사 면허를 가진 자로서 수련기관에서 1년(1급 자격취득을 위한 기간을 포함한다) 이상 수련을 마친 사람

2. 「의료법」에 따른 정신전문간호사 자격이 있는 사람 | 「사회복지사업법」제11조 제2항에 따른 사회복지사 1급 자격을 소지한 사람으로서 수련기관에서 1년(1급 자격취득을 위한 기간을 포함한다) 이상 수련을 마친 사람 |

비고: 외국에서 정신건강전문요원과 유사한 교육·수련을 받거나 정신건강전문요원과 유사한 자격을 취득한 사람은 보건복지부장관이 정하는 바에 따라 정신건강전문요원과 동등한 자격을 인정받을 수 있다.

정신건강사회복지사 1급의 경우 정신건강전문요원 1급 수련과정을 통하여 자격을 획득할 수도 있으나, 2급 정신건강사회복지사 자격증을 취득한 이후 보건복지부장관이 인정한 기관에서 5년의 근무 이후에 보건복지부에 자격증 신청을 통하여 취득할 수도 있다.

(3) 수련기관

정신건강전문요원 수련기관은 「정신건강복지법 시행규칙」 제7조(정신건강전문요원의 수련기관 및 수련과정)에 명시되어 있다. 정신건강전문요원 수련기관으로 지정되기 위한 기준의 다음과 같다.

① 국·공립 정신의료기관
② 전공의의 수련기관으로 지정된 정신의료기관
③ 정신건강사회복지사 1급 전문요원이 1인 이상 상시 근무하는 정신요양시설,

정신재활시설, 정신건강복지센터, 보건소 또는 정신의료기관(입원실의 100분의 10 이상을 개방병동으로 확보한 정신의료기관)

④ 정신건강사회복지사 1급 전문요원이 수련을 지도하도록 위촉되고 2급 전문요원이 3인 이상 상시 근무하는 정신요양시설, 정신재활시설, 정신건강복지센터, 보건소 또는 정신의료기관(입원실의 100분의 10 이상을 개방병동으로 확보한 정신의료기관)

(4) 정신건강사회복지사 수련지도요원 자격 및 역할

수련생을 지도할 수 있는 자격자인 정신건강사회복지사 수련지도요원은 반드시 1급 정신건강사회복지사여야 하며, 1급 정신건강사회복지사가 없는 수련기관은 외부에서 반드시 위촉하여야 한다. 수련지도요원은 1인당 3명 이하의 수련사회복지사를 지도하는 것을 원칙으로 하며, 1기관만 지도할 수 있다. 수련지도요원은 주 1회 이상, 매주 2시간 이상 지도감독하는 것을 원칙으로 한다. 지도감독 내용은 수련사회복지사가 임상수련과제의 지도감독 내용에 충실히 기록할 수 있도록 지도한다.

2) 정신건강사회복지사 수련과정

(1) 수련절차

① 수련생 모집

정신건강사회복지사는 수련기관은 매년 10월 1일~12월 31일에 국립정신건강센터 '정신건강전문요원 관리시스템'(www.ncmh.go.kr)에서 예비수련생 모집계획(모집 예정 인원, 출퇴근 시간, 수련교육비, 수련생 처우, 수련계획서 등)을 사전 보고한다. 사전 보고한 내용에 근거하여 매년 2월 말까지 수련생 모집을 완료하고, 매년 3월 1일~3월 31일 기간 동안에 국립정신건강센터 정신건강전문요원 관리시스템(www.ncmh.go.kr)에 수련정신건강사회복지사 및 수련지도요원을 보고한다.

② 수련실시

수련기관에서는 모집된 수련정신건강사회복지사에 대한 수련을 수행한다. 실시되는 수련시간 및 내용에 대해서는 수련내용 부분에서 자세하게 설명하고자 한다.

③ 수련에 대한 평가

실습보고서와 20사례 이상의 사례보고서는 수련기관장에게 제출하고 수련기관에서 자체적으로 평가하며, 심사결과는 수련기관에 보관한다. 학습평가는 수련기관이 자체적으로 시행할 수도 있으며, 관련협회 또는 단체에 출제를 의뢰하여 실시가 가능하다.

④ 수료보고

수료예정일 전 14일 이내에 수련기간, 수련시간, 학습평가 점수, 실습확인서 등을 국립정신건강센터 정신건강전문요원 관리시스템에서 보고하여야 하며, 각 수련기관 수련지도요원은 수련사회복지사의 전반적인 수련시간 및 과제를 최종검검 후, 실습확인서를 작성하여 보고하여야 한다.

⑤ 수련사회복지사 자격증 발급 신청

자격신청은 매년 3월 1일부터 신청 가능하며, 국립정신건강센터 승인 이후 수련사회복지사 개별로 자격증 발급을 신청하여 발급받을 수 있다.

(2) 수련내용

① 2급 정신건강사회복지사 이론교육 과목 및 시간

정신건강사회복지사가 이수해야 하는 이론교육 과목은 〈표 5-2〉와 같다. 정신건강전문요원 3개 영역이 공통으로 이수해야 하는 과목이 있는데, 정신건강전문요원 수련을 총괄하고 있는 국립정신건강센터에서 지정한 과목이다. 〈표 5-2〉에서 (공)으로 표기되어 있는 과목이다. 이 외의 과목은 정신건강사회복지 분야의 특성을 살려 정신건강사회복지사 수련교육을 위한 과목이다.

〈표 5-2〉 **2급 정신건강사회복지사 수련 이론교육과목 및 이수시간**

영역	과목명	세부 과목명(시간)	시간
의료 · 복지와 윤리	(공)정신건강의 중요성과 정신건강전문요원의 역할	–	(2)
	(공)정신장애인 인권과 권익옹호	–	(4)
	정신건강사회복지사의 역할과 윤리	–	2
	과목 수: 총 3과목(공통 2과목 + 직역 1과목) **시간: 총 8시간(공통 6시간 + 직역 2시간)**		**8**
법과 정책	(공)정신건강복지법의 이해	–	(2)
	(공)국가정신건강정책의 이해	–	(2)
	(공)공공보건 · 복지전달체계의 이해	–	(2)
	정신건강복지법과 정신건강사회복지서비스	–	2
	과목 수: 총 4과목(공통 3과목 + 직역 1과목) **시간: 총 8시간(공통 6시간 + 직역 2시간)**		**8**
정신건강 이론 · 실제	(공)타 직역 업무에 대한 이해 및 협업	–	(4)
	(공)정신사회 재활치료	–	(6)
	(공)정신질환 및 약물치료	–	(8)
	(공)응급위기관리	–	(4)
	(공)치료적 의사소통	–	(4)
	(공)중독질환의 이해	–	(3)
	(공)재난의 이해	–	(1)
	정신병리 및 진단에 따른 면담	정신병리(7)	14
		정신과적 진단에 따른 면담(7)	
	심리사회적사정 및 실천이론	심리사회적 사정(4)	20
		생애주기별 정신건강(6)	
		정신건강사회복지 실천이론(10)	
	집단, 가족, 지역사회에 대한 개입	집단에 대한 개입(5)	15
		가족에 대한 개입(5)	
		지역사회에 대한 개입(5)	

		퇴원(퇴소)계획 및 사후관리(3)	
정신건강 이론· 실제	정신사회재활 및 사회복귀서비스	사례관리(6)	25
		정신사회 재활훈련(5)	
		인지행동치료 및 인지재활(5)	
		주거서비스(3)	
		직업재활(3)	
	과목 수: 총 11과목[공통 7과목 + 직역 4과목(세부과목 14과목)] **시간: 총 104시간(공통 30시간 + 직역 74시간)**		104
기획 및 행정	(공)정신건강복지사업의 기획과 평가	−	(2)
	(공)지역사회 정신건강 네트워크 구축	−	(1)
	정신건강사회복지 행정 실무	−	3
	정신건강사회복지 프로그램 개발과 평가	−	4
	과목 수: 총 4과목(공통 2과목 + 직역 2과목) **시간: 총 10시간(공통 3시간 + 직역 7시간)**		10
조사 연구	(공)통계의 이해	−	(2)
	(공)지역사회 진단 및 조사	−	(1)
	정신질환 예방 및 정신건강복지 조사 연구	−	7
	과목 수: 총 3과목(공통 2과목 + 직역 1과목) **시간: 총 10시간(공통 3시간 + 직역 7시간)**		10
정신건강 이슈대응	(공)정신건강 당면과제	−	(2)
	정신건강이슈와 정신건강서비스	−	8
	과목 수: 총 2과목(공통 1과목 + 직역 1과목) **시간: 총 10시간(공통 2시간 + 직역 8시간)**		10
소계	**과목 수: 총 27과목(공통 17과목 + 직역 10과목)** **시간: 총 150시간(공통 50시간 + 직역 100시간)**		150

출처: 한국정신건강사회복지사협회(2020).

② 2급 정신건강사회복지사 실습교육 과목

2급 정신건강사회복지사 수련에서 실습을 위해서 이수해야 하는 과목과 시간은 〈표 5-3〉과 같다.

〈표 5-3〉 2급 정신건강사회복지사 실습교육 과목 및 시간

영역	과목명	시간
법과 정책	(공)공공보건·복지전달체계의 이해	(16)
	과목 수: 총 1과목(공통 1 + 직역 0) **시간: 총 16시간(공통 16 + 직역 0)**	16
정신건강 이론·실제	(공)타 직역 업무에 대한 이해 및 협업	(8)
	(공)정신사회 재활치료	(164)
	(공)응급위기관리	(8)
	(공)중독질환의 이해	(8)
	(공)재난의 이해	(8)
	심리사회적 사정 및 개입	400
	퇴원(퇴소)계획 및 사후관리	50
	집단활동요법	70
	가정방문지도 및 가족교육	50
	지역사회자원 조직 및 자원연계	28
	과목 수: 총 10과목(공통 5 + 직역 5) **시간: 총 794시간(공통 196 + 직역 598)**	794
기획 및 행정	(공)지역사회 정신건강 네트워크 구축	(8)
	정신건강사회복지 프로그램	12
	과목 수: 총 2과목(공통 1 + 직역 1) **시간: 총 20시간(공통 8 + 직역 12)**	20
소계	**과목 수: 총 13과목(공통 7과목 + 직역 6과목)** **시간: 총 830시간(공통 220시간 + 직역 610시간)**	830

출처: 한국정신건강사회복지사협회(2020).

　실습에서는 이론과목에서 학습한 내용을 실재 정신건강사회복지 실천현장에서 실행해 보는 것으로 기본적으로 사례를 중심으로 실습한다. 실습교육 교과에 근거하여 이후 임상실습을 수행하며, 사례연구를 수행하게 된다.

③ 학술활동
　정신건강사회복지사 수련기간 동안 연간 20시간의 학술활동을 이수하여야 한다. 한국정신건강사회복지사협회에서 실시하는 정신건강전문요원 보수교육을 통해 이

수할 수 있으며, 이 외에도 정신건강 학술로 인정되는[2] 다양한 분야 또는 타 직역의 학술 행사 참여를 통해 이수할 수 있다.

④ 임상실습 및 사례보고서

2급 정신건강사회복지사 임상수련은 심리사회적 사정에는 개인력조사, 가족력 조사, 심리사회적 기능평가를 포함하여 사례를 다루어야 한다. 이뿐만 아니라 사회 복지서비스 제공을 기반으로 퇴원계획 및 사후관리, 집단활동요법, 가정방문지도 또는 가족교육, 사회기술훈련 등을 직접 시행하고 사례기록으로 남겨서 지도받아 야 한다. 또한 정신건강사회복지프로그램개발 및 후원개발을 위한 프로포절을 작 성하는 임상실습을 수행하여야 한다. 2급 정신건강사회복지사가 수행해야 하는 임 상실습은 〈표 5-4〉와 같다.

〈표 5-4〉 2급 정신건강사회복지사 수련 실습 및 사례보고서

과목명	내용	시간	사례 수	비고
법과 정책				
(공)공공보건 · 복지 전달 체계의 이해	2기관 이상 견학 보고서[교환(파견) 수련 포함 가능]	(16)	*	
정신건강 이론 · 실제				
(공)타 직역 업무에 대한 이해 및 협업	타 직역 수련과정 또는 타 직역 1급 전문요원 업무 참관 및 실습 보고서	(8)	*	
(공)정신사회 재활 치료	(1) 재활훈련프로그램(사회기술훈련, 인지행동 치료, 스트레스관리훈련 등)-**5회기 이상** (2) 재활 및 생활훈련, 직업재활서비스, 재가서 비스, 자조모임지도 등 재활프로그램)-**3회 기 이상**	(164)	* 4사례	
(공)응급위기관리	**실습보고서 작성**	(8)	*	
(공)중독질환의 이해	SBIRT 교육 수료 보고서	(8)	*	
(공)재난의 이해	PFA 교육 수료 보고서	(8)	*	

2) 수련지도요원이 인정하는 교육 및 세미나

심리사회적 사정 및 개입	(1) 심리사회적 사정 및 개입	400	10사례	
퇴원(퇴소)계획 및 사후관리	**−5회기 이상**	50	1사례	
집단활동요법	**−5회기 이상**	70	2사례	
가정방문지도 및 가족교육	가정방문지도 및 가족교육**−5회기 이상**	50	1사례	
지역사회자원 조직 및 자원연계	**−3회기 이상**	28	1사례	
기획 및 행정				
(공)지역사회 정신건강 네트워크 구축	지역사회 정신건강 행사 참여 및 활동 보고서	(8)	*	
정신건강사회복지 프로그램	프로그램 또는 후원금 마련을 위한 프로포절	12	1사례	
소계		**830 (220)**	**20사례**	

출처: 한국정신건강사회복지사협회(2020).

3. 정신건강서비스 다학제의 이해

사회복지는 클라이언트를 환경 속 인간(person in environment)으로 이해하는 총체적 관점을 가지고 있다. 인간은 생리심리사회적(bio-psycho-social) 존재로, 개인의 정신건강을 이해하기 위해서도 개인을 총체적으로 이해할 필요가 있다. 따라서 정신건강사회복지는 다양한 관련 직종의 서비스 영역에 대한 이해와 협력이 중요하다고 할 수 있다. 「정신건강복지법」에서는 정신건강전문요원을 정신건강임상심리사, 정신건강간호사, 정신건강사회복지사로 규정하고 있다. 여기에서는 법에서 규정한 정신건강전문요원과 함께 정신건강 분야의 대표적 분야인 정신의학, 정신건강임상심리, 정신건강 간호에 대해서 살펴보고자 한다.[3]

---

[3] 이와 관련한 내용은 한국정신건강사회복지사협회(2012)의 내용을 참고하여 수정 · 보완하였다.

1) 정신의학(정신건강의학과 의사)

정신과 의사는 의학적 전통에 뿌리를 둔 의사로서 이들이 지적 뿌리를 비록 프로이트나 융 등의 비의학적 학자들에게 두고 있더라도 의료전문가로서의 권력과 지위를 소유한다. 정신과 의사는 의사라는 사실 때문에 정신건강전문가들의 위계서열에서 높은 지위를 차지해 왔고, 그들의 많은 의견이나 주장은 의학적 배경에 기초한다. 정신과 의사들은 정신과적 진단과 치료뿐만 아니라 의학적 수련을 받기 때문에 약을 처방하고 신체적 병을 치료하며 신체적 질환과 관련한 검사를 할 수 있다. 우리나라에서는 약물처방은 의사의 고유 권한으로 제한되고 있다.

2) 정신건강임상심리

임상심리사란 임상심리학적 지식을 현장에서 활용하는 전문인이다. 현대적 의미의 임상심리학은 '심리학의 한 분야로서 심리 문제 및 장애를 연구, 평가, 치료하는 분야'라고 할 수 있다(Colman, 2006; Corsini, 1999: 양재원 외, 2018 재인용). 미국심리학회에서는 임상심리학에 대해서 "개인과 가족을 위해 지속적이고 포괄적으로 행동 및 정신건강관리를 제공하는 심리학의 전문영역이다. 그리고 조직 및 지역사회에 대한 자문을 시행하고, 훈련, 교육 및 지도감독을 제공하며, 연구에 기반을 둔 실무를 제공한다"고 규정하고 있다(American Psychological Association, 2016: 양재원 외, 2018 재인용). 이와 같은 임상심리학의 정의에는 임상심리학에서 포괄하는 영역이 단순히 심리장애뿐 아니라 인간이 일상에서 경험하는 모든 심리적 현상에 대한 심리서비스가 모두 포함된다.

우리나라의 임상심리와 관련한 자격제도는「정신건강복지법」에서 규정하는 정신건강임상심리사 1・2급, 한국심리학회에서 규정하는 임상심리전문가, 한국산업인력공단에서 주관하는 임상심리사 1・2급이 있다. 정신건강임상심리사의 주요한 활동영역은 행정, 교육 및 자문, 임상슈퍼비전, 임상심리연구, 심리치료, 심리평가 등이 있다. 임상심리영역에서 주로 사용하는 심리검사의 종류에는 웩슬러형 지능검사, MMPI(Minnesota Multiphasic Personality Inventory), Rorschach검사, TAT(Thematic Apperception Test), 그림검사, 신경심리검사 등이 있다.

3) 정신건강간호

정신간호는 병적인 생각에 사로잡혀 고통을 당하고 있는 사람이나 심리적으로 건강하게 정상적인 삶을 사는 데 어려움이 있는 사람을 돕는 간호과정이다. 뿐만 아니라 정신질환을 예방하는 업무와 함께 지역사회의 모든 사람과 가족의 정신건강을 최적의 상태로 증진시키는 기능도 한다.

정신간호사에게 기대되는 주요 역할은 환자 개개인과 치료적 관계를 맺으며 모든 환자에게 치료적 환경을 제공하는 것이다. 미국 간호협회의 '정신간호 및 정신건강간호실무의 범위와 기준'에서는 정신간호를 '인간행동에 관한 광범위한 이론들을 적용하는 전문적인 임상간호 전문영역'으로 정의하고 있다(American Nurses Association, 2000: 한국정신건강사회복지사협회, 2012 재인용). 우리나라의 정신간호와 관련된 자격은 정신건강간호사, 정신전문간호사가 있다. 이들의 정의 및 주요 역할은 〈표 5-5〉와 같다.

〈표 5-5〉 정신 간호분야 간호사의 정의 및 역할

종류	정의	주요 역할
정신건강간호사	「의료법」에 따른 간호사면허를 가진 자로서 보건복지부장관이 지정한 정신건강전문요원 수련기관에서 1년 이상의 수련을 마친 자	정신건강전문요원의 공통 업무를 비롯하여 정신건강강호사의 고유 업무로서 정신질환자의 병력에 대한 자료수집, 병세에 대한 판단 분류 및 그에 따른 환자 관리 활동, 정신질환자에 대한 간호
정신전문간호사	간호사 면허를 소지하고 정신과 분야의 간호실무 3년 이상의 경력자로서 대학원(전문간호사 과정) 또는 그 수준에 준한 전문간호사 교육과정을 이수하고 정신전문간호사 자격시험에 합격한 자	정신치료 등 1차 치료, 자문, 교육, 행정가, 상담가, 사례관리자, 중재자, 자문가, 프로그램 개발자 및 연구자

출처: 이광자 외 역(2009).

> **생각해 볼 문제**
>
> - 정신건강사회복지 실습을 하기 위하여 학생들에게 필요한 지식, 소양, 가치 등에 대해서 논의 해 봅시다.
> - 본인이 소속되어 있는 지역에서 정신건강사회복지 수련기관으로 지정되어 있는 기관에는 어떤 기관이 있고, 수련생 선발기준, 수련생의 역할 등에 대해 조사해 봅시다.
> - 정신건강 분야의 다학제간 협력이 필요한 이유와 각 직역과 네트워크를 형성할 수 있는 방법 들에 대해 토의해 봅시다.

참고문헌

권진숙 · 김정진 · 전석균 · 성준모(2017). **정신건강사회복지론**. 경기: 공동체.

김기태 · 황성동 · 최송식 · 박봉길 · 최말옥(2009). **정신보건복지론**. 경기: 양서원.

법제처. 정신건강증진 및 정신질환자 복지서비스 지원에 관한 법률.

법제처. 정신건강증진 및 정신질환자 복지서비스 지원에 관한 법률 시행규칙.

법제처. 정신건강증진 및 정신질환자 복지서비스 지원에 관한 법률 시행령.

양재원 · 민병배 · 김정호 · 성태훈 · 예영주 · 이영준 · 이원혜 · 진주희 · 최기홍 · 최승원 (2017). 임상심리전문가 교육수련제도 개선을 위한 제언. **한국심리학회지**, 36(1), 1-9.

이광자 외 역(2009). **핵심 정신건강간호**. 서울: 군자출판사.

이영호 · 심경순 · 김태준(2010). **정신보건 사회복지의 이해**. 서울: 학지사.

한국정신건강사회복지사협회(2012). **정신보건사회복지의 이론과 실제**. 경기: 양서원.

한국정신건강사회복지사협회(2020). **정신건강사회복지사 수련지침서**.

정신건강전문요원 관리시스템 홈페이지(https://www.ncmh.go.kr)

제3부

정신건강사회복지 실천

정 신 건 강 사 회 복 지 론

제6장

사정

학습 목표

- 사정과정에서 사회복지사가 관심을 가져야 할 지식과 기술들을 설명할 수 있다.
- 정신건강사회복지 실천에서 다루어야 할 사정의 내용을 설명하고 실행할 수 있다.

사정(assessment)은 클라이언트의 문제를 해결하기 위한 중요한 과정이며 사회복지 실천과정의 하나이기도 하다. Pincus와 Minahan(1973)은 사회복지 실천과정을 문제의 사정, 자료수집, 초기접촉, 협상적 계약, 행동체계, 영향력 행사, 변화노력의 종결과정으로 분류하고 있으며, Hepworth와 Larsen(1993)은 탐구와 사정 및 기획의 단계, 변화지향 단계, 종결과 평가의 3단계로 나누고 있다. Compton과 Galaway(1999)는 자료수집과 사정, 계획, 실행, 평가, 종결의 과정을 설정하고 있으며, Johnson과 Yanca(2001)는 사정, 계획, 실행, 평가, 종결의 과정으로 사회복지 실천과정을 설명하고 있다. 이처럼 사회복지 실천의 과정은 학자에 따라 3단계 혹은 4~6단계로 분류되고 있지만 분류의 유형이 달라진다고 해서 실천과정에서 실행되는 과업의 본질이 달라지는 것은 아니다.

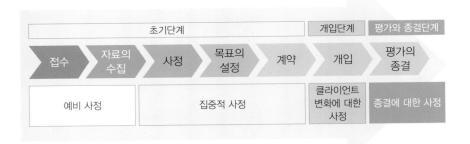

| 그림 6-1 | 사정의 과정

　　사회복지 실천의 궁극적인 목적을 클라이언트 문제의 해결, 사회적응력의 향상이라고 볼 때, 사정은 원조과정의 효과성을 극대화시키기 위해서 기초가 되는 중요한 과정이다. 또한 사정을 통해 문제해결을 위한 목표를 설정하고 구체적인 원조활동을 실시하는 '지속적인 과정'이라는 측면에서 이해한다면, 사정은 원조 전반에 걸쳐 이루어지며, 실천의 한 과정에서 단편적으로 끝나 버리는 과업이 아님을 알 수 있다. 이것은 [그림 6-1]처럼 나타낼 수 있다.

　　이 장에서는 사정의 정의, 목적, 특성을 살펴봄으로써 사정의 개념에 대한 이해를 넓히고, 정신건강사회복지 실천에서 더 관심을 가져야 할 사정의 내용과 개입을 위한 준비단계로서 초기단계에 이루어지는 사정에 초점을 맞추어 알아볼 것이다.

1. 사정의 개념

1) 사정의 목적과 정의

　　사정은 우리가 새로운 클라이언트를 처음 소개받을 때부터 시작된다. 이러한 사정의 목적은 클라이언트의 욕구와 해결책, 현존하는 문제, 현 상황에서 클라이언트에 대한 이해에 도달하고 클라이언트와 사회복지사가 문제를 완화하기 위하여 계획을 수립하고, 개입전략 수립을 위한 근거를 제시하는 데 목적을 둔다.

Loewenberg(1983)는 사정의 과정을 탐구 및 정보수집, 정보의 분석과 해석, 정보에 대한 결정, 사정진술의 준비, 계약, 평가로 설명했다. Compton과 Galaway는 사정의 과정이 다음의 단계로 이루어진다고 하였다(Compton & Galaway, 1999: 254).

① 문제 상황에 대한 주된 요소를 이해할 것
② 클라이언트에게 있어서 문제의 의미를 이해할 것
③ 클라이언트와 클라이언트 환경에서의 강점을 동일시할 것
④ 클라이언트 목표의 실현 가능성을 명확히 할 것
⑤ 적극적인 사고과정에서 상황에 따라 변화될 수 있는 욕구가 어떤 것인지를 알기 위해서는 전문적인 지식을 활용할 것
⑥ 원하는 변화를 어떻게 성취할 것인지에 대한 계획을 수립하는 것

사정이란 사회사업실천에서 개입을 위한 행동의 근거가 되는 것으로 클라이언트를 이해하고 클라이언트가 가진 문제를 해결하도록 돕기 위해 적절한 자료를 수집하고 이를 분석하여 종합적인 해석을 내리고 문제해결을 위한 치료계획을 세우는 일련의 과정이라고 할 수 있다. 그리고 사정에는 클라이언트가 겪고 있는 문제의 본질, 클라이언트와 유의미한 타자의 기능(강점, 한계, 성격적 자산과 결핍), 문제를 해결하고자 하는 클라이언트의 동기, 문제에 영향을 미치는 환경적 요소, 클라이언트의 어려움을 개선하는 데 필요한 자원과 활용 가능한 자원이 포함되어야 한다(Jordan & Franklin, 1995: 3).

정리하면, 사정은 무엇이 문제인지, 어떤 원인들로 발생한 문제인지, 그 문제를 해결하거나 최소화하기 위해 무엇이 변화되어야 하는지를 밝히는 과정이며 치료자의 실무경험, 가치, 이론적 기반 등 전문적 지식에 근거하여 이루어지는 판단작업이다. 또한 사정은 클라이언트의 강점과 능력을 한층 더 북돋우고, 클라이언트의 참여를 유도하며, 클라이언트와 전문가가 수직관계가 아닌 동료관계의 파트너십을 통하여 이루어진다.

2) 사정의 특성

사정은 서비스를 제공하는 핵심적이고도 복합적인 과정이다. 또한 창의적인 과정이며 문제해결과정으로서 과학적 측면을 지니며, 다음과 같은 특성을 지닌다.

① 사정은 지속적 과정이다. 초기단계에서 사정은 필수적이다. 그러나 마지막 단계에서 욕구를 파악하거나 문제를 해결하고, 체계를 변화시키기 위하여 개입할 때에도 사정은 중요하다. 지속적인 사정과정은 사회복지사와 클라이언트의 공동 작업과정으로서 사람과 상황에 대한 이해를 증진시킨다.

② 사정은 클라이어언트를 이해함과 동시에 서비스를 계획하고 행동을 위한 기초를 제공하는 것에 초점을 둔다. 따라서 관련된 사람과 체계, 그들의 상호관계와 환경에 대한 정보가 수집되어야 한다. 이때, 클라이언트의 욕구, 욕구달성의 방해물, 문제, 욕구와 문제에 관계된 중요한 사람과 체계에 대한 정보를 수집해야 한다. 이러한 정보는 변화를 위한 강점, 한계, 동기, 그리고 관련된 사람과 체계에 적용할 수 있는 변화를 위한 저항을 이해하고 감소시키는 데 중요하다. 그리고 각 체계 간의 관계, 잠재적으로 유용한 자원, 문제를 해결하는 데 영향을 미치는 태도와 가치, 문화적 요인들에 대한 정보를 수집하는 것도 중요하다.

③ 사정은 클라이언트와 사회복지사가 함께 참여하는 공동의 과정이다. 사정에서 클라이언트를 함께 참여하도록 하는 것은 클라이언트에게 자존감을 부여하고 작업을 진행하는 데 있어서 중요한 파트너라는 것을 보여 줌으로써 클라이언트에게 힘을 줄 수 있는 수단이 된다.

④ 사정과정 안에는 다양한 활동이 포함된다. 이러한 활동은 상황을 관찰하고 얻은 정보를 확인하고 이해하는 것, 서비스 상황에 대한 사실의 수집과 수집된 사실의 의미에 대한 설명, 사실과 전체상황에 대해 이해하고 각 부분들 사이에서의 상호작용과 관계를 이해하는 것까지 포함된다.

⑤ 사정에서는 수평적 탐구, 수직적 탐구 둘 다 중요하다. 일반적으로 사정의 초기에는 상황을 수평적으로 바라보는 것이 도움이 되고, 후반 상황이나 문제해결에서 가장 중요하다고 확인된 부분들은 수직적으로 혹은 깊이 있게 검토하

는 것이 좋다.

⑥ 사회복지사는 클라이언트에 대한 이해를 증진시키기 위해 기초지식을 활용한다. 사회복지사는 문제 상황에서 클라이언트를 더 잘 이해하기 위한 수단으로 학문적 지식을 활용한다. 이때 인간발달과 인간관계 요인, 가족구조, 가족과정과 관계, 기관에 대한 구조와 지식뿐만 아니라 경제학, 정치학에 대한 지식까지 필요할 수 있다. 그리고 연구과제 등을 통해 얻은 지식이나 정보수집을 위한 조사기술을 사용할 수도 있다.

⑦ 사정은 생활상황에서 욕구를 확인하고, 욕구의 의미와 유형을 설명한다. 사정은 다양한 욕구와 욕구충족을 방해하는 것을 확인할 때 문제-해결과정(problem-solving process)을 사용한다.

⑧ 사정은 개별적으로 다루어진다. 인간상황은 복잡하며 클라이언트 상황에 관련되어 있어서 각각의 사정은 모두 다르다.

⑨ 사정에서 판단은 중요하다. 많은 결정은 각각의 사정에 의해서 내려져야 한다. 결정할 때 고려되어야 할 부분이 무엇이며, 어떤 학문지식을 적용할 것인지, 클라이언트를 어떻게 참여시킬 것인지 그리고 문제를 어떻게 정의 내릴 것인지를 포함한다.

⑩ 사정을 통해 클라이언트를 이해하는 데에는 한계가 있다. 어떠한 상황에 대해서도 완전한 이해를 얻는 것은 불가능할 뿐만 아니라 꼭 필요하지도 않다. 사회복지사는 도움을 주는 데 필요한 사항을 이해해야 하고, 도움을 주는 과정에서 생겨난 새로운 것들을 이해해야 한다. 사회복지사는 또한 이러한 한계를 이해하고 받아들여야 한다(Johnson, 2001: 260-263).

2. 사정에서의 판단

판단은 사정에서 중요한 요소이며, 전문적인 판단은 지식과 가치에 의해 영향을 받는다. 사람의 지각과 사고는 가치에 의해 영향을 받는데, 사람은 자신의 가치나 생각과 일치하지 않는 것을 가려내는 경향이 있으며 이것은 편견으로 작용할 수 있다. 그러므로 다른 배경을 가진 사람들과 일을 할 때 개인의 가치가 그들의 결정에

어떤 영향을 미치는지를 아는 것은 사회복지사에게 중요하다. 사회복지사의 가치관에 의해 형성된 정보가 때때로 클라이언트의 관점에서는 가치가 없을 수도 있다. 또한 지식을 활용하여 어떠한 사건이나 상황을 설명할 때 적절한 지식이 선택되었는지를 점검하는 것도 중요하다. 지식을 선택할 때, 사정된 현상과 고려된 상황과 관련된 것인지, 사회사업 내용에 유용한 것인지, 선택된 지식의 본질이 사정된 현상에 적합한지를 점검해야 한다.

사정에서 판단을 내릴 때 사용될 수 있는 원칙은 다음과 같다(Johnson, 2001: 263).

- 개별화(individualization): 어느 한 상황에서 각각의 사람과 체계는 다르다. 효과적으로 사정하기 위하여, 체계에 대한 독특한 관점을 확인하고 이해할 필요가 있다.
- 참여(participation): 사정과정에서 클라이언트 참여는 클라이언트의 욕구와 선호도를 더 잘 인지할 수 있는 중요한 수단이다.
- 인간발달(human development): 사정에서 개인과 사회적 체계의 발달과정을 살펴보는 것은 클라이언트 또는 체계를 더 깊이 이해할 수 있는 수단이다.
- 인간 다양성(human diversity): 개인, 체계, 문화집단에 대한 다양한 관점을 이해하는 것은 사정의 또 다른 중요한 요소이다.
- 의도적 행동(purposeful behavior): '모든 행동은 의도적이다'라는 것을 아는 것은 사정과정에서 클라이언트의 행동이 의도한 바를 이해할 수 있게 한다.
- 체계 간의 교류(systemic transactions): 사정과정에서 어떠한 상황에 놓인 개인을 이해하기 위해서는 스트레스가 높은 생활상, 부적응적인 대인관계, 그리고 주변의 무관심을 확인한다.
- 강점과 자원(strengths and resources): 환경에서 클라이언트의 가능성과 자원의 확인은 중요하다.

3. 사정에서 필요한 정보의 원천

사정에서 필요한 정보는 클라이언트와 관련된 다양한 체계와 방법을 통하여 얻을 수 있다. 클라이언트와 관련된 체계로서 가족, 의뢰된 문제와 관련된 주요 체계 등으로부터 기관 내 면담이나 가정방문을 활용하여 면담이나 관찰 등을 통해서 다양한 정보를 수집할 수 있다.

- 클라이언트로부터의 구두보고: 비록 클라이언트가 자신의 어려움과 자원을 적절히 설명하지 못하더라도, 이 과정에서 나타나는 정보들은 클라이언트의 왜곡, 저항, 감정 등을 이해하는 부가적인 정보로 활용할 수 있다.
- 클라이언트에 의한 자가보고 형태: 성인 클라이언트에 의한 몇몇 자가보고 형태는 사정과정에서 주요 자료로 사용된다.
- 기타 부수적인 정보의 원천: 클라이언트와 관련하여 정보를 줄 수 있는 친구 또 다른 사회기관, 교사, 의사, 이웃들이 제공하는 정보이다.
- 심리검사 결과
- 클라이언트의 비언어적 행동
- 중요한 타자와의 상호작용과 가정방문

4. 사정과정에서의 인터뷰

사정은 새로운 사례에 대해 전화를 받거나 의뢰정보를 읽을 때부터 시작될 수 있다. 사정은 과정적 차원에서 클라이언트와의 면담을 통해 이루어지며 면담이 어떻게 진행되었는가는 결국 사정이 제대로 이루어졌느냐와 무관하지 않다. 다음에서는 Cooper와 Lesser(2002: 41-54)가 사정과정의 면담에 대해 제시한 부분을 통해 사회복지사가 사정과정에서 관심을 가져야 할 면담의 기술과 태도 등을 살펴보겠다.

1) 초기

초기(Beginning)과정에서 첫 만남은 클라이언트와 사회복지사에게 서로의 첫인 상을 주는 단계이다. 이 단계에서 관심을 가져야 할 부분이 무엇이며 사회복지사 자 신을 소개하고 클라이언트가 왜 여기 있는지에 대한 의미 그리고 비밀보장에 대한 중요성을 이해할 필요가 있다.

초기 인터뷰는 심리사회적 사정에 기초가 되는 정보를 수집하는 과정이며, 치료 적 동맹을 확립하기 시작하는 시기이다. 첫 만남에서 사회복지사는 관찰의 힘을 잘 활용해야 하며, 다음 단계를 위해 필요한 것들을 설정하는 시간이다. '누가 참석해 야 하는가? 새로운 클라이언트를 처음 만날 때, 무엇을 관찰할 것인가? 클라이언트 는 대기실에서 어떻게 기다리고 있는가? 클라이언트가 사회복지사의 인사에 어떻 게 반응하는가? 사무실에 들어오는 것을 불안해하는가? 그가 옷을 어떻게 입었는 가?' 등을 세심히 살펴본다. 클라이언트가 만약 늦는다면 시간을 잘 지키도록 요구 하며, 지속적인 만남을 위한 가이드라인을 정해야 한다.

클라이언트와 인터뷰할 때 사회복지사가 책상 뒤에 앉는 것은 피하는 것이 좋다. 이것은 자칫 관계의 힘에서 불균형을 가져올 수 있다. 그리고 클라이언트의 행동으 로부터 많은 정보를 얻어야 하며, 클라이언트가 가진 문화적 배경과 차이에 대해서 도 정중하고 따뜻하며 민감해지도록 노력해야 한다. 그리고 이때 클라이언트도 당 신을 사정하고 있다는 것을 알아야 한다. 사회복지사는 상담을 하는 장소에 배우 자, 자녀, 애완동물 사진 등 너무 개인적인 소품들을 두는 것은 적절하지 않다. 그것 은 클라이언트의 부러움을 자극하고 클라이언트에게 부담을 줄 수도 있다. 인터뷰 공간은 밝고 따뜻해야 하지만 사회복지사의 개인적인 특성이 두드러지게 드러나는 것은 좋지 않다.

인터뷰를 시작할 때 클라이언트가 왜 당신을 만나러 여기에 왔는지를 아는 것은 중요하다. 초기에 클라이언트가 너무 압도되어 버리면 많은 정보를 이야기하기 쉽 지 않기 때문에, 인터뷰 과정에서 발생하게 될 일들(예를 들면, 당신이 하게 될 질문의 종류와 질문을 하게 되는 이유들)에 대해서 알리고 어느 정도 구조화된 상황들을 제공 하는 것이 도움이 된다. 또한 클라이언트에게 자신의 이야기를 할 기회를 주기 위 하여 개방형 질문을 사용하는 것이 좋으며, 관심과 공감 그리고 도움을 주고자 하는 태도를 가져야 한다.

약물 사용, 기분혼란, 불안한 행동, 신체적 불편함, 사회적 또는 성격적 문제, 힘든 점, 정신증과 같은 임상적 주제에 대해서도 주의를 기울여야 한다. 클라이언트의 자원과 대처능력에 대한 정보를 얻는 것 또한 중요하다. 그들의 삶에 의미 있는 사람이 누구인지? 그들과의 관계의 질이 어떠한지? 그들이 지지와 보호를 제공하는지? 그들에 대해서 클라이언트가 말하는 방식은 중요하다. 클라이언트가 과거 유사한 상황을 어떻게 처리했는가를 조사하는 것도 중요하다. 클라이언트의 상황이 너무 빨리 드러나는 것은 클라이언트에게 상처가 되거나 공포감을 느끼게 할 수도 있으므로 편안함을 느끼도록 해야 한다.

그리고 어떤 사건에 대한 사람들이나 날짜 등 클라이언트에 대한 특별한 사항들에 대해 사회복지사가 알아야 한다는 것을 클라이언트에게 알리고 이러한 것들을 기록할 수도 있음을 설명하고 알려야 한다. 하지만 기록을 할 때 사회복지사가 너무 기록에만 몰두하는 것처럼 느끼게 하는 것은 좋지 않다.

초기에 클라이언트가 임상적 관계의 한계와 비밀보장의 조건과 한계를 아는 것은 중요하다. 어떠한 정보는 때로 어떤 상황에서 제3자와 그것을 공유할 수도 있음을 알려야 하며, 클라이언트에게 서비스제공동의서에 서명하고 비밀보장 이슈에 대해 설명해야 한다.

2) 중기

중기(Middle)는 초기의 목적과 목표를 달성하기 위한 과정으로서 사회복지사는 그것에 필요한 과업을 수행하게 된다. 이 과정에서는 적용되는 이론적 구조는 전이, 역전이, 작업동맹, 진실한 관계, 저항 등이 포함된다.

클라이언트가 잘 모르는 사람을 두려워하는 것은 정상적이라는 것을 기억해야 한다. 때때로 클라이언트는 자신에게 주어진 변화를 안정성을 위협하는 것으로 생각하고 그들이 존재해 왔던 방식대로 머물 수 있는 방법을 찾으려 할 수도 있다.

이때 인지적 행동적 모델에서 언급되는 저항과 방해물이 많이 발생한다. 면담에 너무 늦게 도착하거나 일찍 도착하는 것, 삶의 중요한 사건보다 다른 사소한 일들을 이야기하는 것은 변화에 대한 두려움을 암시하는 것일 수도 있다. 그러나 클라이언트의 모든 행동을 변화에 대한 공포나 불안으로 정의하기 전에 클라이언트 삶의 스트레스와 삶의 맥락과 연관지어 살펴보는 것이 바람직하다.

클라이언트가 면담에 오고 싶어 하지 않는 것 같다면, 이전 회기에서 클라이언트를 당황시키거나 불편하게 한 것이 있는지 정중하게 물어본다. 이 과정은 사회복지사에게 전이를 가져올 수도 있다. 클라이언트에게 상처를 주거나 기분을 상하게 행동하거나 말한 것이 있는지, 너무 빨리 관계를 형성하려고 하지는 않았는지, 너무 직면하게 했는지, 비공감적이었는지를 스스로 살펴보아야 한다. 만약 당신 스스로 답할 수 없다면, 클라이언트나 슈퍼바이저에게 물어야 한다.

중요한 것은 치료적 관계에서 클라이언트가 안전함을 경험하게 하는 것이며, 이것은 클라이언트가 변화와 관련된 불안을 극복하는 데 도움이 될 수 있다. 노련한 사회복지사는 클라이언트의 언어적·비언어적 행동에 대해 주의집중을 한다. 그리고 클라이언트 행동에 대한 무모한 해석은 클라이언트에게 상처가 될 수 있으며, 특히 그러한 해석이 너무 초기에 이루어진다면 더욱 그러하다. 클라이언트의 행동을 탐색하고 스스로 그 의미를 알아채도록 두는 것이 더욱 적절하다.

3) 종결

종결(Endings)은 반드시 사전에 동의되거나 계획되지 않을 수 있다. 일반적으로 워커는 한정적인 회기 동안 접촉하고 협력을 통해 성취된 목표를 확인한다. 때때로, 모든 목표가 달성되기 전에 회기가 끝나기도 한다. 이러한 경우 사회복지사는 클라이언트를 다른 기관이나 사회복지사에게 의뢰를 시도하거나, 클라이언트가 지금까지 이룬 긍정적 변화에 대해 믿음을 갖도록 도움을 줄 수도 있으며, 클라이언트에게 정보나 조언을 제공할 수 있다. 만약 부적절한 자원 때문에 클라이언트가 그의 삶의 외면을 변화시킬 수 없었다면, 클라이언트의 슬픔에 공감해 주고 그의 현실을 확인해 주는 것은 중요하다. 내부적 문제 때문에 진전이 없는 경우라면, 사회복지사는 클라이언트가 아직 변화에 대한 준비가 되어 있지 않다는 것을 조심스럽게 지적할 필요가 있다. 그리고 어떤 내부적 장애물이 클라이언트의 변화를 어렵게 만드는지에 대한 의견을 나누어야 한다.

만약 클라이언트로 인하여 계획되지 않은 종결이 일어난다면, 클라이언트에게는 항상 문이 열려 있음을 알리는 것이 도움이 된다. 그리고 클라이언트가 이른 종결 때문에 죄책감을 느끼지 않도록 해야 하며, 종결에 대한 상황과 클라이언트의 행동도 그들의 삶의 맥락에서 이해될 필요가 있다. 그리고 계획된 종결도 상실감, 좌절감 등의 어려움이 따를 수 있다. 이때 사회복지사가 경청하고 탐색하고 공감하는 것은 중요하다.

사회복지사는 면담에 있어서 분명한 한계를 둘 필요가 있다. 만약 의뢰가 필요하다면, 사회복지사와의 면담이 완결되기 전에 새로운 사회복지사를 만나는 것이 좋다. 만약 새로운 워커가 마음에 들지 않는다고 한다면, 공감해 주되 적응기간일 수 있음을 인식할 수 있도록 해야 한다. 사회복지사는 클라이언트가 변할 수 있도록 돕기 위하여 새로운 사회복지사의 능력을 신뢰할 필요가 있다. 클라이언트를 돕는 최선의 방법은 지금까지의 변화를 점검하고 클라이언트가 그러한 능력이 있다는 것을 믿는 것이며 미래에 대한 희망을 가지는 것이다.

5. 사정의 내용

사정에서 다루어져야 할 내용은 광범위하고 복잡하다. 클라이언트가 당면한 문제, 촉진적인 요인, 신체 및 정서적 상태, 사회심리적 기능, 클라이언트의 강점, 환경적 요인, 대처방식, 지원체계 등 클라이언트와 관련된 다양한 영역이 포함된다. Brown(1992: 154)은 일반적으로 사정을 위한 자료의 분류화와 관련하여 사정과정에서 고려해야 할 질문을 10가지로 유형화하고 있다.

① 클라이언트 상황의 본질은 무엇이며, 그 자체는 어떻게 나타나는가?
② 문제에 대한 클라이언트의 태도는 어떠한가?
③ 클라이언트는 동기가 있으며 문제해결능력이 있는가?
④ 현재 제시되는 문제가 실질적인 문제인가?
⑤ 클라이언트는 왜 이 시점에서 도움을 구하는가?
⑥ 문제의 지속기간은 어느 정도인가?
⑦ 클라이언트의 강점과 약점은 무엇인가?

⑧ 클라이언트가 과거에 효과적으로 적용한 문제해결 기제는 무엇인가?

⑨ 클라이언트의 목표와 기관에 대한 기대는 현실적인가?

⑩ 개입에 누구의 관여가 필요한가?

이처럼 사정과정에서 사회복지사는 클라이언트의 상황들을 이해하기 위하여 다양한 질문에 대한 답을 얻기 위해 많은 노력을 하게 된다. 좀 더 체계적이고 조직적인 사정을 위해서는 사정에서 다루어지는 내용의 개요를 분류하여 살펴보고, 각각의 사정 내용에서 구체적인 사정의 틀을 알아보는 것이 효과적인 사정을 실시하는 데 도움이 될 것이다.

1) 심리사회적 사정

심리사회적 사정은 클라이언트의 중요한 심리사회적, 환경적 측면에 관련된 사회복지사의 구조화된 개입을 형식화하기 위한 도구이다. 이때 심리사회적 사정에 포함되어야 할 내용은 다음과 같은 부분들이다(Cooper & Lesser, 2002).

(1) 인적사항

인적사항(Identifying Information)은 클라이언트가 누구인지에 대한 일반적인 상태에 대한 정보를 제공한다. 그것은 클라이언트의 나이, 성, 인종, 민족, 종교, 결혼상태, 직업, 자원들(가족, 친구, 재정, 주거상태, 가족), 이민상태에 대한 정보를 포함한다. 클라이언트의 외모, 의상과 차림새, 말의 질[주저함, 자발성, 연결이 잘되지 않는지, 강요된 것인지(억압받는지)], 지능(평균, 평균 이하, 평균 이상) 등을 설명한다. 면접에 대한 클라이언트의 태도 또한 중요하다. 클라이언트가 불안한지, 이완되어 있는지, 화가 났는지, 초점을 잘 맞추지 못하는지, 편안한지 등이다.

(2) 의뢰정보

의뢰정보(Referral Source)란 정보제공자가 누구인지, 정보제공자가 클라이언트의 문제에 대하여 무엇을 언급하는지, 클라이언트가 치료를 자발적으로 구하고 있는지 또는 비자발적으로 구하고 있는지, 클라이언트는 자신이 의뢰된 이유를 이해하고 있는지 등을 말한다.

(3) 현문제

현문제(Presenting Problem)는 의뢰하게 된 현재의 문제에 대해 진술하는 것이다. 그것은 클라이언트가 사회복지사를 보러 온 이유가 된다. 사회복지사는 클라이언트가 문제를 제시할 때 클라이언트가 표현하는 것을 구체화시키는 것이 필요하다. 이것은 클라이언트가 제시하는 문제와 정보제공자가 설명하는 클라이언트의 문제가 다를 때 특히 중요하다.

(4) 문제의 과거력

문제의 과거력(History of the Problem)은 문제가 어떻게 발달했는가를 보여 준다. 그 상황이 급성적으로 발생했는지 아니면 본질적으로 만성적인 것인지, 예보적 사건, 증상의 과정, 문제해결을 위해 이전에 했던 시도들은 무엇이었는지를 기술한다. 만약 클라이언트가 그 문제에 대해서 이전에 치료경험을 가지고 있다면, 치료기간, 치료빈도는 어떠했으며 치료의 결과는 어떠했는지, 치료에 대한 클라이언트의 반응은 어떠했는지, 클라이언트는 치료적 관계에 대해서 어떻게 느끼는지, 현재 문제가 명백해지는 것은 어떤 상황 아래서인지 등이다.

(5) 이전의 상담 경험

이전의 상담 경험(Previous Counseling Experience)은 이전의 상담 시도들과 그것들의 결과에 대해서 논하는 것이다. 면접자는 상담이 도움이 되었는지 아닌지에 대한 클라이언트의 인식뿐만 아니라 클라이언트의 상담기록을 가지고 있는 것이 도움이 된다.

(6) 가족 환경

가족 환경(Family Background)은 가족의 사회경제적, 교육적, 직업적 배경에 대한 사실들과 가족구성원들과 상호작용하는 방식을 개념화시키는 것을 포함한다. 클라이언트가 자신의 가족들을 어떻게 바라보는지 그리고 가족들이 클라이언트를 어떻게 바라보는지, 핵가족과 확대가족의 모든 구성원에 대한 제노그램(genogram)과 다

이어그램(diagram)은 정보를 수집하는 데 있어서 유용한 사정도구가 될 수 있다. 예를 들면, 제노그램은 다양한 방식으로 사용될 수 있는데, 가족구조를 보여 주고, 분명한 가족정보를 기록하고 의미 있는 가족관계를 설명할 수 있다. 또 다른 유용한 사정도구는 생태도(ecomap)인데, 이것은 가족들과 그들의 환경과의 가시적 관계를 보여 준다.

(7) 개인력

개인력(Personal History)은 발달력(아동인 클라이언트)과 양육, 출생, 그리고 유아기 사건(수유, 배변, 언어 운동발달과 같은)에 대한 정보를 포함할 수 있다. 그리고 이러한 사건들이 정상적 기간 안에 이루어졌는지에 대한 정보도 포함할 수 있다. 어떠한 병발증(complication)이 있었는가? 만약 아동을 사정한다면, 학교, 동년배들의 기능, 학습성취도, 학습의 차이점등에 관한 정보도 포함할 수 있다. 문제에 대처하기 위한 이전 클라이언트의 시도 또한 논의되어야 한다. 업무에 대한 적응, 사장이나 동료들과의 적응에 대한 정보를 포함하는 직업력, 여가활동, 특별한 관심 분야 등도 기술되어야 한다. 처방약물에 대한 정보를 포함하여, 알코올이나 약물과 같은 물질에 대한 현재와 과거의 사용력에 대한 정보도 있어야 한다. 또한 과거의 어떤 성적, 신체적 정서적 트라우마뿐만 아니라 클라이언트의 성적인 부분과 관련한 정보를 얻는 것은 중요하다.

(8) 의료력

의료력(Medical History)은 심리사회적 어려움에 기여하는 의료적 문제를 고려하는 데 도움이 된다. 그리고 의료적 욕구에 대한 클라이언트의 태도에 관심을 가져야 하며, 클라이언트가 최근 의료적 검사를 했다는 것은 중요한 정보가 될 수 있다.

(9) 문화적 상황

분명한 문화적 틀의 맥락 속에서 현재의 문제를 이해하는 것은 중요하다. 문화적 상황(Cultural History)은 문화병용적 정체성에 대한 이슈, 문화적 동질성 내에서 세대 간 차이, 그리고 현재 살고 있는 사회에 대한 문화이입의 정도 등을 포함한다. 문화지도(culturagram)는 가족의 이민 이유, 현 지역사회에서 거주한 기간, 그들의 이

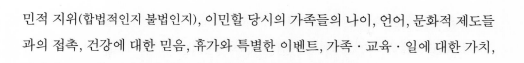

민적 지위(합법적인지 불법인지), 이민할 당시의 가족들의 나이, 언어, 문화적 제도들과의 접촉, 건강에 대한 믿음, 휴가와 특별한 이벤트, 가족 · 교육 · 일에 대한 가치, 외상적 스트레스, 위기사건 등을 나타내는 데 유용한 도구이다.

(10) 영성과 종교

클라이언트의 현재 또는 과거의 종교적 관계나 영적 믿음에 대한 것을 살필 필요가 있다. 영성과 종교(Spirituality/Religion)를 차별화하는 것은 중요하다. 영성은 자신의 삶과 세계에 대한 의미나 믿음에 대한 개인적 인식이다. 종교는 그러한 믿음들이 형식화되는 방식이며, 일반적으로 종교조직에 참여하는 것과 같은 지역사회 맥락 속에서 이루어진다. 이러한 요소들이 클라이언트의 삶에 일어나는 사건들을 인식하는 데 어떠한 도움을 주고 이것이 개입과정에 어떻게 영향을 미칠 것인가를 생각해야 한다.

(11) 현재의 정신상태와 기능

자아기능에 대한 개념은 사회사업사정에서 중요하다. 사회복지사는 특징적인 자아기능, 방어기제, 특별한 강점(strength)과 약점(limitation)—사회적, 심리학적, 신체적, 환경적—에 대해서도 논해야 한다. 또한 클라이언트의 동기, 지속력, 자기인식의 정도, 자신의 상황에 대한 통찰력, 치료에 대한 순응력에 대한 평가가 있어야 한다는 점에서 현재의 정신상태와 기능(Mental Status and Current Functioning)은 중요하다.

(12) 진단을 위한 정보와 사정

정신상태검사(Mental Status Exam: MSE)는 정신의학적 가이드라인에 따라 클라이언트의 정신상태에 대한 정보를 기록하고 조직화하는 방법이다. 정신상태검사는 사회복지사가 클라이언트의 정신운동기능, 감정, 사고, 인지의 질(質)과 범위를 사정하는 데 도움이 된다. 이는 클라이언트의 행동이 어느 정도 정신장애의 증상에 의한 것인지를 더 잘 이해하는 데 도움이 된다. 그것은 DSM−5의 분류기준에 따라 진단을 내릴 수 있도록 한다.

(13) 요약

지금까지 수집된 모든 정보를 이해하고 치료목표를 세우는 데 도움이 되는 이론적 틀의 맥락 속으로 정보를 끌어와야 하며 고도의 개념화를 요구한다. 이론들은 사례를 이끌어 가는 가치와 문화일 수 있으며, 그것들이 병리적인 라벨을 붙이는 데 이용된다면 위험하다. 진보적인 실천가들은 클라이언트의 이야기(story)를 이해하기 위하여 광범위한 이론적 구조를 세운다. 또한 개입에 가장 적합한 모델을 선택하기 위하여 경험적 조사발견을 사용하고, 그가 치료적 업무를 수행할 때 치료의 효과성을 시험하기 위하여 자신의 조사디자인을 사용한다.

(14) 치료에 대한 권고와 목표

사회복지사는 심리사회적 요약으로부터 도출되고, 치료지침으로 이용될 선택된 이론적 모델 속에서의 특별한 방법들을 나타내는 치료목표들을 면밀하게 계획해야 한다. 또한 사회복지사의 권고에 대한 클라이언트의 반응과 대안적 모델이 클라이언트의 욕구를 충족시켜 줄 것인지 아닌지에 대한 내용을 포함시키는 것도 필요하다. 치료방법과 양식들뿐만 아니라 치료의 기간과 빈도도 구체화해야 한다(예: 매월 이루어지는 가족세션과 함께 결합된 주 1회의 개인치료).

(15) 평가계획

평가는 치료계획 속에서 이루어져야 한다. 치료목표와 목적들은 양적으로 측정될 수 있는 행동적 항목들로 기술되어야 한다. 또한 어떤 이론적 모델과 치료목표들은 양적 기술(記述)을 덜 따를 수도 있음을 기억해야 한다. 질적 평가방법들은 전체적으로 치료목표를 반영할 수 없는 전통적인 양적 평가방법들과 적절히 결합되어 이용될 수 있다.

2) 욕구사정

욕구는 개인이 사회적 독립 또는 삶의 질을 달성하고 유지하고 비축하는 데 필요한 것이다(Social Service Inspectorate, 1991). 사회복지사가 클라이언트의 욕구를 확인함으로써 욕구충족을 위해 제공되어야 할 프로그램이나 서비스를 발달시키게 된다. 그리고 잘 사정된 욕구를 해결하는 것은 클라이언트의 변화목표, 성과와 직접적인 관련성을 가진다. 다음은 욕구사정과정을 클라이언트의 변화를 위해 어떻게 활용하는가를 과정적 차원에서 보여 준다(Johnson, 1994).

(1) 욕구와 욕구충족 장애물의 확인을 통한 공식화

클라이언트에 대한 욕구사정은 지역사회의 욕구인식을 발전시키는 데 있어 지역사회구성원, 클라이언트, 잠재적 클라이언트를 연결시키는 탁월한 수단이기도 하다. 그리고 클라이언트의 욕구확인은 욕구사정과 충족을 통한 변화과정의 첫 단계인 것이다.

욕구를 확인하기 위한 자료의 원천은 클라이언트가 자신의 이야기를 어떻게 말하는가 하는 것이다. 클라이언트가 표현하는 언어적, 비언어적 의사소통은 모두 클라이언트에게 욕구의 의미로서 실마리를 제공한다. 이때 단순히 클라이언트가 진술하고 나열하는 요구와 그들의 본질적 욕구가 반드시 일치하지는 않는다. 클라이언트 욕구의 영역은 안전, 건강, 일상생활유지, 가족관계, 사회적 관계, 경제적 문제, 교육, 직업, 생활환경 및 권익보호 등 삶의 전반적 영역과 관련이 된다.

클라이언트의 욕구를 확인할 때 사회복지사는 기관에서 제공하는 서비스와 전달체계에 대해서도 관심을 가져야 한다. 그리고 왜 욕구가 성취되지 않았는지를 살펴보며 가족의 욕구 및 문제해결을 방해하는 장애요인들을 확인해야 한다.

욕구와 욕구에 대한 장애가 확인되면 욕구를 공식화하는 것이 가능해진다. 이때 충족되지 못한 욕구, 욕구충족에 대한 장애에 기여하는 요인들을 고려해야 한다. 확인된 욕구는 가능한 상세히 살펴보아야 하며, 이때 욕구충족을 위한 자원이나 서비스가 부족하다는 것이 증명될 수도 있다.

그리고 욕구충족 장애의 원인에 대한 가정에 있어서도 클라이언트의 태도나 가치, 지식과 이해력, 행동, 대처기술, 역할과중, 환경적인 기대, 유용한 자원에 관한 인식 부족, 자원의 결핍 등과 같은 원인들을 판단해야 한다. 욕구의 공식화 단계에서는 욕구와 욕구충족 장애의 원인이 보통 하나가 아니고 복합적으로 작용하며 사회복지사는 이러한 복잡성을 인식해야 한다.

(2) 욕구의 본질 및 자원과 강점에 대한 가정

사회복지사는 클라이언트의 관심이나 욕구의 본질에 대한 어떤 가정을 하게 되고, 다음 단계로 특별한 상황에서 창출될지도 모르는 욕구를 예상하고 이를 위해 자신의 지식과 창조성을 활용한다.

사회복지사는 클라이언트의 잠재적 강점, 능력, 자산, 역량과 자원을 확인하고 개인, 가족, 집단, 조직, 지역사회가 어떻게 욕구에 대처할 수 있는지 생태계 내의 다양한 체계와의 상호작용을 통해 체계의 개발과 유지, 제거 등을 고려해야 한다. 그리고 이 과정에서 한계와 가능성에 대해서도 검토해야 한다.

(3) 정보의 선택과 수집 및 분석

사회복지사는 목적 없이 정보를 수집하지 않는다. 욕구에 대한 가정을 토대로 욕구에 대처할 수 있는 계획을 마련하고 상황을 이해하는 데 필요한 정보를 선택해야 한다. 그리고 사회복지사는 클라이언트와 클라이언트와 관련된 생태체계를 분석하고 체크해야 한다.

사회복지사는 업무를 진행하면서 다음의 네 가지 영역에 대해 분석해야 한다.

① 사회복지사는 알려져 있는 상황에 관해 무엇을 이해해야 하는지
② 알려져 있는 것에서 어떠한 변화기 필요한지
③ 상황을 보다 잘 이해하기 위해 어떤 정보가 필요한지
④ 성공적인 변화를 위해 어떤 정보가 필요한지

3) 강점사정

클라이언트의 강점은 변화를 이끌어 내는 자원으로서, 클라이언트의 내부적 · 외부적 강점을 도출하고 명료화함으로써 클라이언트의 문제해결과 긍정적 성장변화를 가져오는 데 도움이 될 수 있다.

강점기반의 초점은 클라이언트가 그들 자신의 직접적인 문제를 해결할 능력이 충분할 뿐만 아니라 그들을 억압하고 유지시키는 제도와 구조의 영향력을 인식하고 분석할 수 있다는 것이다. 이 관점은 클라이언트를 병리적인 인간으로서 간주하

지 않고 강점과 자원을 가진 힘 있는 존재로 봄으로써 변화의 가능성을 확대시킨다 (Miley et al., 1995: 63: 조휘일 외, 2005: 89 재인용).

Cower는 사회복지는 역사적으로 기능장애, 병리, 개인의 결점에 초점을 맞추어 실천을 해 왔다고 주장한다. 만약 사정을 결함에 초점을 맞춘다면, 아마 결함은 실천가와 클라이언트 양자의 초점으로 계속 남게 될 것이다. 결함에 집중하거나 강점에 초점을 두거나 자기완성을 배울 수 있을 것이다. 그러나 조사에 의하면 강점사정은 보다 많은 대안을 실현할 수 있고, 자원동원의 능력을 기를 수 있으며, 자기신뢰를 확립하고 희망을 격려할 수 있다는 것이다(Cower, 1994: 265).

Saleebey는 강점사정에 대해 다음의 원칙을 제시하였다(Saleebey, 1997: 12-15).

① 모든 개인, 가족, 집단과 지역사회는 강점을 가지고 있다.
② 외상과 학대, 질병과 투쟁은 상처를 주기도 하지만 다른 한편으로는 변화와 기회의 원천이 되기도 한다.
③ 성장과 변화에 대한 능력, 개인, 집단, 지역사회의 열망은 끝이 없다는 것을 가정하라는 것이다.
④ 사회복지사는 클라이언트와 협력함으로써 최고의 서비스를 줄 수 있다.
⑤ 모든 환경은 자원으로 이용할 가치가 있다.

강점사정은 클라이언트와의 파트너십을 강조하고, 클라이언트의 욕구와 잠재력을 발견하고 분명히 하는 것을 강조한다. 즉, 강점과 욕구, 가용한 자원을 강조한다. 이러한 강점사정을 위한 지침은 다음과 같다(Saleebey, 1997: 63-66).

① 클라이언트가 이해하고 있는 사실이 탁월하다는 것을 표현하라. 클라이언트의 상황과 관련된 정서와 감정, 상황을 묘사하는 클라이언트의 의미, 상황에 대한 클라이언트의 견해는 사정에 있어 주요한 관점이다.
② 클라이언트를 믿으라. 강점관점은 클라이언트가 궁극적으로 진실하다는 것을 믿는 데서부터 시작된다.
③ 클라이언트가 원하는 것을 발견하라. 클라이언트가 원하고 기대하는 것이 무엇이며, 문제상황에서 사회복지사로부터 어떠한 원조를 구하려고 하는지를

발견하라.

④ 개인적, 환경적 관점으로 사정을 이동하라.

⑤ 강점사정에 있어서 다차원적 사정을 하라.

⑥ 사정에서 독특한 면을 발견하도록 하라.

⑦ 클라이언트가 이해할 수 있는 언어를 사용하라.

〈표 6-1〉 **클라이언트의 강점 목록**

개인의 강점	• 문제가 있다는 것은 인정 • 책임을 인정하는 것 • 타인으로부터 정보와 조언을 구하고 수용하는 것 • 타인을 기꺼이 돕고 격려하는 것 • 변화와 관련된 위험을 기꺼이 받아들이는 것 • 타인에 대한 애정, 동정 및 관심을 나타내는 것 • 직장을 구하고 지속하며 책임성 있는 피고용인 • 가족의 의무를 이행하고 재정적 채무를 해결하려고 하는 것 • 우정의 유지 • 가족, 친척 및 친구에 대한 관심과 충절을 나타내는 것 • 자기통제를 하는 것 • 계획하고 사려깊은 결정을 하는 것	• 타인에게 상처를 준 것에 대한 죄의식과 유감의 뜻을 나타내는 것 • 사람들 간의 차이를 수용하는 것 • 곤란과 방해에도 불구하고 기꺼이 노력하는 것 • 즐거움을 타인과 공유하는 것 • 보다 나은 자신의 사회적 혹은 경제적 상황을 바라는 것 • 사회 및 지역사회의 단체 혹은 종교단체에 참여하는 것 • 자신의 꿈을 가지고 그 꿈을 이루려고 하는 것 • 타인을 기꺼이 용서하는 것 • 자신의 관점을 표현하는 것 • 자신의 권리와 타인의 권리를 옹호하고 피해를 받는 타인을 보호하려고 하는 것 • 특별한 재능을 가지고 건설적으로 활용 (기계적인 것, 대인관계적인 것 등)
가족의 강점	• 가족구성원들이 서로 신뢰하고 존경하며 서로 즐거워함 • 심지어 동의하지 않을 때조차 서로의 의견을 듣고 존중하며, 의사소통은 명백하고 긍정적이며 생산적으로 함 • 가족은 상호작용을 지배하는 명백하고 합리적인 규칙을 가짐 • 각 성원의 생각, 선호, 욕구는 가족에게 영향을 미치는 결정을 내리기 전에 고려됨	• 가족은 역사의식, 소속감과 정체성을 제공할 전통, 의식, 그리고 이야기를 갖고 있음 • 가족구성원은 서로를 돕기 위하여 자신이 갖고 있는 것을 공유하고 개인적 희생을 치름 • 가족구성원은 역경의 시기에 함께 있고 서로를 지지함 • 갈등이 인정되고 해결됨

출처: Hepworth & Larsen (1993: 224-225).

⑧ 사회복지사와 클라이언트의 협력적 활동이 되도록 사정하라.

⑨ 사정에서 상호동의에 도달하도록 하라.

⑩ 비난하거나 문책하지 말라.

⑪ 인과적 사고방식을 피하라.

⑫ 사정은 하지만 진단 내리는 것은 가능하면 피하라.

4) 정신적 상태 사정

사회복지사는 정신질환으로 어려움을 겪고 있는 클라이언트를 만나게 된다. 정신건강복지 분야에서 일하는 경우뿐만 아니라 그 외의 기관에서 일하는 사회복지사도 이러한 클라이언트와 만날 수 있다. 클라이언트의 상황을 파악하고 상태에 따라 관련기관에 신속하게 의뢰하기 위해서는 클라이언트의 정신과적 증상을 인식할 수 있는 능력이 필요하다. 클라이언트의 정신적 상태를 이해하고 전문가 간 동일한 의사소통을 위해 적정한 기준과 범주에 맞는 틀을 이용하는 것은 중요하다. 이때 사용되는 것이 정신상태검사(Mental Status Examination: MSE)이다.

정신상태검사는 미국의 의과대학에서 만들어진 가이드라인에 따라 클라이언트의 정신상태에 대한 정보를 기록하고 조직화하는 방법이다. 정신상태검사는 사회복지사가 클라이언트의 정신운동기능, 감정, 사고, 인지의 질(質)과 범위를 사정하는 데 도움이 된다. 이는 클라이언트의 행동이 어느 정도 정신장애의 증상에 의한 것인지를 더 잘 이해하는 데 도움이 된다.

다음은 정신상태검사(MSE)에서 고려되어야 하는 범주에 대한 것이다.

(1) 외모, 전반적 태도 및 행동(appearance, general attitude and behavior)

외견상 나타나는 모습, 태도, 행동에 대해 관찰한다. 클라이언트가 몸차림이 단정한가, 헝클어져 있는가, 클라이언트가 면접에 적절한 의상과 예절을 가지고 있는가, 화려한가 기괴한가, 피면담자가 병이 들어 보이는가, 실제 나이에 맞게 보이는가 아니면 더 어리게 보이는가, 자세는 어떠한가 등을 관찰 · 기록한다.

또한 클라이언트가 협조적인가, 경계하는가, 의심하는가, 공격적인가 또는 호전적인가, 클라이언트가 침착한가, 흥분하며 떠들어 대는가, 주의를 기울이는가, 솔직한가, 흥미 있어 하는가, 유혹적인가, 방어적인가, 적대적인가, 장난조인가, 회피적인가 등을 기술한다. 예를 들어, 우울증 피면담자들은 힘이 없고 축 처져 있게 된다. 또한 검사하기 위한 요구에 잘 응하는지, 말투, 복장, 행동거지에서 달라진 점은 없는지를 찾아본다. 활동이 현저하게 감소하거나 증가되었는지, 자발적 행동은 어떠한지, 또는 자극에 대한 반응 등을 관찰한다. 틱(tic)이나 상동증적 동작(stereotype movement), 반향언어(echolalia), 납굴증(waxy flexibility), 거절증(negativism), 강박증(compulsion), 언어장애, 공격성 등은 없는지, 식사나 수면 습관, 청결 여부 등을 기록한다. 면담자에 대한 피면담자의 태도가 협조적인지도 살펴 기록한다.

한편, 클라이언트의 목소리 톤도 언급한다. 소리가 부드러운가 크고 거친가, 또는 낮은가 높은가, 어떤 일반적인 특성이나 가장이 있는가(액센트, 말더듬), 말이 빠르거나 긴박한가, 입을 닫고 있는가 등을 관찰하고 기술한다.

(2) 사고의 진행(Thought Processes)

클라이언트의 사고가 논리적으로 흐르는가, 사고가 조직화되어 있는가, 비조직화되어 있는가, 보속증(presrvation)이 있는가(클라이언트가 한 생각에 고정된 것처럼 반복), 클라이언트가 사고차단을 경험하는가(사고정지나 사고충돌), 연상의 이완(한 가지 사고로부터 다른 사고에 논리적으로 연결되지 않는것)을 경험하는가를 본다.

말수가 많은지, 말을 하지 않는지, 말이 적은지, 스스로 얘기하는지, 질문을 받을 때만 얘기하는지, 주저하며 말하는지, 천천히 말하는지, 빨리 말하는지, 요점과 줄거리 없이 얘기하는지, 화제를 바꿔 버리는지, 얘기 도중 갑자기 다른 이야기를 하지는 않는지, 이상한 용어를 사용하며 이야기를 하는지, 우원증(circumstantiality), 사고분열, 지리멸렬(incoherence), 차단(thought blocking), 부조리한 진행, 연상의 이완(loosening of association) 등이 있는지를 관찰하여 기록한다.

(3) 사고의 내용(Thought Contents)

환청이나 망상이 나타나는가? 클라이언트가 외부의 어떤 것에 의해 조종된다고 말하는가, 사고의 내용이 과장적이거나 기괴한가, 자살사고가 있는가, 사고내용이 정황상 적절한가(우원증, 클라이언트가 목적지향적 사고 능력의 상실이 현저하다.) 또는 갑자기 옆으로 빗나가는가(주요한 대화 내용을 잊어버리고 그것으로 다시 돌아갈 수가 없

다) 등을 살펴본다.

피면담자 자신에 대한 생각, 또는 주위 사람들이나 주위의 여러 가지 일에 대한 생각에 대하여 질문한다. 자신이 특별히 주목받고 있다고 생각하는가, 특별히 사람들이 자기를 피하고 있다고 생각하는가, 존경받고 있다고 생각하는가, 자신의 과거 행동, 도덕성, 건강에 대해 어떻게 평가하는가, 자신의 소유물이나 개인적 능력에 대하여 실제보다 크거나 높게 평가하고 있는가, 또는 피면담자가 몰입해 있는 주된 생각(predominant thoughts, preoccupation)에 대하여 묻는다. 망상, 강박증, 공포증, 건강염려증 등의 특별한 생각을 갖고 있으면 그 내용에 대해 알아본다. 사고의 진행과 내용을 살펴보기 위해서는 클라이언트에게 질문을 던짐과 동시에 관찰 탐색되어야 한다.

(4) 지각(Perception)

현실에 대한 정확한 관점이 있는가, 또는 사고에 있어서 왜곡이 있는가, 이인증이나 비현실감의 증거가 있는가를 살펴본다.

환청, 환시 등의 환각에 대하여 알아내는 것이 필요하다. 피면담자가 무엇인가 잡음을 들은 적이 있는가, 사람의 목소리가 들리는가, 환각이 낮과 밤 중 언제 주로 일어나는가, 그 내용은 어떠하며, 복잡성, 선명성은 어느 정도인가, 피면담자는 그것을 어떻게 받아들이는가, 어떤 상황에서 나타나는가 등을 묻는다. 기타 착각 등 다른 지각의 장애가 없는가를 조사한다.

(5) 감정반응(Emotional Reaction)[1]

피면담자의 감정반응은 이미 전반적 행동, 말투, 행위에서 나타나고 있다. 피면담자에게 기분은 어떠한가를 물어본다. 감정이 변하기 쉬운가, 감정변화의 요인은 무엇인가, 피면담자의 행동, 표정이 피면담자 자신이 술회하는 자신의 감정상태와 일치하는가를 관찰한다. 지나치게 과장되는지, 불충분하게 표현되는지, 지나치게 억제되어 있는지 등을 관찰한다. 감정이 고양되어 있는지, 우울한지, 불안한지, 또

---

1) emtion(감정): 정동(affect)과 mood에 관련된 정신적, 신체적, 행동적 요소들
　affect: 자신에 의해 표현되고 타인에 의해 관찰되는 감정 경험
　mood: 자신에 의해 주관적으로 경험되고 보고되는 전반적이고 지속적인 감정

는 감정반응이 부적절한지, 불충분한지, 양가적(ambivalent)인지 기술한다. 피면담자가 진술하는 내용에 따른 감정의 반응을 기록한다.

(6) 지적 능력(Intellectual Function)

기억력, 계산력, 지남력(orientation), 읽기, 쓰기, 독해력, 일반적인 지식, 상식, 추상력, 판단력 등과 같은 지적 능력에 대해 조사한다. 개인의 과거 역사를 물어봄으로써 장기 기억능력을 알아볼 수 있고, 몇 시간 전의 일을 물어보거나 조금 전에 대화했던 내용을 다시 물어봄으로써 단기 기억능력을 알아볼 수 있다. 100에서 7씩을 빼 나가게 함으로써 집중력을 검사할 수 있다. 길에서 편지를 주웠을 때 어떻게 할 것인가 같은 내용을 물어보아 사회적 판단력을 알아볼 수 있다. 속담풀이를 하도록 하여 추상능력을 평가해 볼 수 있다.

지남력은 시간과 공간에 대한 지향을 나타내는 것으로 클라이언트가 자신이 누구이고 여기가 어디이며 지금이 언제인지를 인식하고 있느냐는 것이다. 클라이언트가 시간, 장소, 사람에 대해 제대로 알고 있는가, 사람이나 과거의 사건들에 대한 기억은 어떠한가(그가 아침에 무얼 먹었는가는 잊어버렸지만 어린 시절 사건들은 기억하는가, 주의력과 집중력은 어떠한가, 불안, 기분변화, 초점을 맞추는 데 어려움이 있어 학습장애가 있는가)를 살펴본다.

(7) 의식(Consciousness)

의식의 장애가 있는 경우 대부분 기질성 뇌 장애(organic brain disorder)가 있다고 볼 수 있다. 의식혼탁은 주변 파악 능력이 전반적으로 감소되어 있는 상태이며, 외부의 자극에 집중할 수 없고, 목표를 향한 일관성 있는 사고나 행동을 할 수 없는 상태이다. 의식상태의 변화 시 지남력 장애가 흔히 동반되지만, 지남력 장애가 있다고 반드시 의식장애가 있는 것은 아니다. 의식의 정도를 표현하는 용어로는 혼탁(clouding), 몽롱(somnolence), 혼미(stupor), 혼수(coma), 기면(lethargy), 명료(alertness), 둔주(fugue) 등이 있다.

(8) 병식(Insight)

클라이언트가 자신의 어려움에 대한 통찰력을 가지고 있는가, 자신의 병의 종류를 인식하는가, 치료받는 이유를 아는가, 발병에 관한 정신역동학적 의미를 얼마만큼 이해하고 있는가 하는 것이다. 병식의 수준은 다음과 같이 다양한 수준으로 나타난다.

① 완전히 병을 부인하는 것
② 병을 어느 정도 인식하고 도움이 필요하다는 것을 알지만 동시에 부인하는 것
③ 병을 인식하나 그 원인이 기질적 요인이나 외적 요인 또는 타인에게 있다고 봄
④ 자신 안의 뭔가 모르는 요인 때문에 병이 생겼다는 정도
⑤ 지적인 병식: 자기가 병들었음을 인정하고 증상과 적응실패가 자신의 비합리적인 정서와 심리적 장애 때문임을 알지만 그러한 이해나 지식이 행동화되지 않음
⑥ 진실한 감정적 병식: 클라이언트가 자신의 일생에 중요한 동기와 느낌을 잘 알고, 행동으로 옮겨져서 행동에 근본적인 변화가 일어남

5) 교류사정

인간의 상호작용의 교류 본성은 매우 복잡하여 이것이 사정에 있어 어려움을 야기한다. 교류사정은 상당 부분 사회복지사의 독창성과 복잡한 상황을 볼 수 있는 능력에 달려 있다. 교류사정은 가능한 행동계획과 그러한 계획이 관심 상황에 관련된 다양한 체계에서 가지게 될 효과를 고려할 때 특히 유용하다.

교류사정에 있어 유용한 도구는 이중적 시각의 사용, 도표화, 사회지지망 분석 등 세 가지이다.

(1) 이중적 시각

이중적 시각을 사용하여 사정을 할 때, 사회복지사에 따라 차이점이 나타난다. 이중적 시각은 특히 특정한 문화집단이나 소수집단 출신의 개인과 보다 크고 중요한 사회 간의 교류를 사정하는 데 유용한 도구가 된다.

사회복지사가 일반적으로 다른 가치와 문화, 기능을 가진 클라이언트와 환경을 다룰 때, 사정과정의 한 부분으로서 이중적 시각의 접근을 사용하는 것이 현명해 보인다. 두 체계 사이의 부조화에 영향받은 클라이언트와 함께할 때 상황 속에서 도움이 될 만한 대처 메커니즘이 존재할 때도 이중적 시각을 활용하는 것이 중요하다.

(2) 도표화

도표화는 어떠한 상황의 중요한 부분의 관계를 그림으로 표현하는 방법이다. 우선 클라이언트나 상황의 핵심점은 그림으로 묘사된다. 이 핵심점이 여러 사람으로 이루어진 체계라면 그러한 체계하에서의 개인 간의 관계는 소시오그램(sociogram)에서처럼 원 속에서 표현된다.

(3) 사회지지망 분석

도표화의 기법과 밀접한 관계를 갖는 것은 개인 혹은 가족의 사회지지망의 분석이다. 이것은 개인 혹은 가족의 사회지지망을 사정함에 있어 유용하다.

사회적 지지를 환경개입의 도구로서 활용한다고 해도 사회적 지지의 개념이 명확하게 정립되어 있지 않은 상태에서는 활용을 위한 개념틀로서 적용하기 쉽지 않다. 사회적 지지를 이용해서 실제로 클라이언트의 스트레스를 경감시키기 위한 개입의 개념틀로서는 일반적으로 사회적 지지의 개념보다는 사회적 지지망의 개념이 더욱 적합한 것으로 받아들여지고 있다. 이원숙(1995)은 사회적 지지와 사회적 지지망을 비교하면서 대체로 사회적 지지는 개념적으로 기능적 특성을 의미하기 때문에 사회적 지지이론은 망접근법과는 달리 지지적 유대 및 이들 간의 상호작용을 배제할 수밖에 없는 단점이 있는 반면, 사회적 지지망은 지지적 유대의 구조적, 상호작용적 특성과 망 구성원 간에 상호 교환되는 사회적 지지를 동시에 포괄할 수 있다는 장점을 가진다고 보았다.

| 그림 6-2 | 사회관계망 지도

〈표 6-2〉 사회관계망 그리드(social network grid)

성명	N O	생활영역	물질적 지지	정서적 지지	정보·조언	비판	원조방향	친밀도	만나는 빈도	알고 지낸 기간
		1. 가구원 2. 가족 및 친척 3. 직장·학교 4. 클럽·조직·종교집단 5. 친구 6. 이웃 7. 공식적 서비스 8. 기타	1. 거의 없다 2. 가끔씩 3. 거의 항상	1. 거의 없다 2. 가끔씩 3. 거의 항상	1. 거의 없다 2. 가끔씩 3. 거의 항상	1. 거의 없다 2. 가끔씩 3. 거의 항상	1. 서로 돕는 관계 2. 당신이 그들에게만 3. 그들이 당신에게만	1. 거의 친하지 않음 2. 가까운 정도 3. 매우 가까움	0. 없음 1. 1년에 몇 번 2. 한 달에 몇 번 3. 주마다 몇 번 4. 매일	1. 1년 미만 2. 1~5년 3. 5년 이상
	1									
	2									
	3									
	4									
	5									

　먼저, 대상 클라이언트의 사회적 지지망에 관한 정보를 체계적으로 수집한다. 클라이언트의 사회적 지지망을 확인하고 사정하기 위한 보편적인 도구로서 이용되는 것은 Tracy와 Whittaker에 의해 개발된 사회관계망 지도와 사회관계망 그리드가 있다. 또한 Hartman의 생태도와 가계도를 이용할 수 있다.

　클라이언트와 함께 관계망 지도를 구성하면서 사회관계망 속의 사람들을 조사한다. 그리고 관계망 구성원이 확인되고 나면 관계망 지도에 나타난 사람들 가운데 중요도의 순위별로 15명만 선택하도록 한 후 사회관계망 그리드를 이용하여 사회적 지지의 구조기능적 특성에 관한 정보를 알아낼 수 있다. 완성된 관계망 지도와 관계망 그리드는 클라이언트를 둘러싼 사회적 지지에 관한 주관적인 정보로 볼 수 있으며 사회적 지지를 활용하기 위해 논의가 필요하다.

6) 자살위험의 사정

우리나라의 높은 자살률에 비추어 본다면 정신건강문제와 관련해서 자살위험이 높은 클라이언트를 만날 가능성은 언제든지 있다. 자살시도자들은 자살시도 전에 다양한 감정반응을 보일 수 있으며, 본인도 어떤 감정인지 명확히 알지 못하거나 표현하기 어려울 때가 많으며, 사회복지사도 혼란스럽거나 당황하기 쉽다. 자살시도 전에 가장 흔히 보이는 감정은 우울이다. 또한 자살하려는 사람들은 나에게 상처를 준 사람이 내가 죽으면 평생 괴로워할 것이라는 생각을 흔히 하며, 이러한 분노에 대한 공격성이 자신에게로 향할 때 자살시도가 나타난다. 그리고 심리적 혹은 신체적 고통을 경험하며, 우울과 자살을 매개하는 절망감, 사회적 고립으로부터의 외로움 등을 경험한다. 또한 집단 따돌림, 명예실추, 폭력으로부터의 희생에 대한 정신적 외상이나 자기애적 상처, 수치심, 불안과 공포 등의 감정을 느낀다.

자살사정에서 사회복지사가 자살의 위험성을 사정하는 데 다음의 지침이 도움이 될 수 있다(사회복지실천연구회 역, 1998: 462-464).

① 자살에 관한 모든 메시지는 심각하게 받아들여져야 한다.
② 간접적인 자살에 대한 언급에 주의해야 한다(예를 들면, "난 더 이상 살 가치가 없어." 등).
③ 자살을 하려는 사람은 죽음을 통해서 고통에서 벗어나고픈 욕구와 살려는 욕구를 동시에 경험한다.
④ 자살을 생각하는 사람과 의사소통을 할 때 단순하고 직접적인 질문을 해야 한다.
⑤ 클라이언트가 느끼는 고통을 이해하도록 노력해야 한다.
⑥ 클라이언트가 자살의 구체적인 방법을 선택했는지 판단한다.
⑦ 클라이언트가 구체적인 자살계획을 수립했는지 판단한다.
⑧ 자살방법의 치명성을 판단한다.
⑨ 과거에 자살을 시도한 적이 있는지 살펴본다.
⑩ 최근 자살생각을 강화하는 사건이 일어났는지 판단한다.
⑪ 클라이언트가 경험하는 고통과 문젤를 다룰 수 있는 대안적인 방법을 고려하고 모색하도록 돕는다.

⑫ 위기상황에 의지할 사람이 있는지 확인한다.

⑬ 진정으로 자살하려는 사람을 막는 것은 불가능할 수도 있음을 인식한다.

7) 클라이언트의 자아개념에 대한 사정

사회복지사는 다른 사람의 내적 세계를 이해하려는 노력으로 사정과정에 접근하는 것이 유용하다. 자아의식은 사회적 기능수행에 아주 중요하며, 우리가 다른 사람과 사건에 대해 어떻게 반응하고 대응하는가는 자신에 대해 어떻게 생각하고 느끼는가에 의해 영향을 받는다. 그리고 이때 사람들은 자신에 대해 생각하는 내용과 다른 사람에게 나타내는 이미지와 차이가 있다는 것을 인식하는 것도 중요하다. 사회복지사는 클라이언트 자아의식에 대한 탐색을 위해 민감성을 가지고 접근해야 한다.

그리고 클라이언트의 자아의식을 탐색하기 위해 다음과 같은 영역과 관련된 질문들을 사용할 수 있다(사회복지실천연구회 역, 1998: 422). ① 가족구성원에 대한 의식, ② 자신에 대한 정체성, ③ 자신의 신체에 대한 이미지, ④ 자신에 대한 수용 정도, ⑤ 자신의 가치에 대한 판단, ⑥ 이상적으로 생각하는 자아, ⑦ 자기효능감, ⑧ 영성, ⑨ 과거의 자아와 미래의 자아, ⑩ 자신이 생활하는 물리적 환경에 대한 인식 등이다.

6. 사정보고서

사정보고서는 클라이언트의 정보에 대한 기본적인 이해를 다른 전문가들에게 전달하게 된다. 그리고 보고서의 조직, 형식, 그리고 내용은 기관마다 다양하며 기관의 목적과 프로그램을 반영한다. 하지만 사정보고서는 공통적으로 클라이언트에 대한 자료와 정보, 그것에 대한 사회복지사의 사정과 생각들이 포함된다. 여기서 사회복지사의 사정이란 그 자료들에 대해 의미를 부여하고 해석하는 사회복지사의 소견과 가설이고 개입에 대한 함의를 요약하는 진술들이다. 좋은 보고서는 간결하고, 평이하며, 유용성과 조직성을 가지고 클라이언트의 사생활을 존중하며 객관적이어야 한다.

여기서는 정신건강복지 분야에서 심리사회적 사정의 실무를 훈련하기 위한 정신
건강사회복지사 수련지침의 '심리사회적 사정 및 개입' 사례기록양식에 포함되는
내용을 살펴보고, 사정을 통한 개입목표설정 부분까지의 보고서 양식을 활용해 예
시가 되는 사례를 살펴볼 것이다.

1) 사례기록양식의 내용

정신건강사회복지사 수련지침의 '심리사회적 사정 및 개입' 사례기록양식에는 크
게 '정보수집', 수집된 정보를 바탕으로 한 '사정'이 포함된다. 그리고 수련과정의 특
성상 수련정신건강사회복지사가 사정한 내용에 따른 개입의 과정과 목표 달성 등
에 대한 기록 및 일련의 내용과 과정에 대한 수련사회복지사의 의견 및 슈퍼바이저
의 지도·감독 의견이 사례기록양식에 포함된다. 사례기록에 포함되는 내용은 〈표
6-3〉과 같다.

〈표 6-3〉 정신건강사회복지사 수련과정에서의 심리사회적 사정과 개입에 대한 기록 내용

I. 정보수집(information gathering)
  1. 인적사항(identifying data)
  2. 의뢰과정 및 주 호소(chief complaint or need)
    1) 의뢰과정
    2) 클라이언트의 주 호소
    3) 보호자의 주 호소
    4) 수련사회복지사가 본 문제
  3. 과거력 및 현 병력(past psychiatric history and present illness)
  4. 면접 당시 클라이언트의 상태
  5. 자살사고 및 시도에 대한 평가
    1) 자살시도력
    2) 자살사고 및 빈도, 계획
    3) 자살시도 및 사고에 대한 전반적인 평가

6. 개인력(personal history)
  1) 출생 전과 출생 직후(prenatal and perinatal)−0~1세
  2) 학령전기(preschool)−1~7세
  3) 학령기(primary school)−8~13세
  4) 청소년기(middle school & high school)−14~19세
  5) 성인기(adulthood)−20세 이후
7. 가족력(family history)
  1) 가계도(genogram)
  2) 가족구성원에 대한 기술
  3) 가족체계에 대한 기술

II. 사정(assessment)
1. 심리사회적 문제(psychosocial problems)
  1) 영역별 문제
  2) 우선순위별 주요 문제
2. 문제해결을 위한 강점 및 약점(strength and weakness)
  −개인, 가족, 환경의 강점과 약점
3. 활용 가능한 자원 체계
  1) 생태도(ecomap)
  2) 자원 체계
4. 이론 기반 사정(theory-based assessment)
5. 이론 기반 개입(theory-based intervention)
6. 개입 목표 및 계획(intervention goal and plan)

III. 회기별 개입내용
……

IV. 사례 요약
1. 사례 요약
2. 개입 목표에 따른 개입 내용 및 달성

V. 전체 평가 및 수련사회복지사의 의견(social worker's opinion)
……….

VI. 지도감독 내용(supervisor's comment)

2) 사정의 예[2]

I. 정보수집

1. 인적사항

성명	홍길동	연령	26세	성별	남
현주소	○○시 ○○구 ○○동			연락처	010-1234-5678
최종학력	고 중퇴	종교	기독교	결혼상태	미혼
병역	군 면제	직업	이전 공공근로 및 일용노동직/현재 없음		
경제상태	월수입	150만 원		의료보장상태	의료보험
	주거상황	자가( ), 전세(○), 월세( ), 무상임대( ), 기타( )			
	주거형태	임대아파트(○), 빌라( ), 다가구주택( ), 단독주택( ), 기타( )			
	주수입원 및 치료비 부담자	母 아파트 청소일을 통한 수입 및 형제들의 지원			
진단명	Mental Retardation Bipolar I Disorder	복용약물	투약: 비자발적 약물: (−) 술:(+) 일하면서 동료 권유로 마신 적 有		
장애등록	미등록	입원(등록)일	2019. 11. 21.	사례개시일	2020. 1. 1.
정보제공자	클라이언트의 母와 클라이언트	정보제공자의 신뢰도	中上		

2. 의뢰과정 및 주 호소

1) 의뢰과정: 2019년 11월 본원 입원 중 충분히 호전되지 않은 상태에서 경제적인 문제 및 ct 요구에 의해 보호자가 원하여 퇴원하였으나 투약관리 제대로 안 되어 증상 악화되었고 ○○일 밤 응급으로 재입원하게 되면서 의뢰됨

2) 클라이언트의 주 호소

"열심히 공부해서 서울대 가야 한다. 아니면 목사님이라도 되겠다."

"조울증이라고 들었어요. 기분이 좋았다가 나빴다가 한다는데 꼭 그렇지는 않은 것 같아요."

---

2) 다음에서 소개된 '심리사회적 사정' 사례는 정신건강사회복지현장에서 볼 수 있는 정신과적 증상을 기반으로 임의로 각색한 것으로 특정 사례와 관계 없음.

"잠이 안 와요."

"사람들이 자꾸 시비를 걸어서 화가 나요. 그래서 입원한 것 같아요."

"윗집 사람이 나를 못살게 굴어요. 누르는 것 같은 느낌이 들어요."

3) 보호자의 주 호소

　　－사소한 것 많이 요구하며 요구하는 것 들어주지 않거나 이를 저지하려고 하면 물건을 던지거나 벽을 때리거나 모친이나 형을 때리는 등의 행동을 보임. 기분이 들뜨기 시작하면 말이 많아지고 조금만 맞춰 주면 좋아서 들뜨고 못해 주면 화내고 폭력적인 모습 보임

　　－잠을 자지 못하고 서울대 가야 한다며 사전, 책을 사 달라고 조르고 집에 돈 있으면 사전이며 책이며 사와서 집에 쌓아 두고 책을 봐도 집중이 안 되고 목사님 되겠다며 성경책이며 목사님 되면 쓸 가방, 옷, 신발 등을 사는 등 금전관리 되지 않는 모습 보인다고 함. 계절이 바뀔 때 이런 증상들이 더욱 두드러짐

　　－집을 뛰쳐나가 도로에서 차에 뛰어들어 소리를 지르고 무작정 돌아다니다가 지나가는 사람과 싸우기도 하고 주차되어 있는 자동차를 부수며, 밤새도록 잠 안 자고 찬송가 부르거나 기도하며 방 안을 걸어 다니고 드럼 치는 동작 보이는 등 주체를 못하고 들뜬다고 함

　　－약물복용을 잘 안 하려고 함

4) 수련사회복지사가 본 문제

　　－피해적인 사고를 가지고 있음

　　－폭력적인 행동 및 충동조절에 어려움이 있음

　　－기분변화가 심함

　　－종교생활에 지나치게 집착함

　　－퇴원 후 약물증상관리 부족

3. 과거력 및 현 병력

　　－초등학교 시기 학습에 어려움이 발견되어 지능검사를 한 결과 IQ 72로 나옴

　　－고등학교 때의 성적 역시 좋지 못했고 학우들과 잘 어울리지 못했으며 복학생들에게 괴롭힘 많이 당했음. 당시 ct가 어머니와 형들에게 이야기했으나 대수롭지 않게 여겼다고 함

　　－그 후부터 ct는 자신을 괴롭힌 친구들을 혼내 주지 않았다며 가족들에게 불만 표

시하며 짜증내거나 화를 내는 모습이 자주 보였으며 요구 많아져서 이를 들어주지 않으면 집안의 물건을 던지거나 동네 차를 부수고, 도로에서 차에 뛰어들어 소리 지르고 혼자서 돌아다님. "서울대 가야 한다"며 사전을 사 달라고 조르고 사주지 않으면 조르다가 집에 돈 있으면 사전이며 책이며 사와서 집에 쌓아 두고 책을 보면 1분을 못 보고 던져 버리고 다시 "목사님 되겠다"며 성경책을 여러 권 사서 들고 오는 등의 금전관리 되지 않는 모습 보였다고 함. 잠을 자지 않고 성경책을 보고 사전을 보며 자신의 미래의 의지 및 허황된 꿈에 대해 이야기해서 가족들이 이를 저지하면 물건을 던지는 등 다소 공격적인 행동 보이며 소리를 지르고 밖으로 나가 돌아다니다가 지나가는 사람과 싸움하는 등의 모습 보여 학교를 휴학하고 치료 위해 병원에 입원함

−고 2 때 ○○병원에 첫 입원하여 상기 이유로 3개월 정도 치료를 받다가 퇴원 후 母는 ct를 종교적으로 치료해 보려고 투약 끊게 한 후 1달 만에 잠 안 자고 가족들에게 요구 많은 등 증상 악화됨. 증상 호전되지 않자 ○○병원에 다시 입원. 상기 증상으로 두 차례 재입원치료 받은 적 있음. 퇴원 후 약을 임의로 끊어 잦은 재발로 그 후 21세 때 △△병원에서 치료 3차례 정도 입·퇴원 반복하다가 증상 호전되어 퇴원함

−이후 이웃 사람의 소개로 1개월 정도 일용노동일을 함. 일하면서 입이 마르고 말이 잘 안 된다며 임의로 투약 끊고 일하는 사람과 어울려 술 마시는 일이 잦아지면서 "드럼 치는 일하겠다"며 드럼을 사 달라고 하거나 "입원했던 병원의 간호사와 결혼하겠다" 등의 허황된 이야기를 하고 사소한 요구 많아지면서 잠을 자지 않고 "윗집의 사람들이 짓누른다"는 이야기를 하며 밖으로 뛰쳐나가 돌아다니다가 지나가는 사람과의 싸움 일어나는 등의 증상 보여 본원에 입원하여 2개월 정도 치료받던 중 퇴원함. 증상 호전되어 퇴원했다가 외래 통원치료 中 보호자 경제적인 문제로 투약중단 후 재발하여 재입원함

−2개월 정도 치료받은 후 경제적인 문제 및 ct의 요구에 의해 증상 호전되지 않은 상태에서 퇴원하여 집에서 지내던 중 일주일만에 잠을 자지 못하고 자신의 요구 들어주지 않거나 가족들이 ct를 저지하려고 하면 폭력적인 행동을 보여 금일 응급으로 129 통해 비자발적 입원됨

4. 면접 당시 클라이언트의 상태

① 외모, 전반적 태도 및 행동: 입원 당시 180cm 키에 몸무게는 78kg 보통으로 적당한 체격임. 흰 피부에 안경을 끼고 머리를 빗어 넘기고 전반적으로 깨끗한 용모에 면담 시 편안히 앉아 협조적이며 질문받을 시에 주저 없이 대답하며 면담에 대해 다소 흥미 있어 하고 비교적 솔직하게 상황 묘사하여 대답하는 편임

② 사고의 진행: 말수가 많은 편이며 질문을 받으면 스스럼없이 이야기하며 대답하는 도중에 질문과 어긋나는 대답하거나 요점 없이 이야기하기도 함

③ 사고의 내용: 커 오면서 사람들이 자신의 지능이 낮아 무시한다는 생각을 많이 했었고 사람들이 놀릴 때마다 '죽어 버릴까' 하고 생각한 적도 있었다고 함. 첫 입원 당시에는 윗층에 사는 사람이 자신을 짓누른다는 생각이 들기도 했다고 함. 그에 두렵다는 생각에 밖으로 뛰쳐나가서 걸어 다닌 적도 있다고 함

④ 지각: 환청·환시에 대해 경험한 적은 없다고 함

⑤ 감정반응: 말투가 다소 과장되게 대답하며 손 제스처를 섞어서 표현하기도 함. 면담 중 자신이 당한 억울한 감정에 대해 이야기할 때는 다소 흥분된 어조로 이야기했다가 금방 표정이 바뀌며 웃으면서 이야기하는 등 감정변화 관찰됨. 父에 대해 이야기할 때는 "어머니 때리고 그래서 죽이고 싶었어요! 그래도 아버지처럼 좋지 않은 입장이면 그럴 수도 있다는 이해가 돼요!"라고 하는 등의 양가적인 감정 나타내기도 함

⑥ 지적능력: 정확한 과거 날짜는 기억하지 못하고 있으나 상황에 대한 묘사는 비교적 잘하는 편임. 조금 전에 대화했던 내용에 대해서는 잘 기억하는 편임. 기본적인 더하기 빼기는 어느 정도 하는 편이며 일상적인 지식 있는 편임. 초등학교 때 IQ가 72였다고 함

⑧ 병식: 자신의 병명에 대해 알고 있으나 실제적인 병식 없으며 병에 대한 지식 및 증상에 대한 이해 부족한 편임. 증상을 외부요인(친구들, 다른 사람들, 형들) 등의 이유로 돌리는 편임. 그러나 본인 병에 대한 정보를 알고자 적극적으로 노력하며 치료에 협조적임

5. 자살사고 및 시도에 대한 평가

－자살사고 및 자살시도력은 없음

6. 개인력

1) 태내기

ct의 父는 부유한 가정에서 태어나 결혼 초기에는 돈 씀씀이가 크고 돈을 벌면 다 써 버리고 말을 하면 요점이 없고 사람이 항상 붕 떠 있는 느낌이라는 생각은 했지만 집이 부유한 편이라 크게 문제가 되지는 않았으며, 시댁에서 생활비를 얻어 쓰던 형편이었으나 시부모님이 돌아가신 뒤에는 그것마저 힘들어 생활이 어려웠음. ct의 母는 생활에 보탬이 되기 위해 ct를 임신한 상태에서도 일을 하러 다녔고 父의 폭력도 가끔 있었다고 함. 임신 중 母의 영양상태가 아주 나빴으며, 경제적인 상황도 어려웠음

2) 영유아기

집에서 자연분만했으며, 젖이 잘 나오지 않아 모유수유도 어려운 상황에서 우유나 밥 뜬 물을 먹었다고 함. 다른 또래 아이들에 비해 성장이 좀 느렸으며, 2세가 되어도 서지 못했으며 걷기, 뛰기, 말하기, 문장표현 등 전반적으로 느렸음. ct가 2세 때 동생이 태어나고, 母는 어린 동생을 돌보며 장사를 해야 했기 때문에 ct는 주로 父가 돌보는 역할을 했지만 父의 술 문제는 여전히 지속되고 가정을 돌보지 않고 음주 후 母나 자녀들을 구타하곤 했다 함. 母는 당시 종교에 많은 부분을 의지하고 주말이면 아이들을 데리고 동네 근처의 교회(기독교)에 다니곤 했었다고 함

3) 학령전기

온순한 성격. 또래 친구들보다 덩치가 다소 큰 편이며 밝은 성격이라 동네 친구들과 잘 어울렸으며 형들도 학교 갈 때 같이 데리고 간다든지, 놀러 갈 때도 ct를 많이 챙겨 줬다고 함. 父 폭력적인 문제, 술 문제 등은 여전히 지속되었으며 그때마다 ct는 父에 대해 두려움을 많이 가졌었다고 함

4) 학령기

① 초등학교

온순한 성격이나 고집이 너무 세서 본인이 하려고 하는 일을 꼭 해야 직성이 풀리는 성격이었다고 함. 학교 다니며 친구들과 동네에서 어울려 노는 것만 좋아하고 학교에서의 학습이 부진하며 주의가 산만하여 다른 또래들과의 차이가 많이 났다고 함. ct가 과제를 해 오지 않아 담임선생님으로부터 야단을 맞는 일이 많았었다고 함. 당시 IQ검사 했었는데 72가 나왔었다고 함. 2학년 때까지 일반 또래친구들과 공부를 했었는데 수준 차이가 많이 나서 친구들에

게 놀림받기도 해서 2학년 담임선생님의 권유로 3학년 때부터는 학교 내 특수
반에서 공부하게 되었다고 함

② 중학교

중학교에 입학하여 주위의 같이 노는 친구들은 특수반에 같이 있었던 친구들
이 대부분이었다고 함. 지적인 능력이 떨어지는 관계로 학교에서 아이들과 쉽
게 친해질 수 없었고 사귀게 되어도 친구들이 놀리거나 심부름을 시키곤 했었
다고 함. 중학교 때부터 ct는 父가 술 마시고 母에 대해 폭력적 행동 보이면 그
러면 안 된다는 생각이 많이 들어 父를 말리기도 하고 욕을 하며 대들기도 하고
벽을 주먹으로 치기도 했다고 함. 그럴 때면 父에게 맞기도 했는데 ct는 父가
없는 편이 더 낫다는 생각이 많이 들었었다고 함

ct의 母는 ct만 데리고 교회를 다녔는데, 교회에서는 ct에게 따뜻하게 잘 대해
주고 관심을 많이 가져 줘서 적응도 잘하고 종교 활동을 더욱 열심히 했었다
고 함. 중학교 시절에 교회 목사님처럼 멋진 설교를 하고 싶다는 생각에 막연
히 목회의 꿈을 갖기도 했으나 노력해도 성적도 나오지 않고 ct는 할 수 없다
는 생각이 들어 포기했었다고 함

③ 고등학교

성적이 좋지 않아 실업계 고등학교에 입학했다고 함. 고등학교 입학 당시까지
한글을 다 깨우치지는 못했다고 함. 고등학교 때 성적은 반에서 가장 뒤였으
며 아는 친구가 없어서 교우관계 또한 넓지 못했다고 함. 학교에서 복학생들로
부터 담배를 안 핀다고 맞고 돈도 빼앗기고 물건도 빼앗기는 등 괴롭힘을 당했
음. 母에게 "아들이 그렇게 당하는데도 엄마는 아무 말도 안 했어요." 하며 원
망을 했다 함. 교회에서도 초등학교 때 특수반이었다고 따돌림을 많이 당했다
는 생각이 들기도 했다고 함. 母에게 자신을 괴롭히는 사람들을 혼내 주지 않
는다고 불만 표시하면서 화내고 짜증내는 모습 자주 눈에 띄었다고 함. 그러다
집안의 물건 던지고 동네에 주차되어 있는 차 부수고, 도로에서 차에 뛰어들어
소리 지르고 혼자서 돌아다니는 등의 행동 보이고 자신을 괴롭힌 친구들을 혼
내 주지 않았다며 불만 표시하며 짜증내거나 화를 내는 모습이 자주 보였으며
요구 많아져서 이를 들어주지 않으면 집안의 물건을 던지거나 동네 차를 부수
고, 도로에서 차에 뛰어들어 소리 지르고 혼자서 돌아다니는 모습 보였다고 함
이후 "서울대 가야 한다"며 사전을 사 달라고 조르거나, 목사님이 되겠다고 하

거나, 잠자지 않고 성경책을 보고 사전을 보며 자신의 허황된 꿈에 대해 이야기하고 가족들에게 물건을 던지며, 밖에서 돌아다니다가 지나가는 사람과 싸움하는 등의 행동으로 학교 그만두고 정신과병원에 3개월 정도 치료받음. 퇴원 후 투약관리 안 하고 밖에서 싸움 등이 문제가 되어 경찰서에서 연락이 와서 경찰서 통해 입원 치료받음

5) 이후

퇴원하게 되면 외래로 약을 타 먹다 본인이 입이 마르고, 발음이 잘 안 되는 부작용으로 인해 임의로 약을 끊거나 약 먹는 것을 챙겨 줄 가족이 없어 재발하는 경우 잦았음. 21세 때 병원 치료 3차례 정도(5개월, 2개월, 3개월) 받았고 퇴원 후 투약 없이 지내면서, 쓸데없는 물건 사서 모아 놓고 기분 고조되어 지나치게 자기 능력에 대해 과신하는 태도 보임

"내가 세상의 최고다"라고 말하는 등 허황된 이야기하면서 사소한 요구 많아지고 들어주지 않으면 물건 던지거나 가족들 때리는 등의 행동 나타남. 다른 사람들과 밖에서 시비가 잦아지면서 정신과 병원에 2개월 정도 입원치료 받음. 경제적인 문제 및 ct 요구에 의해 증상 호전되지 않은 상태에서 퇴원함. 퇴원 후 자신의 요구 들어주지 않거나 ct 저지하면 폭력적 행동을 보여 129 통해 입원됨

7. 가족력

1) 가계도

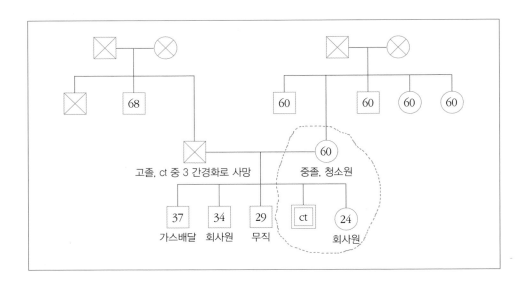

2) 가족구성원에 대한 기술

관계	나이	학력	직업	종교
父	52세 때 간경화로 사망	고졸	무직	불교
母	60세	중졸	아파트 청소일	기독교
큰형	37세	고졸	가스배달	–
둘째 형	34세	전문대졸	회사원	–
셋째 형	29세	고졸	무직	–
여동생	24세	전문대졸	회사원	기독교

3) 가족체계에 대한 기술

① ct의 父: 고졸. 불교. ct가 중학교 3학년 때 간경화로 돌아가심. 생전 성격이 급하고 욱하는 성질이 있었다고 함. 부유한 집안의 막내아들로 태어나 부모님들의 지지와 경제적 원조를 많이 받았다고 함. 원래는 조용한 성격이었는데 커 가면서 쓸데없는 말이 많아지고 동네에서 자기 멋대로 하려고 필요 없는 물건 많이 사거나 다른 사람에게 돈 빌려주는 등 돈 관리가 안 되고 이리저리 돌아다니는 등의 모습 보였었다고 함. 중매를 통해 母를 소개받아 결혼을 함. 父는 결혼 초기부터 술 문제가 있었으며, ct는 父를 무서워했고 커 오면서 아버지가 없어졌으면 좋겠다는 생각을 해 같이 싸우기도 하고 욕도 하곤 했었다고 함. 母 말로는 단순히 술 문제를 떠나서 ct가 안 좋을 때와 父 생전 모습이 똑같았다고 함

② ct의 母: 활발한 성격. 경제적으로 넉넉하지는 못했지만 평범한 가정에 첫째로 태어나 사랑 많이 받으며 자랐다고 함. 기력이 약하고 몸이 좋지 않아 중학교 졸업 후 부모님 밑에서 무남독녀처럼 설거지도 한 번 안 하고 자랐다고 함. 이후 중매로 결혼을 했고 결혼 후 4년이 지나면서는 과일장사, 생선장사를 하시며 5남매 키워 오심. 현재까지도 아파트 청소일 하고 계시며 집안의 경제적인 부분 맡고 있음. ct에 대해 항상 걱정이 많고 어릴 적 가정형편이 좋지 못해 신경을 못 써 줘서 그렇게 됐다며 다소 죄의식 가지고 계시기도 함. ct의 병에 대해 "그간에 우상숭배의 환령 때문이다"라고 교회에서 이야기했다고 하며 종교적으로 믿음이 강해지면 나을 수 있는 병이라고 하심

③ ct의 큰형: 미혼, 고졸, 낮에는 가스배달 하시고 밤에는 단란주점을 동업하고 계신다고 함. 정이 많고 활발한 성격이라고 함. 온순하고 인정이 많은 편. 술

을 마시거나 하면 다른 사람과 싸우거나 ct와 비슷한 행동을 하기도 한다 함. 형제 중 ct를 가장 잘 이해해 주며 ct도 형을 잘 따른다고 함. ct의 입원비를 가끔 보태어 주기도 함

④ ct의 둘째 형: 미혼, 무교. 전문대 졸. 다른 도시에서 기술직으로 회사에 다님. ct와 어릴 때부터 학교를 같이 다니며 ct를 챙겨 주곤 했으나, ct 발병한 지 얼마 되지 않아서는 ct의 증상을 고집 피운다고 이해하고 많이 때리곤 했다고 함. 가끔 면회를 옴

⑤ ct의 셋째 형: 초졸, 무직, 여자친구와 동거 중. 활발한 성격. 술 좋아하고 간간이 일용노동직하면서 생계유지 하심. 형은 여자친구에게는 헌신적으로 잘해 주는 편이라 함. 몇 년 전에는 일하지 않고 방세로 술을 사서 마시고는 집 없이 노숙자 생활을 한 적도 있으나 이후로는 방 구해서 지냄. 여전히 벌이 일정치 않고 술문제 지속된다고 함. 현재 가족들과는 거의 왕래가 없다고 함

⑥ ct의 여동생: 고졸, 작은 회사에 사무직으로 근무, 기독교, 어릴 때는 막내라고 부모님을 관심을 많이 받았는데 ct가 동생을 괴롭히거나 원망하는 경우가 많았음. 현재는 오빠에 대한 측은한 마음을 가지며 생활비나 병원비 등에 도움을 준다고 함. 현재 같이 사는 공간도 좁고 ct로 인한 어려움으로 독립해서 나가고 싶어 함

II. 사정

1. 심리사회적 문제

1) 영역별 문제

문제	내용(예)
정신질환과 관련된 문제	• 약물증상관리의 어려움으로 인해 입원과 재발이 반복됨
일차적인 지지 집단과의 문제	• ct의 질병에 대한 인식 부족으로 치료 및 회복과정에서 지지체계로서 적절한 역할을 하고 있지 못함 • ct 母는 경제적 어려움으로 충분한 양육이 이루어지지 못한 것에 대해 죄책감을 가지고 있으며 가족이 경험하는 문제 상황을 종교에 의지해서 해결하려 함 • ct는 학창시절 왕따 등 어려운 상황을 경험할 때 어머니나 가족들이 적절하게 자신을 옹호해 주지 않은 것에 대한 원망이 있음 • 형제들도 ct에 대한 측은함과 반복되는 재발 등의 문제로 ct에 대해 양가감정을 지니며, 현실적으로 적극적인 지지체계로서 역할을 하는 데 한계를 느낌

사회적 환경과 관련된 문제	• 가족 이외에 외부체계와는 상호작용이 거의 없음. 어머니로 인해 가끔 교회도 가지만 증상이 나빠진 이후로 가고 있지 않는 상황임 • 음주 및 증상악화로 인해 지역사회에서 다툼이 일어나는 상황 • 증상이 악화되어 가족들이 감당이 되지 않을 때 병원 및 치료체계를 활용하고 있으나 질병관리와 재발 예방 등을 위해 병원에 꾸준히 내원하며 질병관리를 위한 자원으로 활용하고 있지 않음
교육적 문제	• ct는 지능의 문제로 학습성취도가 낮았으며, 교우들과의 관계 제한적이었으며 이로 인해 선생님께 야단을 맞는다든지 친구들의 놀림을 받는 등 부정적 대인관계 경험으로 확장됨 • 일상생활이나 직업교육에 있어서 단순한 작업 등은 반복적인 교육을 통해 습득이 가능함
직업적 문제	• 22세 때 노동일 10일 정도 한 것이 유일한 직업 경험임 • 직업으로 인한 수입이 있을 시 금전관리가 안 됨 • 지적능력의 문제로 직업교육 및 선택에 제한이 있을 수 있음 • 일을 하는 가운데 일적으로 또는 대인관계 상의 스트레스 상황에서 술을 마심으로써 스트레스를 해결하려 하고 과도한 음주가 직업유지에 문제가 될 수 있음
주거의 문제	• 어머니와 여동생과 함께 임대아파트 전세로 거주함 • 현재로선 안정된 주거지가 확보된 상태임
경제적 문제	• 母가 청소일을 해서 버는 수입과 여동생이 직장을 다녀 받는 월급의 일부를 생활비로 보태고 있지만 셋째 형이 구직 중인 상황이고 ct의 병원비 등 경제적으로 여건이 좋지 않음 • 형제들 대부분 빚 등으로 경제적으로 넉넉하지 않은 상황이나 십시일반으로 병원비 책임지고 있음
신체적 건강과 관련된 문제	• 현재는 두드러진 신체건강 문제는 나타나지 않으나 잦은 음주 등으로 건강관리가 잘 이루어지지는 않고 있음
법적 체제와 범죄와의 관계	• 증상 악화되었을 때 폭력적인 문제로 경찰서에서 본원 및 타 정신과 병원으로 의뢰되는 경우 있으나 구금된 적은 없음
기타	• 증상 악화되었을 때 학령기 때 자신을 괴롭히던 친구와 사람들이 연관된 것 같아 더 이상 참지 못하겠다는 생각에 싸움 일어나기도 함. 병원 생활 사소한 요구 많으나 치료진에 협조적인 편임

2) 우선순위별 주요 문제

구분	주요 문제
1순위	약물증상관리 부족으로 반복되는 재발과 입원
2순위	가족들의 질병과 질병관리에 대한 지식과 정보부족으로 약물증상관리 및 ct의 지지체계로서 적절한 역할을 하고 있지 못함
3순위	퇴원후 재발예방과 관리를 위한 지역사회자원 활용 부족

2. 문제해결을 위한 강점 및 약점

	강점	약점
개인	• 병동 내 프로그램 참여와 대인관계 개선을 위해 적극적으로 노력함 • 퇴원 후 계획과 센터 연계에 관심이 있고 직업재활 의지 있음	• 실질적인 병식이 없으며 약물 부작용 등으로 약물관리가 되지 않아 재발의 경험이 잦음 • 지적기능 부족으로 질병교육과 관리에 어려움을 줌
가족	• 가족이 ct의 병에 대해 관심 가지고 있으며 치료에 대한 기대 가지고 있음 • 가족들이 치료에 대한 의지가 있으며 치료진의 치료적 권고에 협조적임	• 가족이 병에 대한 지식 부족하여 치료와 질병관리를 위한 지지체계로서 역할 부족 • ct 母의 종교적 태도가 약물복용 중단 및 재발의 요인이 되고 있음
환경	• 정신건강복지센터와의 이동거리가 가까워 자원 활용 가능성이 높음	• ct의 종교적 환경이 증상과 결합되어 지지체계가 되지 못함(역 치료적인 효과 있음) • 경제적으로 어려움이 있어 치료의 지속성에 부정적인 영향을 미침

3. 활용 가능한 자원 체계

1) 생태도

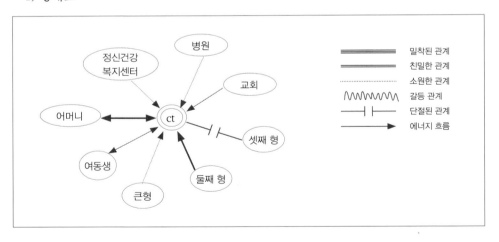

2) 자원 체계
　　−공식적 자원: 의료보험, 낮병원, 정신건강복지센터, 사회복귀시설
　　−비공식 자원: 어머니, 형들, 여동생

4. 이론 기반 사정

-정신역동적 사정: 과거의 외상적 경험이나 과거경험과 현재증상을 관계지어 보는 것으로 심각한 외상을 갖고 있으며, 그것이 증상의 원인이라고 생각될 때 적용한다.

문제 음주와 기분장애를 가지고 있는 아버지와 의존적이며 수동적인 어머니 밑에서 성장함. 父는 정신과적인 문제로 가정으로서 경제적 역할과 정신적인 주역이 될 수 없었고, 母가 아버지의 역할을 대신하는 역할 전환된 가정에서 자라 왔음. 母는 ct를 임신한 상태에서 정서적 그리고 신체적 건강 상태가 매우 불안정했음. 음주 후 이어지는 남편의 폭력과 생계와 자녀를 책임져야 한다는 부담감으로 인해 ct가 태어났지만 ct를 돌볼 양육 여건이 되지 않았으며, 이로 인해 ct는 발달시기에 적절한 심리정서적, 신체적 돌봄을 받지 못했음

ct가 2세 되던 해 여동생이 태어나면서 ct는 술 마시는 아버지에게 주로 맡겨져 양육을 받음으로써 정서 및 언어적 발달을 위한 적정한 자극과 돌봄을 받지 못했으며, 母 역시 경제적 책임을 위해 일을 하느라 ct를 제대로 돌보지 못했음. 형제들도 ct와 나이 차이는 제법 되었으나 주요한 양육자로서 역할을 하기에는 어렸으며, ct의 교육 등에는 더 관심을 가져 줄 대상이 없었음. 이러한 성장 환경은 ct의 정신적·지능발달과 심리정서적 상태에 상당한 영향을 준 것으로 보임. 또한 여동생은 성적도 제법 좋고 하나 있는 딸이라 사랑을 많이 받았음. 이 과정에서 ct는 여동생과 비교상황에서 부모님의 애정과 인정에 대한 욕구가 더 강화되었을 것으로 보이며 그로 인한 父母의 인정과 관심부족 및 자신을 무시하는 동생이나 형들의 행동에 의해 열등감 및 분노 등이 더욱 조장되었을 가능성 있음

학창시절 특수반이었던 것이 ct의 자존감에 더욱 상처를 주었으며, 또래들의 따돌림 등으로 열등의식과 분노가 더 커짐. 고등학교에서 급우들로부터 왕따를 당하거나 부당한 대우를 당할 때도 스스로 문제를 해결할 역량이 안 되고, 가족들도 ct를 옹호하거나 보호해 주는 역할을 하지 않았으며 특히 母는 이러한 상황을 실질적으로 해결하기보다는 종교적으로만 해결하려고 하여 자신이 받아들일 수 없는 부분을 같은 반 친구의 탓으로 돌리려는 피해적인 사고를 가지게 되었음. 열등감에 대한 반동형성 및 가족들로부터 보호받지 못했다는 생각이 과대적인 사고와 공격적인 행동으로 나타남

5. 이론 기반 개입

1) 인지행동이론에 근거한 약물증상교육: 인지행동이론은 잘못된 사고, 부정적 사고, 현실 왜곡, 자기 혐오적인 사고에 대한 인지수정과 이를 통한 행동의 변화를 위한 근간으로 치료와 교육을 통해 개입한다.

    ct 자신의 병명을 알고 있으나, 증상관리 및 약물복용에 대한 이해와 인식이 부족하며, 퇴원 후 종교적인 믿음에 의지해 치료하고자 하는 부분과 직업활동 시 투약의 불편함으로 임의로 약 끊기도 함. 투약의 필요성 및 증상관리를 위한 적절한 이해와 인식을 통한 행동변화를 위해 약물증상관리교육 실시하고자 함

2) 사회학습이론을 통해 사회기술훈련: 사회학습이론은 행동주의의 일종이나, 특히 사회환경적 요인의 중요성을 부각하여 가정, 학교, 사회에서의 학습 실패일 경우 개입하는 이론으로 대인관계에서 자신의 감정이나 의사를 적절하게 표현하지 못해 대인관계를 형성하고 유지하기 어려운 부분이 있으므로 대화법 및 상황 대처기술법 등의 대인관계기술을 향상시키며 긍정적 관계형성의 경험을 증진할 수 있도록 돕는다.

3) 지지치료에 근거한 지지적 면담: 지지치료란 치료자와 내담자 간의 친화관계를 근본 바탕으로 하여 약해진 자아를 지지해 줌으로써 현실생활에서 파생되는 문제들을 좀 더 잘 견디어 나갈 수 있도록 해 주는 개입의 근간이 되는 이론으로, 어릴 때부터 자신이 못난 사람이고 따돌림을 받는 등의 부정적 경험을 통해 낮아진 자존감을 회복시키기 위한 지지적인 개입과 면담 등에 활용한다.

4) 구조론적 관점의 가족치료: 구조론적 이론은 체계적인 가족의 유형, 과정, 변화를 관찰하는 데 도움이 되는 유용한 도구를 가지고 있는 이론으로 역기능적인 가족일 경우 가족에게 잘못되어 있는 부분에 대한 지도를 제공해 준다.

    가족상담과 개입을 통해 ct가 성장하면서 적절한 사랑과 지지를 받지 못했던 것과 문제행동이나 증상들과의 연관성에 대한 설명과 이해를 높임으로써 ct와 가족 간의 상호 이해와 지지적 관계 증진을 꾀함. 또한 ct의 병에 대한 母의 미신적, 비현실적 사고로 인해 ct에게 미칠 영향을 설명하고 가족회의 및 가족모임 통한 가족 간의 유대감 증진 및 응집력을 강화함으로써 가족이 ct에게 적절한 지원체계로서 역할을 할 수 있도록 지원함

6. 개입 목표 및 계획

문제	개입목표	개입계획
1. 약물증상관리 부족으로 반복되는 재발과 입원	1. 약물증상관리능력 강화를 통한 재발예방	1-1. 주 1회 약물증상관리 교육을 통한 약에 대한 중요성과 증상 관리, 대처 방법을 습득 1-2. 개별상담을 통한 증상 및 약물관리의 중요성과 실천동기 강화
	2. 성취경험을 통한 자존감과 자기효능감 향상	2-1. ct에게 병동 프로그램 참여 통한 성취감을 경험할 수 있는 기회제공과 지지기술의 적극적 활용 2-2. 오락·작업 요법 통해 하나에 집중할 수 있고, 흥미가 있는 것을 찾아 취미 및 여가활동에 활용
2. ct의 질병과 질병관리에 대한 가족들의 지식과 정보부족 및 지지체계로서 적절한 역할 부재	1. 재발예방을 위한 ct 질환과 증상에 대한 이해를 통한 가족들의 대처능력 증진	1-1. 가족교육을 통한 증상 및 약물관리에 대한 적절한 지식과 정보제공 1-2. 가족모임과 상담의 기회제공을 통한 가족 간 이해와 유대감 증진
	2. 퇴원 후 지역사회자원활용을 통한 ct의 지역사회 내 생활유지 및 관리	2-1. 가족상담을 통한 구체적 퇴원계획 세우기 2-2. 재활을 위한 센터 및 지역사회 자원 연계 및 활용방안에 대한 정보제공

 생각해 볼 문제

• 학우들과 짝을 지어 사정을 위한 초기면담을 연습해 보고, 힘든 부분이 무엇인지 토의해 봅시다.
• 강점과 약점에 대한 개념을 논의해 보고 각자의 강점과 약점 목록을 작성하고 발표해 봅시다.
• 사례를 정해 사정의 내용 중 한 가지를 선택하여 연습해 봅시다.

참고문헌

김기태 · 황성동 · 최송식 · 박봉길 · 최말옥(2009). **정신보건복지론**. 경기: 양서원.

김기태 · 최송식 · 이명옥 · 이경희 · 박봉길(1997). **사례관리실천의 이해**. 서울: 도서출판 만수.

김통원 · 김용득(1998). **사회복지실천사례관리**. 서울: 도서출판 지샘.

박정임(2002). 정신장애인을 위한 강점관점 사례관리모델의 효과성에 관한 연구. 서울여자대학
　교 대학원 박사학위논문.

사회복지실천연구회 역(1998). **사회복지실천기법과 지침**(*Techniques and guidline for social
　work practice*). Sheafor, W. B., Horejsi, R. C., & Horejsi, A. G. 저. 경기: 나남출판.

이원숙(1995). **사회적 망과 사회적 지지이론**. 서울: 홍익제.

조휘일 외 공저(2005). **사회복지실천기술론**. 서울: 학현사.

한국정신건강사회복지사협회(2019). **한국정신건강사회복지사 수련지침서**. 한국정신건강사회복
　지사협회.

황성철(1995). 사례관리실천을 위한 모형개발과 한국적 적용에 관한 연구. **한국사회복지학**, 27,
　275-304.

Ballew J. R., & Mink, B. G. (1986). *Case management in the human services*. Springfield, IL:
　Charles & Thomas-publisher.

Brown, J, A. (1992). *Handbook of social work practice*. Springfield, IL: Charies C Thomas
　Publisher.

Compton, B. R., & Galaway, B. (1999). *Social work processes* (6th ed.). Pacific Grove:
　Books/Cole Publishing Company.

Cooper, M. G., & Lesser, J. G. (2002). *Clinical social work practice*. Boston: Allyn and Bacon.

Cowger, C. (1994). Assessing client streenths: Clinical assessment for client empowerment.
　Social Work, 39, 262-268.

Hatfield, A. B., Fierstein, R., & Johnson, D. M. (1982). Meeting the needs of families of
　psychiatrically disabled. *Journal Psychosocial Rehabilitation, 6*, 27-40.

Hepworth, D. H., & Larsen, J. A. (1993). *Direct social work practice: Theory and skills* (4th
　ed.). Pacific Grove, California: Books/Cole Publishing Company.

Jackson, H. J., Smith, N., & McGory, P. (1990). Relationship between expressed emotion and
　family burden in psychotic disorders: An exploratory study. *Acta Psychiatric Scandinavia,
　82*(3), 243-249.

Johnson, L. C. (1994). *Social work practice: A general approach* (5th ed.). Boston: Allyn and

Bacon.

Johnson, L. C. (2001). *Social practice*. Boston: Allyn and Bacon.

Johnson, L. C., & Yanca, S. J. (2001). *Social practice: A generalist approach* (7th ed.). Boston: Allyn and Bacon.

Jordan, C., & Franklin, C. (1999). *Clinical assessment for social workers: Quantitative and qualitative methods*. Chicago: Lyceum.

Loewenberg, F. M. (1983). *Fundamentals of social intervention*. New York: Colombia University Press.

Pincus, A., & Minahan, A. (1973). *Social work practice: Models and methods*. Itasca, IL: Peacock.

Saleebey, D. (1997). *The strengths perspective in social work practice* (2nd ed.). USA: Longman Publishers.

Social Service Inspectorate (1991). Report of an inspection of Grove Park Community Home by the social services Inspectorate. London: Department of Health. Cited in: B. Corby, A. Doig & V. Roberts (2000). Public inquiries into abuse of children in residential care. London: Jessica Kingsley.

제7장

상담

 학습 목표

• 클라이언트와의 상담에서 실천해야 할 지식과 기술을 설명할 수 있다.
• 상담자로서의 자질을 학습하고 실천할 수 있다.

최근 들어 상담이라는 용어를 접할 기회가 많다. 학생상담, 민원상담, 이혼상담, 재정상담, 법률상담 등 다양한 분야에서 사용되고 있고 일상생활과도 관련지어 많이 사용되고 있다. 하지만 이러한 상담은 정신건강 분야에서 다루어지는 상담의 목적 및 과정과는 전혀 다르다. 그리고 정신건강 분야에서 다루어지는 상담 또한 대상자가 가진 문제 상황이 다양하며 상담에서 바탕을 두는 이론 또한 많기 때문에 여기서 관련된 많은 부분을 다루는 데는 한계가 있다. 그러므로 이 장에서는 상담의 기본적인 개념적 이해와 첫 상담에서 필요한 부분, 클라이언트와의 관계형성 및 유능한 상담자의 자질에 대해서 알아봄으로써 성공적인 상담을 이끄는 데 도움이 되고자 한다.

1. 상담의 개념

상담(counseling)을 개념적으로 정의하기란 쉽지 않다. 상담과 유사한 장면으로 면담(interview), 심리치료 등의 용어들이 혼용되어 사용되기도 한다. 상담에서 면담이 중요한 부분을 차지하지만 면담이 곧 상담은 아니며, 상담을 통해 정보제공을 할 수도 있지만 정보제공만 하는 것은 상담이 아니다. 또한 상담이 때때로 심리적인 문제를 예방하고 치료하는 일에 활용되지만 그렇다고 상담이 곧 심리치료는 아니다. 상담은 상실, 혼란, 그 외의 부정적 상황에 있는 문제들을 도와줄 수 있으며 긴장을 푸는 방법, 좀 더 자신을 갖는 방법, 스트레스를 처리하는 방법, 좀 더 성취적인 삶을 이끌어 가는 방법들을 배우는 데 있어 좀 더 순향적이며(proactively) 교육적으로 사용될 수 있다(김춘경·이수연·최웅용·홍종관 공역, 2004: 24).

상담은 변화, 예방, 혹은 삶의 향상과 밀접한 관련성이 있다. 변화의 차원에서 상담자는 내담자를 파괴적으로 되게 하는 조건, 과도한 스트레스, 그리고 불만족감 및 불행감을 경험하지 않고서는 정상적인 삶을 살아갈 수 없게 만드는 상황 등에 관심을 가진다. 예방적 차원에서는 내담자로 하여금 스트레스를 유발하게 하는 예측 가능한 생활사건을 고려해 볼 수 있도록 하고, 심리적 자원을 획득하고 활용하게 하는 계기를 제공하기도 한다. 그리고 삶의 향상 차원에서는 삶의 도전을 다루거나 예측 가능성을 높이는 것과 관련된 것을 고려하기도 한다(임성문 외 공역, 2004: 5).

Pietrofesa 등(1980)은 '상담은 전문적인 훈련을 받은 상담자가 도움을 필요로 하는 내담자와 신뢰롭고 수용적이며 구조화된 관계를 형성하고 이 관계 속에서 내담자로 하여금 자기 자신을 둘러싼 환경에 대한 의미 있는 이해를 촉진시킴으로써 태도와 행동의 변화 그리고 한층 높은 수준의 성장을 하도록 하는 심리적 조력의 과정'이라고 정의했다(김종윤, 2013: 21 재인용). 미국상담협회의 이사회(1997)에서는 '인지적, 정서적, 행동적 및 체계적 개입전략을 통해 정신건강, 심리학, 인간발달의 원리를 적용하는 것이며, 병리적인 것뿐만 아니라 개인적 안녕감, 개인성장, 경력발달을 중요시 한다'고 했다(American Counseling Association Governing Council Minutes, September, 1997: 임성문 외 공역, 2004: 4 재인용). 이처럼 상담은 전문적인 훈련, 내담자와의 관계, 체계적 개입전략과 인간발달의 원리 적용, 클라이언트의 변화와 성장 등의 내용을 포함하고 있다. 요약하면 상담은 도움을 주는 과정으로서 생활지도나 심리치료, 그 과정에서 이루어지는 면담 등을 포함하여 적응적, 심리적 문제를 예방하고 치료하는 데에 머물지 않고 삶의 모든 측면에 도움을 주고 인간을 변화시키고 성장시키는 모든 일에 개입하고 관여하는 활동이다(김종윤, 2013: 22).

그리고 많은 상담은 상담이론에 근거를 두고 진행되기도 한다. 대부분의 상담이론이 근거를 두고 있는 성격이론은 인간의 정신이 생겨나고 발달하고 성숙해지는 다양한 방식을 정상적 발달과 역기능적 발달 모두를 포괄해서 설명하려는 노력의 산물이기도 하다(임성문 외 공역, 2004: 9). 주요 이론적 접근에 공통적으로 적용되는 상담의 요소들에 대한 다음의 설명(임성문 외 공역, 2004: 9-10)들을 통해 상담에 대한 이해를 더 높일 수 있을 것이다.

- 상담은 내담자의 사고, 감정, 행동에 초점을 맞추어 이루어진다. 달리 말하면 상담자는 내담자의 태도와 행동 둘 다를 다루게 된다.
- 상담은 내담자의 지각과 감정이 외부의 평가기준과는 상관없이 수용되는 과정을 기본적으로 포함한다. 상담자는 내담자가 어떻게 변화되어야 하는지를 생각하기 전에 한 사람으로서의 내담자를 수용해야만 한다.
- 신뢰감과 비밀보장은 상담 장면에서 필수적인 요소이다. 따라서 신뢰와 비밀이 유지되고 조장되는 물리적 환경과 상담자의 태도는 필수적이다.
- 상담은 자발적이어야 한다. 대체로 상담을 강요받은 내담자는 효과가 별로 없다. 상담자는 상담의뢰 경위가 어떠하든 내담자를 확보하고 유지하는 수단으로 강요를 사용해서는 안 된다.
- 일반적으로 상담자는 내담자에게 자신의 삶에 대해서 상세한 이야기를 하지 않는 다소 보수적인 편향에 따라 면담한다. 상담자의 자기개방이 적절할 때일지라도 상담자는 자신의 개인적인 사안에 초점을 맞춰 상담을 복잡하게 하지 않는다.
- 모든 상담체계에 내재하는 하나의 기술은 의사소통 기술이다. 상담자는 면담을 하면서 끊임없이 언어적 및 비언어적 메시지를 주고받는다. 따라서 서로 주고받고 있는 메시지의 유형에 대한 자각과 민감성은 효과적인 상담자가 되기 위한 필수조건이다.

• 모든 상담은 비교문화적인 경험이고, 아마도 대부분의 상담이 다문화적인 경험이 될 것이다.

상담자는 내담자가 처한 상황과 문제에 대한 초기평가를 해야 하고 자신이 적용할 수 있는 방법과 기술이 내담자의 관심사에 적합한지를 판단해야 한다. 내담자는 상담자로부터 지지받고 이해받고 있다고 느끼거나, 이전과는 다르게 보다 희망적인 관점으로 자신과 자신의 문제를 보기 시작하거나, 상담 장면 안팎에서 대인관계를 보다 바람직한 수준으로 경험할 때 스스로 격려와 용기를 얻는다. 그리고 상담이 성공적일 때 내담자는 다음과 같은 결과를 경험한다(임성문 외 공역, 2004: 9-18).

• 내담자는 자신의 문제와 관심사를 이전과는 상당히 다른 맥락에서 지각한다. 대개 내담자는 자신의 문제를 나름대로 설명하는 일련의 틀을 가지고 상담에 들어온다. 자신의 문제를 설명하는 내담자의 이러한 시각에는 문화적 요인, 사회적 요인, 가족 요인이 반영되어 있을 수 있다.
• 내담자는 자신의 문제나 관심사에 대해 보다 유용한 이해를 발달시킨다. 문제의 근원을 보다 적절한 시각으로 바라보게 되고 문제에 대한 이해와 통찰을 더욱 발달시키게 된다.
• 내담자는 오래전부터 관심사였던 문제에 대한 새로운 반응을 습득한다. 문제에 대한 이해를 증대시키는 것에 부가해서, 내담자는 문제 상황에 언어적 그리고 비언어적으로 보다 효과적으로 반응하는 방법을 습득할 필요가 있다
• 내담자는 효과적인 대인관계를 갖는 방법을 습득한다. 종종 상담관계는 적절한 대인관계의 발달을 시작하게 하는 첫 단추가 된다.

2. 상담의 유형

상담의 유형은 내담자의 상담기간에 따라 단기상담, 장기상담으로 구분되며 내담자의 발달단계에 따라서는 아동상담, 청소년상담, 성인상담, 노인상담 등으로 구분할 수도 있다. 일반적으로 정신건강복지현장에서는 내담자 구성인원과 특성에

따라 개인상담, 집단상담, 가족상담의 유형으로 상담이 진행되는 경우가 많다.

1) 개인상담

상담자가 내담자 1인을 상대로 조력활동이 이루어지는 상담을 말한다. 상담자는 내담자와 상담계약을 맺고 내담자와 함께 설정한 목표가 달성되면 상담을 종결하게 된다. 일반적으로 내담자가 심각한 심리적 문제를 가진 경우와 여러 사람 앞에서 자신의 문제를 다루는 것을 두려워하는 경우에 개인상담을 실시하게 된다.

2) 집단상담

내담자 2명 이상으로 구성되어 조력활동이 이루어지는 상담으로 전문적으로 훈련된 상담자의 지도와 동료들과의 역동적인 상호교류를 통해 변화를 이끌어 가게 된다. 내담자의 구성인원은 내담자의 연령, 문제 유형 등에 따라 달라질 수 있지만 일반적으로 8~12명이 바람직하다. 특히 집단상담이 교육적이거나 훈련적인 목적이 강할 때, 아동보다는 청소년 또는 성인을 대상으로 할 때 집단의 수가 더 많아질 수 있다(김종윤, 2014: 33).

약물남용문제를 가진 사람들을 위해 집단정신치료를 제시한 많은 연구에서 개인치료만 받은 사람들보다 집단치료를 받은 사람들의 회복률이 2~3배 높다고 추정한 연구결과들도 있다(Kanas, 1982; Yalom et al., 1978: 김성이, 2002: 243 재인용).

집단상담은 개인상담보다 비용 면에서 더 효율적이며, 유사한 문제를 경험하는 사람들과 함께 경험을 나누고 유사한 태도에 직면하고 의사소통하면서 변화의 강력한 촉매제가 될 수 있다(김성이, 2002: 245).

정신건강복지현장에서 집단상담을 활용한 형태의 프로그램은 약물교육프로그램, 자기인식프로그램, 재발예방프로그램, 사회기술개발프로그램 등이 있다.

3) 가족상담

흔히 2인 이상의 가족원을 대상으로 구성원의 문제를 해결하기 위해 진행되는 진단과 상담을 일컫는다. 미국에서 비행청소년과 정신분열증 환자의 임상사례를 통해 가족상담의 필요성이 제기되었고 내담자의 심리문제를 해결하기 위하여 가족전체에 대한 상담으로 이를 치료하기 위해 시작되었다. 상담자가 체계이론적 관점을 갖고 내담자를 대한다면 한 사람을 상담하더라도 가족상담이라고 할 수 있다(다음백과, https://100.daum.net/encyclopedia).

개인의 정신건강에 영향을 미치는 요인 중에는 가족관계, 가족기능, 가족의 의사소통 등의 영향력이 크다. 그러므로 가족관계에서 일어날 수 있는 예측 가능한 변화에 대해서 가족이 함께 참여함으로써 그들이 경험하는 문제를 해결할 기회가 증가하게 된다. 그리고 가족상담을 통하여 가족들은 자신이 겪고 있는 어려움이 자신들만의 것이 아님을 알게 되며 이에 따른 자기노출과 감정정화를 경험하게 된다. 이때 상담자는 구성원들의 교류내용과 언어적·비언어적 상호작용 패턴에 관심을 가지며, 개인의 행동의도나 이유보다는 그 행동결과로 나타나는 효과, 즉 행동이 행동에 미치는 효과와 대인관계적 결과가 형성되는 방식에 초점을 맞추게 된다(임성문 외 공역, 2004: 119).

3. 첫 상담에서 고려해야 할 것들

첫 면담에서 상담자의 목표는, 첫째, 클라이언트가 자신의 문제를 자신의 언어로 이야기하도록 해야 한다. 클라이언트가 스스로 왜 이곳에 있으며, 스스로 문제가 무엇이라고 생각하는지에 대해서 경험하고 그 답을 유도하는 일은 중요하다. 둘째, 클라이언트가 어떠한 생각을 갖고 있든지 비록 자기가 상담받을 필요가 없다고 생각하더라도 자신의 생각을 당신이 이해하다는 사실을 알려야 한다. 이것은 클라이언트가 말하고 있는 것을 주의 깊게 듣고 인식하는 것을 의미한다. 즉, 클라이언트를 치료의 과정으로 끌어들이기 위한 가장 필수적인 단계는 클라이언트의 말을 관심 있게 듣고 있으며, 그의 말을 이해하기 위해서 노력하고 있다는 사실을 클라이언트가 인식하는 것이다(하정미 역, 2004: 18).

그리고 클라이언트를 만나기 위한 준비작업이 필요하다. 클라이언트가 상담예약을 하기 위해 자신의 문제를 간단히 보고한 내용 및 다른 치료자에 의해 작성된 의료력, 심리평가, 심리검사, 생리사회심리사정을 포함한 과정기록, 심리테스트 보고서, 진단코드 그리고 여러 가지 많은 정보를 미리 살펴보아야 한다. 만약 클라이언트에게 전화하기로 되어 있다면 클라이언트와의 관계는 그가 전화를 받는 순간부터 시작된다는 사실을 기억해야 한다.

상담이 시작되는 장소에 대한 고려도 필요하다. 사소하게는 자신의 책상에 가족사진이 놓여 있는지 여행 기념품이 있는지도 살펴야 한다. 그러한 것들은 클라이언트에게 당신이 어떤 사람인지를 알려 주는 것이며 클라이언트가 그것을 보고 어떤의미를 부여할지 알 수 없다. 면담 중 기록에 대해서 클라이언트가 민감하게 느끼고면담과정에 집중력을 떨어뜨릴 수 있다고 하지만 첫 면담의 경우 기본적인 자료를정확히 알아야 하고 또한 기록의 필요성이 있다면 클라이언트에게 면담 중에 메모하는 이유를 알리고 기록을 해도 괜찮은지 물어보는 것이 도움이 될 수 있다.

또한 상담과정에서의 대화를 다른 사람이 엿들을 수 있다고 생각되는 경우 내담자가 자유롭게 이야기하기 어려울 수 있다. 내담자의 프라이버시를 보호하고 상담이이루어지는 동안 편안함을 느낄 수 있도록 해야 한다. 좌석배치도 내담자와 상담자사이에 아무런 가구도 없도록 하며 가구의 높이도 비슷하게 한다. 내담자가 의자를선택할 때 내담자와의 거리도 중요한 부분이다. 예를 들어, 지나치게 의존적인 내담자는 가까운 거리에 앉으려 하고, 반항적이거나 경쟁적인 내담자는 멀리 떨어져 앉거나 직접 마주보고 앉으려 하는 특성을 보이기도 한다(박성근 · 정인과, 2002: 32).

상담자는 클라이언트와 대면하게 될 때 클라이언트에 대해 공손함과 관심을 표현하는데, 이것이 사회적인 관계가 아니라 전문적인 관계임을 분명하게 드러내는기회가 될 수 있도록 해야 한다.

4. 라포와 관계형성

내담자들이 관심과 보살핌, 이해받고 있다고 느끼면서 상담에 진실하게 임하게하는 조건으로 중요한 부분은 라포와 관계형성이다.

라포(rapport)에 대한 유래는 프란츠 메스머(Franz Mesmers, 1734~1815)라는 의사가 자기요법을 시행하면서 만든 '라포르 이론'에서 나왔다. '환자가 치유되려는 갈망을 가지지 않으면, 자신으로부터 발산되는 치료적 유동물질이 효과를 발휘하지 못한다'는 내용으로, 비록 메스머는 이 현상을 생리학적 관점에서 바라보았지만 '치료적 소통관계'라는 심리치료에서 가장 중요한 요소를 최초로 발견하였다. 메스머가 처음 사용했던 '라포르'는 프랑스어로 '관계'라는 뜻이다(이준석, 2012: 49).

라포는 관계에 놓여 있는 '상호신뢰와 정서적 친화'의 상태를 의미한다. 라포는 치료관계로 들어가는 입구로서, 즉 치료관계가 형성되기 위해서는 반드시 필요한 요소이다.

치료적 관계는 라포보다 광의의 개념이다. 치료적 관계는 '작업동맹(working alliance)', '전이형성(transference configuration)', 진실한 관계(real relationship)의 세 가지 요소를 포함하고 있다. 작업동맹은 치료를 위해 상담자의 분석적 또는 치료적인 자아와 내담자의 이성적인 자아가 교류하는 것을 의미한다. 전이란 실제 관계와는 구분되는 관계의 왜곡을 의미하며, 진실한 관계란 '진실성과 현실지각의 두 가지 측면을 가지고 있는 것'으로 정의된다(임성문 외 공역, 2004: 67).

효과적인 상담자와 내담자의 관계형성에서 중요한 요소들은 정확한 공감, 상담자의 진실성, 내담자에 대한 무조건적인 관심이나 긍정적 존중이다. 이러한 관계는 내담자들에게 상담목표를 성취하는 기회를 증가시킬 뿐만 아니라 내담자가 상담 장면 밖에서 대인관계의 질을 향상시키기 위해 사용할 수 있는 건강한 대인관계 모델을 제공한다.

공감(empathy)이란 내담자가 경험하고 있는 감정과 개인적인 의미를 정확하게 감지하고 이에 대한 수용적 이해를 내담자에게 전달하는 것이다(Rogers, 1989: 임성문 외 공역, 2004: 68 재인용). 공감에서 수용적 이해를 전달할 때, 상담자는 내담자의 이야기 내용, 즉 상황이나 사건, 등장인물, 결말, 이들의 연결, 내담자의 인생 이야기들에 있어서의 분명한 주제들에 대한 이해를 보여 주어야 하며 이야기에 부여하는 의미까지 이해하고 전달하는 것을 포함한다. 상담자의 공감은 라포의 형성, 수용과 지지의 전달, 존경과 정중함을 보여 주는 데 기여하고, 문제를 명료화하고 내담자의 정보를 수집하는 데에도 도움이 된다.

무조건적인 긍정적 관심(unconditional positive regard)은 긍정적인 성격변화가 발생하기 위한 필요충분조건들 중 하나이다. Rogers는 무조건적 긍정적 관심을 내담자의 행동, 태도, 외모와 같은 외적인 요소들을 고려하지 않고 존엄성과 선천적

〈표 7-1〉 경청의 기술과 반응

비언어적 경청	언어적 경청
• 비언어적 의사소통은 연속적임 • 언어적 메시지와 일치해야 함 • 문화적 특성에 따른 비언어적 의사소통 유형에 민감해야 함 • 적절한 눈 마주침 사용 • 머리의 끄덕임 • 얼굴표정, 신체자세, 화자와 청자 사이의 거리	• 언어적 주의를 전달하는 보편적인 방법의 활용: "음……", "알겠어요.……", "계속하세요."와 같은 짧은 언어적 격려 사용 • 지나칠 경우 주의산만과 내담자의 표현을 방해할 수 있으므로 주의 • 추적하기(tracking): 언어적으로 따라 하기로 내담자와의 의사소통에서 표현되는 내용과 행동을 따라 함으로써 추적을 시작, 추적에 사용되는 반응유형은 진술이나 질문일 수도 있고 명료화, 바꾸어 말하기, 감정의 반영, 개방형 질문과 같은 다른 언어적 반응을 사용할 수 있음 • 목소리의 효과적인 사용: 음의 고저, 크기, 속도, 언어적 강조를 내담자와 상황에 맞게 적절히 사용

출처: 임성문 외 공역(2004: 73).

인 가치를 가진 인간으로 내담자를 간주하는 것으로 정의했다(임성문 외 공역, 2004: 73). 훌륭한 공감적 의사소통은 비언어적 경청기술과 언어적인 경청반응들을 통하여 달성될 수 있다.

진실성을 전달하기 위해서는 일치성, 개방성과 자기노출, 즉시성의 행동유형을 통해 전달될 수 있다. 일치성(congruence)은 상담자의 말, 행동, 감정이 모두 조화되거나 모순이 없는 것을 의미한다. '당신의 말과 신체 반응 사이에 모순이 존재함을 알게 되면 당신은 내담자와 전개되는 상담과정에 대해 정서적인 반응들을 명료화할 수 있다'는 것은 상담자의 말이나, 행동, 감정, 반응들에 대한 자각(awareness)이 중요하다는 것을 의미한다.

상담자의 사고나 아이디어, 감정들에 대한 자각은 반드시 개방성(openness)과 자기노출(self-disclosure)에 선행된다. 개방성은 Rogers가 투명성이라고 언급한 것으로 이것은 내담자로 하여금 자신의 의도, 동기, 문제들을 통해 자신을 보게 하는 자발성이다. 자기노출은 내담자에 대한 정보를 밝혀내기 위한 결정과 관련되기 때문에 보다 더 의도적이며 이것은 윤리적이고 전문적인 의미를 내포하고 있다(임성문 외 공역, 2004: 87). 내담자가 알려고 하는 정보를 모두 알려 줄 수는 없다. 그러나 어면 정보들은 관계를 발전시키기 위해 필요한 것일 수도 있다.

만약 내담자가 과도하게 개인정보를 요구할 경우 다음과 같은 방법이 도움이 될 수 있다.

- "당신은 오늘 자신에 대해 이야기하는 것을 불안해하는군요."(내담자의 불안한 감정에 대한 반영)
- "당신은 나에 관해 많은 질문을 하고 있군요."(과정에 대한 반영)
- "이 문제에 대한 대답을 잠시 보류하는 것이 좋지 않을까요?"(뒤바뀐 역할들에 대한 초점)

가장 효과적인 자기노출은 내담자 메시지의 내용 및 정서와 유사한 반응들이다. 이것은 상담자의 자기노출이 내담자의 선행하는 주제반응과 밀접하게 연결된다는 것을 의미한다.

즉시성(immediacy)은 개방성의 특수한 경우로서 상담회기 중에 발생하는 생각이나 감정을 공유하는 것을 의미한다. 즉시성은 암시적이거나 함축적인 감정들을 개방하도록 하고 조력관계의 관점들에 대한 피드백이나 토론을 제공한다. 이러한 유형의 공유들은 관계형성을 발전시킬 뿐만 아니라 매우 효과적인 치료적 개입의 유형이 될 수 있다.

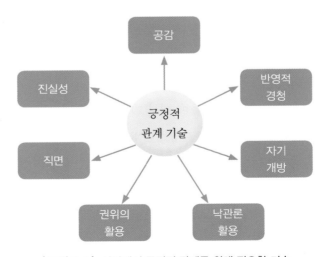

| 그림 7-1 | 상담에서 긍정적 관계를 위해 필요한 기술

무조건적인 긍정과 관심은 지지적인 비언어적 행동들과 언어적 반응들을 강화하는 행동들을 통해 내담자에게 전달될 수 있다. 그 예로는 음성톤의 부드러움, 미소짓거나 흥미로운 듯한 얼굴 표현, 이환된 자세, 눈마주침, 개방적인 제스처 등으로도 표현될 수 있다.

이러한 관계형성은 내담자를 위해 서로 믿고 안전한 분위기를 형성하도록 하며, 강렬한 정서를 전달하는 매개체나 수단을 제공한다. 또한 내담자로 하여금 건강한 대인관계를 경험하게 하고 내담자에게 자신감을 부여하고 변화과정을 지속시키는 중요한 동기적인 기능을 한다.

5. 유능한 상담자의 특성

상담의 효과에 관한 연구들은, 상담에 영향을 주는 중요한 요인이 무엇인지 명확하게 보여 주지는 못한다. 그만큼 상담자나 내담자와 관련된 다양한 요인이 영향을 준다는 것을 의미하기도 한다. 하지만 일관되게 성공적인 상담의 중요한 요인들 중 하나로서 강조되고 있는 것이 상담자의 특성이다. 유능한 상담자로서의 중요한 특성에는 다음과 같은 것들이 있다(임성문 외 공역, 2004).

1) 자기인식과 이해

상담자에게 자기인식과 이해가 중요한 이유는, 우선 자기인식과 이해는 사물을 보다 객관적으로 볼 수 있게 하고 자신의 어떤 측면을 이해하지 못해서 생기는 어려움을 피할 수 있게 한다. 그러한 예 중 하나가 투사이다. 자신의 욕구나 감정을 이해하지 못하는 상담자는 자신의 감정을 내담자에게 투사하기 쉽다. 예를 들면, '나는 오늘 내담자에게 화가 났다'가 아니라 '나는 오늘 매우 화가 난 내담자를 만났다'로 인식한다. 상담자의 투사는 역전이 현상의 예이다.

상담자의 자기인식과 이해는 상담자와 내담자 모두에게 편안함과 안전감을 준다. 상담자가 자기인식과 이해가 부족하면 내담자의 진술에 과잉반응하거나 개인적인 의미로 받아들여 방어적으로 대응하게 된다. 그리고 불확실성에 대한 내담자의 감정에 반응하는 대신에 자기 자신의 불안전함에 대한 감정에 반응하기 쉽고 이는 목소리나 그 밖의 비언어적인 행동을 통해 방어적으로 표현된다.

2) 심리적 건강

어느 누구도 완벽한 상담자가 될 수 없지만, 상담자가 심리적으로 온전하고 자신의 문제에 압도당하지 않는다면 내담자를 더 잘 도와줄 수 있다. 상담자들 중에는 자신의 정신건강이 취약해졌을 때 이를 인식하거나 인식한다 하더라도 계속해서 상담을 진행하는데 이 경우 자신의 문제 때문에 경험하는 불안을 감소시키기 위한 방어기제로 상담이 이용되고 있기 쉽다. 스스로를 위해 유능한 상담자의 도움을 받을 필요도 있다.

3) 자신과 타인에 대한 인종적·민족적·문화적 요인의 이해와 감수성

개인의 현실을 구성하는 데 다양한 유형의 문화를 강조하는 견해가 점점 증가하고 있다. 내담자의 문화적 세계를 이해하는 것뿐만 아니라 상담자 자신의 민족적·문화적 유산과 이러한 유산이 자신의 세계관을 어떻게 형성했는지를 인식하는 것 역시 상담자의 유능성에 영향을 미친다.

4) 개방성

개방성이란 상담자가 자신의 고정관념과 선입견에서 자유로운 것을 말한다. 그렇지 못할 때 내담자와의 의사소통과 상담결과에 심각한 영향을 미치게 된다. 개방성은 상담자의 밖에 존재하는 지식에 대한 이해와 분리, 평등에 대한 깨달음과 동시에 상담자 자신의 내면세계를 어느 정도 정확히 수용하여 거리낌 없이 이를 선선히 내어 놓으며, 때때로 상담자가 자각하고 있지 못할 때 자신의 내적 기준, 가치, 가정, 지각 및 개인적 신화가 어떻게 내담자에게 부지불식간에 투사될 수 있는지를 알고 있음을 포함한다.

개방성은 내담자의 감정이나 태도에 적응할 수 있도록 하며, 사회적으로 수용받

지 못하는 다양한 내담자와도 효과적으로 상호작용할 수 있게 해 주며, 정직한 의사
소통을 위해서도 필수요건이라 할 수 있다.

5) 객관성

객관성은 내담자와 함께하면서도 동시에 한발 물러서서, 내담자에게 무슨 일이
일어나고 있는지 그리고 관계에서 무슨 일이 일어나고 있는지를 정확하게 보는 능
력을 말한다. 상담자의 객관성은 내담자에게 문제를 보다 더 잘 이해하게 하거나 새
로운 시각에서 바라보도록 하는 데 필요한 부가적인 눈과 귀를 제공하며, 상담자가
내담자의 특정한 행동이나 역기능적인 의사소통 패턴에 말려드는 것을 막아 준다.
정서적으로 공감하면서 동시에 객관성을 유지하는 것은 상담에 필수적이다.

6) 유능성

모든 정신건강 전문직업의 윤리적 기준에는 유능성에 대한 높은 기준을 포함하
고 있다. 유능성이란 상담자가 상담에 필수적인 정보, 지식, 기술을 구비하고 있는
가를 말하며, 유능성의 여부는 상담자의 행동이 아니라 상담성과로 판명이 난다고
본다.

상담자의 유능성은 내담자에게 희망을 전하고 믿음을 갖게 하는 데 필수적이다.
유능한 상담자는 다양한 내담자와 다양한 문제를 다룰 수 있는 사람이라 할 수 있
다. 이들은 내담자에게 더 많은 도움을 줄 수 있고, 내담자로 하여금 빠르고 효과적
으로 상담작업에 들어설 수 있도록 한다.

7) 신뢰성

상담자의 신뢰성은 확실성, 책임감, 윤리적 기준, 예측가능성 같은 특성을 포함한
다. 신뢰성 있는 상담자는 내담자로 하여금 의사소통에 안심하게 하고, 내담자의 관
심사에 진심으로 열과 성을 다해 반응하고 '속마음을 꺼내 보였다'고 후회하게 만들
지 않는다. 상담자의 신뢰성은 상담에서 가장 본질적인 것으로, 내담자들에게 영향

력을 행사할 수 있는 근거가 될 뿐만 아니라 내담자로 하여금 자기를 개방하게 하여 아주 사적인 부분도 드러내도록 용기를 갖게하는 역할을 한다.

8) 대인매력

대체로 내담자는 상담자의 태도와 처신에 주목하고 그중에서도 호감 가는 정도 와 우호적 태도에 기초해서 상담자의 인간적인 매력을 평가한다. 상담자는 형식을 차리거나 다소 권위적이거나 서름서름하거나 초연한 것보다는 자연스럽고 따뜻하고 우호적으로 대하는 것이 도움이 된다. 매력적으로 느껴지는 상담자는 내담자에게 영향을 줄 수 있는 중요한 자원을 갖고 있는 것이어서, 상담자에 대한 더 큰 믿음을 갖게 하고 이를 통해서 상담과정에 참여하는 내담자에 대한 신뢰를 불러일으킬 수 있게 한다.

6. 상담의 실제

정신건강복지 현장에서 상담자는 다양한 문제를 가진 클라이언트와 만나게 된다. 그럴 때 상담자는 클라이언트가 가진 문제에 적합한 상담이론이나 기술을 필요로 하게 되며 상담장면에서 그것들을 잘 활용해야 한다. 여기서는 정신건강복지현장에서 빈번하게 만나게 되는 약물남용 문제와 우울증 문제를 가진 클라이언트를 상담할 때 고려해야 할 부분들에 대해 살펴보겠다.

1) 약물남용(중독) 문제를 가진 클라이언트와의 상담

약물 사용 이후에는 개인의 생활, 신뢰, 불안, 두려움, 자신감의 결여 등이 문제가 되면서 개인뿐만 아니라 가족과도 관련이 된다. 이러한 경우 상담은 개별적으로 진행될 수도 있고 집단상담으로 접근하는 것이 효과적인 경우도 있다.

내담자의 문제가 상담자 자신이 처한 문제와 유사한 경우 상담자는 무의식적으로 치료에 해로운 동일시 관계를 형성할 수 있으며 상담자가 진실을 직면하기 두려

〈표 7-2〉 개별상담과 집단상담의 선정기준

개별상담이 적합한 경우	집단상담이 적합한 경우
• 위기상황에 처하여 있고, 원인과 해결방법이 복잡하다고 판단되는 경우 • 내담자 자신과 관련 인물의 신상을 보호할 필요가 있는 경우 • 자아개념 또는 개인적인 내면세계와 관련된 심리검사 결과를 해석해 주는 경우 • 집단에서 공개적으로 발언하는 것에 대해 심한 공포가 있는 경우 • 집단에 수용될 수 없을 정도로 대인관계상의 행동과 태도가 원만하지 못한 경우 • 자기 자신에 대한 탐색과 통찰력이 낮은 경우 • 타인들로부터의 주목과 인정에 대한 욕구가 매우 큰 경우 • 폭력적 행동이나 비정상적인 성적 행동을 취할 가능성이 있는 경우	• 타인과의 유대감, 소속감 및 협동심의 향상이 필요한 경우 • 타인들에 대한 배려와 존중을 습득해야 할 것으로 판단되는 경우 • 사회적 기술의 습득이 필요한 경우 • 동료나 타인의 이해와 지지가 필요한 경우 • 자신의 관심사나 문제에 관해 타인의 반응과 조언이 필요한 경우 • 자기 문제에 관한 검토나 분석을 기피하거나 유보하는 경우 • 개인의 감정표현이나 자기주장의 표현이 부족할 경우

출처: 김성이(2002: 206).

우면 설교자, 교사 등의 역할 속으로 자신을 감추게 되기도 한다.

효과적인 치료를 위해서 상담자의 태도는 공감, 진실성, 존중감, 자기개방, 따뜻함 등의 감정적 지지를 해야 한다. 또한 사실과 신뢰, 세밀한 조사를 기반으로 즉시성, 구체성, 직면 등을 활용한다. 특히 부도덕하다는 사회적 낙인이 찍혀 있는 약물의존자일 경우 이것은 중요한 치료적 요소가 된다(김성이, 2002: 207).

약물의존자들은 오랫동안 자신의 진실된 감정을 숨겨 왔고 개방적인 인간관계를 가지지 못했으며, 자신의 감정으로부터 분리되어 살아왔고 부정과 투사를 방어수단으로 사용한다. 즉시성이란 '지금-여기'의 상황에서 내담자와 관계를 형성하는 기술이다. 긍정적인 감정뿐만 아니라 부정적인 감정도 나눔으로써 내담자가 현실감을 가질 수 있도록 돕는다. 구체성이란 상담자가 문제가 언제, 어디서, 어떻게 진행되었는지를 내담자가 분명하게 인식할 수 있도록 돕는 기술이다. 문제를 회피하고자 하는 내담자의 마음과 행동을 탐지하여 이끌어 낼 수 있어야 한다. 상담자가 구체화시키는 과정에서 내담자가 중요한 문제를 피해 가려고 할 경우 그 속에 내담자의 진정한 문제가 숨어 있을 수도 있다. 직면(confrontation)은 내담자가 사실을 부정하거나 거짓말을 할 때 진실과 마주하도록 하는 기술이다. 효과적인 직면은 내담자를 그의 경험과 직접 직면하게 함으로써 내담자가 성장할 수 있게 도와준다. 그러나 직면은 잠재적인 가혹함과 부정적인 측면 때문에 보다 많은 정서적 지지를 통해서 직면하는 것이 필요하다(김성이, 2002: 210).

개별상담 접근은 정신분석적 접근, 행동주의적 접근, 인지적 접근 등 다양한 상담이론에 근거한 접근방법을 활용한다. 그중에서 변화동기가 결여되어 있는 약물의존자들에게 활용되는 동기화면접(motivational interviewing)을 간단히 살펴보겠다. 동기화면접은 알코올 약물문제에 직접적으로 직면하도록 돕고 설득하는 치료적 접근방법이다. 이들은 부정, 투사, 합리화 등의 방어기제를 사용하며 변화동기가 결여되어 있다는 것을 전제로 하고 있다. 동기화면접에서는 클라이언트의 부정 자체에 직면하는 것은 피하며, 직면의 목적은 클라이언트로 하여금 자각과 자기고찰을 통해 자신을 인지적으로 재평가하도록 하는 것이다. 알코올 및 약물의존자들의 단기적인 동기화 개입으로 의존행동에 의미 있는 변화를 가져올 수 있었다는 연구결과들이 있고, 효과적인 개입의 공통요소로서 환류, 책임감, 조언, 대안, 공감, 자기효능감 등이 포함된다.

2) 우울증을 가진 클라이언트와의 상담

우울증을 가진 클라이언트의 경우 상담자의 적극적인 참여가 요구된다. 클라이언트가 스스로 모든 것을 해결하도록 하는 것은 충분치 못하다. 클라이언트는 더 많은 것을 원하며, 은연중에 또는 노골적으로 이를 상담자에게 전달한다.

상담자는 진지하고 관심 있는 모습으로 클라이언트의 기분을 반박하기보다는 그러한 기분을 지지해 주어야 한다. 상담자의 명랑한 말투나 우스갯소리 또는 너무 빠르거나 힘이 넘쳐나는 말속도, 심지어 미소조차도 자신의 침울함을 이해해 주지 못할 것이라는 느낌을 줄 수도 있다. 전체 상담 과정은 천천히 진행되어야 하며 클라이언트가 대답을 할 수 있도록 충분한 시간을 주어야 한다. 우울한 사람들은 대개 상담자의 침묵을 일종의 무관심이나 불만족 또는 좌절로서 경험하기도 한다.

우울증을 가진 클라이언트와의 상담에서 상담자가 주도해 줄 때 클라이언트는 더욱 편안함을 느끼며, '면담을 조직화'하고 '클라이언트의 참여에 대해 지속적인 지지와 승인을 해 주는 것'이 매우 중요하다. 면담 시 상담자는 내담자의 느려진 시간 감각을 수용해 주어야 한다. 클라이언트가 말을 잇지 못하거나 이야기의 실마리를 잃어버린 경우 면담자는 동정적인 태도로 지금까지의 이야기를 정리한 뒤 좀 더 느린 속도로 면담을 이어 가도록 한다. 클라이언트가 종종 자신의 감정을 표현할 때 감정의 표현을 허락해 주어야 하며, 감정을 표현하는 적절한 방법으로 취급해 주어야 한다.

생각해 볼 문제

- 상담에서 필요한 지식과 기술들을 고려하여 각자의 상담 경험들에 대해 토의해 봅시다.
- 상담자로서 각자의 역량과 특성에 대해 학우들과 토의해 봅시다.

 참고문헌

김성이(2002). **약물중독총론**. 서울: 양서원.

김종윤(2013). **상담과 복지서비스를 위한 상담심리학의 이론과 실제**. 서울: 동문사.

김춘경 · 이수연 · 최웅용 · 홍종관 공역(2004). **상담 및 심리치료의 이해**. Stephen Palmer 저. 서울: 학지사.

박성근 · 정인과(2002). **임상실제에서의 정신과적 면담**. 서울: 하나의학사.

이준석(2012). **프로이트, 구스타프말러를 만나다**. 서울: 이담(한국학술정보(주)).

임성문 · 이주성 · 최국한 · 김윤주 · 이누미야 요사유키 · 안형근 · 육성필 공역(2004). **심리상담의 과정과 기법-효과적인 상담자가 되기 위한 안내서**. Harold, L., Hackney, L., & Sherilyn, C. 저. 서울: 시그마프레스.

하정미 역(2004). **사회복지상담의 첫걸음-문제사정을 위한 핸드북**. Susan Lukas 저. 서울: 학지사.

Cooper, M. G., & Lesser, J. G. (2002). *Clinical social work practice*. Boston: Allyn and Bacon.

다음백과(https://100.daum.net/encyclopedia)

정신사회재활

 학습 목표

- 정신사회재활의 개념을 이해한다.
- 정신사회재활의 구성요소를 설명할 수 있다.

정신사회재활은 정신장애로 인해 기능적 장애를 가진 사람이 스스로 선택한 환경 내에서 최소한의 전문적 개입을 받으며, 성공적이고 만족스럽게 살 수 있도록 기능을 증진시키는 것이다. 만성정신질환자가 지역사회 내에서 독립된 구성원으로서의 삶을 유지하는 것이 무엇보다 중요하기 때문이다. 이 장에서는 정신사회재활의 개념과 의의를 살펴보고, 정신사회재활을 구성하는 주요 요인을 제시하고자 하였다.

1. 정신사회재활

1) 정신사회재활의 의의

1995년「정신보건법」의 제정으로 정신사회재활에 관한 관심이 더 높아지고, 사회복귀시설의 설립으로 그런 추세는 더욱 확산되고 있으나, 여전히 만성정신질환을 앓고 있는 사람들에게 현재 우리나라의 정신의료체계는 미흡한 수준이라고 할 수 있다.

정신사회재활의 목적은 전문집단의 도움을 최소한으로 적게 받으면서 정신적 장애를 지닌 환자가 지역사회 내에서 살아가고, 배우고, 일하는 데 필요한 신체적 · 정서적 · 사회적 · 지능적 기술을 수행할 수 있도록 보장하는 데 있다. 그리고 그런 목적을 달성하기 위하여 정신사회재활은 정신질환자들이 효율적으로 기능하는 데 필요한 기술을 습득하거나 개발하도록 돕고, 현재의 기능 수준을 지지하고 강화하며 지속적 무능력(disability)과 사회적 불리(social handicap)를 보충하도록 환자에게 필요한 지역사회와 환경 내의 자원을 개발하고 변형시킨다(이충순 · 한은선 · 황태연, 1996: 18). 즉, 정신사회재활은 정신장애로 인해 오랫동안 기능적 장애를 가진 사람이 스스로 선택한 환경 내에서 최소한의 전문적 개입을 받으며 성공적이고 만족스럽게 살 수 있도록 기능을 증진시키는 것이라고 할 수 있다(Anthony, Cohen, Farkas, & Gagne, 2002).

2) 정신사회재활의 대상

정신사회재활의 대상은 일반적으로 만성정신질환을 가지고 있는 사람으로 규정된다. 정신질환에 대한 통계적 진단분류에 따르면 조현병, 기질성 정신병 혹은 주요 정동장애를 앓고 있는 환자는 최소한 6개월 이상 지속적으로 장애를 보이며 이런 환자에서의 반복되는 재발은 하나의 예외라기보다 법칙이기 때문에 만성화가 일반적 양상이라고 규정지을 수 있다. 이럴 때의 만성화란 급성증상이 호전되거나 비교적 없는 경우에도 완전히 회복되기보다는 재발할 때까지 잔존증상과 음성증상을 보이는 것이다.

만성정신질환을 정의하는 또 다른 방법은 세 가지의 영역을 이용하여 정의하는 것이다. 세 가지 영역이란 심한 정신질환을 앓고 있는 사람(진단적 평가), 사회적 장애가 있는 사람(사회적·직업적 기능 수준으로 평가), 그리고 증상과 장애를 만성적으로 보이는 사람(증상과 장애의 지속 및 입원기간으로 평가)이다.

Goldman(1981: 22)의 정의에 따르면 "만성정신질환자란 어떤 정신질환이나 정서적 질환(기질성 뇌질환, 조현병, 재발이 잦은 정동장애, 망상정신병, 기타 정신병)을 앓고 있으면서 동시에 만성적 경과 때문에 일상생활의 주요 영역, 즉 개인위생, 자기관리, 목표지향, 대인관계, 학습 및 오락 중 세 가지 영역 이상에서 기능장애를 보이고 또 경제적으로 자립하지 못하는 사람이다.

조현병 및 다른 심한 정신장애를 앓고 있는 사람은 아주 다양한 불리(handicap)를 오랜 기간 보인다. 약물치료로 양성증상이 조절된 후에도 사회적·직업적 장애를 보인다. 또 많은 환자는 주기적으로 재발하며 정도의 차이는 있지만 평생 동안 정신보건서비스나 사회서비스에 의존하게 된다. 이런 이유 때문에 모든 조현병 환자는 만성정신질환자의 범주에 속하며 그 외에 재발이 낮은 정동장애, 기질성 뇌 정신장애, 심한 불안장애 및 강박성 장애, 그리고 인격장애의 일부가 만성정신질환자의 범주에 포함되면서 정신사회재활의 대상이 된다.

정신사회재활의 대상으로서의 만성정신질환자의 특성을 Test와 Stein은 다음과 같이 제시하고 있다(이충순 외, 1996: 10-11).

① 작은 스트레스에 부딪혀도 심한 정신병리를 보인다.
② 사회보장급여 또는 생활비를 마련하거나 교통수단을 이용하는 방법, 식사를 준비하는 방법, 세탁하는 방법 등 생존에 필요한 기술이 결여되어 있다.
③ 자신을 무력하다고 여기기 때문에 정부 또는 시설로부터 많은 지원을 요구하며, 지원이 중단되면 심한 정신병리현상을 보인다.
④ 보호와 지도를 받으면서 기술을 익힐 때에는 작업에 어느 정도 적응할 수 있으나 혼자만이 작업을 부여받거나 경쟁관계 속에서 작업을 해야 할 때에는 매우 많은 스트레스를 받게 되고 결국 직업을 유지하기가 어렵다.
⑤ 대부분은 타인과 긴밀한 관계를 유지하는 데 어려움을 느끼고 있다.

3) 정신장애에서의 재활모델

의학, 정신과적 질환을 가진 사람의 재활치료는 질병의 성질과 결과를 이해하기 위하여 〈표 8-1〉에서 보는 바와 같이 병리(pathology), 손상(impairment), 무능력(disability), 불리(handicap)의 네 단계로 구분하여 적용한다.

병리현상은 중추신경계의 생물학적 비정상상태를 말하는 것으로 정신과 분야에서는 여러 가지 최신 연구들이 진행 중에 있으며 가까운 미래에 정신질환의 근본적 진행과정을 구체적으로 평가할 수 있는 도구나 방법이 개발될 전망이다.

신체재활에서 손상이란 시력이나 청력상실, 사지운동 감소, 근력상실 등을 의미하지만, 정신과에서 손상이란 사고장애나 지리멸렬, 망상, 환각, 불안, 우울, 집중력이나 기억력 상실, 주의산만, 무감동, 무쾌감증과 같은 증상을 의미한다. 정신과적 증상과 인지・정서적 결손 모두 병의 경과 및 치료결과 그리고 신경계의 병리적 진행과 상호연관성을 가진다(김철권・변원탄 공역, 1995: 36-37). 손상은 사회적 역할수행의 저하를 가져와 무능력을 초래한다. 그러나 모든 손상이 항상 무능력상태에 도달하는 것은 아니며, 항상 정도가 일치하는 것도 아니다. 또한 서로 다른 질병도 비슷한 양상의 무능력으로 결과지을 수 있다.

〈표 8-1〉 만성정신질환에 대한 재활모델 단계

단계	병리	손상	무능력	불리
정의	원인요소에 의한 중추신경계 이상이나 병인	생물학적・심리학적・해부학적 구조나 기능에 이상이 있거나 상실된 것(병리 때문에 초래된 결과)	정상적으로 생활하는 능력이 위축되거나 결여된 것(장애 때문에 초래된 결과)	개인이 정상적(나이, 성별, 사회적・문화적 요소에 따라) 역할을 충분히 하지 못하도록 제한하거나 막는 등의 불이익을 받는 것(손상이나 장애 때문에 초래된 결과)
사례	정신병적 증상을 일으킬 수 있는 뇌종양이나 감염	조현병의 양성증상과 음성증상	사회기술의 결손	실직, 무주택
개입	실험실 검사와 방사선 검사	진단, 약물치료, 입원치료	기능적 평가, 기술훈련, 사회적 지지	정부 차원의 직업재활정책, 지역사회 지지 프로그램

무능력이란 불능 혹은 장애라는 말로 번역되기도 하지만 한 개인이 사회환경 내에서 기대되는 역할이나 업무를 수행하는 데 제한을 받거나 전혀 역할수행을 하지 못하게 되는 상태를 말한다. 무능력은 자기관리를 못하거나 사회적 위축과 격리를 보이거나 가족으로서의 책임을 못하거나 직업능력의 저하 등으로 나타난다.

재활모델에서 넷째 요소인 불리는 사회적 차원, 즉 타인과의 관계에서 환자가 경험하는 불이익으로서 편견, 차별 등에 의해서 생기거나 사회가 이들에 대한 배려를 하지 않을 때 나타난다. 고용주가 이전에 정신질환을 앓았던 적이 있는 사람을 직원으로 채용하기를 꺼리는 것이 그 좋은 예가 될 것이다.

재활의 시작은 손상장애 단계의 급성적 결함 혹은 병리상태에서 일단은 안정되고 난 이후에 이루어진다고 할 수 있다. 치료는 손상의 최소화에 그 목적을 두는 반면에 재활은 무능력을 개선시키며, 불리를 보상하는 데 중점을 두고 있다. 재활을 위한 개입방법은 크게 불능을 위한 임상적 재활과 불리를 위한 사회적 재활로 나뉜다. 임상적 재활은 또한 장애인의 기술(사회, 생활, 직업기술) 개발과 주변의 환경을 변화시키는 지지적 개입의 두 가지 방법으로 나눌 수 있다. 불리단계의 개입은 넓은 의미의 체계 변화에 중점을 둔다. 즉, 법의 제정, 정책적·사회적·경제적 차원에서의 사회적 재활을 수행한다.

4) 스트레스–취약성–극복능력 이론

똑같은 조현병으로 진단을 받더라도 그 발병양상이나 진행과정과 치료결과가 환자마다 다르고 동일한 환자에서도 시점에 따라 다르게 나타나는 이러한 다양성은 어떤 식으로 설명할 수 있을까? 이와 같은 이질성은 여러 요인으로 설명된다.

주요 정신질환에 대한 스트레스–취약성–극복능력 이론은 생물학적·환경적·행동적 요인 사이의 복합적 상호작용을 통해 증상의 발병, 경과, 치료결과, 사회적 기능 정도를 설명하며 이것은 재활의 개념과도 일치한다.

손상, 무능력, 불리를 초래하는 취약성 및 스트레스원의 충격을 완화시킬 수 있는 보호인자는 그 개인의 극복기술과 능력이며 가족지지의 전문적 치료, 사회적 지지, 임시고용 등 포괄적 재활 프로그램이 강력한 보호인자가 된다. 따라서 이 모델에서는 개인이나 가족의 대응기술 개발과 대인관계와 직업능력의 향상을 도모하는 특별한 심리사회적 면담의 역할이 중요하다.

정신사회적 보호인자는 스트레스로 인한 충격을 완화시켜 정신병의 재발가능성을 감소시킨다. 병에 대한 생물학적 취약성이 크고 동시에 약물, 극복기술, 사회적 지지와 같은 보호인자가 없을 때에는 뚜렷한 스트레스원이 아닌 살아가면서 겪게 되는 사소한 도전, 긴장, 갈등에 의해서도 병이 발생한다. 이 모델에 따르면 조현병은, 첫째, 적절한 약물치료를 받지 않으면서 본래부터 지니고 있는 정신생물학적 취약성이 촉발될 때, 둘째, 스트레스를 주는 인생사건이 개인의 극복기술과 능력을 압도할 때, 셋째, 개인의 사회적 지지체계가 약화되었거나 감소하였을 때, 넷째, 기술을 오랫동안 사용하지 않았거나 병적 역할을 강화하였거나 혹은 동기상실 때문에 개인의 극복기술이나 문제해결기술이 위축되었을 때 증상의 악화가 나타난다고 한다.

5) 정신사회재활의 단계

(1) 다차원적 치료

정신사회재활은 다차원적 치료를 지향한다. 첫째는 질병의 단계로서 증상의 성격과 심각도를 말한다. 의학, 정신과적 진단과 행동적 평가는 효율적 약물치료와 정신사회치료 그리고 재활 프로그램을 실행하는 데 필수요소이다. 둘째는 치료와 재활의 기법으로 약물치료, 인지치료, 사회기술훈련, 직업재활치료 등이다. 셋째는 잔존하는 불리를 최소화시키려는 지지적 프로그램으로서 가족지지, 사례관리, 심리사회적 모임 등이 있다. 이러한 세 가지 차원을 종합하여 각 개개인에게 맞는 프로그램을 개발하여야 하며, 가능한 한 환자 스스로가 자신의 목표를 세우도록 허용되어야 한다.

(2) 손상의 감소

정신과 환자에게 재활치료를 하기 위해서는 먼저 환자의 사회, 직업적 수행을 방해하는 증상 및 인지기능에서의 손상을 감소시키고 제거해야 한다. 이것은 약물치료에 의해 어느 정도 가능하다. 그러나 약물을 정기적으로 복용하더라도 증상이 사라지기보다는 감소되기만 하는 경우가 많고, 재발을 예방하기보다는 늦추는 역할만 하는 경우가 많다. 또 약물은 기술훈련활동을 방해하는 불유쾌한 부작용을 야기하기도 한다.

(3) 기술훈련을 통한 무능력의 교정

단기입원과 항정신병 약물치료를 통해 증상을 최대한 호전시킨 후에 재활전문가는 환자의 사회, 가족, 직업적 기능장애를 교정하기 위해 기술훈련을 시행한다. 이러한 기술훈련은 아무리 약을 먹고 입원치료를 해도 많은 환자가 지속적 무능력으로 고통받고 있기 때문에 필요하다.

약물치료는 환각, 망상, 사고장애와 같은 양성증상에는 아주 효과적이지만 사회적 철수, 무감동, 무의욕, 무쾌감증과 같은 음성증상에는 효과가 적다. 따라서 사회기술이나 극복기술을 통해 그런 장애가 지속되는 것을 최대한 막아야 한다. 기술훈련은 정신질환의 급성상태나 악화상태가 안정된 즉시 시작할 수 있다.

(4) 환경적 지지를 통한 무능력의 교정

지속적 결손과 난치성 증상 때문에 기술훈련을 시행하여도 무능력 상태가 완전히 극복되지 않는 경우가 있다. 이처럼 사회기술훈련을 통해서 사회적 · 직업적 기능회복이 어려운 환자의 경우에는 불리를 극복할 수 있는 지지적 환경의 조성으로 그 한계를 극복해야 한다.

환경적 개입은 환자에게 지지적인 사람들이나 지지적 구조, 또는 이 양자를 모두 마련해 주려는 시도이다. 이 방법이 기술개발과 다른 점은 환자의 행동을 직접 변화시키려고 시도하기보다 오히려 현재의 생활환경을 환자에게 도움이 되도록 조성한다는 것이다. 직업재활 프로그램에서 최근에 각광받고 있는 지지적 고용(supported employment)은 영구적인 경쟁적 고용을 유지하는 가운데, 통합적 구조 내에서 이따금씩 직업현장에서 개인이 필요로 하는 모든 지지를 강력하게 제공하는 것이다. 지속적으로 환경적 지지가 필요한 또 다른 분야는 주거환경이다. 환자는 치료가 진행될수록 점점 독립적 주거환경으로 이동하는 것이 필요하다.

(5) 사회적 불리의 극복

환자에게 기술훈련을 시키고 지지적 환경을 조성하는 것이 임상재활치료의 전략이지만 그 외에도 정신질환자는 사회재활을 통하여 자신의 불리를 극복할 수 있다. 사회적 재활이란 많은 정신장애인이 자신의 불리를 극복할 수 있도록 체계를 변화시키는 것이다. 사회체계를 변화시키는 예로는 사회복지 프로그램, 장애인고용촉진법, 장애인고용 세금감면 등이 있다. 불리를 극복하는 데 장애가 되는 것은 개개인의 손상이나 무능력보다는 사회와 경제체계의 차별대우라 할 수 있다.

6) 정신사회재활 전략

정신사회재활은 사회적 기능을 상실하는 급성기 및 재발기가 안정된 직후부터 시작한다. 일반적으로 정신사회재활에는 사용 가능한 모든 방법을 복합적으로 사용하여 최대한의 효과를 얻어야 한다. 직업재활치료의 결과는 직업재활치료팀과 정신보건치료팀 사이의 통합적 노력에 달려 있다.

재활전문가는 재활목표를 증상의 호전을 장기간 지속시키고, 대인관계 및 독립생활기술을 환자가 배우게 하고, 보다 만족스러운 삶의 질을 성취하는 것으로 설정해야 한다. 재활목표는 환자가 자신의 삶에 대한 책임을 갖도록 도와주고, 사회 내에서 가능한 한 적극적, 독립적으로 기능하도록 도와 환자의 삶의 질을 향상시키는 것이다. 그러므로 환자 스스로 어떤 활동을 선택하고 그 학습과정에 적극적으로 참여하도록 유도해야 한다.

재활목표를 설정할 때 지속적 증상과 손상으로 인한 장애를 인정하고 그 바탕 위에서 성취할 수 있는 새로운 목표설정에 초점을 맞추어야 한다. 예를 들면, 증상과 약물을 관리하는 기술부터 사회기술이나 직업기술의 결손 때문에 직장을 구하지 못하는 환자의 경에는 직장을 대체할 수 있는 의미 있는 활동이나 사회적 접촉 혹은 일상적 활동계획을 세우는 것이 중요한 목표가 된다. 또한 전문가들은 환자가 살아가는 환경 내에 자연적으로 존재하는 돌보는 사람들(care giver), 예를 들면 친구, 친척, 하숙집 주인 등을 무시하지 않는 것이 필요하다.

2. 정신사회재활의 구성요소

1) 사회기술훈련

사회기술훈련이란 클라이언트의 대인관계적 역기능을 알아내고, 특정한 사회기술의 결함을 식별하며, 그 역기능이 일어나는 상황을 조사하여 사회기술 결함의 구체적 특징을 찾아내고자 한다. 그리고 이 결함을 보충하기 위해서 고도로 구조화된 교육절차를 적용하며, 행동의 작은 단위에 초점을 두고 연습을 확대시켜서 목표하는 행동에 접근하도록 개입한다(Anthony, Cohen, & Farkas, 1991). 사회기술훈련의 최종 목적은 건설적으로 사회에 적응할 수 있는 행동의 변화를 가져오게 하는 것으로 자세한 내용은 뒤에서 다시 제시할 것이다.

2) 환자교육

환자교육은 환자가 자신의 병을 극복해 나가는 데 필요한 내용을 교육시키는 것으로 여기에는 증상관리와 약물관리가 있다. 환자교육은, 첫째, 환자의 자존심을 높여 희망을 갖게 하고, 둘째, 환자가 스스로 돌볼 수 있는 실제적 방법을 제시하고, 셋째, 환자가 치료진과 효과적으로 의사소통을 할 수 있도록 돕고, 넷째, 치료에 더욱더 적극적인 태도를 갖게 한다.

(1) 증상관리교육

증상관리교육은 만성정신질환자로 하여금 자신의 증상이 어떻게 하면 일상생활에 최소한의 영향을 끼칠 수 있는지를 교육시켜서 자신의 증상을 관리하여 재발과 재입원을 막도록 돕는 교육 프로그램이다. 즉, 증상관리교육의 목표는 환자 자신이 증상에 대하여 숙련된 관찰자가 되도록 하여 치료과정에 영향력 있는 참여자가 되도록 돕는 것이다. 증상관리교육에서는 주로 조현병의 증상과 징후, 조현병의 원인, 조현병의 발병과 경과, 지속증상 대처방법, 조현병의 재발증상, 커피 등 약물의 영향 등 조현병 전반에 관한 내용들이 다루어진다.

(2) 약물관리교육

약물관리교육은 환자가 정신과 약물에 대한 올바른 지식을 갖게 되고 적절한 투약방법을 이해함으로써 스스로 약을 잘 복용하고 또한 약의 부작용을 스스로 관리하여 증상의 안정된 상태를 유지시키고 재발을 예방하는 데 그 목적이 있다. 약물관리교육에서 다루는 내용으로는 약물교육에 대한 오리엔테이션, 약물 복용의 이유, 정신과 약물의 종류와 특성, 항정신병 약물의 효과와 올바른 복용법, 항정신병 약물의 부작용과 해결법, 약물을 먹지 않게 되는 이유, 약물과 관련된 문제 발생 시 해결방법(사회기술훈련) 등이 있다.

3) 가족교육

조현병에 대해 환자에게뿐만 아니라 가족에게도 환자가 앓고 있는 질병에 대해 교육을 실시하는 것이 환자의 회복을 돕는 데 가장 필요한 요소라는 것이 많은 연구에 의해 강조되고 있다. 특히 실시방법에 따라 두 가지 방식으로 교육이 행해지고 있다.

첫째는 조현병의 원인, 진단, 경과, 예후, 입·퇴원, 이상한 행동과 난폭한 행동에 대한 대처방법, 약복용을 거부할 때, 그리고 음성증상을 보일 때 등에 대해 체계적으로 교육을 실시하는 것이다. 이때 가족교육의 목표는 질병, 필요한 치료자원, 지지적 서비스에 대한 이해 증진과 정보를 제공하고, 질병에 대해 환자와 가족의 알 권리와 능력을 인식시키는 것이다. 또한 환자와 가족 및 정신보건전문요원 사이의 생산적 동맹관계를 창출하고, 치료환경과 가정에서 고도로 조직되고 예측 가능한 환경을 조성하는 것이다(Anderson, 1977: 99-116).

둘째는 가족 내의 긴장, 스트레스, 비정상적 의사소통과 환자의 재발과 재입원과 밀접한 연관성이 있다는 것에 바탕을 둔 행동적 가족치료이다. 이것은 환자와 가족에게 의사소통기술과 효율적 문제해결기술을 가르침으로써 극복기술을 향상시키는 것이다.

4) 직업재활

일은 인간에 의해 행해지는 도구적 행동으로 그 목적은 자신을 보존하고 유지하는 것이며 환경의 어떤 요소에 계획된 변화를 일으키는 것이다. 인간은 직업을 통하여 소득을 얻을 뿐만 아니라 자기를 실현할 수 있기 때문에 직업은 인간행동에서 중요한 역할을 담당한다. 직업은 사회생활, 수입 및 지출, 삶의 질, 자녀양육 등 모든 면에 결정적 영향을 미친다. 특히 만성정신장애를 지니고 있는 환자에게 직업은 단순히 환자의 직업적 능력뿐만 아니라 전반적 극복기술과 능력을 평가하는 척도가 된다.

Margules와 Anthony 등은 연구를 통하여 정신질환으로 인하여 능력의 장애가 있는 사람들도 유용한 기술을 배울 수 있다고 결론지었다. 따라서 정신질환자들이 사회에서 생존하며 대처해 나가기 위해서는 일상생활기술, 사회기술, 직업기술 등의 훈련이 매우 중요하다. 정신질환을 앓은 환자가 직업을 가질 수 있다고 기대되는 경우는 이전에 스트레스와 취약성을 극복하여 가족이나 동료들과 잘 지내고 또 학교나 직장생활을 잘하였던 적이 있을 때이다.

Weeghel과 Zeelen은 재활에서 직업적 목표를 추구할 경우에 생기는 이점을 다음과 같이 제시하고 있다(이충순 외, 1996: 30). 첫째, 정신장애인이 물품과 서비스를 제공받는 데 있어 자율성을 갖게 해 주는 수입이 생기게 된다. 둘째, 환자의 치료에 필수요건인 시간과 공간의 구조를 제공한다. 셋째, 정신장애인이 사회적 접촉을 늘릴 수 있는 기회를 마련해 준다. 넷째, 사회적 역할을 부여한다. 다섯째, 일은 환자의 적극적 참여를 유도한다.

직업재활은 7단계의 연속적 과정으로 이루어진다. 첫째, 직업기술의 평가이다. 과거의 직업력이 직업재활의 성패를 가름하므로 효과적 직업복구를 위해서는 직업기술의 평가가 필수적이다. 여기서는 기술적 능력과 작업적용능력을 평가하여야 한다. 평가방법으로는 과거의 직업력을 청취하는 것, 표준화된 작업사정도구를 활용하는 법, 실제 작업장에서 관찰하는 법 등이 있다.

둘째, 직장에 적응하는 것이다. 직장에 잘 적응하기 위해서는 다른 사람들과 어울려 일을 할 수 있는 능력과 직업 때문에 생기는 일상의 스트레스를 다루는 능력이 필요하다. 이런 능력에는 출석과 시간엄수, 개인위생과 복장, 휴식시간의 활용, 직무에 관련된 칭찬과 비판의 수용능력, 지시순응도, 동료를 돕는 것, 업무의 우선순위 결정, 동료에게 도움을 요청하는 것, 작업장의 일반적 규칙 준수, 대화에 반응하기, 동료와 말 걸기, 특별한 요청하기, 감독자, 고객 및 상급자들과의 상호작용 능력 등이 포함된다.

셋째, 직업기술훈련이다. 직업기술훈련의 형태는 환자의 경력, 흥미, 기존의 기술, 환자가 이용 가능한 기술훈련 프로그램, 할 수 있는 일의 형태, 시간, 자원 등에 따라서 다양해질 수 있다. 만성정신질환자를 위한 가장 효과적인 교육방법은 궁극적 목표 도달을 위해 점차 높아지는 목표를 설정하여 훈련하고 재강화의 사용을 자유롭게 하는 단계별 교육방법이다.

넷째, 보호환경에서의 취업이다. 정상고용에 준비가 되어 있지 않은 개인에게는 보호환경에서의 취업이 중요한 경험을 제공한다. 일로부터의 압력 감소, 작업일수 감소, 작업의 단순화, 구조화되고 긍정적인 작업환경 등을 통해 환자의 적응능력을 높일 수 있다. 손상의 정도가 심한 환자의 경우에는 이런 작업장에서 장기적으로 생산적인 일을 할 수 있으며, 손상이 덜한 환자들은 이 과정에서 정상적 고용에 필요한 작업적용기술을 개발하고 또한 배운 기술을 이용하여 연습할 수 있는 기회를 갖게 된다.

다섯째, 임시고용이다. 이것은 정신건강전문요원이나 재활치료자에 의해 감독, 관리되는 기업 내의 작업장에서의 실제적 작업으로 보호환경에서의 취업보다는 진보된 형태이나 독립적 정식고용의 준비가 되어 있지 않은 사람에게 적당한 취업형태이다. 즉, 사업주와 계약하여 일을 1인 또는 그 이상의 환자에게 배당하여 재활치료자의 감독하에 정상인의 수준으로 책임을 부여하여 일하게 하고 그에 해당하는 정상임금을 받게 하는 것이다.

여섯째, 직장을 구하는 것이다. 많은 경우에 정식고용의 준비가 된 환자라도 성공적 직장복귀를 위해서는 직장을 구하는 과정을 거치게 된다. 여기에는 상담자 의뢰 체계와 직장클럽 프로그램 두 가지 방식이 있다. 전자는 상담자와 환자가 1:1의 서비스 관계를 맺어 상담자가 환자에게 맞는 직장을 찾아 주거나 직업훈련과정의 선택을 도와준다. 후자는 재활치료자의 도움 아래 환자 스스로 책임감을 가지고 직장을 구하는 접근방법이다.

마지막으로, 직업을 유지하는 것이다. 직장을 구했다는 것이 직장을 계속 유지한다는 것은 아니며 직장을 잘 보존하기 위해서는 또 다른 많은 어려움이 있다. 여기에는 거주지 문제, 금전관리 문제, 새로운 사람과의 교제 문제, 일상생활과 직장생활과의 조화 문제 등이 포함된다. 각각의 문제들은 증상을 악화시키거나 안정성을 저해할 수 있으며 장기적인 직장생활을 위협할 수 있는 스트레스 요인이다.

5) 지역사회 지지서비스

많은 정신질환자는 불충분한 치료, 사회적 기능의 저하 및 사회적 지지망의 결여로 인하여 사회생활에서 여러 가지 어려움을 겪는다. 따라서 탈시설화 이후 환자가 사회에서 잘 생활하기 위해서는 무엇보다 사회적 지지체계가 필요하게 되었다. 이런 요구에 부응하여 나타나게 된 지역사회 지지서비스에는 서비스를 필요로 하는 클라이언트를 파악하고, 클라이언트가 필요로 하는 것을 최대한 충족시킬 수 있도록 여러 관련기관이 서로 협력하고 옹호하여 효율적인 위기개입, 종합적인 심리사회적 재활서비스, 사례관리, 주거지원 제공, 환자와 가족의 자조모임 결성과 재활 참여, 그리고 적극적인 원조체계 이용 촉구 등이 포함된다.

6) 다양한 주거프로그램

(1) 중간거주시설
일주일 동안 항상 직원이 관리 감독하며, 환자에게 방을 제공하고 매일의 일상생활을 도와준다. 환자는 병원에서 퇴원한 후에 이곳에서 보통 6~8개월 정도 머문 후에 사회로 나가게 되는 일종의 과도기적 주거기관이다.

(2) 장기 집단거주 집
이곳은 사회적 기능이 아주 떨어진 심한 만성정신질환자들이 장기간 혹은 무한정 거주할 수 있고 치료진이 상주한다.

(3) 관리감독하의 아파트
상주 치료진은 없지만 치료진들이 규칙적으로 이곳을 방문하여 거주하는 환자를 지도하는 곳이다.

(4) 위기 시에 이용하는 집

입원을 막거나 혹은 입원기간을 단축시키는 데 도움을 주기 위하여 이용되는 장소이다.

(5) 요양원

보통은 노인환자나 만성신체질환을 가진 만성환자들이 주로 이용하지만 만성정신질환을 가진 환자도 이용한다.

7) 사례관리

1980년대 이후 미국과 유럽 여러 나라에서 사회적 지지망이나 사례관리라고 하는 전문용어들이 널리 사용되면서 사례관리는 다양한 형태로 정의되고 있지만, 사례관리가 무엇인가에 대하여는 사회복지사 가운데서도 의견의 일치가 이루어지지 않고 있다. 어떤 사람은 사례관리란 정신치료자의 임상적 기술과 지역사회조직가의 옹호(advocacy)의 기술, 이 두 가지가 함께 요구되는 실천의 한 분야라고 하는 한편, 또 다른 사람들은 사례관리란 사회복지학사학위를 가진 사람 혹은 사무직원에게 적합한 준전문직 활동이라고 한다. 그러나 사례관리란 단지 옛날 형태의 사회사업에 새로운 형태의 옷을 입힌 것이라는 데 공통된 견해를 가지고 있다(Moore, 1990: 444-445). 사례관리는 정신장애인, 노인, 아동 등의 적용대상에 따라서도 역시 다양한 정의가 제시되고 있는데, 정신건강 분야에서의 사례관리에 관한 논의는 사례관리자와 클라이언트와의 관계 그리고 사례관리의 과정, 이 양자가 지니는 치료적 본질을 강조한다. 정신장애인에 대한 사례관리에 대해서는 다음 장에서 보다 자세하게 다루도록 하겠다.

8) 낮병원

낮병원은 입원이 필요한 정신과 환자의 통상적인 입원에 대한 대체형태로서뿐만

아니라 입원치료의 기간을 단축시키고 환자를 지역사회에 조기에 복귀시키기 위해
외래치료로의 이행과정을 담당하는 중간단계로서 그리고 입원한 환자 중 집중적인
사회적 접촉이나 심리적 지지가 없으면 퇴행 또는 재발의 위험이 있는 환자의 외래
치료에 대한 대체형태로서 그 치료적 유용성을 가지고 있다. 즉, 환자가 밤에는 집
에서 지내고 낮 동안에는 병원을 방문하여 프로그램에 참가하고 집으로 돌아가는
재활 프로그램이다.

3. 사회기술훈련

1) 사회기술의 개념과 필요성

사회기술훈련이란 의사소통을 통해 대인관계 효율성을 향상시키는 훈련이다. 사
회기술훈련은 급·만성정신질환을 앓고 있는 모든 환자에게 시행될 수 있으며 또
교육 및 사회기술이 거의 없는 사람부터 정서적 표현방법이나 사회기술을 배우고
자 하는 사람까지 누구나 이용할 수 있는 효과적 치료방법으로 그중에서도 가장 기
본적인 요소는 의사소통기술훈련이다.

대인관계에서의 의사소통과정을 구성하는 것으로 상대방의 정보를 정확히 인지
하고(받아들이는 기술), 가장 필요한 기술이 무엇인지 판단한 후에는(진행하는 기술),
대인관계를 성공적으로 완수하기 위하여 자신이 선택한 기술을 능숙하게 보내야
한다(보내는 기술). 또한 의사소통은 비언어적 기술과 준언어적 기술을 어떻게 사용
하느냐에 따라 그 효과가 달라진다.

정신과 환자는 여러 가지 이유로 인하여 사회생활에 필수불가결한 요소인 사회
기술이 부족한데, 그 이유는 다음과 같다.

- 불충분한 학습(배울 기회 및 역할모델의 결여)
- 기술을 사용하지 않아 퇴행(빈번한 입원, 사회적 접촉 결여)
- 강화의 결여
- 자신감의 결여

- 정신과적 증상(환각, 망상)
- 뇌기능의 장애에서 오는 인지상의 왜곡된 지각
- 스트레스에 대한 취약성
- 부적절한 행동의 강화
- 약물 부작용

2) 사회기술훈련의 발달역사

Salter는 신경증 환자가 자기표현을 보다 효과적으로 하는 기술을 배울 경우 불안, 우울 및 다른 불쾌한 감정을 극복할 수 있다고 주장하면서 조건반사치료 (conditioned reflex therapy)를 제창하였다. Wolpe는 만약 정신과 환자들이 적극적 으로 자신의 반응을 표현하는 방법을 배울 경우 그들의 사회적 공포를 극복할 수 있 다고 하였는데, 왜냐하면 불안한 감정은 적극적 자기표현행동과 동시에 양립될 수 없기 때문이다. 그는 이런 관점에서 상호 억제를 통한 정신치료(psychotherapy by reciprocal inhibition)를 제시하고 있다.

Lazarus는 환자의 적극적 행동을 증가시키기 위한 목적으로 시범연기와 역할연 기를 혼합한 '행동적 예행연습'이라는 개념을 처음으로 치료에 도입하였다. 또한 1960년대에는 자기주장훈련(assertive training)에 Skinner의 조작적 조건형성이론을 적용하여 치료의 초점이 개인에서부터 집단과 정신병원의 병동 전체로 확산시켰으 며 대상집단도 신경증 환자에서 정신과의 모든 환자로 확장시켰다. 이로 인하여 좁 은 의미의 자기주장훈련에서 보다 포괄적인 사회기술훈련으로 발전하는 계기가 되 었다.

Bandura는 사회기술훈련과정에 시범연기절차를 도입하여 환자가 시범연기를 관찰하고 모방함으로써 분노와 공격성에서 부드러움과 사랑까지 모든 다양한 감정 이 학습될 수 있다는 사실을 입증하였다.

이러한 발달과정을 거쳐서 1970년대에는 효과적 사회기술훈련방법의 개발과 효 과를 증명하려는 일련의 노력이 인간의 학습원리에 기초하여 시도되었다. 즉, 시범 연기, 행동적 예행연습, 긍정적이고 사회적인 피드백, 반복적 예행연습, 과제하기, 일반화 훈련 등이 실시되었다. 더 나아가 인지행동적 형태의 사회기술훈련 및 인지적 교정시도가 UCLA의 Liberman 등에 의해서 시도되었다(Liberman et al., 1992).

3) 사회기술훈련의 목표와 효과

사회기술훈련은 환자에게 일상생활을 영위해 나가는 데 필요한 대화기술을 가르치는 것이다. 즉, 환자가 사회에서 독립적으로 살아갈 수 있도록 돕기 위해서 환자에게 결핍된 기술을 다양하게 가르치는 것이다. 일반적으로 제시할 수 있는 사회기술훈련의 효과는 ① 자신감 회복, ② 질병의 자기관리, ③ 치료팀과의 협력적 관계 구축, ④ 가족부담의 감소, ⑤ 재발 방지, ⑥ 스트레스 극복, ⑦ 사회적 역할기능 향상, ⑧ 낮은 약물용량 유지 등이다.

4) 사회기술훈련의 모델

사회기술훈련에 참여하는 환자는 각각 상이한 사회적 능력과 학습능력을 지니고 있기 때문에 개별 환자의 수준과 욕구에 맞는 훈련절차를 마련하는 것이 무엇보다 중요할 것이다. 사회기술훈련이 다양한 임상가에 의해서 개발되고 발전되어 왔으나 크게 기본훈련모델, 문제해결모델, 주의집중모델로 나누어서 설명하고 있다(전석균, 1994: 50-58; Corrigan, Schade, & Viscotina, 1992: 103-117).

(1) 기본훈련모델

사회기술훈련모델 중에서 가장 널리 알려져 있고 활용되는 것이 기본훈련모델이다. 여기에는 참가자에게 교육 및 지시, 행동시연, 시범, 피드백과 사회적 강화, 촉구, 과제부여 및 일반화의 시도 등이 포함되며, 이 모델의 절차는 5단계로 이루어져 있다.

① 치료자는 환자의 대인관계의 문제를 확인하고 구체화시킨다.
② 훈련목표를 정하고 표적행동과 대상을 정한다.
③ 문제설정 상황에서 역할시연을 한다.
④ 역할시연기법을 통한 직접적 강습, 시범, 행동형성, 즉각적 개입 및 격려, 긍정

적 강화 및 피드백을 제공한다.

⑤ 과제부여 및 실제생활에서의 일반화 시도 등이다.

Jacobs 등(Jacobs, Crichton, & Viscotina, 1989)은 사회기술훈련 프로그램의 범위에 대화기술, 자기주장 행동기술, 교제기술, 구직기술 및 직업면접기술, 직업유지에 필요한 기술, 개인적 정보처리기술, 집 구하기와 유지기술 등을 포함시키고 있다.

전형적 훈련모임에서 환자는 집단 속의 다른 환자나 훈련자와 함께 역할시연을 하게 되지만 때로는 표준화된 역할시연 장면을 활용하기도 한다. 하지만 가능한 한 개인의 실제적이며 중요한 생활사건을 중심으로 역할시연을 하는 것이 훨씬 효과적이다. 훈련장소로는 임상진료소, 병원의 훈련실, 지역사회정신건강센터, 낮병원, 정신사회재활센터 등이 활용되는데 정해진 규칙은 없지만 훈련하기에 적절한 공간과 장비가 갖추어진 곳이면 어디든지 가능하다. 훈련효과의 일반화를 위해서는 환자의 집이나 직장, 지역사회기관 등과 같이 자연스러운 생활환경에서 추가적 훈련을 실시할 수도 있다.

(2) 문제해결모델

인지적인 문제해결능력의 결핍은 만성정신질환자에게서 흔히 발견된다. 정보처리과정의 결핍은 대인관계 실마리를 정확하게 인지하여 적절한 반응을 이끌어 내는 것을 방해한다. 이러한 기본적 문제해결기술을 향상시키기 위해서는 정보처리과정의 준거를 근거한 훈련이 강조된다. 이 훈련에서는 대인관계 상황에서 입수되는 자극감지력을 향상시키고 그 의미를 이해하며, 적절한 언어적 · 비언어적 반응을 보이도록 훈련시킨다. 대인관계 상황은 기본훈련모델처럼 역할시연기법으로 전개하며 대인관계 훈련장면을 비디오로 녹화한다. 녹화된 장면을 다시 보면서 치료자는 환자의 받아들이는 기술을 사정하기 위한 질문을 한다. 그리고 처리과정 기술 능력을 평가하기 위한 질문과 반응대안을 산출하고 긍정적이고 부정적인 결과들을 구체화시킨다. 그다음 단계는 전달기술을 훈련시킨다. 여기에서는 선택한 대안을 어떻게 효과적인 반응을 보일 것인지를 훈련시킨다.

(3) 주의집중모델

기본훈련모델이나 문제해결모델은 비교적 복합적인 훈련상황에도 참가할 수 있는 능력이 있을 때 적용 가능하다. 심하게 퇴행된 환자의 기본적 의사소통기술을 훈련하기 위해서 주의집중 절차를 활용하는 방법이 개발되었다(김철권·변원탄 공역, 1996: 129-228). 이는 환자의 주의력을 유도하는 것에 초점을 두며 훈련내용의 체계적 반복, 단계적 격려, 즉각적 강화법 등을 적용한다. 통상적으로 1회에 20분, 하루에 2회 정도 실시한다. 이 방법은 심하게 혼란된 만성환자를 위한 것이다. 훈련자가 어떤 말을 건넨 것에 환자가 적절하게 반응하면 칭찬을 하거나 긍정적 보상을 제공하고, 부정확한 반응을 보이면 훈련자가 시범을 보이거나 다시 반응하도록 요구한다. 이 훈련의 일차적 목적은 상대에게 적절한 반응과 질문을 하도록 훈련시키는 것이다.

5) 사회기술훈련의 절차

(1) 준비 및 계획단계

사회기술훈련을 개인을 대상으로 할 수도 있으나 집단에서 실시하는 것이 더욱 효과적이라고 알려져 있다. 일반적으로 집단은 2명의 치료자와 약 6~8명의 환자로 구성하고 주 2회 정도의 모임에 최소한 1개월 이상의 훈련기간을 가지는 것이 좋다. 집단의 구성원이 너무 많으면 개인이 연습할 수 있는 시간이 충분하지 못하게 되는 문제가 생긴다. 또한 성원 사이에 지나치게 기술수준이 차이가 나거나 서로 다른 요소의 문제를 가질 가능성이 많다. 성원이 심한 잔여증상과 주의집중장애를 가진 경우에는 많은 성원에게 주의를 기울이고 개입하는 것이 어렵게 된다. 반대로 집단의 규모가 작으면 자극이 과다해서 위축될 수 있고 모방할 수 있는 기회가 적으므로 훈련의 목적이나 치료자의 관리능력, 참석 환자의 기능 수준 등을 고려하여 적절한 규모의 집단을 구성하는 것이 좋다.

프로그램을 위한 준비도구로서는 시연장면의 녹화와 시청을 위해서 비디오 녹화장비와 TV모니터가 필요하다. 역할시연장면을 카메라로 촬영하는 것이 어떤 환자에게는 심적 부담이 되기도 하지만 정확한 피드백을 위한 좋은 방법이다. 기타 도구로는 필요할 때마다 필기할 수 있는 칠판과 큰 종이, 필기구, 의자, 책상, 과제부여

시에 활용할 수 있는 양식화된 과제기록 카드 등이 필요하다.

준비단계에서 개인의 사회기술을 사정하는 것은 매우 중요하다. 그 이유는 사정을 통해서 개인의 손상 정도와 기능제약을 확인할 수 있으며, 표적문제와 개입목표가 정해질 수 있기 때문이다. 사회기술에 대한 정보는 개별면담, 가족면담, 중요인물과의 면담, 환자의 상호작용에서 나타난 대인관계행동에 대한 관찰, 문제상황에 대한 반응, 자가보고식 행동평가서, 여러 가지 면담 및 기록자료, 기존의 치료자로부터 획득된 정보 등을 통해서 얻을 수도 있다. 앞에서 언급한 사정방법에는 비정형화된 사정방법과 정형화된 사정방법으로 구분할 수 있는데, 무엇보다 중요한 것은 개인에 따라서 달라질 수 있는 비정형화된 사정방법이다. 사정을 위한 기본적 질문의 예는 다음과 같다.

- 일상생활에서의 대인관계에서 어떤 종류의 어려움을 느끼는가?
- 가장 큰 어려움은 무엇인가?
- 어떤 상황에서 그러한 어려움이 발생하는가?
- 어려움이 발생하면 주로 어떤 식으로 행동하는가?
- 어려움이 발생하면 그 결과는 어떠한가?
- 자주 발생하는 부적절한 행동이나 부적합한 행동은 무엇인가?
- 직업적 · 사회적 목표는 무엇인가?
- 단기 및 장기목표는 무엇인가?

목표설정을 위해서 치료자는 훈련상황에서 활용할 사회적 상황을 구체화시켜야 한다. 목표설정은 가능한 한 환자와의 공동작업을 통해서 수립하는 것이 좋다. 그러나 어떤 환자의 경우에는 훈련의 전 단계나 초기 단계에서 적절한 목표설정을 위해서 방향제시와 지도가 필요하다. 이러한 경우라 할지라도 목표설정과 훈련장면 설정을 위해서 환자와 함께 공유한다는 생각을 가지는 것이 중요하다. 훈련장면은 환자 자신들이 경험한 상황을 묘사하는 것이 효율적이다. 훈련과정은 최소한의 도전을 받는 사회적 상황부터 시작하여 모임이 진행함에 따라서 복합적 기술이 요구되는 상황에 이르기까지 다양하게 진행한다. 훈련장면을 선택하기 위해서는 달성이 가능하고, 긍정적이고, 기능적이며, 높은 빈도를 나타내는 것을 먼저 선택한다.

(2) 진행단계

① 소개 및 지시

훈련모임의 첫 단계에서는 모임의 목적과 진행과정, 어느 영역에 관심을 두어야 하는지, 사회적응을 위해서 요구되는 사회기술이 어떠한 것인지 등을 소개하면서 성원의 참여동기를 촉진시키고 훈련모임에 대한 기대를 가지도록 돕는다.

② 역할시연

역할시연을 위해서는 각 환자는 문제영역에 바탕을 둔 상황(장면)을 구성하고 설정된 장면에서 상대역할을 할 사람을 선택한다. 상대역할자는 보조치료자이거나 집단성원 중에서 선택될 수 있다. 사회기술이 심하게 결핍된 환자는 집단 앞에 나서서 어떤 행동을 한다는 것에 무척 불안해하고 당혹스럽게 느낄 수 있으므로, 진행자는 격려와 지지를 함으로써 역할수행을 촉진할 수 있다. 집단성원의 사회적 접촉기회를 증대하기 위해서 다양한 보조역할자를 집단에 참여시킨다.

예를 들면, 그 기관의 취업담당자, 가족구성원 등이다. 집단 내에 새로운 사람을 참여시키는 것이 긍정적 측면이 있기는 하지만, 무차별적 활용은 오히려 성원에게 부담감을 야기할 수 있으므로 환자의 대처능력, 활용자원의 유용성, 치료 및 재활목표 등을 고려해야 한다. 집단 내의 환자들이 역할상대자로 활용되기도 하는데, 임상경험에 의하면 어떤 환자는 자신이 선정한 문제상황에서의 역할시연 때보다 상대역할을 할 때의 사회행동이나 대처기능에 더욱 건강하고 적절하게 반응하는 경우도 있다.

③ 피드백과 사회적 강화

역할시연 후에는 비디오 화면을 통하여 그 사람의 반응을 보면서 환자 본인의 의견이 제시되고 집단성원이나 참석한 치료자로부터 조언을 듣는다. 강화를 주는 방법은 성원의 학습과 집단안정도에 매우 큰 영향을 미치므로 효과적으로 이루어져야 한다. 먼저, 잘한 점과 예전보다 좋아진 측면을 칭찬한 후 개선점이나 부족한 점을 이야기한다. 사회적 강화, 격려, 계속적으로 되풀이되는 성공경험은 환자의 관심과 노력이 지속되게 만든다. 그러나 칭찬이나 승인을 무분별하게 사용하면 변화의 극대화를 감소시키기 때문에 지나치게 사용하는 것은 학습효과를 떨어뜨릴 수도 있다. 성원 간의 사회적 강화는 집단경험을 통해 활용할 수 있는 유익한 학습기회이다.

④ 시범

단순히 언어적 지시나 소개가 도움을 주기도 하지만 핵심정보를 전달하기 위한 방법 중 한 가지는 시범을 보여 주는 것이다. 시범을 위한 실행은 간략하면서도 가장 중요한 반응요소에 초점을 둔다. 반복적 시범이 필요한 환자도 있다. 어떤 경우에는 미리 녹화되어 있는 시범장면을 보여 주는 방법을 활용하기도 한다.

⑤ 과제부여

훈련된 기술이 일상적 사회상황에서도 잘 적용될 수 있도록 하기 위해서 훈련모임 사이에 추가적 실천이 필요하다. 이는 훈련상황에서의 성공적 수행이 직접적 지시나 도움이 없이도 실제상황에서 잘 유지되게 하는 것이 중요하다는 의미이다. 과제부여 시에는 과제에 대한 기억과 관심을 유지시키기 위해서 인쇄된 양식의 과제부여 카드에 본인이 직접 내용을 적게 하여 모임 시간까지 휴대하도록 한다. 과제는 구체적이고 실제적이며 성공가능성이 높도록 난이도와 상황을 잘 조절해야 한다. 과제를 주는 방법 외에 훈련모임을 실제상황에서 갖는 방법도 있다. 즉, 거리나 공공기관, 음식점, 가정 등에 직접 찾아가서 실시하는 방법인데 다소 번거롭고 시간을 많이 필요로 한다는 단점도 있지만 실제 상황에서의 적응기회이기 때문에 유용한 방법이라고 할 수 있다.

(3) 일반화 단계

훈련상황에서 습득한 기술을 다른 환경에서도 실행할 수 있게 만들려면 다양한 사회적 상호작용을 다루는 일반적 전략을 환자에게 훈련시키는 것이 좋다. 사회기술의 일반화에는 자극일반화와 반응일반화, 획득된 기술이 훈련이 끝난 후에도 오랫동안 지속되는 영속성 등이 있다. 훈련효과의 일반화를 위해서 가장 널리 사용되는 절차는 실천이다. 여기에는 과제부여를 훈련상황과 실제상황을 연결시켜 주는 방법이 있다. Liberman 등은 사회기술을 유지하기 위한 또 하나의 전략으로서 추적관리기간 동안에 추후 연계성 모임(booster session)의 필요성을 제안했다.

생각해 볼 문제

- 정신사회재활이란 무엇을 의미하는지 토론해 봅시다.
- 두 명이 짝을 이루어 정신사회재활의 구성요소에는 무엇이 있는지, 구성요소 중 본인이 가장 중요하다고 생각하는 구성요소는 무엇이며, 왜 그러한지에 대한 토의를 해 봅시다.
- 세 명이 조를 만들어, 평소 생활하면서 사회기술훈련이 필요한 주제를 선정하고, 그 주제에 대한 사회기술훈련을 교재의 순서에 맞게 시연해 보고 그 경험을 토의해 봅시다.

 참고문헌

김철권 · 변원탄 공역(1995). 만성 정신과 환자를 위한 정신재활(*Psychiatric rehabilitation of chronic mental patients*). Liberman, R. P. 저. 서울: 도서출판 신한.

김철권 · 변원탄 공역(1996). 정신과환자를 위한 사회기술훈련. Liberman, R. P., Derisi, W. J., & Mueser, K. T. 저. 서울: 도서출판 신한.

이충순 · 한은선 · 황태연(1996). 현대정신보건과 지역사회. 경기: 용인정신병원.

전석균(1994). 정신분열증 환자의 재활을 위한 사회기술훈련 프로그램의 효과성에 관한 연구. 숭실대학교 대학원 박사학위논문.

Anderson, C. M. (1977). Psychoeducational program for families of patients with schizophrenia. In W. R. McFarlane (Ed.), *Family therapy in schizophrenia*. New York: Guilford Press.

Anthony, W. A., Cohen, M., & Farkas, M. (1991). *Psychiatric rehabilitation*. Boston, MA: Boston University Press.

Anthony, W. A., Cohen, M., Farkas, M., & Gagne, C. (2002). *Psychiatric rehabilitation*. Boston, MA: Boston University, Center for Psychiatric Rehabilitation.

Corrigan, P. W., Schade, M. L., & Liberman, R. P. (1992). Social skill training. In R. M. Liberman (Ed.), *Handbook of psychiatric rehabilitation*. New York: Macmilan Publishing Company.

Goldman, H. (1981). Mental illness and family burden: A public health perspective. *Hospital and Community Psychiatry, 33*(7), 557-560.

Jacobs, J., Crichton, E., & Viscotina, M. (1989). Teaching skills to clients life skills. *Practice approaches to mental health care*. New York: The MacMillan Co.

Liberman, R. M. (Ed.) (1992). *Handbook of psychiatric rehabilitation*. New York: Macmilan Publishing Company.

Moore, S. T. (1990). A social work practice model of case management: The case management grid. *Social Work, 35*(5), 444–448.

Sands, R. G. (1984). Correlates of success and lack of success of deinstitutionalization. *Community Mental Health Journal, 20*, 223–235.

제9장
사례관리

학습 목표

- 정신건강영역에서의 사례관리의 이론적 기초를 이해한다.
- 사례관리자가 갖추어야 할 자질을 습득한다.
- 우리나라 정신건강 현장에서 사례관리 활용방안을 살펴본다.

　사례관리(case management)는 1970년대 후반부터 미국의 정신보건제도(mental health system)에 있어서 만성정신질환자를 위한 보다 발전되고 보편화된 개입방법으로 등장했으며, 이 기법의 기본개념은 클라이언트에게 그들의 욕구에 맞는 적절한 서비스를 제공하고 이를 조성해 줌으로써 지역사회 내에서 독립생활을 할 수 있도록 도와주는 데 있다. 사례관리는 정신장애인 집단의 여러 가지 다양한 문제와 욕구를 해결해 주는 적합하고도 효과적인 실천기법으로 널리 받아들여지고 있기는 하지만 아직까지는 사회복지 실천의 확고한 실천모델로 정착된 것은 아니라고 할 수 있다. 따라서 사례관리에 대해 정확한 규정을 하고 효과적 실천기법으로서의 합리적 근거를 제시하는 것이 필요하다.

　이 장에서는 우선 사례관리의 등장배경과 개념, 기능 및 실천원칙을 설명하고, 이를 어떻게 적용할 것인지에 대한 다양한 사례관리 실천모델을 논의하고자 한다. 그리고 사례관리자로서의 자질과 우리나라 정신건강 분야에 있어서 사례관리의 활용현황과 일본의 사례를 제시하고자 한다.

1. 정신건강영역에서의 사례관리 등장배경

사례관리는 탈시설화 운동과 더불어 주요 실천방법으로 대두되었는데, 특히 정신건강영역에서 만성정신질환자를 위한 보다 진보적이고 발전된 개입 기법으로 등장하였다. 정신건강영역에서 사례관리가 등장하게 된 우선적인 배경(김통원 · 김용득, 1998: 20-22)은 탈시설화라고 할 수 있는데, 1950년대 이후 개발되기 시작한 항정신성 의약품은 입원시키지 않고도 정신장애인들을 지역사회 내에서 관리 가능하다고 믿게 하였고, 시설에 있는 사람들을 줄이고 재가서비스를 강조하는 지역사회중심의 정신보건운동이 전개되었다. 즉, 지역사회정신보건센터 제도의 도입으로 지역사회 단위에 수백 개의 이용 가능한 정신보건센터가 건립되어 정신보건서비스의 종류나 전체적 서비스의 양은 크게 증가했지만 실제로 그들을 지역사회 내에서 제대로 관리하는 데는 실패하였다. 이는 지역사회정신보건센터의 모델에서 제공되는 일련의 필수적 정신보건서비스에 매우 중요한 서비스 한 가지, 사례관리서비스가 누락된 것으로 볼 수 있다(Miller, 1983).

둘째, 복잡하고 분산된 서비스체계로 사회복귀를 위한 재활서비스는 클라이언트에게 생활 전반에 걸친 서비스를 제공하는 것을 의미한다. 즉, 여러 가지 다원화된 서비스들이 필요하게 됨으로써 제각기 특정한 서비스를 매우 한정된 범위의 인구에게만 제공하는 서비스의 단편적 성격이 나타나게 되었다. 특히 공공부문에서 민간부문으로 서비스 전달체계가 점차적으로 바뀌게 됨에 따라 서비스 사이의 조정적 역할 장치가 거의 없는 상태로 되었다. 결국 서비스망이 점차 고도로 복잡해지고 분산됨으로써 서비스가 중복되거나 연계성을 가지지 못하게 되었다. 이러한 서비스 전달체계의 '정글화'된 특성은 클라이언트가 각 서비스마다 각기 다른 기관들에게 직접 접근해야 하는 불편을 줄 뿐만 아니라 심지어 접근할 수 있는 기회마저 잃게 하였다. 사례관리는 이러한 서비스체계에 연계성을 부여하기 위해서 나타나게 되었다. 아무리 많은 서비스 기관이 있다 할지라도 클라이언트를 지속적으로 만나고 책임을 지는 클라이언트 차원에서의 단일 사회복지사 또는 단일 치료팀의 접근이 매우 중요해지는 것이다.

셋째, 클라이언트와 가족에게 부과되는 과도한 책임으로 지역사회 내의 적절한 환경자원의 미비는 클라이언트와 그 가족들에게 너무 많은 책임을 넘겼다. 그 결과 클라이언트와 그 가족에게 과도한 스트레스가 발생하게 되었다. 한 예로서 주거시설 같은 환경자원의 미비는 부랑인들을 양산하는 결과를 가져왔다. 사례관리는 클라이언트를 위해서 환경자원들을 개발하고 연결하는 기능을 해야 한다.

넷째, 다양한 문제와 욕구를 가진 클라이언트의 증가로 지역사회 생활을 위해서 클라이언트는 생활 전반에 걸친 다양한 욕구와 해결해야 할 문제들을 가진다. 그 문제들을 해결하기 위해서는 사례관리같이 지역사회에서 살아가는 데 필요한 서비스들을 조직화함으로써 그 욕구를 충족시키는 활동이 요구된다.

다섯째, 사회적 지지체계의 중요성에 대한 인식으로 공식적인 서비스 자원들을 연계하여 제공하는 것도 중요하지만, 실제로는 가족, 친척, 친구 등의 사회적 지지망이 클라이언트에게 필요한 도움을 주고 있다. 물론 사회적 지지망이 항상 긍정적인 결과만을 가져오는 것은 아니다. 그러나 비공식적인 지지는 클라이언트의 지역사회 생활을 향상시키는 데 중요한 역할을 할 수 있다. 그래서 점차 사회적 지지망을 포함한 사회적 지지체계에 대한 인식이 대인서비스 전문가들 사이에서 증가함에 따라 사회적 지지망을 구성하고, 그 지지를 받도록 하는 데 조력하게 되었다.

이와 같은 이유로 특히 제대로 서비스를 받지 못하는 만성적이고 중증인 정신장애인 계층에 실질적인 서비스를 제공할 수 있는 방법으로 사례관리의 필요성이 대두되었고, 정신보건체계의 복잡성과 단편성을 극복하고 조정되고 통합된 서비스 네트워크의 실현을 위한 사례관리서비스가 필수적인 서비스로 인정되었다.

2. 사례관리의 개념과 특성

사례관리는 1990년대에 접어들면서 대인서비스 분야에서 가장 자주 사용되고 있는 전문용어 중의 하나이며, 특히 정신장애인과 같이 복합적이고 만성적인 욕구를 가진 클라이언트가 지역사회의 한 구성원으로 살아갈 수 있도록 서비스를 연결하고 관리하는 중요한 실천전략으로 언급된다. 사례관리에 대해 어떤 사람들은 정신치료자의 임상적 기술과 지역사회 조직가의 옹호기술, 이 두 가지가 함께 요구되는 실천의 한 분야라고 하기도 하고, 또 다른 한편에서는 사회복지(사업) 학사학위를 가진 사람 혹은 사무직원에게 적합한 준 전문직 활동이라고 하기도 한다(김기태 · 최송식 · 이명옥 · 이경희 · 박봉길, 1997: 11-12).

사례관리가 무엇인가에 대한 몇몇 학자들의 개념정의를 살펴보면, Ballew와 Mink(1986)는 처음 사례관리를 "복합적인 문제를 가진 클라이언트에 의해 요구되는 서비스들을 위한 네트워크 구성원 사이의 상호작용"이라고 강조하였고, 이후 (1996) 사례관리는 "한번에 여러 원조자로부터의 원조가 요구되는 복합적인 문제로 인해 삶이 만족스럽거나 생산적이지 못한 사람들을 돕는 과정"이라고 정의하였다. Moxley는 복합적인 욕구를 가진 사람들의 기능화와 복지를 위해 공식적 · 비공식적 지원과 활동의 네트워크를 조직 · 조정 · 유지하는 것으로 ① 서비스와 지원들을 이용하고 접근하는 데 있어서 가능한 한 클라이언트 자신의 생활기술을 증진시키도록 하는 것, ② 클라이언트의 복지와 기능화를 증진시키기 위해 사회적 망과 관련 대인복지서비스 제공자들의 능력을 발전시키도록 하는 것, ③ 가능한 한 가장 효율적인 방법으로 전달되는 서비스 및 지원이 되도록 하고, 동시에 서비스의 효과성을 증진시키도록 하는 것에 목표를 두는 활동이라고 하고 있다(Moxley, 1989: 권진숙 외, 2012 재인용). Levine과 Fleming(1984)은 서비스시스템 차원과 클라이언트 차원에서의 사례관리기법에 대해서 언급했다. 즉, 시스템 차원—주정부 또는 서비스 기관—에서의 사례관리기법은 시스템 내에서의 클라이언트에 대한 서비스를 창출하고 장려하는 전략이라고 할 수 있고, 클라이언트 차원에서의 사례관리기법은 클라이언트에 대한 특정한 서비스의 필요성과 그 필요한 서비스를 받게 하는 클라이언트 중심의 목적지향적 과정으로 정의된다. 이와 비슷하게 O'Connor(1988)는 사례관리기법실천의 개념과 사례관리기법 시스템의 개념을 분리 논의했다. 사례관리기법실천은 어떤 (클라이언트) 사례를 위한 계획(case plan)의 직접적이고도 즉각적인 실행을 위한 과정이 수반되는 과업을 말한다. 여기서 말하는 사례계획은 클라이언트, 사례관리자, 서비스 제공자, 그리고 이들 간의 상호작용을 포함하는 총괄적 계획을 말한다.

한편, 사례관리시스템은 실천뿐만 아니라 행정적 지원, 시스템적 조정, 사례관리 실천의 실현을 위한 공식적·비공식적 지역사회 자원을 모두 포함한다. 따라서 사례관리자가 특정한 역할을 맡아서 구체적 과업을 수행하거나 사례관리기능을 실제 수행할 때 사례관리기법을 거시적 혹은 시스템적 차원에서 정의하느냐 아니면 과정적 혹은 미시적 차원에서 정의하느냐에 따라 중요한 차이가 생긴다고 할 수 있다.

한편, 권진숙과 박지영(2015)은 사례관리란 생태체계적 관점을 기반으로 만성적이고 복합적인 문제를 가진 개인 및 가족과 함께 일하면서 그들과 자원제공자들의 기능을 향상시키는 것이며, 이를 통해 환경 속에서 자신에게 필요한 서비스와 자원을 스스로 획득하고 사회적 기능을 원활히 수행할 수 있도록 돕는 통합적인 접근방법이라고 하였다.

박미은(2015: 22)은 사례관리를 복합적이고 만성적인 욕구가 있는 클라이언트 및 그 가족을 대상으로 그들의 사회적 기능 강화 및 삶의 질 향상을 위해 협력적인 운영체계를 기반으로 체계적인 욕구사정과 함께 지역사회자원을 연결하여 지속적이고 효과적으로 사회복지서비스를 제공하는 통합적인 실천방법이라고 정리하였다.

이러한 정의를 토대로 볼 때 사례관리에서 중요한 개념은 복합적이고 만성적인 욕구를 가진 클라이언트를 대상으로 하는 점, 서비스와 자원의 연결에서 효과성과 효율성을 강조하는 점, 그리고 통합적인 실천방법이라는 점 등이라고 볼 수 있다.

이와 같은 사례관리의 특성을 황성철(2000: 68)은 다음과 같이 설명하고 있다.

① 사회사업의 근본적인 개념적 틀인 '상황 속의 인간'을 바탕으로 개인뿐만 아니라 환경에도 초점을 둔다.
② 클라이언트와 사례관리자의 신뢰할 만하고 가능케 하는 관계에 기초한 실천과정이다.
③ 복합적인 문제나 장애를 갖는 클라이언트에 대해 지속적으로 보호서비스를 확보하려는 목적을 가지고 있다.
④ 질병이나 기능상실에 수반되는 정서적인 문제를 경감시키도록 임상적인 개입을 시도한다.
⑤ 서비스 전달에서 연계자와 옹호자의 사회사업적 기술을 사용한다.
⑥ 경제적, 의료적, 사회적, 개인적 욕구나 문제를 갖는 표적집단을 대상으로 지

역사회에 기초한 서비스를 제공한다.

⑦ 최소한의 제약적인 환경에서 서비스를 제공한다. 즉, 최대한 자율적인 환경에서 서비스가 제공되도록 노력한다.

⑧ 서비스나 보호의 수준을 결정하는 데 있어서 클라이언트의 기능적 능력과 지원관계망에 관한 사정을 필요로 한다.

⑨ 전통적인 사회사업의 가치인 인간의 존엄성, 가치, 독특성과 자기결정, 그리고 의사결정에서의 상호책임성 등을 재확인한다.

3. 사례관리의 역할과 기능

1) 사례관리자의 역할

사례관리의 개념 정의에 대해서는 학자들마다 다양한 견해가 있지만 사례관리자나 사례관리팀의 역할과 기능에 대해서는 대체로 의견의 일치를 보이고 있다. 역할과 기능은 많은 학자가 서로 구분하지 않고 그냥 같은 의미로 쓰고 있지만 엄밀히 따진다면 역할과 기능의 개념 간에는 차이가 있다고 할 수 있다. 즉, 사회복지사의 역할이란 그가 수행한 기능에서 기인되는 것이지만 이 양자가 일치하는 것은 아니라고 볼 수 있다. 사례관리자의 역할 개념은 그 사회복지사가 수행하는 어떤 특정한 활동이나 기능보다 상위의 개념이라고 볼 수 있다.

Weil과 Karls(1985: 29-71)는 사례관리자의 역할을 문제해결자, 옹호자, 중개자, 진단자, 계획자, 서비스 조직자, 시스템 영역 확장자, 서비스 모니터, 기록관리자, 평가자, 자문자, 동료 또는 협조자, 서비스 조정자, 카운슬러 또는 치료자, 조정자 또는 감독자 등 모두 15개로 언급하고 있는데, 그중에서도 문제해결자, 계획자, 서비스 조정자, 평가자 등은 클라이언트, 서비스 네트워크, 사례관리자의 3자 모두가 책임을 가지는 역할로 규정하고 있다. 사례관리자가 수행하는 핵심기능은 사례관리기법의 역할에 있어서 사회복지사가 실제 행하는 활동이다. 이러한 기능은 사례관리기법의 모델이 서비스 중개자모델이냐 아니면 임상모델이냐에 따라 다소 그 내용이 다를 수 있다. 그러나 일반적으로 이러한 기능으로는 우선 적합한 클라이언트의 발견, 사정, 서비스 계획의 수립, 연결 및 조정, 모니터링 및 권익옹호가 있다.

(1) 클라이언트 발견

이것은 사례관리서비스가 필요한 집단과 개인을 발견해서 대상화하는 것을 말한다. 클라이언트 자신이 필요한 치료나 서비스를 찾아서 올 수도 있고, 또는 그 가족이 클라이언트를 위해서 서비스를 요청할 수도 있지만 대개는 사례관리자가 클라이언트가 있는 지역사회나 주변환경으로 적극적인 찾아 나서기(outreach)를 해야만 한다. Kanter(1989)는 이 기능을 치료과정의 시작이라고 불리는 임상적 사례관리기법의 한 부분으로 설명하고 있다. 초기의 시작과정에는 찾아 나서는 것과 꾸준함이 요구되고 클라이언트와 긴밀한 원조 및 치료 관계를 발전시키는 데에는 수년씩 걸릴 수도 있다.

(2) 사정

이 기능은 표준화된 임상면접기술을 이용해 현재 클라이언트의 심리적 · 사회적 기능의 수준을 결정하는 것을 말한다. 이 사정의 기능에는 보통 진단의 과정을 포함하지만 그 초점의 정도는 모델의 형태에 따라 달라질 수도 있다. 왜냐하면 임상적 모델에서조차도 "클라이언트는 그들에게 내려진 진단의 분류에 결코 제한되어서는 안 된다"는 것을 인정하고 있기 때문이다(Rose, 1992: 8). 사례관리자는 클라이언트의 장단점에 대해 정신건강서비스뿐만 아니라 구체적이고 다양한 서비스에 대한 욕구, 독립된 생활을 영위할 수 있는 능력에 관해 신중하고도 구체적인 사정을 준비해야 한다. 그리고 사례관리자는 클라이언트가 현재 갖추고 있는 공식적 · 비공식적인 사회적 지지체계, 이에 대한 과거의 사실, 이러한 지지체계에 대한 장래의 전망 등에 대해서도 예의주시해야 한다. 특히 장기간의 원조를 요하는 클라이언트에 대한 사정은 지속적으로 진행할 필요가 있으며, 사회적 · 환경적 상황에 특별한 관심을 나타낼 필요가 있다.

(3) 서비스 계획의 수립

이것은 사정단계에서 얻어진 정보를 기초로 해서 종합적 서비스 계획을 전개하는 것이다. 사회복지사는 이 단계에서 클라이언트를 참여시켜야 한다. 이 서비스

계획은 현실적이고 융통성 있는 목적과 목표를 반드시 포함시켜야 하고 나아가 이 목적을 달성하기 위한 구체적 행동을 명시해야 한다(Kanter, 1989). 사례관리자는 지역사회 내의 이용 가능한 서비스에 대해 인식하여야 하고, 또 그 서비스의 절차나 규정에 대한 것도 알고 있어야 한다. 사례관리기법에 있어서 서비스 계획은 클라이언트와의 최초의 접촉에서부터 시작하는 것이 보통이다. 이것은 시설에 입원수용 중일 때도 있고 퇴원계획 과정일 수도 있다. 사례관리자는 클라이언트의 변화하는 욕구에 기인하여 필요하면 언제든지 서비스 계획을 수정하고 보완해야 한다.

(4) 서비스의 연결 및 조정

이것은 가장 잘 알려진 사례관리기법의 기능이지만 사례관리기법의 포괄적 특성을 이해하지 못하는 사람들은 이것을 그 핵심적 기능으로 생각하기도 한다. 공식적 서비스와 비공식적 지지망과의 연결은 사례관리기법의 핵심요소임에는 틀림없다. 그러나 적절하고 지속적인 사정과 서비스 계획과 모니터링 없이 단순한 연결의 기능은 위탁의 기능 정도밖에 될 수 없는 위험을 안고 있다. Kanter(1989)는 사례관리자는 클라이언트를 위탁하기에 앞서 우선 클라이언트에게 필요한 서비스의 정도를 결정해야 하고 그다음에 클라이언트가 서비스를 받을 수 있도록 하고, 또 필요한 서비스에 연결될 수 있도록 하며 계속적으로 그 서비스를 이용할 수 있도록 하는 데 필요한 모든 노력을 다하는 것이 연결의 기능이라고 주장한다. 서비스의 연결 기능은 사례관리자가 클라이언트의 개인적인 그리고 대인관계에 있어서 취약점에 주의를 한다는 점에서도 단순한 서비스 중개 이상의 기능이다(Lamb, 1980: 762-764). 또한 연결의 기능은 서비스 계획에 명시된 서비스를 받거나 권리를 주장하는 데 있어 장애가 되는 요소를 클라이언트가 극복하도록 원조하는 것도 포함하고 있다.

서비스의 조정 과정은 서비스 제공자를 찾아내어서 클라이언트에게 연결시키는 일뿐만 아니라 서비스 제공자끼리 상호 연결하는 기능도 포함한다. 여러 다양한 서비스 기관의 서비스 제공자, 즉 사회복지사에게는 제각기 치료에 대한 가치나 철학이 서로 다를 수 있다. 다시 말하면 어떤 사회복지사는 치료계획을 실행하는 데 있어 정서적·내적인 문제를 더 잘 다룰 수 있고 어떤 사회복지사는 실용적 문제를 다루는 데 더 능숙할 수도 있는 것이다. 성공적 연결과 조정의 기능을 다하기 위해서 사례관리자는 지역사회에서 이용 가능한 서비스가 어떤 것인지를 알아야 하고 또 공식적·비공식적 원조체제의 자원을 충분히 동원할 수 있어야 한다. 그리고 클라이언트에게 최선의 서비스가 제공될 수 있도록 하기 위해 클라이언트와 서비스 제공자 간 또는 서비스 프로그램 간의 중개자로서의 역할도 충실히 해야 한다.

(5) 모니터링

이 기능은 서비스의 제공 및 이용을 확인 또는 감독하는 기능을 말한다. 사례관리자는 서비스 전달체계를 통해서 클라이언트의 변화나 진전 상황을 추적하는데, 모니터링은 서비스 계획에 명시된 목적과 목표를 향해 클라이언트에 얼마나 진보가 있는가 하는 평가를 가능케 한다. 이론상으로는 이 기능을 통해 클라이언트가 기대하고 있는 적절한 서비스를 받고 있는가를 확인할 수 있다. 그러나 이 모니터링은 클라이언트와의 지속적이고 긴밀한 접촉을 요하므로 복잡한 서비스 체계하에서 이 기능을 수행하기란 쉽지 않다. 하지만 이 모니터링을 통해 사례관리자는 클라이언트에 대한 서비스 계획을 재평가하고 수정할 수 있기 때문에 매우 중요한 기능이라고 할 수 있다.

(6) 권익옹호

많은 사람이 종종 간과하거나 행하기 어렵다고 여기는 중요한 기능이다. 사례관리에 있어 권익옹호는 두 가지 차원, 즉 클라이언트 차원과 서비스 차원에서 행해진다. 사회복지사는 클라이언트 개인의 욕구와 최선의 이익을 위해 옹호한다. 그러나 이 권익옹호의 기능은 사례관리자와 서비스 시스템 또는 특정한 기관과 프로그램 간에 긴장상태를 조장할 수도 있다. 따라서 권익옹호의 기능은 중요한 것임에 틀림없지만, 사례관리 노력에 필요불가결한 기관 상호 간의 협동을 유지하도록 기술적으로 행해져야 한다.

일반적으로 우리 사회에서는 어떤 사람의 모습이 다른 사람들과 달라 보이거나 행동하는 것이 달라 보일 때 수상쩍은 눈초리를 받게 되고, 사회로부터 고립되거나 거부되고, 그 무엇보다도 오해나 편견의 대상이 되기 쉽다. 만성정신장애인은 바로 이러한 집단 중 하나인 셈이며, 이들의 만성적 기능상실 또는 기능저하 때문에 나타난 특성이 지역사회로 하여금 이들의 사회적 수행능력을 인정할 수 없게 만든다.

그러므로 사례관리자는 법정에서, 또는 복지기관, 의료기관 및 기타 서비스기관에서 이들 정신장애인을 위해 그들의 올바른 권익을 끊임없이 주장해야만 한다. 물론 사회의 전체적 분위기가 이러한 정신장애인 집단은 사회의 적절치 못한 구성집단이라고 배격하는 상황에서 이들을 옹호한다는 것이 쉬운 일은 아니지만 이들의 정당한 권리와 이익을 쉼 없이 대변하고 보호하는 일에 앞장서야 한다. 앞으로 사례관리기법이 더 확고한 서비스 실천방법으로 인정되어 감에 따라 클라이언트의 권익옹호를 위해 더 적극적인 자세로 그들의 권익을 옹호하거나 지지하고 방어하기 위해 노력해야 한다(Sullivan, 1981: 119-131).

일반적으로 사례관리기법에 있어 중심이 되는 이슈는 사례관리자 자신들이 클라이언트에게 제공하는 직접적 서비스의 수준이다. 임상 및 클라이언트 중심 모델은 일반적으로 사례관리기법의 한 부분으로서 직접적 서비스의 제공을 포함한다. 훈련받은 전문가를 사례관리자로 주장하는 모델은 직접적 서비스 제공을 중요한 기능으로 간주하고 있다. 그러나 서비스 중개자 모델, 준전문가 모델, 목적중심 모델에 있어서 사례관리자는 대체로 클라이언트에게 직접적 서비스를 제공하지 않는 경우가 많다.

한편, 클라이언트의 기본적인 사회적 욕구를 충족시키는 것은 전문사회복지의 오랜 관심사였으며(Richmond, 1917; Specht, 1988), 사례관리기법의 역할과 기능은 분명 사회복지사의 전통적 기술과 일치한다. 사회복지의 실천모델로서의 사례관리기법을 논의하는 중에 Roberts-DeGennaro(1987: 466)는 "사례관리기법의 개념은 특정한 클라이언트 집단을 위해 최선의 직접적 서비스 실천과 최선의 지역사회 차원의 실천을 연합한 것이다. 사회복지 실천의 대부분의 모델은 일반적으로 전통적 개입방법, 즉 개별사회사업, 집단사회사업, 또는 지역사회조직 중 어느 한 가지만을 다루고 있다. 그러나 사례관리기법은 사회복지 실천의 세 가지 전통적 방법의 요소를 모두 통합하고 있다"고 설명하고 있다.

2) 사례관리자의 기능, 지식, 기술

사례관리과정에 있어 클라이언트, 서비스망 및 사례관리체계와의 효과적인 상호작용을 위한 다양한 역할의 조화는 사례관리자가 수행해야 할 가장 복잡한 과업 중의 하나이다. 사례관리자가 이러한 역할들을 적절히 수행하기 위해서는 각각의 사

레관리 프로그램에서 요구되는 특수한 역할을 이해하고, 각각의 역할별 기능과 사
례관리자에게 요구되는 지식, 기술을 잘 인식하고 습득해야 한다. 사례관리자의 역
할별 기능 및 지식, 기술은 〈표 9-1〉과 같다(White & Grisham, 1987: 김기태 외, 1997:
98 재인용).

〈표 9-1〉 사례관리자의 역할별 기능 및 지식과 기술

역할	기능	지식/기술
문제해결자	문제 확인, 결정하는 것	최선의 대안을 분석하고 선택하는 것, 다른 영역의 전문가와 함께 활동하는 것
중재자	갈등해결	인간 행동, 가족의 역동성 이해, 의사소통기술
자원할당자	계획, 예산, 관리, 점검	계획기술, 이용 가능한 자원과 비용을 아는 것
목표유지자	프로그램 목표와 클라이언트 적합성을 확인하는 것	목표/결과에 대한 계통적 설명과 점검하는 것
자료수집자	프로그램과 행정적인 목적을 위한 정보수집	정보를 조직하고, 획득하며, 제공할 수 있는 능력
프로그램 변화자	개선을 위한 권고	지역사회, 서비스 체계의 간격(차이)을 이해하는 것
서비스 관리자	서비스 전달, 양적·질적인 면 관리	규정, 규칙, 절차를 파악하는 것
협상자	계약 및 다른 협정을 하는 것	조직 상호 간의 의사소통, 내적 및 외적 정책, 관례
상담자	클라이언트, 가족, 제공자, 직원 등에 지지 제공	임상적 기술
자문가	클라이언트, 가족, 서비스 제공자, 직원을 위한 원조 및 교육	가르치는 것, 훈련기술
기록보관자	기록의 보관 유지	적절한 시기에 적절한 형식으로 상세히 다룰 수 있을 것
옹호자	클라이언트, 서비스, 프로그램, 기관을 위한 옹호	욕구를 아는 것, 판단을 잘하는 것, 타인을 설득할 수 있는 것

4. 사례관리의 실천원칙

이러한 사례관리서비스의 기능을 성공적으로 실행하는 데에는 어떤 원리나 원칙이 있기 마련인데, Gerhart(1983)는 사례관리기법의 실천을 뒷받침하고 이끌어 주는 네 가지 원칙을 밝히고 있다. 그는 사례관리기법이 개인에 의해서 실행되든 아니면 팀에 의해서 실행이 되든 간에 사례관리기법의 실천원칙으로서 서비스의 개별화, 서비스 제공의 포괄성, 클라이언트의 자율성 보장, 그리고 보호 및 치료의 지속성을 주장하고 있다. 이러한 원리는 앞에서 논의한 사례관리기법의 일반화된 기능을 수행하는 데 있어서 실질적 지침서가 된다.

1) 서비스의 개별화

이 원칙은 각 클라이언트마다 독특한 신체적·정신적·사회적 환경에 따라 서비스를 적절하게 조절하여 맞추는 것을 말한다(Lamb, 1980; Leavitt, 1982: 17-41). 사례관리기법에서 오랫동안 지켜 온 이 원칙은 어떤 클라이언트에게라도 똑같은 치료법이 적용되어서는 안 된다는 것을 말하는 것이다. 즉, 만성정신장애인 두 사람이 비록 임상적 진단에 있어서나 나이, 성별, 사회경제적 수준에서 비슷하다 할지라도 그들의 치료계획은 각각 매우 다를 수 있다는 것이다. 예를 들면, 클라이언트는 처방된 치료약물에 대해 각기 다르게 반응하고, 주거환경에 대해서도 각기 다른 욕구를 보이며, 여가선용과 직업활동에 대해서도 제각기 욕구가 서로 다를 수 있기 때문이다. 따라서 치료계획은 클라이언트 한 사람 한 사람마다 주의 깊게 수립되어야 하며 변화하는 클라이언트의 상황에 따라 수정되어야 한다.

2) 서비스 제공의 포괄성

이 원칙은 종종 사례관리기법만의 독특한 품질보증서와 같은 것으로 간주된다. 여기에는 만성정신장애인이 지역사회 내에서 제대로 생활하기 위해 필요한 광범위한 서비스를 연결시키고 조정하며, 모니터링하는 것을 전제로 하고 있다(Turner &

TenHoor, 1978: 319-344). 만성정신장애인은 심각한 불안과 사고, 행동장애 및 혼란으로 인해 스스로 무엇을 할 수 없거나 다른 사람이 쉽게 당연한 것으로 생각하는 간단한 일도 제대로 수행할 수 없을 때가 많다. 따라서 주택을 구하거나 의료서비스를 받고자 할 때, 또는 공공 교통수단을 이용할 때라든가 가족이나 친구와 어울릴 때에도 누군가의 도움이 필요할지 모른다. 필요한 서비스의 형태나 정도는 클라이언트마다 다르고 시간이 경과함에 따라 개인별로 달라질 수 있다. 그러므로 사례관리사 회복지사는 클라이언트에게 적합한 서비스를 제공하기 위해 현존하는 지역사회자원뿐만 아니라 잠재적 자원까지도 충분히 파악하고 있어야 하며, 그리고 나서 클라이언트가 이용 가능한 서비스를 효과적으로 이용할 수 있도록 해 주어야 하고, 더 이상 필요치 않을 때에는 그 서비스를 그만 이용할 수 있도록 해 주어야 한다.

3) 클라이언트의 자율성 보장

이 원칙은 사회사업실천에 있어서 오랫동안 견지되어 온 원리이며, Biestek(1957)은 이것이 클라이언트의 자기결정의 원리와 같은 것으로 밝히고 있다. 이것은 서비스가 클라이언트의 선택의 자유를 최대한 존중하는 면에서 결정·제공되어야 하며 적절하지 못한 과잉보호나 가부장적 태도는 피하도록 해야 하는 것이다. 클라이언트의 자율성을 최대한 보장한다는 것은 새롭고 중요한 법적 의미를 함축하고 있다. 과거에는 정신장애인이 항상 무능력한 것으로 간주되었지만 1970년대에 들어서면서부터 생겨난 클라이언트의 권리를 보호하는 새로운 입법조치—예를 들면, 강제입원을 매우 엄격하게 적용하는 법의 제정, 클라이언트가 치료를 거부할 권리 등—로 인해 이러한 개념은 변화되었다(Brooks, 1974: 819). 지금은 정신장애인이 무능력한 존재로 증명되지 않는 이상 일반인과 동등하게 간주되고 있다. 즉, 법적으로, 정신적으로 무능한 존재로 증명되지 않는 이상, 정신장애인도 투표할 권리가 있고, 또 유언을 남길 권리 및 동산과 부동산을 사고 팔 권리가 인정되고 있다. 다시 말하면, 가능한 한 자율적으로 사회적 기능을 수행할 수 있는 권리가 주어져 있다.

4) 보호 및 치료의 지속성

마지막 원칙은 클라이언트에게 장기적으로 또는 어떤 경우에는 무한적으로 서비스를 제공해야 한다는 것이다. 이 원리는 만성정신장애인이 완전하게 치료되기란 어려우며 무한정으로 서비스를 필요로 한다는 가정하에 적용되는 것이다(Bachrach, 1981: 1449-1456). 이상적으로는 사례관리자가 서비스를 지속적으로 제공하며 클라이언트에게 서비스가 필요한 한 클라이언트와 계속 접촉해야 한다는 것이다. 이것은 지리적으로 접근 가능하다는 가정하에 클라이언트가 지역사회 내에 있건 정신병원에 있건 간에 계속적으로 사회복지사-클라이언트의 관계를 유지해야 한다는 것이다.

5. 사례관리 실천모델

지역사회 내의 만성정신장애인에게 보편적으로 적용될 수 있는 어떤 일반화된 사례관리의 실천모델은 아직까지는 어떤 뚜렷한 형태로 존재하고 있지 않지만, 그 적용모델에 필요한 프로그램적 요소(예: 기능, 원리 등)에 대해서는 대체적으로 의견의 일치를 보고 있다. 왜냐하면 이러한 요소들을 다양하게 조직·구성하여 유용한 모델을 만들어 낼 수 있고, 또 사례관리를 실행하는 데 있어서는 여러 서비스 모델 중 어느 것이라도 적절히 활용할 수 있기 때문이다. 그런데 여기서 주목할 만한 사실은 사례관리기법의 모델을 선정하는 데에는 대체적으로 어떤 평가전략 또는 어떤 모니터링 전략을 구사하느냐에 따라 좌우된다는 점이다.

그러나 어떤 모델을 채택하든 간에 사례관리자라면 누구나 세 가지 기본적 서비스를 제공할 책임을 지는데, 이 세 가지 서비스는, 첫째, 직접적 서비스의 제공(예: 클라이언트와 그 가족을 상담하는 것), 둘째, 서비스의 조정(예: 클라이언트를 위해 다른 전문가나 서비스 제공자와 논의·협력하는 것), 셋째, 필요한 서비스를 만들어 내고 서비스의 적절성과 질은 보장하면서 클라이언트가 서비스에 접근할 수 있도록 클라이언트의 권익을 옹호하는 것을 말한다(Weil, 1985: 29-71).

지금까지의 연구문헌(Honnard, 1985: 204-232; Kanter, 1989: 361-368; Lamb, 1980;

Levine & Fleming, 1984)을 보면 사례관리 실천을 위한 다양한 모델이 제시되었고, 이 중 어떤 모델은 아주 구체적으로 제시되어 있고, 어떤 것들은 다소 일반적이고 추상적으로 제시되어 있다. 일반적으로 사례관리기법의 모델은 사례관리자가 수행하는 역할에 따라 다르다고 할 수 있다(Netting, 1992: 160-164). 우선 개입은 사례관리자 개인에 의해 이루어질 수도 있고 사례관리팀에 의해서 이루어질 수도 있다. 대부분의 사례관리자는 유급 사회복지사이지만 가끔은 자원봉사자인 경우도 있다. 사례관리직은 훈련된 전문가가 차지하는 경우가 대부분이지만 가끔은 준전문가 또는 지역사회 출신의 토착적 사회복지사가 수행할 수도 있다.

사례관리의 실천모델을 선택하는 데 영향을 주는 요인으로는 클라이언트의 욕구와 사회복지사의 능력 외에 여러 가지가 있는데, 그중 중요한 것만 몇 가지 들면 우선 재정적 자원, 목표집단, 즉 클라이언트집단에 대한 서비스 네트워크의 범위, 클라이언트집단이 가지고 있는 문제에 대한 공공의 태도 및 정치적 환경, 그리고 입법, 법령 및 정책적 지침서와 규범 등을 들 수 있다.

Weil(1985)은 사례관리의 실천모델을 세 가지 범주, 즉 ① 사회복지서비스에 있어서 전문가 또는 특별히 훈련된 준전문가에 의해 제공되는 사례관리기법, ② 클라이언트와 특별한 관련이 있는 비전문가에 의해 제공되는 사례관리기법, ③ 심리사회재활센터와 같은 종합적 서비스센터에 의해 제공되는 사례관리기법으로 분류했으며, Honnard(1985)는 다섯 가지 차원에 따라 사례관리기법의 모델을 서비스 제공자 모델, 역할중심 모델, 서비스 중심 모델, 클라이언트 중심 모델, 그리고 목표중심 모델로 구분했다. 이와 같이 기존의 문헌에서는 다양한 적용모델이 제시되었지만 여기에 소개하는 모델은 그중 가장 널리 알려져 있고 비교적 쉽게 적용될 수 있는 모델이라고 할 수 있다(Levine & Fleming, 1984; Rapp & Chamberlain, 1985: 417-422).

1) 일반모델

일반모델(generalist model)은 한 사람의 사례관리자가 사례관리서비스의 모든 기능과 역할을 책임지는 것으로 필요한 직접적 서비스와 서비스 조정 및 권익옹호의 역할까지 책임지는 모델이다.

Levine과 Fleming(1984: 17)에 의하면 현재 활용되고 있는 여러 가지 사례관리모델 중 이 모델이 '전통적 개별사회사업모델'과 가장 가깝다. 이 일반모델의 장점으로는 우선 각 클라이언트에게 한 사람의 사회복지사가 배정되어 있어 클라이언트의 치료 계획과 서비스 제공에 관한 역할을 담당한다는 점이다. 그리고 사례관리자는 다양한 기능을 수행할 수가 있으며 사례관리자의 자율성이 보장된다는 점이 특징이다(Bradfield & Dame, 1982). 이 모델은 만성정신장애인에게 여러 가지 다양한 서비스가 제공될 수 있을 때 특히 효과적이라고 하겠다.

2) 치료자모델

일반모델과는 대조적으로 치료자모델(primary therapist-case manager model)에서는 사례관리자의 클라이언트에 대한 관계가 치료우선적이다. 남가주 대학교의 정신의학 교수인 Richard Lamb(1980)는 이 모델을 강력히 지지하고 있는데, 사례관리 기능은 유능한 치료자의 기본적 역할과 책임의 통합이라고 주장하고 있다.

이 모델의 장점은 한 사회복지사가 클라이언트에게 치료, 서비스 접근 및 사례조정의 역할을 한다는 점이다. 게다가 전문 인력이 부족한 영역에서는 이 모델이 사례관리서비스를 제공하는 가장 효과적인 모델이라는 것이다. 그러나 이 모델을 적용하는 데 있어 가장 큰 문제점으로 지적되는 것은 사례관리자가 클라이언트가 더 절실히 필요로 하는 다른 사례관리서비스를 제공하기보다는(클라이언트에게는 정신치료서비스가 가장 덜 필요로 하는 서비스임에도 불구하고) 임상적 치료서비스를 제공하는 데 더 많은 관심을 보일 수 있다는 것이다(McPheeters, 1983).

이 모델은 사례관리서비스가 정신치료 외에 다양한 욕구를 가진 클라이언트를 위한 서비스라는 점에 미루어 보아 현실적이라기보다는 다소 이상적인 모델이라고 할 수 있으며, 이 모델에서 사례관리자가 그 본래의 역할을 간과하거나 간과할지도 모른다는 우려 때문에 다른 대안적 모델이 생겨났다는 사실을 잊어서는 안 된다.

3) 통합적 팀 모델

통합적 팀 모델(interdisciplinary team model)은 전문영역 간의 통합적 전문팀이라는 개념에 기초해 있고, 이 팀에는 각자가 각 분야의 전문영역 내의 서비스 활동에 대해 특별한 책임을 맡게 된다는 점이 돋보인다(Brill, 1976). 즉, 이 사례관리팀 모델에서는 사례관리자 각자가 그 사례관리 과정의 특정한 요소(예를 들면, 서비스 계획, 연결, 서비스 조정 등)에 책임을 지게 되며 이러한 사례관리자 각자가 구성하게 되는 전문활동이 전체적으로 연합하여 사례관리 과정을 완성하게 되는 것이 특징이다. 팀의 성원이 클라이언트의 기능회복과 복지에 대해 책임을 강하게 느낄 때 그 팀은 상호 기획 과정과 문제해결을 통해 양질의 사례관리서비스를 제공할 수 있게 된다 (Weil, 1985). 물론 이 모델은 팀에 관계한 전문가들이 서로에게 상호 지원체계가 될 수 있고, 직무상의 소진(burnout)을 피할 수 있게 되며, 다루기 어려운 사례인 경우 그 책임과 역할을 분담할 수 있게 된다는 점이 장점이다.

어떤 연구에 의하면 이 팀접근법은 만성정신장애인에게 더 지속적인 서비스를 제공할 수 있고 서비스 계획을 보다 좋게 할 수 있으며 서비스의 조정도 증진시킬 수 있다고 한다(Test, 1979). 그러나 이 모델에도 다소의 약점이 있다고 할 수 있는데 만일 팀의 성원이 클라이언트의 복지나 팀워크의 운영 면에 주의를 하지 않는다면 그 책임규정이 모호할 수 있고 서비스 효과에 대한 책임소재도 명확히 밝힐 수 없다는 점이다.

4) 가족모델

가족모델(family model)은 가족구성원이 전문가보다는 만성정신장애인에게 더 많은 사례관리서비스를 제공할 수도 있다는 가정에 근거하고 있다. 가족은 그 가족 중에 정신장애인이 있을 때 그에 대한 책임을 맡게 되는 경우가 많은데 가족구성원이 사례관리 과정에 대한 훈련을 받고 함께 일하고 상의할 수 있는 전문가가 옆에 있을 때 클라이언트에게 제공되는 서비스의 질과 지속적 서비스의 전달에 큰 영향을 끼칠 수 있다.

그러나 많은 가족은 이 역할이 자신들에게 적합하지가 않으며 과중한 부담이 된다고 느낀다. 게다가 이들은 대체적으로 만성정신질환자의 서비스 조정 욕구에 대처할 준비나 자질을 갖추지 못하고 있다고 할 수 있다. 그러므로 이들이 정신질환을 겪고 있는 가족이나 친지들을 효과적으로 감당하는 데 필요한 지식이나 기술을 가르쳐 주어야 하느냐 하는 이슈는 정신건강전문가 자신들에게 달려 있다. 사실 이러한 경우는 가족에게 치료과정에 있어서 전문가들이 가지고 있는 권한을 넘겨주는 결과가 될 것이라고 우려하는 사람도 있다(Hatfield, Fierstein, & Johnson, 1982). 또 다른 단점으로는 정신건강전문가가 클라이언트에게 좋은 서비스를 제공해야 한다는 기본책임을 간과할 수도 있다는 것이다.

5) 지지적 원조 모델

지지적 원조 모델(supportive care model)은 "만성정신장애인이 지역사회에서 살아가는 데 필요한 심리적 지지는 바로 그들의 이웃이나 지역주민에게서 찾을 수 있으며, 더욱이 주민이 적절한 지원과 가이드를 받는다면 그들도 효과적이고 경제적인 정신건강서비스를 제공할 수 있고, 클라이언트를 지역사회의 다른 지원체계와 연결할 수도 있다"(Levine & Fleming, 1984: 21)는 신념에 기초하고 있다.

이 모델은 지역사회와 그 주민이 정신건강서비스와 클라이언트의 권익옹호에 관계해야 한다는 가정에 기초하고 있으며 지지적 원조 사회복지사는 지역주민 중에서 뽑힌 사람이어야 하고, 이들이 바로 사례관리자로서 일하게 된다. 그리고 이들을 선정하는 기준은 과거에 정신건강에 관련된 훈련이나 경험 유무에 전적으로 기초하는 것은 아니다. 물론 일단 선발되면 전문훈련을 받게 되고 일대일로 클라이언트에게 배정된다. 이들 지지적 원조 사회복지사는 자원봉사자가 아니라 그들이 제공하는 서비스에 따라 보수를 받게 되며 지역사회정신건강기관과 계약을 맺고 일하는 것이 일반적이다. 이 모델에서는 여러 가지 서비스 과업이 비록 골고루 배분된다 할지라도 법적·프로그램적 책임은 정신건강전문가에게 있는 것이며 지지적 원조 사회복지사에 대한 슈퍼비전은 계속되는 정기적 훈련과정과 사례회의(case conference) 등을 통해 이루어지는 것이 보통이다.

이상에서 논의한 사례관리모델은 클라이언트의 복지를 증진시키기 위해 효과적으로 활용될 수 있고 각 모델의 적용은 사례관리 프로그램을 실행하는 각 서비스 기관의 상황에 따라 결정되며 동시에 사례관리자의 기술과 역할에 따라 크게 영향을 받는다. 또한 각 모델이 적용되는 방식은 지역사회 내에서 이용 가능한 서비스 자원과 제공되는 서비스의 정도에 따라서도 달라진다(Boserup & Gouge, 1980).

6. 사례관리자의 자질

사례관리서비스를 제대로 제공하기 위해서는 몇 가지 역할에 있어서 특별한 전문기술이 요구되는데, 사례관리자는 클라이언트를 위해서 광범위한 지원 네트워크(support system network)를 만들어야 하며 때때로 자신의 사무실 밖, 즉 '지역사회 내 현장(real world)'에서 일하면서 만성정신장애인만의 고유한 욕구를 충족시킬 수 있어야 한다. 그리고 주목할 만한 사실은 사례관리서비스란 직접적 서비스이면서 동시에 간접적 서비스이기도 하다는 점이다. 왜냐하면 클라이언트 개개인과 가족, 친지 및 친구와도 '우회적 지원활동(behind-the-scenes work)'과 연관된 간접적 서비스를 제공해야 하기 때문이다. 이러한 간접적 서비스의 활동 중 몇 가지만 예시하면, 우선 정신장애인에게 지역사회 내에서 적절한 주거를 마련하기 위해 정신보건협회나 정신장애인가족협회 및 행정당국과 이 문제를 함께 해결해야 하는 경우가 있고, 서비스 전달의 효과를 높이기 위해 여러 기관의 전문가와 연합회를 구성하기도 하며, 주민공개토론회를 열어서 정신장애인의 욕구에 대한 논의와 동시에 그들에 관한 그릇된 편견을 불식시키기도 한다. 이 외에도 때때로 의회 의원들을 초청하여 환자의 가족 및 관련 집단성원과 함께 정신장애인의 지역사회 재활을 위한 프로그램을 법제화하는 노력도 해야 한다.

이러한 사례관리서비스는 그 유형이 직접적 서비스든 간접적 서비스든 간에 이 중 어느 것도 사례관리서비스만의 독특하고 유일한 것이라고 말할 수는 없지만, 이러한 서비스들이 전체 통합적인 것으로 인식될 때에는 어떠한 기존 형태의 사회복지서비스 실천방법과도 확실히 구별될 수 있다. 예를 들면, 사례관리자의 일상업무 중에서 아침에는 클라이언트에게 임상적 치료서비스를 제공하고, 오후에는 클라이언트의 가족으로 구성된 지지집단(support group)을 인도하고, 저녁에는 지역주민회의에 가서 클라이언트의 욕구와 생활에 관한 증언도 하는 것이 지극히 평범한 사례관리자의 일과이다. 이러한 업무는 평범한 개별사회사업이나 집단사회사업의 업무와는 확연히 구별된다고 할 수 있다. 이러한 다양한 역할 또는 역할의 전환으로 인해 사례관리자는 때로는 아주 유쾌한 기분으로 일할 수 있고 때로는 힘들게 느낄 때도 있다는 것이다(Johnson & Rubin, 1983: 49-55).

전통적인 사회복지 실천방법인 개별사회사업, 집단사회사업 및 지역사회조직 등을 통합적으로 활용하는 사례관리기법(Roberts-DeGennaro, 1987: 466)은 사회복지사에게 광범위한 지식기반을 요구하는데, 예를 들어 정신건강영역에 있어 사례관리자는 클라이언트의 정신건강 관련 법상의 권리문제도 잘 알고 있어야 하며, 정신병리학, 정신치료약물, 서비스 기관 간의 정책규정 및 규칙, 집단이론 및 집단사회사업, 위기개입, 사회체계이론, 조직행동이론 및 권익옹호의 원리 등에 관해서도 정통해야 한다.

사례관리자의 가치체계는 일반 사회사업의 가치와 대체로 비슷하지만, 아마도 가장 근원적인 가치는 클라이언트 한 사람 한 사람 모두가 존엄하며, 보통 사람으로 살아가려는 그들의 생활에 서비스를 제공할 만한 가치가 있다는 것이다. 이러한 가치는 사례관리자에게는 특히 중요하다고 할 수 있는데, 왜냐하면 만성정신장애인은 어떤 측면에서는 사회로부터의 속죄양이며 버림받은 존재가 되기 쉽기 때문이다.

실제로 많은 수의 만성정신장애인이 지역사회 정신건강전문가로부터 '한심한 만성정신장애인(bunch of chronics)'이라고 경멸당할 수 있다. 이러한 용어를 쓰는 임상전문가는 정신병원에서 퇴원한 환자를 언뜻 호감 갖기 어렵거나 치료하기 곤란한 한심스러운 존재로 받아들이고 있으며, 그래서 이들의 무관심은 상담을 통한 구두치료 노력에 별 반응을 보이지 않는 환자를 처리하기 위한 효율적 방법으로서 대량의 처방으로 투약만 해 버리는 집단으로 만들어 버릴 수 있다.

그러나 사례관리자는 클라이언트가 개인적으로 호감이 가든 그렇지 않든 간에 모든 클라이언트를 위해서 일해야 한다. 왜냐하면 사례관리자는 클라이언트의 개인적 존엄과 가치를 존중해야 하기 때문이다. 이러한 가치를 가지고 일하게 될 때 비록 클라이언트가 조그만 진전이나 회복의 기미를 보일 때에도 만족감을 느낄 수 있고 그 업무의 만족도를 높일 수 있다.

사례관리자는 아주 독특한 이데올로기, 즉 그들의 지식과 기술, 가치체계를 통합하는 어떤 신념을 가지고 있는데, 때로는 어렵고 욕구불만적인 상황에서도 사례관리자를 이끌어 주고 그들의 노력을 견지하게 하는 이 가치체계는 다음과 같은 신념을 포함하고 있다.

1. 모든 사람은 누구나 자신의 안락과 안전에 대해 그리고 자신의 사회적 발전의 기회에 대해 동등한 권리를 가지고 있다.
2. 만성정신장애인은 이러한 기본권리를 갖추지 못하고 있으며 따라서 이들에게는 특별한 노력과 배려가 필요하다.
3. 사례관리자와 클라이언트 간의 관계와 사례관리자와 지역사회 간의 관계는 평등하다.
4. 클라이언트가 살고 있는 실생활 환경이 임상적 사무실 내 환경보다 치료에 더 효과적인 장소이다.
5. 지역주민을 이해시키고 협조를 구하고 적절한 배려를 하면 지역사회는 만성정신장애인에게 보다 더 수용적이고 나아가 지원시스템이 될 수도 있다.

출처: Johnson & Rubin (1983: 49-55).

또한 사례관리자로서 유념해야 할 강점관점의 실천원리는 다음과 같다. 첫째, 초점은 개인의 진단, 약점 혹은 결점이 아닌 강점, 관심, 지식, 역량에 두어야 한다. 둘째, 지역사회는 정신장애인에게 방해물이나 자원이 빈약한 존재로서가 아니라 무한한 가능성을 지닌 자원으로 간주되어야 한다. 셋째, 모든 활동은 소비자인 정신장애인의 자기결정의 원리에 의하여 실행되어야 한다. 넷째, 정신장애인과 사례관리자의 관계가 성장과 변화를 하는 데 가장 일차적이며 필수적이다. 다섯째, 적극적인 아웃리치가 강조되어야 한다. 여섯째, 아무리 심각한 정신질환을 가진 개인이라도 배우며, 성장하며 변화할 가능성이 있다(Rapp, 1998: 박정임, 2002 재인용).

7. 우리나라 정신건강 현장에서의 사례관리 활용

근래에 들어 정신치료 약물의 개발과 정신질환에 대한 인식이 변화됨에 따라 병원 중심의 치료에서 지역사회 중심의 치료로 그 중심이 전환되고 있는 것이 세계적 흐름이지만, 한국의 정신건강영역에 있어서는 아직도 지역사회 중심의 접근방법보다는 병원이나 시설을 중심으로 하는 입원 및 수용 위주의 임상적 · 치료적 접근방법이 보편적으로 적용되고 있다. 즉, 정신질환자에 대한 정신건강서비스 전달체계가 정책적으로 제대로 이루어지지 않은 상태에서 최근까지도 단순히 정신건강기관과 정신요양시설의 병상 수 증설에만 치중해 왔다. 이것은 정부의 정신건강에 대한 이해와 오리엔테이션이 정신질환이라는 문제를 단순히 약물치료나 정신치료에만 의존하여 해결하려는 의학적·임상적 모델이었다는 것을 단적으로 증명한다.

그러나 앞에서 언급한 바와 같이 미국에서 탈시설화 운동이 본격적으로 일어나기 시작한 1960년대 초반 이후로 정신건강에 대한 세계적 추세는 그동안 많은 연구와 실험을 거쳐 정신질환이라는 것이 결코 환자 주변의 사회적 환경을 외면한 단순히 정신의학적·임상적 치료모델로는 해결될 수 없다는 신념이 생겼다. 이에 지역사회를 중심으로 하는 정신사회재활서비스를 강조하는 지역사회정신건강모델로 전환하게 되었다. 그래서 많은 환자를 장기간 정신병원에 수용하는 것을 지양하고, 환자의 생활거점인 지역사회 내에서 다양한 재활치료를 통해 사회적 기능을 회복하여 사회에 복귀시키려는 움직임이 보편적 정신건강의 정책이자 실천방향이 되었다.

우리나라의 정신건강사업도 기존의 입원과 보호 중심의 전통적 모델에서 지역사회 중심의 정신건강서비스 모델로 전환하고 있으며, 이에 따라 지역사회를 중심으로 환자의 사회복귀를 위한 다양한 서비스 프로그램이 시행되고 있다.

이러한 지역사회정신건강을 위한 새로운 변화에는 무엇보다 만성정신장애인을 위한 사회재활 프로그램의 활성화가 필요하며, 이러한 재활 프로그램의 핵심에 사례관리서비스가 있다. 중증정신질환자 관리는 기초정신건강복지센터의 가장 우선적인 주요 사업으로 지역주민센터, 지역사회복지관, 공공부문 사례관리 기관(희망복지지원단, 찾아 가는 복지전담팀, 자활센터, 드림스타트, 의료급여팀, 노인돌봄기본서비스, 방문건강관리팀 등)과의 신규 환자 발견 및 등록체계의 활성화와 더불어 지역 내 의료기관의 상호 협력적 의뢰연계 체계 개발로 신규 발견 체계 활성화 및 사례관리서비스의 질적인 향상을 도모하고, 전문적 사례관리 서비스를 제공하도록 규정하고 있다. 또한 최근 정신건강영역에 지역사회서비스 투자 사업이 도입되어 '정신건강 토탈케어 서비스 사업'에서도 사례관리서비스를 제공하고 있다. 정신건강 토탈케어 서비스 사업은 일정 기준[1]을 충족하는 정신건강복지센터 등록관리자 중 그 질환의 정도가 심하여 추가적인 개입이 필요하다고 판단되는 자에게 가정방문을 통

---

[1] 전국 가구 기준 중위소득 120% 이하로, 정신장애인 또는 정신건강의학과 치료가 필요하다는 정신건강의학과 전문의의 소견서 및 진단서 발급이 가능한 자이다.

해 1:1 맞춤형 사례관리 서비스를 제공하는 것이다. 이때 정신건강복지센터 사례관리자로 등록은 유지하되, 정신건강복지센터 차원의 직접 사례관리는 최소화하고, 서비스 제공기관과 주기적인 회의를 통해 대상자의 상태를 점검한다.

서비스의 포괄성과 지속성을 그 특징으로 하는 사례관리서비스가 지역정신건강제도의 핵심 서비스로 널리 인정되고 정착되기 위해서는 사례관리서비스 및 그 업무에 대한 명확한 개념 정립이 우선적으로 필요하다. 현재 정부에서나 일부 전문가들은 정신건강복지센터 및 사회복귀시설에서 제공되고 있는 사례관리서비스를 환자의 접촉방법에 따라 가정방문, 지역사회방문, 전화상담, 내방상담으로 지극히 단순하고도 초보적인 방법으로 규정하고 있다.

그러나 사례관리서비스는 이러한 업무 외에도 잠재된 클라이언트의 발견, 클라이언트의 진단 및 사회적 기능 사정, 적절한 서비스 계획의 수립, 충분하고도 포괄적이며 지속적인 서비스의 제공, 유관기관과의 협의하에 제공될 서비스의 연결과 조정, 클라이언트의 치료 및 기능회복에 대한 모니터링, 그리고 지역사회 내에서 클라이언트를 위한 권익옹호활동 등 매우 다양하고 포괄적인 서비스가 포함되어 있어 사례관리서비스에 대한 보다 정확한 업무규정이 필요하다. 즉, 사례관리서비스는 그 기능과 역할에 따라 보다 세분화되고 정교한 업무개발과 이에 대한 인식과 이해가 전문가집단에서 우선적으로 요구된다.

그리고 사례관리서비스가 효과적으로 클라이언트에게 제공되기 위해서는 무엇보다 전문 인력에 대한 충분한 교육과 지속적 교육·훈련이 제공되어야 한다. 그렇게 될 때 비로소 사례관리서비스는 지역사회정신건강제도의 필수 서비스로서 활성화되며, 클라이언트의 다양한 욕구에 적절히 대응하는 효과적 서비스로서의 역할을 다할 수 있다.

8. 일본의 적용 사례(ACT 모델의 적용-사회복지법인 南高愛隣會의 사례)

ACT(Assertive Community Treatment) 모델은 포괄형 지역생활 지원 프로그램으로 1960년대 후반 미국에서 시작되어 여러 나라로 보급되어 그 효과가 입증되었다.

일본에서는 2003년에 ACT가 연구사업으로 시작되어 점차 전국으로 보급되었다. ACT는 중증의 정신장애를 가진 사람들도 지역사회에서 스스로 생활을 실현하고 유지할 수 있도록 포괄적인 방문형 지원을 제공하는 케어 관리 모델의 하나이다.

ACT의 특징은 중증의 정신장애를 가진 사람을 대상으로 하며, 다양한 직종의 전문가로 팀이 구성되고 직원 1명당 대상자 수는 10명까지 제한하여 담당한다. 스태프 전원이 1명의 이용자에 대한 케어를 공유하고, 대부분의 서비스를 책임감을 가지고 직접 제공하며, 적극적으로 방문이 이루어지는데, 이는 기한을 정하지 않고 지속적으로 개입하고 관리한다(1일 24시간 365일 체제).

ACT에서 제공하는 서비스는 약의 처방과 제공, 이용자 스스로 약물 관리를 하기 위한 지원, 개별적인 지지적 요법, 위기개입, 입원기간 중의 계속 지원, 주거서비스에 대한 지원, 일상생활 지원, 신체건강에 대한 지원, 경제적 서비스에 대한 지원, 취업지원, 가족지원, 사회관계망(social network)의 회복과 유지를 위한 지원 등이다.

개입기준은 18세 이상 65세 미만의 성인으로 조현병, 양극성장애(조울증)·중증의 우울증과 같은 정서장애, 주 진단이 증상을 포함하는 기질적 정신장애, 성인 인격 및 행동 장애 등이며, 지적 장애가 단일 진단인 경우는 제외된다. ACT 사무소로부터 차로 30분 이내의 지역에 거주하며, 다음의 네 가지 조건 중 최소한 하나 이상을 충족하여야 한다. ① 정신과 병원의 이용이 많음(예: 과거 1년간 2회 이상 입원, 과거 1년간 100일 이상 입원, 정신과 응급 의료 서비스 수회 이용 등), ② 기존의 병원이나 진료소를 기반으로 한 서비스를 이용할 수 없는 경우[예: 아직 치료받지 않음, 치료거부(의료도입 거부), 6개월 이상의 통원 중단 등], ③ 집중적인 서비스가 제공되면 자립생활을 할 수 있다는 사정(평가, assessment)에도 불구하고 입원이나 입소하고 있는 경우, ④ 일정 기간 6개월 정도의 기존 방문서비스(방문 간호 등) 이용에서 개선이 없는 경우, 또한 다른 사람으로부터 상당한 지원이 없으면 지역 생활의 기본적인 일상생활과제를 일관되게 수행할 수 없는 경우(주거 유지 및 취업도 포함), GAF 척도 점수 50점 이하인 경우가 해당된다.

ACT의 이념은 인간으로서 행복을 실감할 수 있는 서비스를 제공하고 불필요한 입원과 수용을 피하며 지역사회 생활을 유지하도록 하는 것이다. 스태프의 방문에서 중요한 사항은 자택뿐 아니라 필요한 장소에 적절한 시기에 방문하고, 약 복용과 혈압 등도 체크한다. 상태가 악화되었을 때도 지켜보며(긴급성이 있는 경우에는 입원

지원) 본인과 함께 케어 계획(위기 계획)을 생각하고, 이는 직종을 넘어 팀에서 지원한다.

물론 정신 증상의 불안정성이 눈에 띄는 이용자도 적지 않다. 의료수가를 받지 못하는 여러 차례의 방문도 있지만, 주간에 제대로 관리하고, 정신 상태의 변화도 조기에 감지하는 것이 필요하다. 또한 의료적 처치가 필요한 경우에는 입원도 선택하지만, 입원 중에도 지속적으로 참여하여 퇴원 후 지역의 수용 체제를 정비한다.

생활의 어려움으로 입·퇴원을 반복하는 사람에게는 지역 생활 전반의 평가를 실시한다. 의식주의 안정, 행정과의 연락 조정 및 복지서비스 이용 절차의 동행 등과 같은 환경 조정은 이용자의 불안 증상의 악화를 미연에 방지하는 지원이 될 수 있다.

우리는 ACT를 통해 환자 본인이 가진 힘에 대한 믿음과 환자의 욕구가 다른 만큼 지원의 내용도 다양하다는 것, 병이나 장애를 안고 있지만 지역사회에서 생활하기를 희망하는 이용자에게 다양한 영향력을 미친다는 것 등을 배운다. 이는 강점관점에서 질병이나 장애, 문제에 초점을 맞추는 것이 아니라 본래 가지고 있는 능력(장점, 강점, 특색, 경험, 꿈, 희망 등)이나 이용자를 둘러싼 사람들의 지원능력이나 지역이 가지는 자원이나 문제해결 능력 등에도 주목하여 그것을 끌어들이는 것을 의미한다. 또한 회복의 관점에서 질병이나 장애의 의학적인 회복에 머무르지 않고, 어떤 사람이 질병이나 장애로 '잃어버린 것'을 회복함과 동시에 '질병이나 장애를 느끼면서도' 희망과 자존심을 갖고 가능한 한 자립적인 생활을 영위하도록 지원한다는 것이다. 이는 정신병을 가지고 있으면서도 보통의 생활, 보통의 매일을 보내고 싶다는 환자들의 기원에서 비롯된다. 이들에 대한 사례관리는 복지, 의료, 보건, 취업, 교육 등 사람들의 생활요구와 지역자원 사이에서 복수의 서비스를 적절히 연결하여 조정하고, 포괄적이며 계속적인 서비스 제공을 가능하게 하는 원조방법이며, 생활에 어려움을 겪고 있는 사람들을 대상으로 self care를 향상시킨다. 또한 사례를 지원함으로써 다양한 영역, 다양한 형태의 직종이나 가정, 이웃사람들의 네트워크를 형성하여 다른 사례에 대응하기 쉬워지고, 지역사회의 문제해결 능력을 향상시킨다.

ACT의 스태프들은 위기관리를 위한 환경조정을 실시하고, 약물뿐 아니라 아무렇지도 않은 말의 교환이나 보통의 생활을 함께 체험하면서 개인이 가질 수 있는 힘을 발휘해 나가도록 돕는다.

생각해 볼 문제

- 정신건강영역에서 사례관리서비스 활성화방안에 대해 토의해 봅시다.
- 정신장애인을 위한 사례관리실천에서 사회복지사가 갖추어야 할 자질을 논의해 봅시다.

참고문헌

권진숙·김상곤·김성경·김성천·김혜성·민소영·박선영·박지영·백은령·유명이·유서구·이기연·조미숙·조현순·황성철(2012). **사례관리론**. 서울: 학지사.

권진숙·박지영(2015). **사례관리의 이론과 실제**(3판). 서울: 학지사.

김기태·최송식·이명옥·이경희·박봉길(1997). **사례관리실천의 이해**. 부산: 도서출판 만수.

김통원·김용득(1998). **사회복지실천사례관리**. 서울: 도서출판 지샘.

박미은(2015). **사회복지사를 위한 사례관리**. 경기: 양서원.

박정임(2002). 정신장애인을 위한 강점관점 사례관리모델의 효과성에 관한 연구. 서울여자대학교 대학원 박사학위논문.

사회복지법인 南高愛隣會(2019). 일본 ACT 소개 자료.

황성철(2000). 재가대상자에 대한 사례관리의 적용과 실천. 전국사회복지관협회 세미나자료.

Bachrach, L. (1981). Continuity of care for chronic, mental patient: A conceptual analysis. *American Journal of Psychiatry, 138*(11), 1449–1456.

Ballew J. R., & Mink, G. (1986). *Case management in the human services.* Springfield, IL: Charles C. Thomas publisher.

Biestek, F. P. (1957). *The casework relationship.* Chicago: Loyola University Press.

Boserup, D. G., & Gouge, G. V. (1980). *The case management model: Concept, implementation and training.* Athens, GA: Regional Institute of Social Welfare Research.

Bradfield, E., & Dame, F. (1982). *Community support systems: Planning and implementation. Report on the rural mental health training and consultation programs.* Huron, SD: Community Counseling Services.

Brill, N. (1976). *Teamwork: Working together in the human services.* Philadelphia: Lippincott.

Brooks, A. D. (Ed.). (1974). *Law, psychiatry and the mental health system.* Boston: Little, Brown & Company.

Gerhart, U. C. (1983). The role of the case manager for the mentally ill: Problems and prospects. A paper presented at the NASW Professional Symposium in November of 1983.

Hatfield, A., Fierstein, R., & Johnson, D. (1982). Meeting the needs of families of psychiatrically disabled. *Psychosocial Rehabilitation Journal, 6*(1), 27.

Honnard, R. (1985). The chronically mentally ill in the community. In M. Weil, J. M. Karls, & Associates (Eds.), *Case management in human service practice* (pp. 204–232). San Francisco: Jossey-Bass Publishers.

Johnson, P. J., & Rubin, A. (1983). Case management in mental health: A social work domain? *Social Work, 28*(1), 49–55.

Kanter, J. (1989). Clinical case management: Definition, principles, components. *Hospital and Community Psychiatry, 40*(4), 361–368.

Lamb, H. R. (1980). Therapist–case managers: More than brokers of services. *Hospital and Community Psychiatry, 31*(11), 762–764.

Leavitt, S. S. (1982). Case management: A remedy for problems of community care. In C. J. Sanborn (Ed.), *Case management in mental health services* (pp. 17–41). New York: The Haeworth Press.

Levine, I. S., & Fleming, M. (1984). *Human resource development: Issues in case management.* Baltimore, MD: Manpower Development Unit and Community Support Project, State of Maryland Mental Hygiene Administration.

McPheeters, H. L. (1983). *Case management for the chronically mentally ill.* Southern Regional Educational Board.

Miller, G. (1983). Case management: The essential services. In Charlotte J. Sanborn (Ed.), *Case management in mental health services* (pp. 3–15). New York: The Haeworth Press.

Netting, F. E. (1992). Case management: Service or symptom? *Social Work, 37*(2), 160–164.

O'Connor, G. (1988). Case management: System and practice. *Social Casework, 69*, 97–106.

Rapp, C. A., & Chamberlain, R. (1985). Case management services for the chronically mentally ill. *Social Work, 30*(5), 417–422.

Richmond, M. (1917). *Social diagnosis.* New York: Russell Sage Foundation.

Roberts-DeGennaro, M. (1987). Developing case management as a practice model. *Social Casework, 68*(8), 466–470.

Rose, S. (1992). Introduction. In S. M. Rose (Ed.), *Case management and social work practice* (pp. v–x). New York: Longman.

Specht, H. (1988). *New directions for social work practice*. Englewood Cliffs, NJ: Prentice Hall.

Sullivan, J. P. (1981). Case management. In J. A. Talbott (Ed.), *The chronically mentally ill* (pp. 119-131). New York: Human Sciences Press.

Test, M. A. (1979). Continuity of care in community treatment. In L. I. Stein (Ed.), *Community support systems for the long-term patient*. San Francisco: Jossey-Bass Publishers.

Turner, J. C., & TenHoor, W. J. (1978). The NIMH community support program: Pilot approach to a needed social reform. *Schizophrenia Bulletin, 4,* 319-344.

Weil, M. (1985). Key components in providing efficient and effective services. In M. Weil, J. M. Karls, & Associates (Eds.), *Case management in human service practice*. San Francisco: Jossey-Bass Publishers.

Weil, M., Karls, J. M., & Associates (1985). *Case management in human service practice*. San Francisco: Jossey-Bass.

제10장

위기개입

 학습 목표

- 위기와 위기개입의 개념을 이해한다.
- 위기개입의 이론과 모형을 이해하고 위기개입의 원리를 설명할 수 있다.
- 위기개입의 특징을 이해하고 정신건강영역에서의 적용을 탐색한다.

위기개입은 위기적 상황에 대처하는 하나의 실천기술로 위기로 인한 불균형 상태를 회복하기 위한 일정한 원조수단을 개인과 가족, 집단, 지역사회 등에 적용하는 과정이라고 할 수 있다. 이러한 측면에서 볼 때 정신건강영역에서 위기개입은 특히 정신과적 응급상황에 요구되는 보다 적극적인 개입방법이라고 할 수 있을 것이다. 이 장에서는 정신과적 응급상황에 대한 실천적 대응으로서 위기개입의 이론적 기초들을 살펴보고, 정신건강영역에서 위기개입의 적용을 모색해 보고자 한다.

1. 위기의 개념과 유형

1) 위기의 개념

위기의 개념은 여러 학자에 의해 다양한 형태로 정의되어 왔는데, 우선 사전적인 의미에서 위기의 의미를 살펴보면 Webster 사전에는 'turning point'라고 정의되어 있으며, 국어사전에는 위험한 때나 고비(네이버 국어사전)라고 설명되어 있다. 한자로 危機는 위험과 기회의 뜻을 동시에 나타낸다.

Parad는 평형 상태의 혼란을 위기라고 정의하면서 위기를 유발시키는 사건은 그것이 위기가 되기 전에 개인에게 스트레스적 사건으로 지각된다고 하였다. Caplan은 인간은 끊임없이 외부환경과 균형을 유지하기 위해 노력하는데, 이렇게 유지되는 균형은 여러 가지 요인에 의해 위협받게 되며, 이러한 균형 상태의 혼란을 위기로 보았다(김기태, 2006: 26-27). 또한 Caplan은 위기는 개인의 대처기제와 자원을 뛰어넘는 견디기 힘든 상황의 지각이며, 도움을 받지 않는다면 심각한 감정적, 인지적, 행동적 부적응을 일으키는 잠재성을 가진다고도 하였다.

Slaikeu(1990: 15)는 위기란 일시적 혼란 상태이며, 문제해결을 위한 습관적(일상적)인 방법의 사용이 특별한 상황에 대처하기에는 불가능한 것으로 특징지을 수 있다고 하면서, 위기는 근본적으로 긍정적 혹은 부정적 결과의 가능성을 가진다고 하였다.

Greenstone과 Leviton(2002: 1)은 위기는 우리 삶에서 스트레스와 긴장의 결과이며, 스트레스는 위기 발달에 있어 중요한 요소라고 하였다. 스트레스는 비정상적인 비율로 상승하고 개인의 대처기술이 더욱더 비효과적이 되면 위기의 잠재성은 발생한다. 흔히 사람들은 위기가 발생하면 일상적인 방법으로 문제를 해결하고 긴장을 다루려 시도하는데, 이것이 실패하면 부적응적 행동이라고 부르는 비효과적인 행동이 발생하게 되는 것이다. 위기개입은 이러한 하강적 변화에 가능한 빨리, 기술적으로 개입하는 행동이며 희생자를 위기 이전의 대처 수준으로 되돌려 놓는 것이다.

2) 위기의 유형

위기는 크게 두 가지 유형으로 나누어 볼 수 있는데, 발달과정상의 위기와 상황적 위기가 그것이다. 첫째, 발달과정상의 위기는 성장과 성숙과정에서 일반적으로 경험하는 사건들이다. 개인의 경우 잠재적인 위기영역은 모든 인간의 정상적인 성장과정에서 경험하는 뚜렷한 사회적·신체적·심리적 변화의 기간 동안에 생긴다. Erikson은 인간의 성장은 일련의 위기를 성공적으로 해결하는 결과라고 했으며, 한 단계와 다음 단계 사이에 인식과 감정의 혼란이 현저한 과도기로서 행동의 미분화 상태인 기간이 있는데, 이 기간을 발달과정상의 위기 혹은 성숙상의 위기라고 하였다(Erikson, 1950: 김기태, 2006: 20 재인용). 발달과정상의 위기는 모든 사람이 성장과정에서 경험하기 때문에 정상적 위기라고 보는 견해가 많으며, 입학, 결혼, 임신, 퇴직 등이 이에 해당된다. 한편, 개인의 발달과 더불어 하나의 단위로서 가족의 발달과정상에도 위기가 존재한다. 가족생활주기에 따라 결혼을 통한 부부간의 역할과 규칙의 형성, 첫 자녀의 출생, 자녀의 입학, 자녀의 독립, 빈둥지에의 적응 등은 대부분의 가족을 이루는 사람들이 겪게 되는 위기들이다.

〈표 10-1〉 상황적 위기

일반적 범주	상황적 사건들	핵심 자원들
건강	사지의 상실, 생명을 위협하는 질병, 신체적 장애	간호사, 의사, 성직자, 가족구성원, 고용주, 교사
예기치 않은 죽음	치명적인 사고, 불치병, 타해(타살, 살인), 자해(자살)	간호사, 의사, 성직자, 가족구성원, 응급서비스 요원들
범죄	폭행(강도, 강간), 가족 폭력(아동 및 배우자 폭력/학대), 범죄자의 감금/석방	경찰, 간호사, 의사, 이웃, 가족구성원, 성직자, 대리인(변호사), 가석방/집행유예 사무관, 사회복지사
자연재해, 인재	화재, 홍수, 대선풍(토네이도), 허리케인, 핵사건, 비행기사고	응급서비스사회복지사, 경찰, 대리인(변호사), 정신건강 아웃리치팀, 대중매체
전쟁	침략 혹은 다른 군대의 행동, 전쟁의 인질, 포로를 잡음	간호사, 의사, 목사, 가족들, 심리치료사, 정부 대리인
가족/경제	경제적 퇴보(인플레이션, 실업), 이주/재배치, 별거/이혼	친구, 간호사, 의사, 고용주, 슈퍼바이저, 대리인, 성직자, 상담가

둘째, 상황적 위기는 우발적 위기라고도 하며, 사람들이 욕구충족의 본질적인 자원이라고 믿고 있는 것을 비정상적으로, 또 일반적으로 예기하지 않은 가운데 상실됨으로써 유발된다. 상황적 위기는 대체로 갑자기 발생하고, 예기치 않은 것으로 Slaikeu(1990)가 정리한 상황적 위기는 〈표 10-1〉과 같다.

2. 위기개입의 개념과 역사적 배경

1) 위기개입의 개념

사회복지 실천에서 개입이란 사회복지사가 클라이언트의 심리사회적 기능에 좋지 않은 영향을 미치는 조건들과 클라이언트 사이에 끼어들어 관계하는 것을 의미한다. 즉, 이는 일정한 원조 목적을 달성하기 위하여 사회복지사에 의하여 취해지는 상이하며 영향력 있는 계획적 활동의 방법과 과정 등을 적용하는 것이다.

따라서 위기개입이란 위기적 상황에 대처하는 하나의 실천기술로, 일시적 불균형 상태를 개선하기 위한 시간제한적인 접근이라고 할 수 있다. Parad는 불균형의 기간 동안 개인의 심리사회적 기능에 적극적으로 영향을 주는 과정(김기태, 2006: 29)이라고 하였으며, Malcolm Payne는 위기개입은 전통적으로 인간의 정상적인 기능을 와해시키는 연속적인 사건들을 차단하기 위한 행위(서진환 외, 2001: 166)라고 하였다. 요컨대, 위기개입이란 위기로 인한 불균형 상태를 회복하기 위하여 일정한 원조수단을 개인, 가족 및 집단 그리고 지역사회 등에 적용하는 과정이라고 보겠다.

2) 위기개입의 역사적 배경

위기개입의 성장은 다음의 네 가지 요인에 기인한다고 할 수 있다. ① 모든 사람은 위기를 경험한다, ② 사람들은 점차적으로 확대가족으로부터 떨어져서 생활하게 된다, ③ 폭력은 증가한다, ④ 부적절한 위기의 해결을 포함하는 조사와 경험은 정신질환을 초래할 수도 있다(Meyer, 2001: 16).

위기이론 발전의 중요한 계기가 되었던 역사적 사건은 1942년 492명의 사망자를 낳은 미국 보스턴의 코코넛 그로브 나이트클럽 화재사건이었다. 이 사건 이후인 1944년 정신의학자였던 Lindemann은 생존자들의 심리적 증상에 대한 임상논문을 발표하여 비탄과정의 이론화에 초석을 마련했다. 그는 이 논문을 통해 애도자가 상실을 받아들이고 해결하는 방향으로 진행하게 되는 일련의 단계들을 밝혔다(Aguilera, 1998: 2). Lindemann의 위기에 관한 이론상의 계통적 설명은 위기개입기법들의 발달을 가져왔으며, 1946년 Lindemann과 Caplan이 함께 보스턴지역의 정신건강을 위한 지역사회 프로그램인 Wellesley 인간관계 봉사기관을 설립하게 되는 결과를 가져왔다. 여기서는 위기적 상황에 대한 일련의 횡단적 연구를 시도하여 개인과 가족이 이러한 환경하에서 어떻게 반응하는가에 대한 중요한 자료를 마련한 점에서 위기이론 및 개입의 발달상의 의미가 크다고 하겠다(김기태, 2006: 76).

정신의학자였던 Caplan은 위기를 개인들에게 있어 매우 독특한 기회라고 보았으며 이를 통해 개인들은 더 나은 혹은 더 못한 정서적 균형을 이룩할 수 있음을 강조했다. 이러한 관점은 Caplan 자신을 지역사회를 기반으로 하는 예방차원의 위기개입서비스를 주창하는 선도자가 되게 하였다. 한편, 사회복지학자였던 Parad는 문제해결접근법을 위기개입에 적용하는 데 주력함으로써 1960년대와 1970년대 동안 여러 전문적 영역 중에서도 특히 사회복지 실천에서 위기이론 및 개입의 급속한 성장을 가져오게 했다. 가족위기에 관한 연구는 전쟁으로 인한 가족의 이별과 재회에 관한 측면을 이론화했던 Hill(1958)의 연구를 기반으로 이루어졌다. Hill의 연구 이후 역기능적 가족행동 및 가족해체를 설명하려는 시도들을 포함한 가족의 스트레스반응에 관한 많은 연구가 뒤따랐다.

3. 위기개입이론

인간의 위기에 대한 관점과 위기개입의 체계, 그리고 모든 모델을 포괄하는 단일이론이나 사고는 없다. 여기에서는 위기와 위기개입에 관련되는 이론들을 간단히 살펴보고자 한다. 위기이론은 기본적 위기개입, 확대위기개입의 두 가지 차원에서 설명될 수 있으며, 생태체계이론도 위기개입의 새로운 이론으로 포함되고 있다(James & Gilliland, 2001: 9-11).

1) 기본적 위기개입이론

Lindemann(1944, 1956)의 위기에 관한 연구는 전문가와 준전문가들에게 위기에 대한 새로운 이해를 제공했다. Lindemann은 구체적인 병리적 진단이 내려지지 않으면서도 병리적인 증상을 나타내는 사람, 즉 상실의 고통을 겪고 있는 많은 사람에게 위기개입을 효과적으로 활용할 수 있도록 케어 제공자들에게 도움을 주었다. Lindemann의 기본적 위기이론과 연구는 상실에 의해서 촉진되는 비탄의 위기(grief crises)를 겪는 클라이언트들의 행동을 이해하는 데에 기여를 했다. 그는 전문가와 준전문가들에게 비탄과 관련된 위기에 대한 행동적 반응은 정상적이고 일시적이며 단기개입기술을 통하여 경감시킬 수 있다는 것을 인식하도록 도왔다. 이들 '정상적인' 비탄행동들에는 다음과 같은 것들이 포함된다. ① 상실한 사람에게 몰두함, ② 상실한 사람과의 동일시, ③ 죄의식과 적개심의 표현, ④ 일상생활의 부분적 해체, ⑤ 어느 정도의 신체적인 증상을 호소함 등이다.

Lindemann은 클라이언트가 나타내는 위기반응을 비정상적 혹은 병리적인 것으로 간주되어야 한다는 일반적인 견해를 부정했다. Lindemann은 주로 상실 후 비탄의 즉각적인 해결에 초점을 두는 반면, Caplan(1964)은 외상적 사건과 관련되는 Lindemann의 관점을 확장시켰다. Caplan은 일상적인 행동으로는 극복할 수 없는, 생활목표에 방해가 되는 상태를 위기로 보았다. 이러한 방해는 발달과정상의 사건과 상황적 사건으로부터 유발될 수 있다. Caplan은 Lindemann의 개념과 단계를 심리적 외상을 촉진시키는 인지적, 정서적, 행동적 왜곡을 경감시키도록 하는 확장된 위기개입과 발달과정상의 사건 및 상황적 사건 등과 연결지었다. Lindemann과 Caplan은 외상적인 사건에 대하여 보편적으로 반응을 나타내는 사람들을 상담하고 간략 치료를 함에 있어 위기개입전략의 활용을 촉진시켰다. 기본적인 위기이론은 외상적 사건에 의해 초래된 일시적인 인지적, 정서적 및 행동적 왜곡을 인식하고 교정하도록 위기에 처한 사람을 돕는 데 초점을 둔다.

모든 사람은 그들의 삶을 살아가는 동안에 가끔 심리적 외상을 경험한다. 그 자체가 스트레스가 되기는 하지만 외상의 응급상황 그 자체가 위기를 구성하지는 않는다. 단지 외상적 사건을 주관적으로 욕구충족과 안정 혹은 개인의 실존을 위협하는 것으로 지각하였을 때 위기가 된다. 위기는 잠정적인 불균형 상태를 동반하며 인간

의 성장잠재력을 내포하고 있다. 위기의 해결은 자아강화 대처능력 등과 같은 긍정
적이고 건설적인 결과를 가져올 수 있고 부정적인 자기 패배적, 역기능적 행동을 감
소시킨다.

2) 확대위기개입이론

정신분석적 접근에만 의존하고 있는 기본적 위기이론은 하나의 사건이 위기를
만드는 사회적, 환경적 및 상황적 요인들을 적절히 설명하지 못하기 때문에 확대위
기이론이 개발되었다. 확대위기이론은 정신분석이론뿐만 아니라 일반체계이론, 적
응이론 및 대인관계이론을 도입했다.

(1) 정신분석이론

인간행동의 신비를 설명하는 정신분석적 개념은 체계이론의 개념보다 개별적이
며 결정론적이다. 정신분석에서 치료자는 억압된 경험을 의식계로 나타나게 하며
통찰력을 갖게 하고 행동유형을 바꾸며 삶의 질을 개선하는 데 자유연상의 기술을
활용한다.

Freud는 위기이론을 이해하는 데 매우 중요한 두 가지의 가설을 제시하였다. 첫
째, 인간행동은 우연적이거나 무작위적이라는 가정에 도전하는 것으로서의 정신
결정론(psychic determinism)이다. 정신결정론은 모든 행동은 의도적이고 의미가 있
으며, 행동의 원인은 행동의 이유에 대한 개인의 의식적 자각과는 관계없이 개인의
과거 경험에 기인한다는 것을 가정하는 원인에 관한 이론이다. 둘째, 위기이론을 이
해하는 데 도움이 되는 다른 계통적 설명은 정신적 에너지는 그 양에 있어서 유한하
고 제한적이라는 개념이다. 정신결정론과 더불어 이 개념은 습관적인 대처 기술이
실패하고 심리적 에너지가 고갈되었을 때 일어나는 위기의 불균형 상태를 설명하
는 데 도움이 된다.

확대위기이론에 응용된 정신분석이론은 개인의 위기에 동반되는 불균형 상태는
개인의 무의식적인 사고와 과거 정서적 경험의 요인을 파악해야 제대로 이해될 수
있다는 관점에 기초하고 있다. 정신분석이론은 하나의 사건이 왜 위기가 되는지에
대한 기본적인 설명이 유아기의 어떤 고착(fixation)이라고 전제한다. 이 이론은 위

기상황으로서 자신들에게 영향을 미치는 행동의 원인과 역동성에 대한 통찰력을
갖도록 하는 데 클라이언트를 도울 수 있다.

(2) 체계이론

체계이론은 사람들 간 그리고 사람들과 사건들 간의 상호의존성을 강조하며 위
기에 처한 개인 내에 무엇이 일어나는가에 대하여 역점을 두지 않는다. 체계이론의
기본적 개념은 모든 요소는 상호 관련되어 있고, 상호 관련되어 있는 부분의 어떤
수준의 변화가 전체 체계의 변화를 가져올 것이라는 생태학적 체계와 유사하다. 위
기를 바라보는 관점에 있어 전체 사회환경적 맥락에 가치를 두며 한 개인의 인과관
계적 사건의 단순한 진행을 중요시하지는 않는다.

(3) 적응이론

많은 이론 가운데 Rado는 인간행동의 가장 중요한 원인으로서 정신결정론을 거
절했다. Rado는 과거의 중요성을 전적으로 부정하지는 않았지만 치료에서의 강조
점을 당면의 경험에 두고, 새로운 행동을 학습하고 숙달하는 활동이 통찰력보다 더
욱 본질적인 것으로 보았다. 변화하는 환경에 대한 적응 실패는 어떤 개인의 해체를
촉진시킨다. 그러므로 치료적 개입은 적응기술을 개선하고 세련되게 하는 데 목적
을 둔다. Rado에 의하면 치료자는 클라이언트를 위한 교사 및 교육자로 활동한다.

효과적인 적응의 기본은 과거 경험의 통제가 아니라 순간의 요구를 평가하고 현
재 상황에 선택적으로 반응하는 것이다. 적응이론에서 개인의 위기는 부적응적인
행동, 부정적 사고, 그리고 파괴적인 방어기제와 직결되는 것으로 본다. 부적응적
위기이론은 개인의 위기는 이들 부적응적인 대처행동이 적응적인 행동으로 변화될
때 해소(감소)된다는 전제에 기초하고 있다.

부적응적 기능의 고리를 끊는 것은 적응적 행동으로의 변화를 의미하고 긍정적
사고를 증진시키며, 방어기제를 구축하는 것을 의미한다. 즉, 위기에 의해 유발된
무력함을 극복하도록 하고 긍정적 기능의 양식을 갖추게 하는 것이다. 부정응적 행
동은 학습되고, 따라서 적응적 행동도 학습될 수 있다. 개입하는 사람의 도움에 의
해 클라이언트는 낡고 쇠약해진 행동을 새롭고, 자신을 강화시키는 행동으로 대치
하도록 배울 수 있다. 이러한 새로운 행동들은 직접적으로 위기상황에 응용될 수 있

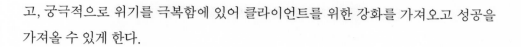

고, 궁극적으로 위기를 극복함에 있어 클라이언트를 위한 강화를 가져오고 성공을 가져올 수 있게 한다.

(4) 대인관계이론

유아기로부터 성인기에 이르는 대인관계는 Sullivan(1953)의 주요 관심사였다. 그는 인간의 성격을 사회적 협정의 관계망(network of social arrangements)의 산물로 보았다. 모든 개인의 자아체계는 타인의 반사적 평가에 기초하며, 심리적 장애는 어려운 생활상황에 대한 반응이라는 것이다. Sullivan은 클라이언트와 치료자 간의 자유연상을 사용하지 않고 직접적인 커뮤니케이션을 활용하였다. 이 대인관계 준거틀에서 가장 중요시하는 것은 자기 자신을 좋게 생각하는 사람은 타인도 좋게 생각하는 경향이 있다는 것이다. 반면에 자긍심이 결여된 사람은 역시 타인을 무가치하게 여기며, 자기가치감이 결여된 개인은 타인에게 자신의 무가치감을 투사한다는 것이다. 그 결과, 그들은 가혹하고 믿을 수 없는 세상에 살면서 적에 의해 둘러싸여 있다고 믿는다. 이러한 개인은 종종 자기예언의 희생물이 되는데, 성공하지 못할 것이라고 기대하는 사람은 실패와 실망을 가져오는 경향이 있다.

아이들이 매우 가치 있게 애정을 받고 자라면 그들은 자신을 좋게 생각한다. 반면, 가혹하게 인정을 받지 못했을 때 무가치감, 분노 그리고 불안을 가지며, 자신을 나쁘게 생각한다. 이러한 아이들은 세상에 대하여 악의적인 태도를 지니고, 그들의 기본적 지각은 부정적인 대인관계 경험에 의해 결정된다. 즉, 대인관계이론은 개인적인 자긍심(self-esteem) 증가를 중요시한다. 대인관계이론의 핵심은 사람들이 자신과 타인을 믿으며 자기실현이 될 수 있고, 위기를 극복할 수 있다는 확신을 가지고 있으면 개인적 위기 상태를 오래 지탱하지 않을 것이라는 것이다. 대인관계이론에서 궁극적 목표는 개인에 대한 자기평가의 힘을 회복시키는 것이다. 그렇게 함으로써 개인으로 하여금 자신의 운명을 다시 한번 통제하게 하고, 위기 상황을 극복하는 데 필요한 행동을 취하는 능력을 회복하게 한다.

3) 생태체계이론

James와 Gilliland(2001: 13)는 위기개입의 새로운 이론으로 생태체계이론을 제시하고 있다. 이들은 이 이론을 전자매체의 영향, 체계의 상호의존성, 거시체계적 접근 등을 중심으로 설명하고 있다.

(1) 전자매체의 영향

기술혁명의 결과로 재난, 인질 살상 등 위기적 사건의 충격은 전자매체를 통하여 사람들에게 쉽게 전달되므로 많은 사람에게 영향을 미친다. 한편, 기술혁명의 긍정적 측면은 태풍, 화산폭발 등과 같은 자연 재난의 진로나 그 과정을 예측할 수 있게 한다. 또한 이러한 자연 재난에 신속하고 효과적으로 반응하는 데 도움이 될 수 있는 다양한 정보체계에 접할 수 있고, 사회복지사는 광범위한 전자 시스템을 통하여 위기개입에 필요한 정보를 수집할 수 있다.

(2) 체계의 상호의존성

사람들은 생태학적 주류의 한 부분이다. 한 지역의 약물 남용의 만연이나 한 도시의 붕괴는 그곳에만 영향을 미치는 것이 아니라 다른 지역에도 영향을 미칠 수 있다. 이러한 지역에서 생활하지 않는 사람은 그 문제로부터 영향을 받지 않기를 바라며, 사회적·재정적 비용을 지불하기를 원치 않는다. 그러나 그 비용의 지불을 연기하면 할수록 장래에 더욱더 많은 비용을 지불할 수도 있다.

(3) 거시체계적 접근

미해결된 위기는 클라이언트의 개인적·사회적·재정적·환경적 자원을 파괴시킬 뿐만 아니라, 개인이 속하고 있는 전체의 생태학적 체계에 영향을 미친다. 위기개입의 생태체계이론은 개인이 속하고 있는 전체적 생태학적 관점에 기초하고 있으며, 주요한 사건들은 전체의 생태학적 틀에 영향을 미치고 변화시킨다는 관점을 주장한다. 결과적으로 생태체계이론은 재난을 겪는 사람들의 정서적 외상만을 취급해서는 부족하고, 전체 체계의 안정과 회복을 위한 노력이 있어야 한다고 보는 것이다.

4. 위기개입의 모델

1) 위기개입의 기본 모델[1]

Leitner(1974)와 Belkin(1984)은 위기개입의 기본모델을 균형모델, 인지모델 그리고 심리사회적 변화모델로 나누었는데, 이 세 가지 모델은 많은 다른 위기개입전략과 방법론을 위한 토대를 제공한다.

(1) 균형모델

균형모델(equilibrium model)은 실제로 하나의 균형모델 혹은 불균형모델이다. 위기에 처한 사람들은 그들의 욕구를 해결함에 있어 그들의 일상적인 대처기제와 문제해결방법이 실패함으로써 심리적 혹은 정서적으로 불균형 상태에 있다. 균형모델의 목표는 사람들로 하여금 위기 이전의 평형 상태로 되돌아가도록 돕는 것이다.

균형모델은 개인이 통제를 상실하고, 지남력이 상실되며, 적절한 선택을 하지 못했을 때 초기개입을 위하여 가장 적절하다. 개인이 얼마의 대처능력을 회복할 때까지는 개인을 안정시키는 데 주된 초점을 둔다. 개인이 명확한 안정을 취할 때까지 다른 조치는 덜 취한다. 예컨대, 개인이 안정을 되찾을 때까지는 자살적 관념의 원인이 되는 저변의 요인들을 찾아내려는 것은 바람직하지 않다. 이 모델이 아마도 가장 순수한 위기개입모델이며 위기발단(onset)의 시기에 가장 많이 사용된다.

(2) 인지모델

위기개입의 인지모델(cognitive model)은 위기는 사건 그 자체 혹은 사건이나 상황에 대한 사실이 아니며, 위기를 둘러싸고 있는 사건이나 상황에 대한 잘못된 생각에 뿌리박고 있다는 전제에 기초하고 있다. 이 모델의 목표는 사람들로 하여금 위기사건이나 상황에 대한 그들의 관점과 신념을 인식하고 변화시키도록 돕는 것이다.

인지모델의 기본적 입장은 사람들은 특히 그들의 인지 가운데 비합리적이고 자

---

1) James & Gilliland (2001: 14-16)에서 재구성.

기파괴적인 부분을 인식하고 논의를 통하여 그들의 사고를 변화시킴으로써, 그리고 자신의 사고의 합리적이며 자기강화적인 요소에 초점을 두고 유지함으로써 그들의 삶에서 위기를 통제할 수 있다는 것이다.

위기 상태에 있는 사람이 자신에게 보내는 메시지는 그 상황의 현실적 맥락에서 대단히 부정적이며 뒤틀리게 된다. 위기개입은 개인의 사고를 더욱 긍정적으로 만든다. 인지모델은 클라이언트가 안정된 후에 그리고 대략 위기 이전의 균형 상태로 돌아간 후에 가장 적절한 것 같다. 이 접근법의 기본적인 구성요소는 Ellis(1982)의 합리적 · 정서적 접근, Meichenbaum(1977)의 인지행동적 접근, 그리고 Beck 등(1987)의 인지체계 등에 기초하고 있다.

(3) 심리사회적 전환모델

심리사회적 전환모델(psychosocial transition model)은 사람은 자신의 특정한 사회환경으로부터 습득한 학습과 유전적 요인의 산물이라고 본다. 사람은 지속적으로 변하고 발전하며 성장하고, 그들의 사회적 영향과 환경은 지속적으로 진화하기 때문에 위기들은 내적 혹은 외적(심리적, 사회적 혹은 환경적) 장애와 관련될 수 있다. 위기개입의 목표는 클라이언트가 위기상황에 영향을 미치는 내적 및 외적 장애에 대한 사정에 협력하도록 하고 그들의 행동, 태도 그리고 환경적 자원의 활용에 대한 적절한 선택을 하도록 돕는 것이다.

심리사회적 전환모델은 위기를 단순히 개인 내에 전적으로 내재하고 있는 내적 상태로 보지 않는다. 동료, 가족, 직업, 종교, 지역사회는 심리적 적응에 방해가 되거나 증진시키는 외적 요인들이다. 인지모델과 마찬가지로 심리사회적 전환모델은 클라이언트가 안정된 후에 가장 적절하다.

2) 위기개입 예방모형

Hoff(1995: 24-26)는 위기에 대한 개입을 예방적 개념으로 제시하면서 위기개입의 예방모형을 세 가지 차원에서 설명하였다.

(1) 일차적 위기예방

일차적 위기예방은 위험 상태에 있는 사람에게 영향을 미치는 변수들을 처리하는 위기원조 활동으로 정의를 내릴 수 있다. 일차적 위기예방에서 그 목표는 외적인 변수를 수정하고 내적인 대처능력을 강화함으로써 위험한 상태에 있는 인구집단 내에서의 위기유발률을 감소시키는 것이다. 어떤 사람은 다른 사람보다 위기를 유발할 가능성이 많은 것처럼 어떤 생활문제들은 다른 생활상의 문제보다 위기를 유발시킬 가능성이 높다. 촉진적 사건은 매우 다양하다. 한편, 문화적 가치, 종교적 신념 그리고 사회적 관습은 어떤 사건의 위기잠재력을 강화시키거나 또는 약화시키는 데 영향을 미친다.

일상사건에 대한 사회재적응 평가치에 관한 연구에서 보면, 사건이 바람직하거나 바람직하지 않은 것과 관계없이 생활상의 심한 변화를 가져오면 그 자체가 개인에게 위험한 경험이 될 수 있다(Holmes & Rahe, 1967). 일차적 위기예방은 예보적 계획을 하는 것을 강조하는 상담이나 가르침을 통하여 변화가 일어나기 전에 개입을 제공하는 것이다. 어떤 생활변화는 예고 없이 오지만 다른 생활상의 변화는 미리 준비할 시간적인 여유를 갖게 한다. 위기에 노출된 연구집단은 병원, 학교, 양로원 등에서 볼 수 있다. 일차적 위기예방은 개인, 집단 혹은 지역사회 차원에서 이루어질 수 있다. 예보적 가이던스를 통하여 사람들은 절박한 상황에서 도움이 될 행동을 선택하고 실천할 기회를 가진다.

예보적 가이던스의 전제는 지식이 힘이라는 것이며, 위기에 직면한 개인은 미리 어떻게 해야 한다는 아이디어를 가지고 있으면 잘 대처한다는 것이다. 출산을 앞둔 사람들을 위한 출산교육은 예보적 가이던스의 한 예이다. 그리고 결혼을 앞둔 사람을 중심으로 결혼 전 상담을 하는 것도 일차적 예방의 한 예가 될 수 있다.

(2) 이차적 위기예방

이차적 위기예방은 심한 디스트레스를 감소시키고 신속하게 평형 상태를 회복하기 위하여 위기에 처한 사람을 대상으로 조기에 개입하는 것으로 구성된다. 위기의 기간 동안에 사람들은 무력감을 느끼고 해결하려는 동기가 높다. 이차적 예방은 이미 위기에 처한 개인이 포함되지만 이 개인을 위하여 집단 및 지역사회 프로그램도 유용하게 활용될 수 있다. 임신한 십대는 이차적 예방의 한 대상이 될 수 있다.

(3) 삼차적 위기예방

삼차적 위기예방 노력은 어떤 위기해결 다음에 오는 잔여적 손상의 양을 감소시키는 데 있다. 교사, 체육코치 등은 심한 위기가 경과한 다음에 일상생활로 되돌아간 개인을 돕는 위치에 있는 사람들이다. 이러한 비공식적인 케어제공자들은 근래의 위기 상태로부터 균형 상태를 회복한 사람을 도울 수 있다. 그리고 미해결된 비탄감정을 처리하는 것은 삼차적 예방의 한 예가 될 수 있다. 즉, 사별의 충격을 겪은 사람을 대상으로 비탄감정을 발산케 하는 도움을 주는 것은 삼차적 예방의 형태로 볼 수 있다.

5. 위기개입의 원리와 타 실천방법과의 차이

1) 위기개입의 원리

위기개입의 원리는 다음과 같이 여덟 가지로 분류할 수 있다(김기태, 2006: 44-48). 첫째, 신속한 개입이다. 위기에 처한 사람은 혼란 상태와 심한 고통 상태에 있으며, 위기 그 자체가 실제적인 위험이 될 수도 있다. 위기는 기회와 위험의 두 가지 측면이 있으며, 시간제한적인 본질을 내포하고 있으므로 즉각적인 개입을 필요로 한다. 사람들은 위기에 처하여 오랫동안 견딜 수 없다. 일반적으로 위기 상태에 들어간 때부터 6주 내에 어떤 형태로든 해결이 된다. 해당기관에서는 수일 내에 적절한 해결을 시도하지 못하면 즉시 도움을 받을 수 있는 곳으로 의뢰를 해야 한다.

둘째, 적극적 행동이다. 위기개입의 기술은 적극적인 성격을 띠고 있으며 행동에 초점을 둔다. 위기에 처한 사람은 고정되는 경향이 있고, 아무것도 하지 못하고 허둥지둥하며 긴장하게 된다. 사회복지사는 설정한 계획에 따라 적극적으로 돕고 격려하며, 면접을 이끌어 가야 한다.

셋째, 제한된 목표 설정이다. 위기개입의 목표는 평형 상태를 회복하는 것이고 과거와 동일하거나 더 나은 기능의 수준을 획득하게 하는 데 있다. 최소한의 목표는 파멸을 예방하는 것이며, 성격의 변화까지는 다루지 않는다.

넷째, 희망과 기대를 중심으로 한다. 위기에 처하여 절망감을 가진 사람들에게 그들의 문제가 마술적으로 해결될 수 있다는 지나친 희망을 갖게 하는 것은 피해야 하지만, 클라이언트에게 희망을 갖게 하는 것은 중요하다. 이것은 주로 사회복지사의 태도에 의해 성취되며, 처음부터 사회복지사는 적극적인 문제해결방법을 활용하도록 한다.

다섯째, 지지를 제공한다. 위기개입에서 지지는 우선 사회복지사에 의해 제공되어야 한다. 사회복지사는 가능한 한 신속하게 클라이언트의 사회관계망을 넓히고 강화하도록 노력해야 하며, 이는 사회복지사의 업무를 줄일 뿐 아니라 위기를 해결하는 데 도움이 되는 자원을 제공하는 것이고 장차 위기의 가능성을 줄이는 것이 된다. 이 과정에서 사회복지사는 자신의 전화번호를 알려 줄 수 있으며, 병원이나 다른 사회복지기관의 연락처도 알려 줄 수 있다. 위기개입의 전 과정에서 전화는 주요 도구로 활용될 수 있다. 그러나 여기서 사회복지사가 주의할 것은 클라이언트가 사회복지사에게 지나치게 또는 장기적으로 의존하지 않도록 하고 사회복지사에 대한 비현실적인 기대를 하지 않도록 적절한 힘의 균형을 유지해야 한다는 점이다.

여섯째, 초점적 문제해결이다. 문제해결은 위기개입접근법의 중심이라고 할 수 있으므로, 가능한 한 신속하게 위기과정을 유발시킨 '문제'를 해결하는 데 초점을 두어야 한다. 위기이론에서는 평형 상태를 되찾기 위하여 이 문제는 어떤 형태로든 해결되어야 한다고 보므로, 우선 문제를 파악하는 데 초점을 두고 다음에 그것을 해결하는 데 초점을 유지하도록 노력한다. 이처럼 신속하게 위기를 초래한 문제를 해결하기 위해서는 머릿속으로 공상하는 것보다는 사실에 직면하여 그 사실을 토의하는 것이 도움이 된다.

일곱째, 자기상을 보호한다. 위기에 처하여 도움을 요청하는 경우 클라이언트는 자기 자신을 실패자로 보는 경우가 많으므로 사회복지사는 클라이언트의 자기상을 보호하고 증진시켜야 하며, 클라이언트와의 라포 형성을 통해 클라이언트의 방어를 줄이고 에너지를 동원한다.

여덟째, 자립의 원칙이다. 인간은 퇴행의 경향을 가지고 있고 혼란스러운 불균형 상태에서는 타인에게 의존하려는 경향이 강해진다. 따라서 사회복지사는 위기상황을 사정하고 개입계획을 수립함에 있어 클라이언트가 함께 참여하도록 유도하며, 클라이언트 자신이 할 수 있는 것에 대해서는 아무것도 해 주지 않는 것이 좋다.

2) 위기개입과 타 치료적 접근법과의 비교

앞서 제시한 위기개입의 실천원리에서도 나타났듯이 위기개입은 신속한 개입과 제한된 목표설정 등 위기개입만의 실천적 특징을 지닌다. 이처럼 위기개입은 치료 목표나 초점, 치료기간 등에서 정신분석 및 단기심리치료와는 구분되는 독자성을 지닌 실천방법이다. Aguilera와 Messick(1998: 23)은 그 차이를 〈표 10-2〉와 같이 설명하였다.

〈표 10-2〉 정신분석, 단기심리치료, 위기개입의 차이

구분	정신분석	단기심리치료	위기개입
치료의 목표	성격의 재구조화	구체적 증상 제거	위기의 해결
치료의 초점	1. 과거 2. 무의식	1. 현재 상황과 관련된 과거 2. 무의식의 억제	1. 현재 2. 위기 이전 기능 수준의 회복
치료자 주요활동	1. 탐색적 2. 수동적 관찰자 3. 비지시적	1. 지지적 2. 참여적 관찰자 3. 간접적(indirect)	1. 지지적 2. 적극적 참여자 3. 직접적(direct)
징후들	신경증적 성격양상들	급성으로 와해된 정서적 고통 및 심각한 상황들	생활상황에 대처하는 능력의 급작스러운 상실
평균 치료 기간	무한정	1~20회	1~6회

출처: Aguilera & Messick (1998: 23).

6. 위기개입에서의 사정과 단계

1) 위기개입에서의 사정

효과적인 위기개입은 빠르고 정확한 사정에 달려 있다. 위기개입사회복지사는 재빨리-때로는 수분 이내-클라이언트의 반응을 평가해야만 하며 치료를 개시해야 한다. 위기개입에서의 사정이 다른 사정과정과 어떻게 다른지를 아는 것뿐만 아니라, 사정과정의 중요성을 이해하는 것도 위기개입사회복지사의 효과성을 증대시

킬 수 있다. 사람들의 반응에 대한 정확한 사정의 실패는 서투르고(부족하고) 부적절한 서비스를 이끌게 된다. 다른 유형의 사정을 이해하는 것과 위기사정이 그것들과 어떤 점이 다르고, 또 공통적인지를 이해하는 것은 위기개입사회복지사로 하여금 사정에 대한 그들 자신의 접근을 명확하게 표현하기 위한 노력을 도울 수 있다.

위기개입에서의 사정은 역동적이고 계속적인 과정이며 다음과 같은 특성을 지닌다(김기태, 2006: 255-257). 첫째, 위기사정은 현재 지향적이다. 위기사정에서는 현재 스트레스를 주는 사건인 요인에 중점을 두며, 따라서 이들에 대한 클라이언트의 반응이 중요하다. 둘째, 위기사정은 선택적이다. 위기사정이나 위기개입은 초점을 맞추어 수행되어야 하므로 그 범위는 제한되고, 위기사정을 위한 정보는 선택적이며,

〈표 10-3〉 **사정에 대한 접근의 구분**

구분	진단적 사정	증상의 사정	심리사회적 사정	위기사정
목표	범주화/라벨링	증상의 확인	치료계획과 사례관리를 위한 클라이언트의 발달적, 심리적, 사회적 배경을 묘사하는 것	가능한 한 빨리 자원을 동원하도록 클라이언트를 돕기 위해 위기 상황에 관한 정보를 수집하는 것
과정	면접과 표준화된 테스트를 사용하면서 과정이 고정되어 있음. 그러나 증상이 바뀌듯이 진단도 바뀔 수 있음	증상 조사나 체크리스트(대부분 자기보고방식)가 고정되어 있음	면접과 조사형식이 고정되어 있음	면접을 사용하면서 위기개입 전체를 통해 진행 중임
치료에서의 관계	간접적, 치료를 발전시키기 위해 클라이언트에게 라벨을 부여함	간접적, 표준화되거나 진단적 사정을 사용할 수도 있음	간접적, 치료계획과 사례관리의 발전을 돕기 위해 클라이언트 문제의 역사적/환경적 맥락을 결정할 수 있음	직접적, 수집된 정보는 클라이언트가 균형을 되찾도록 돕는 데 사용됨
소요 시간	15분에서 30분	5~20분	30분에서 3시간	5분, 혹은 위기가 해결될 때까지
사정 내용	질병을 추측하는 데 사용되는 증상	조사나 체크리스트에 포함된 증상에서 클라이언트의 기능	환경이라는 맥락 안에서 심리적 관점에 의한 클라이언트의 기능	클라이언트의 현재 기능 수준

출처: Meyer (2001: 10-11) 재구성.

정확성과 효율성에 중점을 두어야 한다. 셋째, 위기사정은 대인관계를 중심으로 해서 이루어진다. 위기사정은 클라이언트가 경험하는 문제상황의 대인관계 차원에 초점을 두며, 그 상황에 대한 클라이언트의 대처반응에 초점을 둔다. 대체로 정서적 위기는 항상 대인관계 사건들과 관련되며, 여기에는 항상 관여되는 사람들이 있다. 이들 중요한 관계를 하고 있는 사람을 파악하고 이해하는 것이 위기사정의 중요한 측면이다. 넷째, 위기사정은 협동적 과정이다. 위기사정을 행함에 있어 사회복지사

사정하기

위기 전체를 통해 지속적이고 역동적으로 진행. 클라이언트의 대처능력, 개인적 위협, 유동성 혹은 부동성의 측면에서 클라이언트의 현재와 과거 상황적 위기를 평가하고 위기개입에 필요한 행동유형에 대해 판단할 것

경청(listening) ↓	**행동**(acting) ↓
경청: 감정이입, 존경, 수용, 비심판적 태도, 보호 등의 태도를 가진 주의집중, 관찰, 이해, 반응하기	행동: 클라이언트로부터 사정된 욕구와 이용 가능한 환경적 지지의 정도에 따라 비지시적(간접적), 협력적, 지시적(직접적) 수준에서의 개입 결정하기
• 1단계 문제 정의하기-클라이언트의 관점에서 문제를 탐구하고 정의하기. 개방적 질문을 포함한 적극적인 경청을 사용할 것 • 2단계 클라이언트의 안전을 확인하기-클라이언트의 신체적, 심리적 안전에 대한 위협의 치명성, 위험성, 부동성, 심각성을 사정할 것. 클라이언트의 내적(심적) 상태와 클라이언트를 둘러싸고 있는 상황 모두를 사정할 것, 필요하다면 클라이언트가 충동적이고 자기 파괴적인 행동에 대한 대안을 클라이언트 자신이 확실히 인지하도록 할 것 • 3단계 지지 제공하기-클라이언트에게 위기 개입사회복지사가 믿을 수 있는 지지자임을 전달할 것. 클라이언트와 보호적이고 긍정적, 비억압적, 비심판적, 수용적, 개인적 관계라는 것을 말, 목소리, 보디랭귀지 등을 통해 보여 줄 것	• 4단계 대안 모색(검토)하기-클라이언트로 하여금 현재 자신에게 유용한 선택을 찾도록 도울 것. 즉각적인 상황적 지지, 대처기제, 그리고 긍정적 생각을 찾도록 촉진시킬 것 • 5단계 계획 수립하기-부가적 자원을 확인하고 대처기제(클라이언트가 스스로 할 수 있고 이해할 수 있는 명확한 행동 단계)를 제공할 이상적인 단기계획을 발전시킴에 있어 클라이언트를 도울 것 • 6단계 계약 맺기-클라이언트가 스스로 할 수 있고 이상적으로 성취하거나 수용할 수 있는 명확하고 긍정적인 행동 단계에 대해 그들이 동의(수용, 위임)하도록 도울 것

| 그림 10-1 | 위기개입의 6단계 모델

출처: James & Gilliland (2001: 32).

와 클라이언트는 문제, 관련된 쟁점 그리고 위기상황에 사용되는 대처반응을 함께 규명한다. 다섯째, 위기사정은 치료적 개입이다. 이러한 특성과 더불어 위기사정은 〈표 10-3〉에서 보는 바와 같이 진단적 사정, 증상의 사정, 심리사회적 사정 등 다른 형태의 사정과도 구별되는 특성을 가진다.

2) 위기개입의 단계

어떠한 인간의 위기도 결코 단순하지는 않으며, 여기에서 제시하고 있는 6단계 모델은 위기개입사회복지사에게 비교적 올바른 시각을 가지도록 하는 데 유효한 모델이다. [그림 10-1]에서 보는 바와 같이 위기개입의 6단계 모델은 통합된 문제해결과정으로서 묘사되고 있다. 6단계 모델은 많은 종류의 위기들을 다루는 데 있어 전문상담가와 위기개입전문가가 아니더라도 사회복지사 모두가 활용할 수 있다.

7. 정신건강영역에서의 위기개입

정신과적 증상으로 인해 발생할 수 있는 위기적인 상황은 타인에게 해를 입힐 수 있는 공격적인 행동이나 자해 혹은 자살시도 등이다. 만성적인 정신장애로 인해 일상생활기능이나 문제해결능력이 저하되고 재발로 인한 입·퇴원의 반복은 가족의 보호부담을 증가시키고 경제적인 어려움을 초래한다. 특히 최근 치료를 중단한 조현병 환자의 범죄[2] 등으로 사회 안전에 대한 우려나 막연한 두려움이 높아지고 있는 상황이지만, 현재 우리나라의 지역사회 내 응급 상황에 대한 대응 체계는 전반적으로 미흡한 상황이라고 할 수 있다.

정신과적 응급 환자의 특징은 자·타해 위험이 있고 병식이 없어 치료를 거부하는 경우가 많으며, 신속한 환자 이송보다는 치료에 적합한 의료기관으로의 이송이 중요하다. 또한 진행경과의 예측이 어렵고 응급처치 후에도 상당 기간 응급 상황이

---

[2] 경북 영양군 경찰관 피습 사고('18. 7. 8.), 故 임세원 교수 살해 사건('18. 12. 31.), 진주 방화 살인 안인득 사건('19. 4. 17.) 등

지속되는 경우가 많다. 정신과적 응급 상황에 대해서는 관련된 조사·모니터링 체계가 없어 응급입원 건수, 원인 및 정신의료기관의 응급지료 현황 등의 파악이 어려운 것이 현실이다.

지역사회 내의 위기개입서비스가 원활하게 작동하기 위해서는 필수적인 요소들이 포함되어야 하는데, 첫째, 응급관리체계이다. 위기는 예측할 수 없기 때문에 위기상황에 대처할 수 있는 체계가 필요하다. 지역사회의 모든 구성원이 24시간 내내 언제든지 활용할 수 있는 시스템을 구축해야 하는 것이다. 현재 이러한 역할을 위해서 광역정신건강복지센터와 자살예방센터가 있다. 둘째, 사례관리팀이 존재해야 한다. 이는 지역사회에서 사례로 관리하는 정신장애인들에 대한 정보와 책임을 공유하기 위해 필요하다. 실제로 정신건강복지센터에서 관리 중인 정신장애인의 경우에 사례관리팀의 전문가들 간 정보와 책임을 공유함으로써 담당 사례관리자의 부재 시에도 신속하게 위기개입이 가능하도록 하고 있다. 셋째, 신속한 슈퍼비전이 필요하다. 위기개입은 충격적이고 돌발적인 상황이 자주 반복되어 나타날 수 있으므로 전문가의 슈퍼비전을 즉각적으로 받을 수 있는 체계를 구축해야 한다. 넷째, 자원 및 의뢰 체계망을 구축해야 한다. 위기는 다양한 상황에서 발생할 수 있으며, 이에 즉각 대처해야 한다. 따라서 언제 어디서나 활용 가능한 자원들의 망을 구축하고 상황에 따른 적절한 서비스로 의뢰할 수 있는 체계를 구축해야 한다. 예를 들면, 위기개입과 관련 있는 지역사회 내의 응급실, 경찰, 119 구급대, 관공서 등의 기관들과 신속한 협력이 이루어질 수 있도록 네트워크가 구축되어 있어야 한다(엄태완,

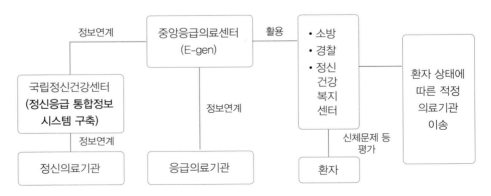

| **그림 10-2** | 적정의료기관 이송을 위한 체계 개선안

출처: 보건복지부 정신건강사업과(2019).

2018: 252-253).

보건복지부에서는 「정신건강복지법」의 개정 이후 탈원화의 가속으로 인해 정신질환자의 사회복귀가 증가하여 일부 환자에서 치료 중단으로 인한 정신과적 응급상황이 증가할 것으로 예측하여 이에 대한 대응체계 개선방안을 추진 중에 있다(보건복지부, 2019). 정신응급 상황에 대한 대응체계는 크게 병원 전 현장 단계, 응급 치료 단계, 급성기 치료 단계로 분류 가능하다. 우선 병원 전 현장 단계에서는 신고 대응 체계 개선, 현장 대처 능력 제고, 안전한 이송체계 구축, 적정 의료기관으로의 이송([그림 10-2] 참고)을 추진 중이다.

응급 치료 단계에서는 응급입원 활성화를 추진하고 급성기 치료 단계에서는 행정입원을 활성화하며, 국립정신의료기관의 역할을 강화할 예정이다. 또한 정신응급 대응 기반 조성을 위하여 정신응급 통합정보시스템을 구축하고 응급진료 후 배후진료체계 구축 및 시·도별 협의체 운영을 계획하고 있다.

생각해 볼 문제

- 조현병 환자들의 임의적인 치료중단에 대한 대응방안에 대하여 토의해 봅시다.
- 정신과적 응급상황에서의 강제입원과 환자의 인권보호 방안에 대하여 토의해 봅시다.

참고문헌

김기태(2006). 위기개입론. 경기: 대왕사.

보건복지부(2019). 정신응급대응체계 개선방안.

서진환·이선혜·정수경 역(2001). 현대 사회복지실천이론(Modern social work theory). Payne, M. S. 저. 경기: 나남출판.

엄태완(2018). 정신건강사회복지론. 서울: 학지사.

Aguilera, D. A., & Messick, J. M. (1998). Crisis intervention: Theory and methodology. Saint Louis: The C. V. Mosby Company.

Beck, A. T., Rush, A. J., Shaw, B. F., & Emery, G. (1987). *Cognitive therapy for depression.* New York: Guilford Press.

Belkin, G. S. (1984). *Introduction to counseling* (2nd ed.). Dubuque, IA: William C. Brown.

Caplan, G. (1964). *Principle of preventive psychiatry.* New York: Basic Books.

Ellis, A. E. (1982). Major systems. *Personnel and Guidance Journal, 61,* 6-7.

Greenstone, J. L., & Leviton, S. C. (2002). *The elements of crisis intervention.* Belmont, CA: Brooks/Cole.

Hill, R. (1958). Generic features of families under stress. *Social Casework, 39*(13), 139-149.

Hoff, L. A. (1995). *People in crisis.* San Francisco: Jossey-Bass Publishers.

Holmes, T. H., & Rahe, R. H. (1967). The social readjustment ration scale. *Journal of Psychosomatic Research, 11,* 213-218.

James, R. K., & Gilliland, B. E. (2001). *Crisis intervention strategies.* Belmont, CA: Brooks/Cole.

Leitner, L. A. (1974). Crisis counseling may save a life. *Journal of Rehabilitation, 40,* 19-20.

Lindemann, E. (1944). Symptomatology and management of acute grief. *American Journal of Psychiatry, 101,* 141-148.

Lindemann, E. (1956). The meaning of crisis in individual and family. *Teachers College Record, 57,* 310-315.

Meichenbaum, D. H. (1977). *Cognitive-behavior modification: An integrative approach.* New York: Plenum.

Meyer, R. A. (2001). *Assessment for crisis intervention.* Belmont, CA: Brooks/Cole.

Slaikeu, K. A. (1990). *Crisis intervention: A handbook for practice and research.* Boston: Ally and Bacon.

Sullivan, H. S. (1953). *The interpersonal theory of psychiatry.* New York: Norton.

제11장

주거/고용/옹호

학습 목표

- 정신장애인의 주거서비스에 대해 이해하고 설명할 수 있다.
- 정신장애인의 고용서비스에 대해 이해하고 설명할 수 있다.
- 정신장애인의 옹호서비스에 대해 이해하고 설명할 수 있다.

　　정신장애인이 지역사회에 적응하여 삶을 영위하고 살아가는 데 필수적이지만 가장 어려움이 많은 부분이 주거와 고용일 것이다. 동시에 인권은 인간이라면 누구에게나 당연히 인정되어야 하는 지위이자 권리이지만 정신장애인의 인권은 '별도로' 논의될 수 있는 영역으로 받아들여지고 있다(김현민 · 유진선, 2018: 60). 특히 우리나라의 정신장애인은 기본적인 인권조차 보호받지 못하고, 권익옹호활동이나 서비스 역시 최근에야 관심을 가지고 시작되었다. 따라서 이 장에서는 정신장애인이 지역사회에서 삶을 영위하기 위해 가장 기본적으로 제공되어야 하는 지역사회 지지서비스로서 주거, 고용, 옹호에 관해 살펴보고자 한다.

1. 정신장애인의 주거서비스

주거서비스는 정신장애인이 지역사회 내에서 자연스럽게 어울려 살면서 자유롭고 독립적인 삶을 누릴 수 있도록 지원하는 다양한 주거형태의 서비스를 말하는 개념이다(권진숙 · 김정진 · 전석균 · 성준모, 2017: 266). 정신장애인의 주거서비스에 대한 관심은 정신장애인의 취약한 권리와 함께 지역사회에 정착에 어려움을 겪고 있기 때문이다. 정신장애인들은 지역사회에서 살아가기보다는 여전히 입 · 퇴원을 반복하고 있는데 그 이유는 다음과 같이 설명할 수 있다(송승연, 2020: 14-21).

첫째, 의료모델이 여전히 정신장애인 관련 주류적 담론을 형성하고 있기 때문이다. 우리나라는 1984년부터 2016년까지 약 30년 동안 인구는 128% 증가하였지만, 전체 정신병상 수는 동일기간 내 570%의 증가를 보였다(국립정신건강센터, 2017). 이와 대조적으로 북미 및 유럽 일부에서는 오래전부터 정신장애인의 지배담론인 의료모델에 대한 비판이 제기되어 왔다. 둘째, 지역사회 내 취약한 주거시스템이다. 정신장애인의 주거의 역할을 대체할 수 있는 공간이 지역사회에 부재하기 때문에 시설에 머무르게 되는 결과가 나타난다고 할 수 있다. 셋째, 사회적 배제(social exclusion) 측면으로, 정신장애인은 잦은 입원과 퇴원뿐 아니라 지역사회에서 차별을 경험하고 있으며, 이러한 차별과 낙인이 지역사회 내 고용, 거주지 마련, 대인관계와 관련된 어려움을 야기하고 이는 지역사회와 단절되는 데 영향을 미치고 있다. 이상을 종합해 보면, 시간이 지나면서 정신장애인의 인권, 시민권, 그리고 지역사회 내 삶의 중요성에 대한 공감대는 증가하고 있다. 하지만 이러한 패러다임의 전환에 있어 다양한 장벽이 존재하고 있다. 정신장애인의 삶의 질에 초점을 맞춘 변화를 이끌어 내기 위해서는 주거서비스에 관심을 두어야 함을 알 수 있다.

1) 주거서비스 스펙트럼

주거서비스의 모형과 종류는 각 나라마다 다르지만 일반적으로 스펙트럼을 나타내고 있다(서규동, 2008: 16). 정신장애인을 위한 생활시설은 1960년대 이후 미국을 중심으로 정신장애인에 대한 실천 패러다임의 변화를 통해서 발전하였는데, 이

전까지는 전문가 중심의 통제된 대형시설에 정신장애인을 수용하는 전략이 사용되었으나 이후 지역사회를 기반으로 하여 연속적인 주거형태를 반영한 프로그램으로 전환되었다. 즉, 정신장애인은 일련의 연속적 주거 프로그램을 이용하면서 사회적응과 독립적인 생활을 할 수 있는 힘을 기르게 된다(Carling et al., 1990: 유수현·성준모, 2005: 383 재인용). [그림 11-1]은 정신장애인의 주거서비스를 관리감독과 구조화의 정도에 따라 연속적인 일련의 스펙트럼으로 나타낸 것이다. 스펙트럼에서 왼쪽으로 갈수록 병원 구조에 가까운 주거시설이자 낮은 기능을 가진 환자들이 있는 곳이고, 오른쪽으로 갈수록 생활의 제한이 덜하며 감독인의 역할이 줄어드는 기능이 높은 환자들이 거주하는 곳이다. 또한 왼쪽으로 갈수록 비용과 인력이 많이 필요하며, 오른쪽으로 갈수록 적은 인력과 비용으로도 유지가 가능한 모형이다. 같은 형태의 주거공간이라도 환자, 치료진, 프로그램, 그리고 재정상태에 따라 조금의 차이는 있다(유수현·서규동·유명이·이봉재·이종하, 2014: 198).

여러 학자가 다양한 주거서비스를 포괄하면서 각각의 주거형태가 가지는 성격을 분명히 하기 위해 정신장애인 주거서비스 스펙트럼을 제시하였는데, 학자들마다 약간의 차이는 존재한다. 여기서는 이러한 구분에 근거하여 몇 가지 주거 서비스에 대해 살펴보고자 한다(서규동, 2008: 16-18; 권진숙 외, 2017: 267-271; 유수현 외, 2014: 198-202).

| 그림 11-1 | 정신장애인을 위한 주거서비스 스펙트럼

(1) 응급주거서비스

응급주거서비스는 정신장애인이 증상의 위기를 넘기기 위해 필요한 주거시설을 말하며, 각종 병원과 의원, 응급실 등이다. 생활근거지로서 주거시설이라고 할 수는 없으나 국민기초생활수급자 중 시설보호대상자들처럼 다른 거주지가 없어 그대로 머물게 되는 경우가 많으므로 치료를 목적으로 하는 주거서비스로 분류하였다.

(2) 그룹홈

그룹홈(group home)은 정신장애인들이 상호작용을 하고 도움을 주면서 함께 살아가는 형태의 가정을 말한다. 낮 시간에는 작업장이나 직장 또는 정신건강증진시설, 학교 등에서 지역사회의 일원으로 활동하다가 저녁에는 그룹홈에서 다른 동료들과 가정의 기능을 충족하게 된다. 정신건강사회복지사와 같은 전문인력은 수시로 이들을 돕거나 지원하게 된다. 이러한 형태의 주거서비스를 통해서 정신장애인들은 경제적·사회적으로 자립할 수 있게 되고 가족의 보호부담이 줄어들게 된다. 또한 적절한 사회적응과 훈련 등의 기능도 수행하게 된다.

(3) 중간집

중간집(halfway house)은 병원과 지역사회의 중간지점에 위치해 있으면서 치료와 거주의 이중적 특성을 모두 포함하고 있는 형태의 주거서비스이다. 24시간 교대로 근무하는 정신건강전문요원들이 있어 재활 프로그램이 활발하게 제공되는 곳이다. 평균 4개월에서 2년까지 생활할 수 있고, 주거시설 내에서 사회적응, 일상생활, 질병 관리 등 재활 및 훈련서비스를 제공하는 곳이다. 중간집에서 제공되는 서비스와 프로그램은 기관의 특성에 따라 다양하게 운영된다.

(4) 지지주거

지지주거(supportive housing)는 기능과 증상의 정도에 따라 주거를 옮기는 전통적인 연속체 모형으로는 정신장애인들의 장기입원을 줄이지 못하고, 노숙인 또한 줄어들지 않으며, 정신장애인이 단계적인 주거훈련을 통해서 독립생활에 도달하기 어렵다는 비판과 함께 1980년대부터 정신장애인 당사자와 가족들의 강력한 요구로 시작된 모델이다. 지지주거는 시설이 아닌 '집'의 형태를 갖는 것으로 영구적으로 생활할 수 있는 주거 자체를 제공해 주는 것을 목적으로 하며 현재 지역사회통합에 적합한 모델로 각광을 받고 있는 모형이다(서규동, 2008). 독립적으로 주거생활을 하기 전 단계에서 반독립적인 주거경험을 함으로써 독립생활을 준비하기 위한 형태의 주거서비스이다. 이는 정신장애인이 스스로 선택하고 비장애인과 같이 보통의 주거를 유지하며, 탄력적인 형태로 지원하는 것이 중요하다고 하였다(Carling, 1995: 권진숙 외, 2017: 269 재인용). 미국의 예를 들면 원격지도 주거(Satellite Housing), 지도감독아파트(Supervised Apartment), 쉘터아파트(Sheltered Apartment)라고 불리는 반독립주거(semi-independent living)가 여기에 속한다. 지지주거는 다른 형태의 주거서비스와 달리 소비자의 선택, 조절, 자조, 역량강화를 강조하며, 전문적인 서비스는 강조하지 않는다는 특징을 지닌다. 따라서 주거 프로그램에서 치료적 개입을 최소화하고 주거의 종류, 거주기간, 서비스 내용을 이용자가 선택하도록 하는 것이 기본적 원칙이다. 지역사회 독립적 생활을 위한 준비단계로 전문요원 없이 정신장애인들만 거의 독자적으로 기능을 수행하면서 지역사회에서 독립생활을 지속할 수 있도록 하는 것으로 서비스 제공자는 권위적인 지시보다 서비스 제공자, 옹호자의 입장에서 이용자와 관계를 맺는다(Harley, 2001: 서규동, 2008: 17 재인용).

(5) 독립주거

독립주거(independent housing)는 더 이상 시설이 아닌 이상적 주거 자체를 의미하며, 지역사회의 구성원들과 마찬가지로 정신장애인이 스스로 주택이나 아파트 등에서 독립적으로 생활하는 것이다. 자신의 소유나 임대 모두를 포함하는 이 주거형태의 일차적 특징은 정신장애인 자신에게 모든 생활의 책임과 자유 그리고 자율성이 보장된다는 점이며, 정신장애인이기 때문에 지역사회 다른 주민과 격리되어 특수한 형태의 시설에서의 주거생활을 강요받지 않는다는 점이다. 이 독립주거는 지역사회 정신건강의 정상화 개념을 가장 잘 실천하는 모델이며, 사회통합을 실현하기에 가장 좋은 모델이다. 사실 독립주거는 지지주거의 개념이 출현하면서부터 그 가능성이 높아진 것으로 이 주거가 성공하려면 현장지지가 절대적이다. 우리나라에서는 몇몇 정신건강증진시설에서 독립주거를 목표로 주거서비스를 제공하여 왔으나 아직까지는 그 필요성에 비해 제한적으로 실시되고 있다.

2) 우리나라 정신장애인 주거서비스

1995년 제정된「정신보건법」이 2016년「정신건강증진 및 정신질환자 복지서비스 지원에 관한 법률(이하 정신건강복지법)」로 전면개정되면서 복지서비스의 제공(제

〈표 11-1〉 정신재활시설의 구분

구분		기능	수용인원	비용/거주기간
생활 시설	입소생활 시설	가정에서 생활하기 어려운 정신질환자 등에게 주거, 생활지도, 교육, 직업재활훈련 등의 서비스를 제공하며, 가정으로의 복귀, 재활, 자립 및 사회적응을 지원하는 시설	정원: 입소정원 50명 이하	• 수급자: 시 · 군 · 구 지불 • 비수급자: 월 20만 원 내외
	주거제공 시설			4년 이내(서울시는 3년)
재활 훈련 시설	공동생활 가정	완전한 독립생활은 어려우나 어느 정도 자립능력을 갖춘 정신질환자 등이 공동으로 생활하며 독립생활을 위한 자립역량을 함양하는 시설	정원: 입소정원 4명 이상 6명 이하	이용료: 월 300,000원
	지역사회전환 시설	지역 내 정신질환자 등에게 일시보호 서비스 또는 단기보호서비스를 제공하고, 퇴원했거나 퇴원계획이 있는 정신질환자 등의 안정적인 사회복귀를 위한 기능을 수행하며, 이를 위한 주거제공, 생활훈련, 사회적응훈련 등의 서비스를 제공하는 시설	정원: 입소정원 25명 이하	2주 후 재계약, 3개월 단위로 계약, 최대 6개월까지 거주 가능
정신요양시설		가족의 보호가 어려운 만성 정신질환자를 정신요양시설에 입소시켜 요양 및 보호함으로써 이들의 삶의 질 향상 및 사회복귀 도모	정원: 정신요양시설의 설치기준 및 운영 등에 관한 규칙('98. 6. 13.) 후 신설 허가되는 정신요양시설의 입소정원은 300인 이하로 제한함 • 1실의 정원은 10인 이하	• 수급자: 시 · 군 · 구 지불 • 비수급자: 월 25만 원 내외 • 거주기간: 영구

출처: 송승연(2020: 23)의 내용을 참고로 하여 재구성.

4장)이 신설되었다. 이에 따라 지역사회 정신질환자에 대한 복지서비스 거주에 관련한 서비스는 제37조에 제시되어 있는데 현재 법에 의하면 주거서비스에는 공동생활가정, 사회복귀시설소시설, 지역사회전환시설, 정신요양시설이 명시되어 있다. 실제 이 시설을 기능적으로 분류하는 제도적 기준들은 매우 애매모호하다. 시설의 기능보다 허용규모와 거주기간을 분류 기준으로 제시하고 있기 때문이다. 정신재활시설의 주거서비스 기능, 규모 및 거주기간에 대한 내용은 다음에 제시하고 있는 〈표 11-1〉과 같다.

3) 정신장애인 주거서비스와 자립

1991년 12월 유엔총회에서 결의된 '정신장애인 보호와 정신보건의료 향상을 위한 원칙의 적용을 위한 지침(Principles for the Protection of Persons with Mental Illness and for the Improvement of Mental Health Care)'과 2006년 결의된 '유엔 장애인권리협약(UN Convention on the Rights of Persons with Disability)' 이후 정신장애인을 보편적 권리 주체(완전한 사회참여를 통한 사회통합의 권리를 가지는 관점)로 인식하게 되면서 국가와 사회는 이를 실현하기 위한 노력의 당위성을 가지게 되었다. 그중에서도 주거서비스는 정신장애인의 지역사회 자립을 위한 가장 기본적이고 필수적인 권리라고 할 수 있다(송승연, 2020: 25-26).

지역사회 자립을 위한 주거서비스는 정신장애인의 회복(recovery) 측면에서도 중요하다. 많은 연구(Parkinson & Nelson, 2003; Beal et al., 2005; 서규동, 2008)에서 주거서비스의 이용을 통해 정신장애인들의 역량이 강화되고 회복되는 모습을 보였다. 또한 최윤정(2010)은 정신장애인의 회복을 위한 지역사회통합전략으로서 거주 안정성 확보를 위한 주거서비스 지원이 필요하다고 제시하고 있다.

특히 최근에는 정신장애인 주거정책과 관련되어 지원주택(Supportive Housing), 주거우선접근(First Housing) 등의 대안이 제시되고 있다. 지원주택모델은 소비자 선택, 통제, 자립, 역량강화 등의 가치를 반영하는 '주거'와 '서비스 접근이 가능한 주거'를 의미하는데 독립적인 주거 내에서 거주자들에게 욕구와 개별화를 기준으로 지역사회지원를 제공하며 다양한 임상적 서비스와 독립적인 생활기술을 지원하는 시스템이다. 주거우선정책은 '주거' 제공이 최우선이라는 뜻이다. 기존 정신장애인

주거서비스는 '주거'보다는 '치료'가 우선되었다. 즉, 주거서비스를 제공받기 전에 정신건강문제, 음주와 같은 물질남용 문제, 실업과 같은 고용의 문제 등을 먼저 해결한 후에 최종적으로 주거서비스가 제공되는 방식으로 운영되었다. 그러나 관련 연구에 의하면 치료우선정책은 한계를 치료순응성에 문제가 있는 환자들에게 한계가 있었을 뿐 아니라 여기에 배제된 사람들은 노숙인으로 남는 등의 문제를 나타내었고, 최악의 경우 이들은 정신장애인 서비스 체계에서 분리된 상태로 존재하였다 (Foster et al., 2010: 송승연, 2020: 28 재인용). 오히려 주거우선정책이 시행된 뒤 미국, 캐나다, 유럽 등에서 성과가 확인되었다. 주거가 먼저 제공된 뒤 안정적으로 주거생활을 시작하게 되면, 개인적인 문제(정신건강, 실업, 중독 등)를 자발적으로 해결하려는 현상이 나타나 이러한 성공이 가능했던 것으로 확인되었다(송승연, 2020: 28).

2. 정신장애인 고용서비스

사람에게 있어서 직업과 관련된 일은 매우 중요하다. National Alliance for the Mental Ill(1999)에 의하면 일이란 사람들에게 경제적 안정, 자아정체감 형성, 지역사회 삶에 의미 있는 기여를 할 수 있는 기회를 제공하는 삶의 주요 요소라고 정의하고 있다. 즉, 일은 개인과 가족에게 사회적 지위를 비롯하여 다양한 사회의 참여를 통한 심리적, 사회적 생산물을 제공한다(연영모·이금진, 2013: 17). 정신장애인에게 있어서도 직업과 일은 무척 중요하며, 재활과 회복에 있어서도 가장 중요한 지표이다. 그럼에도 우리나라 정신장애인의 취업률 및 월평균소득은 타 장애유형보다 훨씬 열악하여 거의 최하위 수준의 취업률 및 월평균소득을 보이고 있으며, 이는 정신장애인의 직업재활 중요성 인식, 관련 정책수립 및 집행 등의 적극적인 실천이 필요하다는 것을 나타내고 있다(이현경, 2013: 152). 따라서 여기서는 정신장애인의 고용의 의의와 고용의 유형, 그리고 고용보장 지원체계에 대해 살펴보고자 한다.

1) 정신장애인 고용의 의의

정신장애인이 직업을 갖는다는 것은 다음과 같은 여러 가지 의미가 있다(연영모 · 이금진, 2013: 17-18). 첫째, 정신장애인에게 일은 동기, 자기확신, 구조적 활동, 관계성에 변화를 이끌 수 있다. 일은 포괄적 정신과 치료에 중요한 구성요소가 되고 실제적 성취를 통해 자아존중감이 향상된다. 둘째, 많은 정신장애인이 생산적인 일에 활동적으로 종사할 때 정신과적 증상이 경감된다는 연구결과가 나타났다. 즉, 일을 통한 다양한 경험을 통해 다른 스트레스를 중화시키거나 대처능력을 촉진시켜 증상의 재발을 보호하는 작용을 한다. 셋째, 일을 유지한다는 것은 개인이 지역사회에 머물 수 있는 능력의 주요 지표이다. 즉, 일을 얻고 유지하기 위해서 정신장애인들은 대인관계능력, 직업기술 습득, 증상관리기술 등이 필요하기 때문에 직업을 갖고 있다는 것은 재활의 척도가 될 수 있다. 넷째, 일로 인한 임금에 의해 정신장애인은 지역사회 내에서 생산적인 참여를 하게 되는 의의를 갖게 된다. 이러한 일의 중요성으로 인해 정신장애인에게도 재활단계에서 직업재활이 필수적이라고 하겠다.

2) 정신장애인의 고용 유형

정신장애인에게 있어 직업재활은 정신사회재활의 일부분이었기 때문에 고용서비스는 사회재활서비스의 일부로 포함되어 있다. 이런 이유로 대부분 정신장애인 직업재활 서비스들이 실제 유급 고용된 상태(취업)보다 다양한 직업능력을 발달시키는 데 초점이 맞춰져 왔다. 그러나 향후에는 좀 더 경제적 소득을 중심으로 한 고용진입에 초점이 맞춰진 직업재활서비스들이 제공되어야 할 것이다(연영모 · 이금진, 2013).

정신장애인의 직업재활은 1960년대 미국을 중심으로 일어난 탈시설화 운동 및 지역사회 정신건강운동과 무관하지 않으며, 정신건강센터와 같은 지역사회정신건강기관을 중심으로 구체화되기 시작하였다. 국내에서는 1995년 「정신보건법」의 제정 이후 지역사회정신건강기관의 수가 늘면서 직업재활 프로그램이 확산되었고, 「장애인복지법」에 의거하여 2000년부터 정신장애인이 장애인 범주에 포함되면서 직업재활의 제도적 접근이 가능하게 되었다. 그 이전에는 용인정신병원에서 실시한 직업재활 프로그램과 태화샘솟는집의 클럽하우스 모델 등이 현장에서 개별적인 형태로 실천되어 왔다(권진숙 외, 2017: 260). 정신장애인의 직업재활을 위한 법적 · 제도적 기반은 마련되었지만 장애인고용공단과 같은 공적 기관의 직업재활 지원과 프로그램은 신체장애인을 중심으로 제공되고 있다(이계존, 2002; 손명자, 2006: 권진숙 외, 2017에서 재인용). 다음에서는 정신장애인 대상의 직업재활 서비스 유형과 내용을 취업 전 프로그램, 취업 프로그램, 취업 후 프로그램 등으로 나누어 대해 간략히 살펴보고자 한다(권진숙 외, 2017: 261-266).

(1) 취업 전 프로그램

취업 전 단계에서는 정신장애인이 전문가와 함께 취업을 목표로 준비하는 과정에서 이루어지는 일련의 사전 프로그램이 제공된다. 이 단계에서는 직업 적성검사와 평가를 통하여 정신장애인의 직업적인 욕구와 흥미, 관심 등의 내용이 무엇이고, 직업능력이 어느 정도인지를 알아보는 것이 중요하다. 그리고 정신장애인의 직업능력을 전반적으로 평가하게 된다. 직업능력평가는 전문가의 관찰과 정신장애인의 진술과 보고를 통해 하는 방법과 객관적인 평가도구를 통해서 하는 방법이 있다. 직업능력 평가의 내용은 신체적 · 정신적 운동능력, 지적 능력, 정서적 안정도, 직업적인 흥미와 태도, 사회력과 직업력, 교육정도, 직업적 성취, 직무수행능력과 정도, 직업습관, 그리고 일과 관련된 능력(운동성, 의사소통, 개인위생, 구직기술 등)이다.

직업훈련 프로그램은 정신장애인이 원하는 직업과 관련한 구체적인 작업기술을 습득하도록 돕는 프로그램과 직업수행과 관련한 심리사회적 능력을 강화시키는 프로그램으로 나누어 볼 수 있다. 작업기술을 갖추도록 하기 위해서는 정신장애인의 욕구를 잘 파악하여 이와 관련된 직업계획을 세우는 것이 중요하며, 이를 토대로 구체적인 작업기술을 반복하여 훈련함으로써 익히도록 하는 것이 중요하다. 또한 취업 전에 해당 직업과 직장의 조직이나 체계, 업무 내용 등에 대한 전반적인 이해가 가능하도록 교육을 하는 것이 중요하다. 심리사회적 능력을 강화시키는 프로그램은 대인관계나 문제해결능력, 스트레스 관리능력 등을 강화하여 직업 내에서 잘 적응할 수 있도록 지원하는 것을 말한다. 이는 직장 내에서 발생하는 다양한 심리적 · 사회적 어려움을 스스로 극복하고 성공적으로 적응하는 데 도움을 주기 위한 것이다.

(2) 취업 프로그램

① 보호작업장

보호작업장은 입시취업이나 독립취업을 할 만큼 회복되지 않은 정신장애인을 대상으로 별도의 공간을 마련하여 보호적인 환경에서 작업을 할 수 있도록 지원하는 프로그램이다. 대부분의 작업공간은 정신건강시설 내에 배정되고 작업내용은 간단한 수공업 제품을 조립하거나 완성하는 것으로 계약에 따라 연계된 외부업체에서 작업량을 수주하여 기관 내에서 작업을 하게 된다. 보통 작업량에 따라서 정신장애인 개인이 작업수당을 취하게 된다. 따라서 아직 회복되지 않은 정신장애인이 정신건강서비스를 제공받으면서 작업을 통한 직업경험을 할 수 있는 기회를 제공한다는 측면에서 의미가 있다고 하겠다.

② 임시취업/독립취업

임시취업은 1957년 Club House 프로그램으로 개발되었다. 임시취업은 독립취업을 하여 경쟁단계에 들어가기 전에 수개월 동안 전문가의 지도를 받으면서 직업경험을 하는 것이며, 이를 성공적으로 수행하게 되면 독립적으로 직업경험을 하게 된다. 정신장애인이 장애로 인한 심리사회적 어려움에도 불구하고 일할 수 있는 기회와 권리를 가지도록 해야 한다는 것이 이 프로그램의 중요한 철학이라고 할 수 있다. 우리나라는 미국의 지역사회 심리재활 프로그램인 클럽하우스 모델을 적용하여 운영되고 있는 태화샘솟는집에서 임시취업 형태의 취업 프로그램을 시작하였고, 이후 클럽하우스 모델을 적용한 전국의 정신재활시설뿐 아니라 대부분의 지역사회정신건강기관에서 임시취업 프로그램을 운영하며 지원하고 있다.

임시취업을 성공적으로 수행하게 되면 독립취업을 하게 된다. 이 단계부터는 직업유지를 잘하여 사회적·직업적으로 독립할 수 있도록 하는 것이 매우 중요하다. 정신건강전문가는 이를 위해 독립취업한 정신장애인이 직장 내에서 업무로 인한 어려움이나 대인관계, 금전관리, 증상관리 등으로 인한 어려움이 없는지를 모니터링하면서 필요한 도움을 주어야 한다. 따라서 전문가가 작업장을 방문하고, 자조모임을 활성화하도록 도와야 한다. 또한 사회기술훈련이나 직업적응훈련 등의 프로그램을 개별적 또는 집단적으로 제공하는 것이 도움이 된다.

③ 지원고용

지원고용제도는 1984년 미국의 발달장애인법과 장애인 교육법 개정안에 근거하고 있다. 즉, 중증의 장애인을 한 장소에 모아 놓고 지원하는 것이 아니라 새로운 사람들과 협력하면서 일할 수 있도록 지원하는 것이다. 직업코치는 전문가로서 이들이 유용한 직업을 가지고 유지할 수 있도록 돕는 역할을 하게 된다. 지원고용을 구성하는 요소는 직업배치를 위한 포괄적인 접근, 집중적인 현장훈련과 옹호, 작업자의 수행능력에 대한 지속적 평가, 장기적인 직업유지와 사후지도를 위한 체계적인 접근 등의 네 가지 필수요소로 구성된다. 지원고용의 수행은 직업개발, 대상자 사정, 직업배치, 직업현장훈련, 지속적 평가와 사후지도 등의 과정으로 이루어진다. 전문가는 긍정적인 마음을 가지고 정신장애인이 유용한 직업인으로 정착할 수 있도록 그들의 강점과 능력을 최대한 발견하여 활용하는 것이 중요하다.

④ 사회적 기업

사회적 기업은 일반 기업과 달리 이윤의 창출에 목적을 두지 않고 사회적인 목적, 즉 공익적인 목적으로 설립되어 운영되는 기업을 말한다. 사회적 기업은 1970년대 사회적 경제(social economy)에 대한 인식에서 출발하여 기업의 형태로 나타났다. 우리나라는 사회적 일자리에 대한 관심이 늘면서 사회적 기업이 출현하였고 기존의 자활공동체가 사회적 기업으로 발전되는 형태에 대한 관심이 많았다. 2006년 「사회적 기업 육성법」이 시행된 이후 양적으로 증가하고 있는 추세이나 제도적 차원에서 지원하고 보완해야 할 내용이 많다. 사회적 기업이 처음 시작될 당시 많은 사회복지기관이 프로그램의 일환으로 사업을 시작하였다. 정신건강증진 분야에서는 정신장애인이 복사나 인쇄 사업을 하거나 쿠키가게를 운영한 예가 있다. 약물남용 프로그램의 하나로 레스토랑, 제과점이 운영되었으며, 발달장애 프로그램으로 카페 운영, 사무실 청소 등의 사업을 시작하였다. 대부분의 프로그램이 적자를 내어 운영에 어려움이 있었지만, 일부 성공적인 사업은 이익을 창출하여 오랫동안 사업을 유지함으로써 사회복지영역에서의 사회적 기업 정착에 기여하였다.

사회적 기업은 출현배경과 조건, 운영원리, 추구하는 목표 등에 따라 사회적협동조합, 노동통합형 사회적 기업, 제3섹터 기업, 사회적 회사로 구분할 수 있다. 첫째, 사회적협동조합(social cooperatives)의 형태는 노동자 협동조합, 소비자 협동조합,

농업 협동조합 등 전통적 협동조합 형태에서 기원한다. 사회적으로 소외된 계층의 고용을 중요하게 여기며, 취약계층에게 사회적 서비스를 제공하는 것이 목적이다. 이러한 조합형태의 사회적 기업은 이탈리아, 스웨덴, 영국 등에서 볼 수 있다. 둘째, 노동통합형 사회적 기업(work-integration social enterprise)으로 훈련, 고용, 주거 등의 서비스를 통합된 하나의 서비스 형태로 제공하게 된다. 이를 통하여 소외계층의 노동통합을 추구하고자 하는 것이다. 이러한 형태의 사회적 기업은 프랑스, 스페인 등에서 많이 나타난다. 셋째, 제3섹터 기업은 장기실업자와 같은 소외계층의 노동통합을 이루고 새로운 일자리를 창출하는 것이 그 목적이다. 이러한 형태의 사회적 기업은 프랑스에서 주로 나타난다. 넷째, 사회적 회사(social firm)는 영국의 사회적 기업 모델로 정신적·육체적 장애를 가진 사람들에게 일반 작업환경과 같은 상황에서 훈련할 수 있는 기회의 제공과 일자리의 제공을 목적으로 한다.

(3) 취업 후 프로그램

취업 후 프로그램은 정신장애인이 직업유지를 잘하도록 지원하는 프로그램이다. 독립적으로 취업을 한 이후에도 잔존하는 증상으로 인한 심리적인 어려움을 겪을 수 있고, 직장동료나 상사와의 대인관계의 갈등이 나타날 때 문제해결을 하는 과정에서 어려움을 겪을 수 있으며, 사회적 편견으로 낙인감을 느끼게 될 수도 있다. 따라서 취업 후 프로그램은 이러한 어려움들을 해결하면서 직업을 유지하도록 돕는 목적으로 수행된다. 자조모임은 취업자들로부터 구성되며, 이 모임을 통하여 정신장애인은 동료 지지와 정보교환 등의 도움을 받게 된다. 취업자 사후지도 프로그램은 개별적으로 또는 집단으로 실시되며 직업수행과정에서의 다양한 심리사회적 어려움에 대한 전문가의 코치와 지지가 제공된다. 또한 정신장애인의 취업처인 일자리 제공기관과 전문가 또는 기관이 협력관계를 유지하는 것이 중요하다. 이러한 관계를 통하여 취업 중인 정신장애인의 직업유지와 취업 예정인 정신장애인의 취업처 개발이 용이하게 된다.

3) 정신장애인의 고용보장 지원체계

2017년 5월 시행된 「정신건강증진 및 정신질환자 복지서비스 지원에 관한 법률」

과 더불어 서울 정신건강2020, 장애인고용 종합대책 등은 사회적 편견이 높고 회복과 고용관련 서비스 접근성이 낮은 정신장애인들의 독립적 삶을 보장하기 위해 시행되고 있는 정책들이다. 비록 정부, 학계, 실무현장에서 정신장애인의 직업재활을 촉진하고 사회복귀를 위해 전략을 개발하고 서비스를 제공하는 등 지속적인 노력을 하고 있지만, 15개 장애영역 중 정신장애에 대한 사회적 관심은 다른 장애영역에 비해 여전히 낮다. 우리나라 정신장애인의 고용 및 직업재활보장체계는 「장애인고용촉진 및 직업재활법」, 「장애인복지법」, 「정신건강증진 및 정신질환자 복지서비스 지원에 관한 법률」 등의 법률하에서 이루어지고 있다. 국내 정신장애인 관련 법의 경우 각 법마다 규정하고 있는 정신장애인에 대한 정의가 다르고 정신장애에 대한 장애등록 유형이 다른 것을 알 수 있다. 즉, 정신장애인에게 고용 및 직업재활서비스를 제공하기 위한 정신장애의 법률해석과 정의가 다르기 때문에 각각의 영역에서 제공하는 서비스가 다르다. 이러한 해석은 정신장애인이 사회에 살아가는 데 있어서 이용 가능한 서비스가 제한된다는 중요한 의미를 가지고 있다(김민·임규설·김솔아, 2017). 여기서는 우리나라의 현재 고용보장 지원체계 중 정신장애인 측면에서 장애인 의무고용제도에 관해 살펴보고자 한다.[1]

　　의무고용제도는 2000년 「장애인고용촉진 및 직업재활법」에 의거하여 비장애인에 비해 고용상 취약계층이라고 할 수 있는 장애인의 고용기회를 넓히기 위해 일정 수 이상의 근로자를 고용하는 사업주에게 의무적으로 장애인을 고용하도록 하는 제도이다. 의무고용제도는 여러 차례 개정을 거침으로써 장애인 및 중증장애인이 노동시장에 소속되어 직업의 기회를 창출하도록 기여하고 있다. 그러나 2018년 기준 전체 장애인 의무고용률은 2.78%, 정부부문은 3.2%, 공공기관 및 민간부문은 각각 3.16%, 2.67%로 정부부문에서만 법정 고용률에 간신히 미치는 것으로 확인되었고 민간부문의 경우 법정 고용률에도 미치지 못하고 있다(한국장애인고용공단고용개발원, 2019). 특히 고용의무 사업체에 고용되어 있는 장애인은 「장애인복지법」상의 등록장애인으로 「장애인복지법」의 정신장애인만 해당된다. 따라서 「정신건강증진

---

[1] 정신장애인의 고용보장 지원체계라고 할 때 관련 법에 의거한 의무고용제도와 직업재활사업들이 모두 포함되는데 직업재활 관련한 내용은 이미 앞서 언급하였기 때문에 여기서는 의무고용제도에 대해서만 간략히 살펴보고자 한다.

및 정신질환자 복지서비스 지원에 관한 법률」의 정신질환자는 대상에서 제외되고 있다. 이는 「장애인차별금지 및 권리구제 등에 관한 법률」 아래 정신장애인의 고용 차별에 대한 금지가 보장되어 있다 하더라도 현실적으로 정신장애인의 취업, 해고 등의 어려움은 너무나 크게 존재한다.

정신적 어려움을 가진 사람들이 정신장애로 등록을 꺼릴 수밖에 없는 이유는 정신질환에 대한 사회적 편견 때문이다. 이것이 이들의 노동시장 진입에 가장 큰 장애이다. 경중 정신질환자의 경우 충분히 노동시장에서 일할 능력이 있음에도 불구하고 이러한 현실적 제약 및 법적 대상자의 차별에 따라 고용의 기회를 잃고 있다. 현재 정신질환이 있음에도 정신장애로 등록하지 않는 경우 국가 차원의 정신장애인 고용-지원체계에서는 사각지대에 놓이게 된다(조윤화 외, 2014).

3. 정신장애인 옹호서비스

1) 옹호의 의의

옹호는 법적 전문분야에서 도입된 개념으로 클라이언트의 이익을 대변하는 활동이며, 다른 원조전문직과 사회복지가 구별될 수 있는 활동 중 하나이다. 따라서 다수의 사회복지사와 사회복지사를 고용하고 있는 기관들은 클라이언트를 옹호하기 위한 사회행동가의 역할을 가정하고 있다. 이는 계속해서 증가될 중요한 역할이며, 개인과 집단을 원조하기 위한 역할뿐 아니라 그들이 살고 있는 사회적 현상과 관련하여 지역사회에서 도움을 줄 수 있다(최말옥, 2002: 39).

넓은 의미에서 사회복지사들은 클라이언트를 지지할 뿐 아니라 정치, 경제 및 사회적 영역에서 변화를 불러일으키고, 다른 사람들과 목표와 사고를 공유하면서 정치적 운동에도 활동적으로 참여한다(Farley et al., 2000: 최말옥, 2002 재인용). 사회복지에서 옹호에 나타나 있는 가치는 개인의 존엄성과 권리, 무기력한 상태에서의 권리부여, 자기결정권, 고통의 구제와 애정, 임파워먼트와 강점관점, 사회정의 등을 들 수 있다(Schneider, 2001: 최말옥, 2002 재인용).

2) 정신장애인과 권익옹호활동

권익옹호활동은 사회적으로 차별받는 많은 집단이 스스로의 권리를 회복하기 위해서 다양한 활동을 통해 수행하고 있다. 그러나 정신장애와 관련된 차별은 다른 어떤 소수자에 관한 차별보다 사회구성원들에게 소외받고 있으며, 대규모 감금이 용인될 만큼 강한 제도적 장치가 마련되어 있다. 따라서 정신장애인의 권익옹호활동을 보다 정확하게 이해하기 위해서는 정신장애 당사자의 권익옹호활동의 역사에 대해 이해할 필요가 있으며 계속해서 이에 관해 살펴보고자 한다(김현민 · 유진선, 2018: 62-65).

(1) 미국의 정신장애인 권익옹호활동

우리나라에서는 1980년대부터 활발하게 전개되고 있는 장애 당사자에 의한 권익옹호활동에서 최근까지도 정신장애인의 인권은 열외사항이었던 반면, 1980년대를 전후로 하여 미국에서는 정신장애 당사자에 의한 권익옹호활동이 활발하게 전개되고 있다. 1960년대에 들어서면서 미국에서는 자본주의 사회에서 배제되어 온 소수자들이 자율성과 주체성을 보장받음으로써 다양성이 존중되는 사회를 요구하는 신사회운동이 일어났으며, 이와 함께 장애 당사자들의 소비자운동이 시작되었다(김지윤, 2015). 신사회운동의 일환으로 장애 당사자들은 자본주의 사회에서 배제되고 차별받던 스스로의 인권을 지키기 위해 권익옹호활동을 활발히 전개하였다.

소비자운동이 활발히 전개되는 한편, 미국에서는 「정신질환자 보호 및 권리옹호법(Protection and Advocacy for Individuals with Mental Illness Act)」의 제정으로 정신장애 당사자들이 권익옹호활동을 할 수 있는 법적 근거가 마련되었다. 정신장애인의 권리를 보호 · 옹호하는 법과 장애 당사자들의 소비자운동의 흐름이 만나면서 미국에서는 권익옹호활동을 하는 다양한 당사자 조직이 생겨났다. 정신장애 당사자 조직들은 정신보건정책과 서비스, 연구에 중요한 영향력을 미치고 있는데, 미국 내 많은 주에서는 정신보건담당조직에 소비자 업무를 담당하는 사무실(Offices of Consumer Affairs)을 두고 있으며, 이곳에서는 소비자옹호와 자조활동을 지원하는 정신장애 당사자가 근무한다. 이 밖에도 정신장애인으로 이루어진 다양한 당사자 조직(소비자 조직, 자조모임)은 「정신질환자 보호 및 권리옹호법」에 의해 정신병원조사업무를 위탁받아 정신장애인의 인권이 침해되는 사례가 없는지 병원을 직접 조사를 진행하고 있다. 또한 편견을 이미 학습한 집단인 전문가들에 대한 교육 역시 당사자 조직들의 몫이며, 리더 양성, 권익옹호 캠페인 등 다양한 활동을 벌이고 있다.

1970년대부터 정신장애인의 권익옹호활동을 해 온 미국의 정신장애 당사자인 Judi Chamberlin(1990)은 오랜 시간 당사자로서 권익옹호활동을 해 오면서 권익옹호활동을 지원 단체의 조직, 당사자의 권리 옹호, 법·제도의 변화를 위한 정치적 로비활동, 대중연설, 우리의 활동을 알리기 위한 소식지 제작, 창조적이고 예술적으로 정신장애인을 대하는 방법을 개발하는 것, 강제적인 치료를 거부할 권리를 인정받기 위한 활동 등을 포함하는 활동으로 용어를 사용하였다.

(2) 국내 정신장애인 권익옹호활동

우리나라에서 정신장애 당사자들이 본격적으로 인권을 지키기 시작한 것은 2013년 5월 입법 예고된 「정신보건법」 전부개정안에 대한 반대투쟁이었다. 보건복지부는 1995년에 제정된 「정신보건법」을 처음으로 전면 개정하는 전부개정안을 발표하였다. 그러나 이 개정안에는 꾸준히 문제가 제기되어 오던 강제입원 개선에 대해 미온적이라는 점 등 한계가 있었으며 이에 정신장애인 당사자들은 산발적으로 활동하던 당사자 조직들을 조직화하기 시작하였다. 「정신보건법」 전부개정안에 대한 보다 조직적인 투쟁을 위해 '한국정신장애인연합'을 중심으로 하여 '정신장애인지역사회생존권연대'가 결성되었다. 생존권연대는 전부개정안에 대한 반대성명서 발표, 기자회견, 국회의원들과의 접촉, 토론회 개최 등의 활동 등을 통해 「정신보건법」 폐지 운동을 이어 갔다.

당사자 조직들은 「정신보건법」 개정 운동을 하는 한편, 당사자 조직들은 강제입원조항의 위법성을 드러내기 위해 「정신보건법」 제24조에 대한 위헌법률심판 과정에 청구인이 되어 주도적인 역할을 하였다. 이전에도 「정신보건법」에 대한 헌법소원은 꾸준히 진행되어 왔으나 모두 각하되어 왔다. 한국정신장애인연대KAMI(Korean Alliance on mental Illness), 한국정신장애인자립생활센터, 정신장애와 인권 파도손 등 다양한 당사자 조직이 참여하여 공익소송의 형태로 이루어진 2014년의 헌법소원 역시 각하되었으나 당사자들은 여기에서 포기하지 않고 위헌법률심판의 청구인이 되어 끊임없이 강제입원의 위헌성을 지적하는 활동을 이어 나갔다.

「정신보건법」폐지 운동과「정신보건법」제24조 위헌법률심판에 참여하며 생존 권연대는 관련 전문가들과 함께 '정신보건법 바로잡기 공동대책위원회'를 조직하여 반대투쟁을 이어 갔다. 반대투쟁의 과정에서 '정신장애인복지지원법추진공동행동' 을 결성하여 '정신장애인 권리보장과 복지지원에 관한 법률' 입법운동을 추진하였 다. 이 과정에서 '정신장애인 권리보장과 복지지원에 관한 법률'에 대해서는 각 조 직별 이견이 있었고, 이에 따라 일부 조직은 공동행동 활동을 중단하여「정신보건 법」폐지 운동을 계속하게 되고, 일부 조직은 정신장애인 권리보장과 복지지원에 관 한 법률 추진 운동을 이어 갔다.

당사자 조직들의 꾸준한 활동의 결과로 2016년 5월,「정신보건법」이「정신건강증 진 및 정신질환자 복지서비스 지원에 관한 법률」(이하「정신건강복지법」)로 20년 만 에 전부개정되었고, 2016년 9월,「정신보건법」제24조에 대해서 헌법재판소는 헌법 불합치 판결을 내렸다. 20년 만에 전부개정된「정신보건법」과 지속적인 위헌소송 실패의 경험 속에서 얻어 낸 헌법불합치 판결은 개정된 법에 한계가 있음에도 불구 하고 당사자들이 직접 나섰기에 얻어 낼 수 있었던 의미 있는 성과이다. 이후 당사 자 조직은 활발한 권익옹호활동들을 진행하고 있으며, 정신장애와 관련된 각종 사 안들에 대해 즉각적인 대응으로 기자회견, 토론회, 집회 등을 개최하고 있다.

3) 해외 정신장애인의 권익옹호서비스

박재우(2018)는 정신장애인의 권리옹호를 위한 실천과제를 제시하였다. 자유권 측면에서 정신장애인 권익옹호제도 법제화가 중요하며, 사회권 측면에서는 정신 장애인 복지차별 해소를 위한 장애인복지체계로의 전환을 적극적으로 검토해야 하 고, 의사결정지원제도 도입을 위한 준비가 필요하다고 제안하며, 회복기반실천을 통해 전인적 회복을 지원하는 정신건강정책과 정신건강서비스 실천이 이루어져야 함을 강조하였다. 이에 우리나라에서도 관련 서비스와 제도에 대한 관심이 증가하 고 있는 상황이다. 이를 위하여 외국의 관련 제도에 대해 살펴보고자 한다(제철웅, 2017; 제철웅, 2018; 박인환, 2019; Karen Newbigging, 2019).

(1) 영국의 독립 권리옹호서비스

영국 「정신보건법」에 따른 치료제도는 다음과 같은 특징이 있다. 첫째, 비자의입원은 최근친이 신청하든, 정신건강전문요원이 신청하든 이를 결정하는 주체는 「정신보건법」에 따라 권한을 부여받은 정신병원의 장이라는 점이다. 정신병원의 장은 일종의 행정처분으로서 비자의입원을 결정하게 된다. 행정처분적 성격이 두드러지게 드러나기 때문에 정신질환자의 인권보호의 문제가 정면에서 검토될 수 있다는 장점이 있다.

둘째, 정신질환으로 인한 자해, 타해의 위험이 높더라도 다른 안전장치가 있다면 비자의입원이나 격리병동에의 입원 등은 최소화하고 있다는 것이다. 다른 안전장치에는 최근친에 의한 지역사회에서의 치료 지원, 후견인에 의한 지역사회에서의 치료 지원 등이 그 예이다.

셋째, 보호입원치료와 퇴원, 회복 절차에 지자체, 특히 정신건강전문요원의 역할이 매우 크다는 것을 알 수 있다.

넷째, 입원과정에 최근친의 개입을 최소화하고, 대신 최근친을 보호자로서의 역할에 충실하도록 지원한다는 것이다. 오히려 최근친이 비자의입원을 신청하면 정신건강전문요원이 최근친을 접촉하여 입원신청에 관한 여러 상황을 점검하게 한다. 이렇게 함으로써 최근친은 비자의입원-치료에서 심리적 지지자의 역할에 충실하도록 하는 장점이 있다.

다섯째, 본인의 자기결정권 존중과 자기결정권 행사를 지지하여 정신질환치료과정에서 있을 자존감, 무력감을 최소화하고 치료와 회복과정에 당사자를 주체로 참여시키도록 한다는 것을 알 수 있다. 보호자 역시 대부분 정신질환에 문외한이고 또 정신질환 가족으로 인한 심리적 상처 또한 크기 때문에 심리적 지지자로서의 역할을 하기에 불충분하다. 그런 이유로 당사자의 편에 서서 당사자의 권리를 옹호해 주는 별도의 지원체계가 필요하다.

여섯째, 정신과의사는 치료에 전념하게 하되, 병원 자체적으로도 정신질환자의 인권침해 방지를 위한 안전장치를 두고 있다는 것을 알 수 있다.

일곱째, 이 모든 절차에 분쟁이 있을 때 행정심판격인 MHRT(Mental Health Review Tribunal)와 법원의 개입을 가능하게 하고 있다.

여기서 특히 주목할 부분은 옹호서비스이다. 가족이나 정신의료기관, 또는 지자체로부터 독립하여 당사자의 편에 서서 권리를 옹호하는 서비스라는 점에서 이 서비스를 독립정신건강옹호서비스(Independent Mental Health Advocacy service: 이하 IMHA)라고 한다. 영국의 독립정신건강 옹호서비스는 「정신보건법」의 적용을 받는 정신질환자의 권익침해 방지를 위해 제공되는 권리옹호서비스이다. 이 서비스는 비자의입원 또는 비자의치료를 받은 모든 정신질환자가 무상으로 이용할 수 있다. 서비스 이용에 본인이 동의한 경우 이를 이용할 수 있고, 본인이 동의능력이 없는 경우 의료진 또는 지자체의 요청으로 IMHA 서비스를 제공하게 된다. IMHA 서비스에 대한 전국적인 통계는 없지만 몇몇 조사에 따르면 비자의입원 환자의 50% 가까이가 이를 이용한다고 한다. 비자의입원 또는 비자의치료를 받는 정신질환자는 법률규정에 따른 서비스 이용권이 주어지지만 그렇지 않은 정신질환자는 임의적인 독립옹호서비스가 제공될 수 있다. 개별지자체에 따라서는 이런 서비스를 무상으로 제공하는 곳도 있고, 무상제공이 없는 경우 본인의 자부담을 통해 또는 자선단체의 지원에 의해 독립옹호서비스를 제공받을 수 있다. 그런 점에서 정신질환자는 정신질환의 치료, 요양의 전 과정에서 독립옹호자 서비스를 받을 가능성이 높다고 할 수 있다.

IMHA 서비스 제공자는 정신질환자가 정신질환의 치료나 요양에 관한 의사결정에 참여하도록 격려하고 자신의 의사, 선호, 견해 등을 표현하도록 지원하고, 자신의 견해를 보호자, 정신건강전문가, 정신과 의사에게 표현하도록 지원한다. 이들은 지방자치단체로부터 서비스 제공을 위탁받아 서비스를 제공하는데, 정신질환자의 정신질환 치료에 전문적으로 개입되어 있는 모든 사람으로부터 독립되어 있어야 한다. 이들이 제공하는 서비스는 독립의사능력 옹호자, 지속적 대리인, 법정후견인이 정신질환자에게 제공하는 서비스로는 대체할 수 없는 고유한 서비스 영역을 가지고 있다. 다만, IMHA는 다른 서비스 제공자와 협력해야 한다. IMHA 서비스는 정신병원에 비자의입원을 한 정신질환자, 지역사회 치료명령을 받은 정신질환자, 정신보건 후견인의 지원을 받도록 명령을 받은 정신질환자 등이 정신질환 치료에서 자신의 의사나 견해를 충분히 표현할 수 있게 함으로써 권익침해를 최소화하기 위하여 제공되는 서비스이다.

이 서비스를 제공받기 위한 요건은 다음과 같다. 첫째, 「정신보건법」에 따라 비자의입원을 한 경우, 둘째, 「정신보건법」에 따라 비자의입원 절차를 밟고 있거나 비자의입원이 될 예정인 경우, 셋째, 비자의입원 상태에서 일시적 또는 조건부 퇴원한 경우, 넷째, 정신보건후견인이 지정된 경우, 다섯째, 지역사회치료명령을 받은 경우, 여섯째, 「정신보건법」 제57조에 따른 치료가 검토되는 경우 등이다.

IMHA는 환자에게 다음과 같은 정보를 제공하면서 환자의 의사결정을 지원한다. 첫째, 「정신보건법」에서 규정한 정신질환자의 권리, 둘째, 「정신보건법」에서 규정한 정신질환자를 위한 여타의 관계자(최근친)의 권리, 셋째, 이용 가능한 권익옹호 관련 서비스, 넷째, 정신질환자에게 제공될 각종의 처분, 다섯째, 정신질환자가 받고 있거나 받을 가능성이 있는 치료, 여섯째, 치료의 이유, 일곱째, 치료제공의 법적 근거와 그 치료로 인해 권익침해를 방지하기 위한 법적 안전장치 등이다. IMHA는 정신질환자의 권익옹호를 위해 제공되는 서비스이기 때문에 환자가 IMHA 서비스를 거부하는 것도 가능하고 다른 서비스(자신의 변호인에게 자문을 구하는 것 등)와 병행하는 것도 무방하다. 다만, 정신보건의료진 등은 정신질환자가 IMHA 서비스를 이용할 수 있다는 것, 그들의 역할 등에 대해 정신질환자에게 정보를 제공해 주어야 한다. IMHA 서비스를 이용할 수 있는 의사능력이 없는 경우에는 독립의사능력옹호자를 이용할 수도 있다. IMHA의 개입을 통해 IMHA 서비스를 이용하는 것도 가능하다. IMHA에 선임되면 IMHA는 환자와 정신건강전문가를 면담할 권한이 있으며, 환자에 관한 각종 진료기록을 열람할 수 있다. 다만, 정신질환자가 진료기록 열람을 거부할 경우에는 할 수 없다. 그러나 정신질환자가 의사능력이 없을 때에는 IMHA가 요구하면 의료기관은 반드시 관련 서류를 교부해야 한다.

(2) 독일의 권익옹호서비스

독일은 자해, 타해의 위험성이 있는 정신질환자의 비자의입원, 비자의치료는 각 주 관할 법인 「정신보건법」에서 입원 등의 요건에 관하여 규율하고, 절차는 「가사사건 및 비송사건절차법」 제312조 제3호의 사건으로 처리한다. 대부분의 주는 입원치료가 필요한 정도의 정신질환이 있고, 현저한 자해, 타해의 위험성이 있을 때 비자의입원이 가능하도록 규정하고 있다. 한편, 의사능력이 없어서 정신질환이 있다거나 정신질환의 치료 필요성을 알지 못하는 자로서 치료를 받지 않으면 본인에게 불이익이 발생할 수 있는 사안의 경우에는 「민법」 제1906조에 따라 비자의입원을 처리한다. 비자의입원의 요건은 자살 또는 심각한 건강침해의 위험성이 현저하거나 자유박탈적 입원이 없이는 조사나 치료 등이 가능하지 않은데 본인은 정신질환으로 그 필요성을 인식하지 못할 경우이다. 이 절차는 언제나 후견법원의 직권으로 개시되고, 결정은 후견인에게 피후견인을 대신하여 입원동의를 할 권한을 부여하는 형식이다. 이 모든 절차에서 정신질환자를 보호하기 위해 절차보조인을 선임할 수 있다. 절차보조인의 지위는 법적으로 규정되어 있지는 않은데, 요보호성인의 절차법상의 지위와 동일한 지위를 갖는다. 자료를 열람하고, 청문할 수 있고, 항소를 제기할 수도 있다. 절차보조인의 보수 및 지출비용 상환은 언제든 국고로 지원을 받는다. 국가는 요보호성인에게 자력이 있다고 판단할 때 그로부터 소송비용에 포함시켜 비용을 지불하도록 한다.

정신장애인은 비자의입원절차에서 절차보조인의 지원을 받고, 정신병원 입원 이후에는 후견인(지원인 Betreuer)의 지원을 받는다. 따라서 치료의 전 과정을 지원받는다고 이해할 수 있다. 이들 지원자(절차보조인 및 지원자=후견인)의 보수 등은 대부분 국고에서 지원된다.

4) 우리나라의 정신장애인 권익옹호서비스

현재 우리나라는 정신장애인 권익옹호서비스와 관련하여 절차보조시범사업이 수행 중이다. 이 사업은 2018년 보건복지부의 신규예산 확보 후 시범사업계획(안)을 마련하고 2018년도부터 진행 중이다. 여기서는 절차보조사업 논의 배경 및 방향, 절차보조사업에서 제공되는 서비스 내용을 중심으로 살펴보고자 한다.

(1) 절차보조사업 논의의 배경 및 방향[2]

「정신건강복지법」의 취지는 비자의입원, 비자의입소를 최소화하라는 것이고, 입원보다는 통원치료를, 치료보다는 심리상담 및 기타 회복기능 지원을 중요한 정책 방향으로 삼으라는 것으로 패러다임의 전환을 요구하고 있다. 즉, 정신질환의 예방, 조기개입 중심이어야 하며, 이를 위해서는 정신질환치료를 일반질환치료와 동일하게 취급해야 한다는 점이 전제되어야 한다. 정신질환자의 비자의입원을 줄이고 대신 치료환경 개선에 집중하여야 한다. 이를 위한 가장 효과적인 수단은 정신질환자

---

2) 이 절은 제철웅(2018)의 내용을 참고하여 작성함.

를 치료와 입원 과정에 한 주체로 참여하도록 보장하는 것이다. 권익옹호는 치료 및 요양과정에 정신질환자의 참여권을 확대함으로써 이들의 목소리(일반질환과 동일하게 취급해 달라는 것)가 최대한 반영되도록 지원하는 역할을 하는 것에 있다. 권익옹호사업은 정신질환치료 환경의 패러다임 전환에 중요한 매개기능을 할 수 있다.

따라서 절차보조사업은 정신질환 치료 환경을 일반 치료 환경과 크게 다르지 않도록 지원하고, 동시에 당사자의 자기결정권 행사를 충분히 보장함으로써 자기존중감, 치료과정에서의 주도성을 회복할 수 있게 지원하는 것에 그 방향성을 맞추어야 한다. 자기결정에 기초한 치료와 입원이어야 설령 치료의 효과가 없더라도 자신의 선택의 결과로 이를 수용할 수 있을 것이고, 스스로를 회복의 주체로 삼을 수도 있을 것이기 때문이다. 나아가 회복되었거나 회복과정에 있는 당사자도 절차보조사업에서 제공하는 서비스 제공과정에 참여하도록 함으로써 동료옹호, 집단옹호를 경험하도록 하는 것도 필요하다. 그렇게 함으로써 자조의식을 함양하고, 사회적 기여에 대한 자부심을 고취할 수 있을 것이다. 즉, 절차보조사업 자체가 자기옹호과정이자 동료옹호, 집단옹호의 과정이 되어야 하고, 그렇게 함으로써 가족에 의한 비자의입원과 치료를 단절하고 자기존중감을 유지하면서 치료와 회복의 과정을 밟을 수 있을 것이다. 동시에 그 과정은 정신질환자의 사회적 인식 개선에 기여할 수 있을 것이다. 그렇기 때문에 절차보조사업은 정신질환 치료과정의 스티그마를 최소화하는 것이 될 것이다. 이는 중·장기적으로 정신질환의 조기개입, 조기치료에 관한 사회적, 의료적 환경을 조성하여 질환의 만성화와 일상생활 역량의 감퇴를 방지하는 효과를 실현할 수 있을 것이다.

(2) 절차보조사업의 내용

① 옹호서비스와 그 원칙[3]

절차보조사업은 정신질환 치료, 입원, 퇴원 과정에서의 당사자 권리를 옹호함으로써 최대한 자기결정권을 행사할 수 있도록 지지하는 것이 사업의 내용이 되어야 한다. 당사자를 옹호하는 서비스란 당사자에게 속한 권리의 범위에서 당사자의 희

---

3) 이 절은 제철웅(2018)의 내용을 참고하여 작성함.

망과 욕구, 선호도에 따라 그가 원하는 방향으로 치료, 입원, 퇴원, 회복 과정이 이루어지도록 지원하는 것을 말한다. 옹호서비스 제공자는 서비스 이용자의 권리 범위를 넘어서는 영역에서는 서비스를 제공할 수 없다. 그렇기 때문에 서비스 이용자가 자해, 타해의 위험으로 인해 비자의입원이 필요한 시점에서는 설사 본인이 비자의입원을 거부한다고 하더라도 그 거부의사를 지지하고 옹호할 수는 없다. 이 지점이 옹호서비스의 한계 지점이다. 다른 한편 당사자가 만성 정신질환으로 의사능력이 극도로 퇴화되어 의사소통이 전혀 되지 않는 경우에도 옹호서비스에는 한계가 있다. 이 경우에는 현재 제공되는 정신질환 치료 및 요양서비스와 관련된 입원 및 입소에 대한 본인의 욕구, 감정, 선호도를 파악하여 그것에 대한 거부 또는 동의의 의사를 서비스 제공자 및 입원결정권자에게 전달할 수 있을 것이다. 그러나 퇴원을 위한 법적 절차를 밟게 하는 등 본인의 지시나 의사가 없는 경우에도 본인의 이익이될 수 있는 조치를 본인을 대신하여 취하기 위해서는 법률로 별도의 근거가 있어야한다. 그 점에서 보면 옹호서비스는 당사자의 명시적 또는 묵시적 지시를 받아 그의희망을 실현할 수 있도록 지원하는 것, 당사자의 지시가 없는 경우 당사자의 의사를파악하여 서비스 제공자나 당사자를 대신하여 의사결정할 권한을 가진 자에게 전달하는 역할을 수행하게 될 것이다.

② 절차보조사업으로 제공하는 옹호서비스 내용[4]

절차보조사업에서 제공하는 옹호서비스의 세부적인 내용은 다음과 같다. 첫째, 정신질환자의 입원생활을 지원하는 것이다. 정신질환자의 권리 및 치료 관련 정보를 전달하고, 치료에 관한 의사, 선호를 파악하며 입원생활 관련 동료지원이 이루어지는 것이다. 그러나 자해, 타해의 위험성이 현저하여 옹호서비스 제공자조차 접근하는 것이 위험하다거나 옹호서비스 제공자의 지원에도 불구하고 자살의 위험이높다면 비자의입원만이 해결책일 것이다. 이때 옹호서비스 제공자는 당사자의 가족생활상의 권리를 존중하여 가족이 아니라 지방자치단체의 장이 「정신건강복지법」 제44조에 따른 행정입원 절차를 밟을 수 있도록 지원할 수 있을 것이다(제철웅, 2018: 14).

---

4) 이 절은 보건복지부(2019)와 국립정신건강센터(2020)를 참고하여 작성함.

둘째, 당사자의 의향을 반영한 각종 절차에 대한 지원을 한다. 비자의입원 후 치료가 진행되어 자·타해 위험이 현저히 떨어지게 될 경우, 본인이 희망한다면 퇴원심사를 청구하거나, 자의입원 및 동의입원 등으로의 전환을 돕고,「인신보호법」에 따른 구제 신청에 대한 안내와 도움, 후견인 선임 신청에 대한 안내 및 절차를 도울 수 있다.

셋째, 퇴원 후 계획 수립을 지원한다. 퇴원 후의 치료 및 지역사회 연계계획 수립을 지원하며, 당사자 자조모임에 참여할 수 있도록 안내하고 연계한다. 또한 퇴원계획과 관련한 동료지원이 이루어질 수 있도록 한다.

절차보조서비스에서는 입·퇴원 과정에서의 동료지원이 중요한 서비스 내용 중의 하나인데 동료지원이란 회복과정을 경험한 정신질환·장애인이 자신의 회복의 산 경험(lived experiences)을 통하여 도움이 필요한 다른 동료들의 회복을 돕는 것이다. 자신의 회복된 경험을 바탕으로 동료 정신질환자의 전인적 회복을 돕는 동료지원가의 역할은 정신건강전문가의 보조적 역할이 아닌 기존 전문가들의 영역과는 독립된 고유한 기능과 가치를 지니고 있으며, 이러한 회복의 경험은 개인적인 자원을 넘어 사회적 자원으로 볼 수 있다. 미국, 영국, 싱가포르, 호주 등 여러 나라의 정신건강서비스에서 동료지원에 대한 중요성이 제시되고 있고, 동료지원가 양성과 활동에 대한 국가 단위의 통합적인 지원 체계를 갖추려는 노력이 계속되고 있다. 이와 관련하여 우리나라에서도 2019년 '중증정신질환자 보호 재활 지원을 위한 우선조치 방안'에서 동료지원가 양성과 활동에 대한 지원을 제시하였고, 정신건강 R&D 사업단의 '국가 정신건강증진 전략 추진 방안 수립' 연구 중 중장기 정신건강 인력계획에 동료지원가를 포함하여 '동료지원가 표준교육과정 및 통합 지원 플랫폼 구축'을 진행하고 있다.

③ 절차보조사업 참여자와 각 역할

절차보조사업의 핵심인 당사자 옹호서비스는 의료진, 정신재활시설, 가족 등으로부터 전적으로 독립한 당사자의 관점에 선 별도의 기관이 필요하다. 당사자 옹호서비스 제공자의 전문가 옹호가 있겠지만 동시에 당사자 집단의 옹호 역할도 해야 한다. 이런 관점에서 보면 여기에는 동료지원가, 권익옹호자, 행정인력이 상주하면서 근무하여야 한다. 먼저, 동료지원가는 회복되거나 회복 과정에 있는 정신장애인 당사자를 중심으로 구성하되, 정신건강전문요원 또는 사회복지사도 포함될 수 있다. 정신병원에 입원하여 치료받을 필요가 있거나 입원치료를 하는 당사자를 만나 그들의 이야기를 듣고 격려하며, 치료와 재활에 대한 본인의 욕구나 희망을 들어주는 역할을 할 수 있다. 이들을 통해 정신장애인 당사자의 삶의 이력, 입원 전의 일상생활 패턴 등을 파악할 수 있도록 지원할 수 있다. 정신건강 권익옹호자는 당사자가 처한 환경을 이해하고, 치료 및 재활의 절차에서 본인의 욕구나 희망을 실현시킬 수 있는 방안을 본인에게 제시하며, 본인이 처한 상황, 그의 욕구나 희망 등을 의료진에게 잘 전달하여 치료에 본인의 의사가 반영될 수 있게 지원하는 것을 역할로 설정해야 한다. 그 외 행정인력도 필요하다.

💡 생각해 볼 문제

- 정신장애인이 지역사회에서 살아간다는 것이 어떤 의미인지 생각해 봅시다.
- 정신장애인이 지역사회에서 살아가기 위해 가장 필요한 서비스가 어떤 것인지 논의해 봅시다 (주거, 고용, 옹호를 중심으로).

📎 참고문헌

국립정신건강센터(2017). 국가 정신건강현황 3차 예비조사 결과보고서.

국립정신건강센터(2020). 동료지원가 표준교육과정 및 통합지원플랫폼 소개.

권진숙 · 김정진 · 전석균 · 성준모(2017). **정신건강사회복지론.** 경기: 공동체.

김민 · 임규설 · 김솔아(2017). 정신장애인 직업재활서비스 개선방안 연구. 한국장애인개발원.

김지윤(2015). 개인소수자에서 당사자로의 임파워먼트경험–자립생활운동참여자를 중심으로. 가톨릭대학교 대학원 석사학위논문.

김현민 · 유진선(2018). 정신장애 당사자의 권익옹호 활동 경험에 관한 연구. **한국장애인복지학,** 1, 59–85.

박인환(2019). 정신장애인의 권익옹호와 의사결정지원 방안. **후견과 신탁,** 2(2), 101–132.

박재우(2018). 정신장애인 권리옹호를 위한 실천 과제. **후견과 신탁,** 1(2), 113–134.

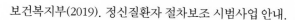

보건복지부(2019). 정신질환자 절차보조 시범사업 안내.

서규동(2008). 정신장애인의 독립주거 생활경험에 관한 연구. 숭실대학교 대학원 박사학위논문.

송승연(2020). 지역사회 정신장애인 주거서비스 이용에 영향을 미치는 요인 연구: 확장된 앤더
슨 모형을 적용한 다층모형(HLM) 분석. 가톨릭대학교 일반대학원 사회복지학과 박사학위
논문.

신진호 · 김유진 · 김수영(2020). 정신건강복지법상 입 · 퇴원 절차에서의 전문가 역할에 대한
비판적 고찰. **한국사회복지학, 72**(2), 401-427.

연영모 · 이금진(2013). 정신장애인 고용유지율 향상을 위한 공공 · 민간 연계사업에 관한 연구.
한국장애인고용공단 고용개발원.

유수현 · 서규동 · 유명이 · 이봉재 · 이종하(2014). **정신보건사회복지 총론**. 서울: 도서출판 신정.

유수현 · 성준모(2005). 정신장애인 지지거주 프로그램 적응과정에 관한 질적 탐색 연구. **2005년
한국정신보건사회사업학회 춘계학술대회 자료집.**

이경아(2017). 정신장애를 가진 사람들의 권리옹호에 대한 토론. **한국정신보건사회복지학회 학
술발표논문집.** pp. 55-56.

이현경(2013). 정신장애인의 건강상태, 소득수준, 직업능력과 취업의사와의 관련성 분석. 제5회
장애인고용패널 학술대회 발표논문.

제철웅(2017). 정신건강증진 및 정신질환자 복지서비스 지원에 관한 법률의 시행과 치료, 입원,
퇴원 절차에서의 정신장애인 지원 방안. **서울법학, 25**(3), 227-267.

제철웅(2018). 절차보조사업을 통한 정신장애인 당사자옹호서비스의 필요성과 내용. **법학논총,
35**(2), 1-30.

조윤화 · 이용표 · 권오용 · 이선화 · 이의정 · 강경희 · 노수희(2014). 정신장애인 지역사회통합
지원방안 연구. 한국장애인개발원.

최말옥(2002). 정신장애인의 임파워먼트 증진을 위한 자기옹호프로그램의 효과. 부산대학교 대
학원 박사학위논문.

최윤정(2010). 지역사회통합을 통한 정신장애인의 회복 전략. 부산대학교 대학원 박사학위논문.

한국장애인고용공단 고용개발원(2019). 한 눈에 보는 2019 장애인통계.

Beal, G., Veldhorst, G., Mecgrath, J. L., Guruge, S., Grewal, P., DiNunzio, R., & Trimnell, J.
(2005). Constituting community: Creating a place for oneself. *Psychiatry, 68*(3), 199-211.

Carling, P. (1995). *Return to community: Building support systems of people with psychiatric
disability.* New York: The Guilford Press.

Chamberlin, J. (1990). The ex-patients' movement: Where we've been and where we're
going. *Journal of Mind and Behavior, 11*(3-4), 323-336.

Karen Newbigging, K. (2019). 독립적 정신건강옹호 서비스 제도를 통한 정신장애인의 권리 보호 및 증진. **국제사회보장리뷰, 여름호 9**, 21-33.

Harley, H. (2001). *A qualitative research study of individuals with serious mental illness who successfully assimilate into the community through a supported housing program.* Capella University Ph. D.

Parkinson, S., & Nelson, G. (2003). Consumer/survivor stories of empowerment and recovery in the context of supported housing. *International Journal of Psychosocial Rehabilitation, 7*, 103-118.

제4부

정신건강사회복지의 이슈

정 신 건 강 사 회 복 지 론

제12장
지역사회 기반의 정신건강사회복지 실천

 학습 목표

- 지역사회정신건강의 개념과 특징을 이해한다.
- 지역사회정신건강의 대상과 목적을 설명할 수 있다.

　지역사회정신건강은 최근 정신건강정책의 주요 흐름으로 지역사회를 기반으로 행해지는 다양한 정신건강관련 활동을 포함한다. 지역의 모든 주민을 대상으로 이루어지는 포괄적인 정신건강서비스로서 지역사회정신건강은 특히 정신장애인의 사회복귀를 위하여 매우 중요한 개념이라 할 수 있다. 이 장에서는 지역사회정신건강의 개념과 특징 및 주요 이념 등을 살펴보고 지역사회정신건강의 구성요소를 제시하고자 한다.

1. 지역사회정신건강

1) 지역사회정신건강의 개념

1995년 「정신보건법」의 제정과 더불어 지역사회정신건강사업이라는 용어가 널리 사용되어 오다가 최근에는 아직 미흡하기는 하지만 정신건강정책에서 지역사회정신건강이 대세로 간주되는 경향이다. 그러나 지역사회정신건강사업이 점차 확대되어 가고 있는 이 시점에서도 지역사회정신건강에 대한 정확히 합의된 개념정의는 아직 되어 있지 않은 현실이다.

지역사회정신건강은 정신건강이라는 이름하에 지역사회 내에서 지역사회를 대상으로 행해지는 모든 활동을 의미하며, 20세기 마지막의 수십 년 동안 정신건강 분야를 지배해 온 용어이다. 이론이기보다는 하나의 개념, 개입철학, 사회운동, 이념, 그리고 정책이었으며 여기에는 정신질환의 예방, 치료, 그리고 재활 및 사회복귀를 위한 모든 노력이 포함된다(Sands, 2001: 3).

양옥경(1996)은 지역사회정신건강은 치료나 서비스를 받는 데 있어 몸과 마음의 통합적 상태에서 자기결정권을 행사한다는 인간존엄성의 가치에 이념적 기반을 두고 있다고 하였으며, 이영호 등(2006: 121-123)은 한 개인이 자신의 치료나 서비스를 받는 데 있어 자유, 자기결정권, 자율성, 존엄성 그리고 몸과 마음과 정신의 통합이 최대한으로 보장되도록 하는 것이라고 하였다. 권진숙 등(2017: 253)은 지역사회정신건강이란 지역사회 내에서 지역의 모든 주민을 대상으로 포괄적인 정신건강서비스를 제공하는 것을 말하며, 구체적으로는 정신건강증진과 정신질환의 예방, 치료, 재활, 사회통합 등의 서비스를 연속선상에서 통합적으로 제공하는 것을 의미하는 개념이라고 하였다. 또한 정신건강에 목적을 두고 지역사회에 기반을 두어 행해지는 정신장애의 조기발견 및 조기치료, 사회적 지지체계의 개발 및 활용, 그리고 사회성 훈련과 직업재활 등과 같은 사회복귀 등의 모든 활동이다(이충순 · 한은선 · 황태연, 1996). 나아가 지역사회정신건강이란 일반대중을 대상으로 한 예방지향적이고 주로 공공재원에 의해서 수행되는 정신건강체계(Borus, 1978)라고 말할 수 있다.

2) 지역사회정신건강의 특징과 원리

(1) 지역사회정신건강의 특징

지역사회정신건강은 전통적인 정신건강 관련 활동과 비교하여 몇 가지 특징적인 차이가 있다(Bloom, 1984: 최송식, 2008: 18-19 재인용). 첫째, 제도적 세팅에서의 실천과 대비하여 보면, 지역사회 속에서의 실천에 그 강조점을 둔다. 즉, 정신질환자 관리의 중심이 되는 장소가 병원이나 요양원과 같은 시설이 아닌 지역사회이며, 이들 시설은 그 속에서 주어지는 특정 서비스를 제공하는 역할을 담당한다.

둘째, 개인보다는 전체 지역사회나 인구집단에 강조점을 둔다. 즉, 지역사회 정신건강의 대상은 개인보다는 지역사회 내의 전체 주민이며, 따라서 관할지역(catchment area) 또는 정신건강서비스 지역은 지역사회 특정 정신건강프로그램의 대상 인구를 지칭한다.

셋째, 지역사회정신건강은 치료활동과 구별하여 질병예방과 건강증진서비스에 강조점을 두며 정신병리 분야에 공중보건 개념을 적용하는 것이다.

넷째, 서비스의 지속성과 포괄성에 강조점을 두며, 환자의 욕구와 치료경과에 따라 광범위한 서비스가 누락되지 않고 계속적으로 제공되어야 한다.

다섯째, 직접적 서비스보다는 간접적 서비스에 강조점을 둔다. 정신건강전문가는 대상 집단의 삶에 직접 개입하기보다는 그들에게 영향을 미칠 수 있는 교사, 종교지도자 또는 공중건강 간호사 등을 적극적으로 활용하며, 주로 이루어지는 실천 방법은 자문(consultation)과 정신건강교육(mental health education)이다.

여섯째, 과거보다 더 많은 대상자의 정신건강욕구를 더욱 신속하고, 효과적이며, 효율적으로 관리하기 위한 혁신적 접근방법을 시도한다. 가장 효율적이며 효과적이라고 알려진 두 가지 접근방법은 계획된 단기치료와 위기개입이다.

일곱째, 지역특성에 적합한 정신건강 프로그램을 현실성 있게 계획한다. 지역사회의 인구학적 분석, 충족되지 않은 정신건강욕구의 파악, 정신질환과 관련된 지역 내 고위험집단의 선별 등을 통해 정신건강문제의 우선순위 설정과 정신건강서비스의 조정이 지역별로 이루어진다.

여덟째, 지역사회 내 이용 가능한 새로운 인적 자원의 활용을 모색한다. 전통적 전문가로서의 의사, 간호사, 사회복지사, 임상심리사뿐만 아니라 새로운 인적 자원의 활용을 적극 모색한다.

아홉째, 지역사회의 참여를 유도한다. 보통 지역사회조정 또는 지역사회관여라고 지칭되는데, 정신건강전문가만으로는 지역주민의 정신건강욕구 파악과 충족이 어려우므로 지역사회의 참여를 유도하고 프로그램을 시행하고 평가하며 미래의 새로운 정신건강계획 수립에 반영한다.

열째, 개인적 정신병리의 원인보다는 지역사회에서 스트레스의 근원을 규명하는 데 관심이 있다. 과거에는 전통적으로 정신병리의 원인을 개인 내에서 찾고자 함으로써 개인을 변화시키는 것에 중점을 두었으나, 지역사회정신건강은 그 근원을 지역사회에 두고 집단의식의 변화에 관심을 기울인다.

(2) 지역사회정신건강의 원리와 원칙

1960년대 이후 탈시설화 정책과 병행하여 확산되어 온 지역사회정신건강운동은 하나의 체계 혹은 이념을 구성하는 일련의 원리를 포함하고 있다. 여기서는 그중에서도 중요한 몇 가지 원리를 살펴보고자 한다.

첫째, 포괄성의 원리로 지역사회가 병원입원치료, 아웃리치 프로그램, 외래환자 진료서비스, 낮 치료를 포함하는 다양한 수준의 강도에서 정신건강서비스를 총망라하여 포괄적으로 제공되어야 한다는 것을 의미한다. 개인, 가족 그리고 집단을 대상으로 하는 정신치료, 사회기술훈련 및 직업재활서비스, 주거서비스, 약물남용과 같은 특수한 문제 또한 다루어야 한다. 그리고 아동 및 노인을 포함한 모든 연령집단에 반응할 수 있어야 하며, 정기적 및 응급상황에서도 이용 가능해야 한다.

둘째, 케어 지속성의 원리로 지속적 케어(continuity of care)는 앞의 포괄성의 원리와 관련된 원리이며(Langsley, 1985), 클라이언트가 서비스 전달체계의 부정적 특성인 복잡성, 파편성 그리고 관료주의 등으로 인해 서비스에서 누락되지 않도록 방지할 수 있는 하나의 방법이다. 또한 클라이언트에게 제공되는 정신건강서비스들이 잘 연계되고 클라이언트의 흐름에 쉽게 따라가는 서비스 체계가 되어야 한다(Bloom, 1984).

셋째, 접근성의 원리로 서비스를 받고자 하는 사람은 누구나 지역사회정신건강 서비스에 쉽게 접근할 수 있어야 한다는 것이다. 이는 케어의 지속성이 확보될 때 달성 가능한 원칙이라고 할 수 있다(Bachrach, 1986). 접근성에는 종단적 접근성, 심리적 접근성, 그리고 재정적 접근성이 포함되어야 한다. 이는 정신건강서비스가 클라이언트의 거주지나 직장 가까이에 위치하고 있어야 하며, 대중교통으로 쉽게 갈 수 있어야 하고, 최소한 응급 시를 대비하여 밤 동안과 주말에도 이용할 수 있어야 한다는 것을 의미한다(Langsley, 1985).

넷째, 다학문적 팀의 원리로 서비스 제공자들이 다학문적 팀으로 구성되어야 하며, 팀에는 정신과전문의, 정신건강사회복지사, 정신건강임상심리사, 정신건강간호사, 레크리에이션 치료사, 그리고 상담가로 구성되는 경우가 많지만 기관의 인적 및 물적 자원의 분포에 따라 다르다. 다학문적 팀은 다양한 성원의 지식, 기술 그리고 관점을 가능하게 했으며, 클라이언트에 대한 전인적 이해와 다차원적 치료나 재활 프로그램을 제공하는 데 기여한다.

다섯째, 책무성의 원리로 정신건강기관이나 시설을 규제하는 시민이사회 이사들은 치료를 추구하는 사람에 대한 책임뿐만 아니라 잘 치료가 된 사람에 대한 책임도 져야만 했다. 또한 지역사회정신건강기관과의 협치(governance)에 참여하였던 소비자에게도 적용되었다. 소비자들은 점차 자신들의 잠재력을 인식함에 따라 자기주장을 잘하게 되었다.

한편, 지역사회정신건강의 실천 원칙은 다음과 같다. 첫째, 개별화의 원칙으로, 각각의 지역 특성에 맞는 접근방식으로 지역사회를 이해하고 있는 그대로 수용하며, 그 특성에 맞게 개별적으로 대응하여야 한다는 것이다. 즉, 서비스의 종류와 양, 적당한 기대치, 그리고 정서적 자극 등에 관해 정신장애인마다 정확한 사정을 통해 개별화된 접근계획을 갖고 서비스를 제공해야 한다는 것이다.

둘째, 전체성의 원칙으로 지역의 정신건강문제를 지역의 전체적 구조와 관계 속에서 이해하고 해결해 나가려고 노력해야 한다는 것이다. 지역 내의 다른 문제와의 관계나 지역을 포함하는 사회문화 등의 관련성 속에서 문제를 이해하고 취급하는 것이 중요하다.

셋째, 주민참여의 원칙은 정신건강문제나 욕구의 발견과 해결과정에 주민이 스스로 참여하게 하는 것이 중요하다고 강조하는 것이다. 주민 스스로가 생활하고 있는 지역의 정신건강문제나 욕구를 발견하여 이를 해결하기 위한 계획을 마련하고 필요한 실천을 행하고 평가해야 한다는 것이다. 정신장애인 본인에서부터 지역주민이 주체적으로 문제를 해결하고 이에 전문가가 원조를 지원하는 것이 바람직하다.

넷째, 과정중시의 원칙으로 지역사회정신건강문제는 단기적 해결이 아니라 지속적 해결 노력이 필요한 경우가 많으므로 문제해결과정을 중시하여 앞으로의 문제해결역량을 높여 나가는 것이 아주 중요하다. 정신장애인의 욕구를 만족시키는 관계를 형성하여 계속적 과정을 통해서 협동관계가 나오고 정신장애인의 문제해결능력을 발견하여 높이는 것도 가능해진다.

3) 지역사회정신건강의 이념

지역사회정신건강에서 추구하는 주요 이념을 살펴보면 다음과 같이 제시할 수 있다.

(1) 인권과 자유권

정신장애인의 지역사회적 접근, 지역사회정신건강을 정당화하는 근거는 정신장애인도 마찬가지로 인간이라는 사실이다. 인권은 일반적으로 우리의 타고난 천성에 내재되어 있는 것으로, 이것 없이는 인간으로서 살 수 없는 권리라 정의한다. 인권과 기본적 자유는 우리가 충분히 성장할 수 있도록 하고, 우리의 인성·지성·재능 그리고 양심을 사용하게 하며, 우리의 정신적 욕구는 물론 다른 욕구들을 만족시켜 준다. 인권과 기본권적 자유는 인간 각자에게 내재된 존엄과 가치가 존중되는 삶을 추구하는 인류의 끊임없는 욕구에서 비롯된다(이혜원 역, 2005: 25).

지역사회정신건강의 이념은 격리와 수용을 전제로 하는 대단위 시설 중심의 입원치료에서 '최소한의 규제'를 보장하는 자유로우면서 친근한 환경에서의 치료와 재활 및 보호로의 전환을 의미한다. 즉, 한 개인이 자신의 치료나 서비스를 받는 데 있어 자유, 자기결정, 존엄성, 그리고 몸과 마음과 정신의 통합이 최대한 보장되도록 하는 자유의지의 선택을 강조하는 인간주의적인 이념에 기초하고 있다(양옥경, 2006: 50-51).

정신장애인의 자유권을 보장하기 위하여 '최소한의 규제' 원칙에 입각하여 생각해 보면, 정신장애인의 치료와 재활 노력을 기울일 때 필요하더라도 정신병원이나 수용시설에 격리하여 입원(소)하는 것을 최소한으로 하고, 가능하면 정신장애인에게 친근한 환경인 그가 태어나서 생활해 온 지역사회에서 치료하거나 지역사회로 신속하게 돌아갈 수 있도록 실천되어야 한다. 그러나 우리나라의 여건은 아직도 체계적이지 못한 정신건강전달체계, 충분하지 못한 사회복귀시설의 수, 그리고 계속 증가하고 있는 전문정신병원의 병상 수로 치료 후 지역사회로 복귀할 수 있는 증상 상태가 되었음에도 불구하고 병원에 머무르고 있는 경우가 있다. 그러나 지역사회의 준비가 안 되어 있는 상태에서 무조건 환자를 지역사회로 돌려보내는 것도 '지역사회의 폐쇄병동화' 내지 '정신장애인의 노숙자화 혹은 요양원행'이라는 또 다른 심각한 문제를 발생시키게 된다는 것을 우리는 미국의 탈원화정책 경험을 통해 알고 있다(Goldman, 1984).

자유권적 권리를 강조하고 있는 국제인권규약에서 보면 정신건강법이 허용하고 있는 강제입원 조항도 상당히 문제가 있다고 할 수 있다. 그러나 모든 경우에서 정신장애인의 자발적 입원을 보장하려고 하면 정신건강법의 또 다른 이념인 '최적의 치료'를 제한하는 모순을 낳는다. 이는 정신장애인의 치료를 받아야 할 권리와 상충되고 때로는 의료혜택을 주려다가 최소한의 규제를 어기는 모순이 만들어지기도 한다. 따라서 이 원칙에 융통성이 결여되면 비현실적 서비스가 제공될 우려가 있다. 그러나 이러한 충돌이 있는 경우 최적의 치료에 대한 권리보다는 자유권의 보장이 상위에 있다고 할 수 있다.

(2) 정상화

탈시설화 운동과 밀접하게 연관된 것이 정상화와 주류화의 개념이다. 그러나 정상화는 지역사회로의 이전이라는 현상적인 측면에서는 탈시설화와 동일하지만 근본적인 지향은 다르다. 즉, 시설수용에 반대한다는 측면에서는 탈시설화와 동일하지만, 재정투입의 대표적인 증대를 통해 서비스의 질을 향상시키는 것이 전제되어야 한다는 점에서 탈시설화와 다르다고 이해된다(오혜경, 1999: 34-35). 정상화 혹은 보통화라고 번역되기도 하는 노멀라이제이션(Normalization)은 모든 사람이 차별 없는 동등한 기회를 보장받는 것으로 삶의 질 향상에 그 목표를 두고 있다. 이는 장애인을 정상으로 만드는 것을 목표로 하는 것이 아니라, 정신장애인의 생활조건이나 환경을 정상화하면서 장애 및 사회적 불리로 인해 파생되는 문제를 최소화하여야 한다는 것을 의미한다. 그렇다고 이들의 증상을 무시한 채 정상인을 대하듯이 하라는 것이 아니라 정상화 과정 속에서 능력에 맞도록 각종 서비스를 차등하여 제공하는 것이다.

장애인에 대한 정상화의 이념은 장애인이 사회 속에 있는 것이 당연하다는 사고 방식으로 이른바 건강한 자와 똑같이 존재하고 인간으로서 취급받아야 한다는 것으로 장애인이 그 사회의 다른 사람과 다른 욕구를 가진 특별한 집단이라고 생각해서는 안 되고, 인간적인 욕구를 충족시키는 데 특별한 곤란을 가진 보통 시민이라고 생각해야 하는 것이다. 장애인은 교육 · 노동을 비롯하여 많은 사회생활에서 거부당해 왔다는 것에 대한 비판이 정상화의 개념이자 이념이다.

정신장애인이든 건강한 사람이든 같은 조건에서 생활하는 것을 가능하게 하는 것, 말하자면 미성숙한 사회를 이러한 관점에서 충분히 발달한 사회로 개선해 나가는 과정을 정상화라 한다. 장애인이 장애가 있으면서도 보통의 시민과 같은 생활을 할 수 있는 그러한 환경을 만들어 가는 것이 정상화의 목적이다. 1980년에 정상화의 개념을 발전시켜 나타낸 니르에의 '통합' 개념을 살펴보면 다음과 같다(精神保健福祉士養成セミナー編輯委員會, 1998: 13-14).

① 물리적 통합: 지역의 주택지에 있는 그룹홈(group home)에서의 생활, 시민과 같은 리듬을 경험하는 생활
② 기능적 통합: 물리적 통합을 확대한 것, 예를 들면 레스토랑, 수영장, 교통수단 등을 시민들과 같이 이용할 수 있을 것
③ 사회적 통합: 지역의 이웃사람, 학교, 일터 등과의 개인적 · 상호적 관계 또는 일반적 · 사회적 관계, 존경, 평가 등이 있을 것
④ 개인적 통합: 개인이 생활해 가는 데 일어나는 여러 가지 욕구가 가장 영향을 갖는 사람과의 상호관계 속에서 발전하고 변화해 갈 것
⑤ 사회시스템적 통합: 시민으로서의 법적 권리, 성장과 성숙에의 기회, 자기 결정을 통하여 자기실현 등을 갖는 것
⑥ 기구적 통합: 행정기구나 서비스의 형태에 관여할 수 있는 것

이와 같이 통합의 개념은 정신장애인이 건강한 사람과 함께 지역사회의 일원으로 공존할 수 있는 상황을 창조해 가는 데 있어 스스로의 권리를 주장하고 또 장애인 자신이 그러한 공동체 형성에 대하여 발언하고 적극적으로 관여해 가는 것을 보장하게 되고, 그것은 곧 지역사회정신건강이 달성하고자 하는 궁극적 목적이다.

(3) 사회통합

사회통합이란 모든 사람이 사회생활에 적극적으로 참여하고 살아가는 것을 의미한다. 그러므로 통합된 사회란 사회적 배제가 극복된 사회를 의미한다고 할 수 있다. 사회복지의 발달과정이나 정신장애인복지의 발달 역사를 살펴보면 빈민이나 장애인, 정신장애인과 같은 생산적이지 못한 계층들을 도와줄 가치가 없는 인간으로 낙인찍고 사회에서 제거하려던 노력이 있었다. 지역사회정신건강에서는 정신장애인을 사회에서 제거하려는 것이 아니라 그들을 경제적으로 자립시키거나 정신적으로 재활시켜 생산적인 인간으로 만들어 사회통합을 이루려는 데 그 목적이 있다(김기태·박병현·최송식, 2007: 15).

정신장애인의 사회통합은 정상화 개념에 기반을 두고 있으며(Wolfensberger, 1972), 최소한의 규제원칙에 입각하고 있다. 사회통합은 사회적 상호작용의 달성을 의미하는 것으로 이는 정신장애인이 생활하는 데 익숙한 환경에서 행해지는 것을 전제로 한다. 여기서는 친근한 사람들과의 지리적 개념도 있지만 심리적 개념도 역시 포함된다. 물리적 통합을 위해서는 무엇보다 주거지 마련이 결정적이며, 또한 지역사회 자원과의 활발한 교류도 매우 중요하게 작용한다(양옥경, 2006). 정신장애인에게 있어서 사회통합은 우리 사회 속에서 소수를 이루는 장애인이 주류를 이루는 보통 사람들과 더불어 편견과 차별 없이 완전한 참여와 평등이 보장되는 사회 속으로 완벽하게 복귀하는 것을 의미한다. 따라서 장애인이나 지역주민에게 있어서 사회통합은 최고의 이상이며 목표가 된다.

4) 지역사회정신건강의 주체와 대상

지역사회정신건강의 정책 수립과 집행주체는 국가 및 지방자치단체이다. 「정신건강복지법」에서도 정신건강사업에 대한 입안을 하고 필요한 예산을 마련하여 운영주체가 잘 운영할 수 있도록 노력해야 할 의무를 국가와 지방자치단체에 부여하고 있다. 지역사회정신건강을 시행하는 기관으로 보건소, 국공립의료기관, 정신건강복지센터, 중앙정신건강사업지원단, 그리고 지방정신건강사업지원단이 광역단위의 지역사회정신건강사업을 수행하도록 규정하고 있다.

(1) 지역사회

지역사회정신건강은 정신건강 실천의 초점이 지역사회라는 세팅으로 옮겨 간 것 뿐만 아니라, 지역사회 자체가 주민의 정신건강 향상을 위한 주체이면서 동시에 대상이라는 인식으로 전환되어 가는 개념이고 이념이며 기술이라고 할 수 있다. 지역사회는 효과적 의사소통망이 작용하고 사람들이 이런 거주형태 내에서 산재해 있는 공통시설과 서비스를 공유하고 사람들이 지역상징물에 심리적 동일시를 발달시키는 그런 거주유형과 공존하는 영토상으로 조직화된 체계이다(Sanders, 1966).

이런 의미에서 한국에서는 정신건강정책의 올바른 주체가 되는 지역사회가 별로 존재하지 않는다고 해도 과언이 아니다. 그런 의미에서 또한 지역사회를 지역적 관계성을 가지면서 주요한 사회기능을 수행하는 사회적 단위와 사회체계의 결합으로 간주한다(Warren, 1972). 그 기능은 ① 생산, 분배, 소비, ② 사회화, ③ 사회통제, ④ 사회참여, ⑤ 상호 지지이다. 이는 자율성, 서비스 지역의 일치성, 동일시의 특징에 따라서 어떻게 수행되는지 결정된다.

(2) 지역사회정신건강전문가

지역사회정신건강운동에 참여하고 있는 사람은 크게 전문가와 일반인을 언급할 수 있다. 지역사회정신건강운동에서는 다른 어떤 영역보다 일반인과 당사자가 스스로 개인과 지역사회의 정신건강문제를 해결하려고 노력해 나가는 것이 중요하지만 통상적으로 이야기할 때 지역사회정신건강운동에서 큰 비중을 차지하여 온 사람들은 정신건강영역에 종사하고 있는 전문가이다. 여기에 포함되는 전문가들로 가장 중요한 영역이 정신과전문의이고 또한 통상 정신건강전문요원이라고 지칭되는 정신건강임상심리사, 정신건강간호사, 정신건강사회복지사가 있으며,[1] 그 외 참여인력으로 음악치료, 미술치료 등을 담당하는 전문치료사나 직업재활치료사와 기타 인력이 있다. 정신과전문의에 관한 규정은 「의료법」에 규정하고 있기 때문에 「정신건강복지법」에서는 해당 조항을 찾기가 어렵고, 정신건강전문요원에 대해서는 포괄적으로 규정하고 있다.

「정신건강복지법」에서는 정신건강전문요원의 직역을 정신건강임상심리사, 정신

---

1) 2022년부터 정신건강작업치료사가 포함될 예정이다.

건강간호사, 정신건강사회복지사로 규정하고 그 업무의 범위와 한계, 자격과 등급 등을 제시하고 있지만 전문가의 협력적 실천에 대한 규정은 없다. 여기서는 먼저 정신건강전문요원의 공통업무와 직역별 고유한 업무를 〈표 12-1〉과 같이 요약할 수 있다. 〈표 12-1〉에서 보듯이 정신건강전문요원이라면 그가 어떤 전문직의 배경을 지니든 간에 정신재활시설의 운영에서부터 훈련, 교육, 지도, 상담, 응급개입 관련 업무, 조사연구 등의 업무를 맡아 역할수행을 할 수 있다는 것을 알 수 있다. 다만, 각 전문직 간의 차별성은 그들의 고유업무에서 차이를 발견할 수 있겠지만, 이러한 구분은 그 역할수행을 대단히 애매하게 만드는 문제가 일어난다.

정신건강전문요원으로서 정신건강사회복지사의 임상가 역할은 진단 기능, 연락

〈표 12-1〉 정신건강전문요원의 유형과 업무

종별		업무의 범위
고유 업무	정신건강임상심리사	1. 정신질환자 등에 대한 심리평가 및 심리 교육 2. 정신질환자 등과 그 가족에 대한 심리상담 및 심리 안정을 위한 서비스 지원
	정신건강간호사	1. 정신질환자 등의 간호 필요성에 대한 관찰, 자료수집, 간호 활동 2. 정신질환자 등과 그 가족에 대한 건강증진을 위한 활동의 기획과 수행
	정신건강사회복지사	1. 정신질환자 등에 대한 사회서비스 지원 등에 대한 조사 2. 정신질환자 등과 그 가족에 대한 사회복지서비스 지원에 대한 상담·안내
공통업무		1. 정신재활시설의 운영 2. 정신질환자 등의 재활훈련, 생활훈련 및 작업훈련의 실시 및 지도 3. 정신질환자 등과 그 가족의 권익보장을 위한 활동 지원 4. 법 제44조 제1항에 따른 진단 및 보호의 신청 5. 정신질환자 등에 대한 개인별 지원계획의 수립 및 지원 6. 정신질환 예방 및 정신건강복지에 관한 조사·연구 7. 정신질환자 등의 사회적응 및 재활을 위한 활동 8. 정신건강증진사업 등의 사업 수행 및 교육 9. 그 밖에 제1호부터 제8호까지의 규정에 준하는 사항으로 보건복지부장관이 정하는 정신건강증진 활동

출처:「정신건강복지법 시행령」제12조 제2항 관련 [별표 2].

조정 기능, 조직화 기능, 정보제공과 홍보 기능, 개발적 기능, 계획 또는 정책화 기능, 그리고 교육·계몽·자문 기능을 하는 것이다.

진단 기능은 관계자와의 면접이나 경청, 사회조사 등의 방법을 사용하여 지역사회의 욕구를 파악하는 것이며, 연락조정 기능은 한 사람이 복지·보건·의료 등 여러 서비스를 동시에 받아야 할 때, 각각의 서비스 제공기관·조직·시설·단체 등과의 연락조정을 하는 것이다. 조직화 기능은 정신장애인 스스로 만든 소집단, 운영회, 전국 조직 등의 활동·임의단체·자원봉사자 단체 등의 조직, 지역사회 내 서비스 제공기관·조직·단체를 정비하여 조직화키고, 비효율적 서비스 체제를 폐지·재조직화·통합·새로운 조직 창설 등을 하는 것이다.

지역사회 불특정 다수의 주민, 대상자, 당사자, 그리고 관계자 등에 대한 정보제공 및 홍보 기능을 하고 각각의 지역 특성과 욕구에 맞는 사회자원의 개발을 위한 지역사회와 행정의 합의 및 이해를 얻어야 하며, 서명활동, 계몽운동, 관계자의 집단활동에 의한 여론의 제기, 직접청구권의 행사와 정보공개 청구 등의 활동, 행정기관이나 의회 등에 진정과 청원을 하는 등의 직접행동 행사를 하기도 한다. 또한 계획 또는 정책화 기능으로서 사회자원의 부족·미비점을 파악하고, 사회자원의 정비를 계획적으로 진행하면서 행정 수준의 계획입안으로부터 구체적 정책을 도출하고, 재원을 확보하면서 재원개발을 한다.

마지막으로 학습회와 강연회 등을 통한 계몽교육 및 학교교육 안에서 할 수 있는 약물교육, 정신장애에 대한 편견이나 차별을 제거하기 위한 교육, 정신장애인이나 가족에 대한 교육, 전문가에 대한 슈퍼비전과 자문, 지역사회의 질적 향상을 위한 교육을 시행하게 된다.

(3) 지역사회정신건강의 대상

2019년 12월 기준 등록된 정신장애인은 102,980명(남자 52,658명, 여자 50,322명)으로 집계된다. 시도별 지역사회 정신건강증진사업 등록·이용·입소자[2]는 87,075명으로 파악되고 있으며(보건복지부 국립정신건강센터, 2020), 이들 중에는 법적으로 정

---

[2] 지역사회정신건강사업을 수행하는 정신건강복지센터, 정신재활시설, 중독관리통합지원센터 등을 이용하는 자를 포함한다.

신장애를 진단받은 경우도 있으나 그렇지 않은 인원도 포함되어 있다. 정신장애의 발생을 개인적 측면에서만 파악할 수 없고 다양한 원인론에 입각하여 정신장애인에 대한 개입계획을 수립하기 위해서라도 정신건강서비스의 대상을 지역 전체로 확대하는 지역사회정신건강의 실행이 무엇보다 중요하다.

이를 위해서는 전 국민을 대상으로 정신질환 유병률을 파악하는 것이 중요하며, 우리나라에서는 5년마다 정신질환실태역학조사를 수행하여 전 국민의 정신질환 유병률 및 발생률을 조사하고 있다. 2016년 보건복지부에서 수행한 정신질환 실태조사에서 주요 정신질환의 평생유병률은 25.4%로 나타났으며, 이는 일반인구의 25.4%는 평생 중 한번 이상은 정신질환을 경험하였다는 의미가 된다. 주요 정신질환군별 평생유병률을 높은 순서대로 살펴보면, 알코올 사용장애(12.2%), 불안장애(9.3%), 니코틴 사용장애(6.0%), 기분장애(5.3%), 조현병 스펙트럼장애(0.5%)로 나타났다. 따라서 이러한 이환율과 발생률을 고려하여 지역사회정신건강사업의 1차 대상, 2차 대상, 3차 대상을 어떻게 포착하고 서비스를 제공할 것인가에 대한 접근이 이루어져야 할 것이다.

2. 정신질환자를 위한 커뮤니티케어

보건복지부는 2018년 3월 재가 · 지역사회 중심으로 각종 사회서비스를 제공하는 커뮤니티케어(Community Care)가 본격 추진된다고 발표한다. 지금까지 시행된 병원 · 시설 중심의 서비스만으로는 개인의 삶의 질 저하와 고령화에 따른 의료 · 돌봄 수요 급증에 대응하기 어렵다고 판단하였기 때문이다. 이는 유럽인권재판소(ECHR), 유엔장애인권리컨벤션(UN CRPD), 유엔 아동권리 협약(UN CRC), EU 기본권 헌장, 미국 대법원 판결 등이 대규모 시설 중심 정책은 인권 등 측면에서 바람직하지 않다고 판단하는 인식에 근거하고 있다(보건복지부, 2018).

커뮤니티케어는 노인, 장애인 등 수요자가 자택이나 소규모 그룹홈 등에 살며 개인의 욕구에 맞는 사회서비스를 통합적으로 제공받을 수 있도록 재가 서비스를 확충하고 전달체계를 개편하는 한편, 퇴원 · 퇴소를 희망할 경우 지역사회 정착을 지원하기 위해 중간 시설 마련 및 자립생활 지원 등을 적극 추진해 나가는 전략을 추진하고 있다. 정부의 커뮤니티케어 개념은 "돌봄(care)이 필요한 주민들이 ① 자기 집이나 그룹홈 등 지역사회(community)에 거주하면서, ② 개개인의 욕구에 맞는 복지급여와 서비스를 누리고, ③ 지역사회와 함께 어울려 살아가며 자아실현과 활동을 할 수 있도록 하는 사회서비스 체계"로 정의하고 있다(보건복지부, 2018).

커뮤니티케어의 접근방식으로는 커뮤니티의 확장과 돌봄의 연속화를 뜻하는 3Community와 3Care를 조합하여 종합적인 정책 추진을 제시하고 있다(김용득, 2018; 김승연·장익현·김진우·권혜영, 2018). 즉, 커뮤니티케어의 접근방식으로 지역사회에서의 돌봄(Care in the community), 지역사회에 의한 돌봄(Care by the community), 지방분권화(decentralization) 등 Community의 세 가지 차원과 보건의료서비스(medical & health), 사회서비스(social care), 자립생활(independent living) 등 Care의 세 가지 차원의 다양한 함축성을 구조화한 것을 의미한다.

지금까지의 정신질환자의 재활, 복지, 권리보장(자기결정권, 절차참여권, 도움을 받을 권리 등)을 위한 낮은 예산지원의 결과, 전체 장애인에 비해 정신질환자의 삶의 질은 열악한 편이다. 정신질환자의 기초생활수급률은 54.5%로 전체장애 수급률 16.3%보다 높게 나타나며, 국민연금가입률은 10%로 전체장애 35%에 비해 낮고, 주관적인 하층민이라는 인식은 81.5%로 일반장애 67.8%에 비해 높게 나타난다. 또한 높은 장애로 인해 업무 수행이 어려운 비율도 77.5%로 뇌전증장애 62.5%보다 높다(보건복지부 국립정신건강센터, 2020). 정신질환자는 위험하고, 일상생활이 가능하지 않고, 직업을 갖는 데 어려움이 있다는 오해에서 비롯된 정신질환자에 대한 부정적 인식이 우리 사회에 존재한다. 이러한 부정적 인식은 정신질환자 및 그 가족들이 사회적 배제와 차별을 경험하게 하고, 정신질환자 당사자들이나 가족단체들이 스스로의 권익을 향상시키는 활동을 수행하는 데 저해요인으로 작용하였다. 최근 들어 사회, 정책적으로 정신질환자의 지역사회 보호를 위한 방안들이 마련되고 있다는 사실은 정신질환자의 커뮤니티케어를 위해 고무적이다. 보건복지부는 커뮤니티케어의 중요대상을 노인, 장애인, 정신질환자, 노숙인으로 규정하고 있다. 정신질환자의 경우 사회적 입원[3]으로 정신의료기관 등에 입원해 있는 정신질환자,

---

3) 의료기관은 질병을 치료하는 기관이나, 질병 치료의 목적이 아니라 거주지 부재 및 가족의 거부로 인해 의료기관에 입원한 경우, 불필요한 입원의 의미로 사회적 입원이라고 한다.

지역사회에서 사회적 돌봄의 사각지대에 놓여 있는 정신질환자가 커뮤니티케어의 대상이다. 또한 정책 방향에서도 정신질환자의 지역사회 생활 보장성 강화를 위한 세부내용을 포함하고 있어 정신질환자의 지역사회보호를 위한 정책적 관심사가 확대되고 있으며, 이를 기반으로 한 현장에서의 정책실현이 필요한 시점이다. 정신질환자의 커뮤니티케어 현실화를 위해 고려되어야 하는 사회복지 정책 및 실천과제들을 제안해 보고자 한다.

첫째, 정신의료기관 입원기간 단축 및 지역사회 생활을 지원하는 정책 도입이 필요하다. 정신건강종합대책(2016)에서는 정신의료기관 평균 입원기간을 197일에서 138일로 감소시키고, 정신의료 병상 수를 축소하며, 정신재활시설의 정원을 확충하는 정책 목표를 제시하여 중증정신질환자 지역사회 통합을 추진하고 있다. 이를 위해서는 장기입원환자에 대한 의료보험 및 의료보호 수가의 입원일수에 따른 차등화를 지금보다 더 강화하는 방안이 필요하다. 지금도 1개월, 3개월, 이후 개월 수에 따라 수가를 차등화하고 있지만 장기입원을 방지하기에는 실효성이 떨어지고 있다. 또한 단기입원 이후 지역사회로 유입되는 정신질환자를 위한 지역사회 생활지원금을 지원하는 방안도 고민해 볼 수 있다. 앞서 살펴보았듯이 입원환자의 67.4%(보건복지부 국립정신건강센터, 2020)가 의료급여 1종임을 감안할 때 이들에게 투입되는 입원비용은 140~120만 원/월이다. 이들의 지역사회생활지원금은 장기환자의 퇴원을 유도할 수 있을 뿐만 아니라 정부의 재정을 절약할 수 있는 방안도 될 수 있다.

둘째, 지역사회정신질환자 주거시설이 다양화되어야 한다. 외국의 경우 halfway house, 공동생활가정, 독립 주거 지원, 양육 홈 등 다양한 유형의 정신질환자 주거시설이 운영되고 있다. 정부의 커뮤니티케어 방안에서도 정신질환자의 halfway house의 필요성을 강조하고 있고, 보건복지부에서 2019년부터 시범사업으로 정신질환자 halfway house를 운영하여 정신질환자를 위한 주거시설의 다양화를 모색하고 있다. 「정신건강복지법」 개정으로 정신질환자의 입원이 다소 어려워진 것을 감안한다면, 자·타해 위험 없이 정신과 증상이 있는 정신질환자를 위한 양육 홈, 독립주거가 가능한 정신질환자를 위한 독립주거 등 다양한 유형의 주거시설의 도입이 필요하다. 또한 현재의 주거시설은 보호자 동의 등을 필수 요건으로 하고 있어 실질적으로 보호자가 없는 무연고 정신질환자에 대한 보호에 취약하다. 이를 위해서는 무연고정신질환자의 주거서비스 지원에 따르는 법률적 지원 등이 마련되어 다양한 정신질환자가 주거서비스를 이용할 수 있도록 시스템을 마련하는 것이 필요해 보인다.

셋째, 정신질환자에 대한 인식개선이 필요하다. 일차적으로는 지역사회주민의 정신질환에 대한 인식개선이 우선되어야 한다. 마을 만들기, 건강마을센터 등을 통한 지역사회의 정신질환에 대한 인식개선이 필요하다. 또한 담당공무원이 각종 민원 등을 염려하여 정신질환자 주거시설 및 재활시설 설치에 미온적인 태도를 보이고 있어, 좀 더 적극적으로 지자체가 정신질환자 재활시설 및 주거시설을 설치할 수 있는 환경을 조성해야 한다.

넷째, 정신질환자 커뮤니티케어와 관련된 성과지표를 개발하고 평가하는 것이 필요하다. 정신질환자 지역사회 관리가 가져올 수 있는 성과는 재입원률(퇴원 이후 일정 기간) 감소, 정신질환자에 대한 지역사회 수용도, 정신질환자 고용률, 정신질환자의 주거안정, 퇴원 후 지역사회보호서비스 이용률, 복합적 욕구에 근거한 서비스 통합 등이 될 수 있다. 이러한 평가를 객관화할 수 있는 지표를 개발하고, 평가함을 통해 정신질환자 커뮤니티케어와 관련된 성과 및 효과성을 체계화하여야 한다.

3. 통합정신건강증진사업[4)]

2020년부터 정부는 분절된 정신건강서비스 제공체계를 개선하고 우리나라 특성에 맞는 통합적 정신건강관리체계 모형을 구축하기 위하여 광역지자체 단위로 통합정신건강증진사업을 추진하고 있다. 즉, 지자체가 지역사회 주민을 대상으로 정신건강문제의 예방과 치료, 정신질환자의 재활 등 정신건강증진 도모를 목적으로 지역사회 특성과 주민의 요구가 반영된 프로그램 및 서비스 등을 기획·추진하는 사업으로 이는 2012년 시범사업으로 수행된 광주광역시 지역 정신건강증진사업의 통합적 운영을 그 모델로 하고 있다. 통합정신건강사업의 의의는, 첫째, 지역여건을 고려한 사업, 둘째, 과정·성과중심의 평가, 셋째, 보건소 내외 사업의 통합·연계 활성화라고 할 수 있다. 이러한 통합정신건강증진사업의 목적은 지역사회 주민의

---

4) 이 절의 내용은 보건복지부(2020b)를 중심으로 재구성하였다.

정신건강수준 향상을 위해 지자체가 주도적으로 정신건강사업을 추진하여 지역주
민의 정신건강증진사업 체감도 및 정신건강에 대한 행동을 개선하는 것이다. 즉, 중
앙정부와 지방정부가 함께 노력하여 국가정신건강증진사업 목표를 달성하고, 지역
별 다양한 특성과 주민 요구를 바탕으로 정신건강증진사업 개발 및 정신건강문제
에 대응할 수 있는 기반을 마련하는 것이다.

　이러한 목적을 달성하기 위한 사업의 추진체계는 [그림 12-1]에서와 같이 보건복
지부가 총괄하고, 국립정신건강센터가 운영을 지원하며, 시·도가 사업을 기획·

보건복지부(사업총괄)
- 정책방향 수립 및 사업지침 제·개정
- 국고보조금 확보 및 예산배정
- 사업 전반에 대한 관리·감독 등 총괄
- 간담회 및 협의체 구성·운영
- 성과지표 개발 및 관리

국립정신건강센터(운영지원)
- 정책방향 수립 및 사업지침 제·개정 지원
- 사업의 합리적 운영 및 성과평가 지원
- 간담회·협의체 구성 및 운영 지원
- 우수사례 발굴 및 사업성과 확산

시·도(광역자치단체, 사업 계획·관리)
- 시·도 정책방향 및 사업 세부 운영계획 수립
- 지방비 확보 및 시·군·구 예산배정
  (사업 간 예산 및 인력의 탄력적 운용)
- 광역단위 지도·감독

광역정신건강복지센터(세부사업운영지원)
- 시·도 정책방향 수립 및 사업 세부 운영
  계획 지원
- 지역특화 사업 개발
- 통합정신건강증진사업 성과관리 등 지원

시·군·구(기초자치단체, 사업 계획·관리)
- 시·군·구 정책방향 및 사업계획 수립
- 사업비 집행관리 및 인력 배치
  (예산편성 및 인력 기준 마련)
- 지역사회 연계업무 추진(사회복지시설 및 기타
  연관 기관)
- 통합정신건강증진사업 수행 및 위탁수행 기관
  지도·감독

**정신건강복지센터, 중독관리통합지원센터
자살예방센터 등**(사업수행)
- 통합정신건강증진사업 서비스 제공
- 서비스 제공·연계, 이용자 관리
- 지역특화 사업 수행 및 개발
- 기초단위 성과관리 및 광역센터와의 유기적
  협력

| 그림 12-1 | 통합정신건강사업 추진체계
출처: 보건복지부(2020b).

관리하는 핵심적인 역할을 수행한다. 사업의 기본방향은 정신건강증진사업의 통합 및 재편성을 통한 사업의 효율성을 제고하고, 지자체의 자율성과 책임성을 확대하는 것이다.

　광주광역시에서 수행했던 시범사업의 주요 사업 내용은 초기발병 정신질환조기 발견, 치료연계 등 조기중재사업, 자살예방센터 및 24시간 응급대응체계 가동, 지역 내 자살 및 위기대응 유관기관·경찰·소방 등과 마을단위 자살예방협력체계 구축, 임대아파트 등 저소득층 밀집지역에 열린마음 상담센터를 설치하여 알코올·자살위기 등 찾아가는 정신건강서비스 제공, 지역 정신과전문의가 참여하는 무료 상담 제공 등이었다. 이를 기반으로 하여 2020년부터 시행된 통합정신건강증진사 업 내용은 〈표 12-2〉와 같다. 통합정신건강증진사업은 표에서 제시된 바와 같이 기본사업, 필수사업, 선택사업으로 구분하여 각 지자체의 특성을 반영한 사업의 자율적 구성 및 시행을 도모하고 있다. 향후 정부는 지자체에 자율성을 보장하는 포괄적 예산지원으로 지역 친화적 정신건강특성화 사업을 추진하고, 단계적으로 통합 정신건강증진사업을 전국적으로 확대해 나갈 예정이다.

〈표 12-2〉 **통합정신건강증진사업 내용**

구분	내용
기본사업	○ 정신건강사업안내서에 기본적으로 규정된 사업 ○ 정신질환자 우선조치방안에 따른 사업(응급개입팀 포함)
필수사업	1. 청(소)년 정신건강 조기중재센터(별칭: 마인드링크) 2. 찾아가는 심리지원서비스 3. 지역복지자원을 활용한 정신건강지원 모델
선택사업	4. 마음건강주치의 사업 5. 동네의원 마음이음 사업 6. 통합중독관리체계 구축과 중독관리통합지원센터 기능강화 7. 클럽하우스 8. 정신장애인 지역사회 초기적응 지원 사업 9. 경제적 취약계층을 위한 응급의료구호비 지원 　(SOS 핫라인 정신의료기관 응급입원 대상자) 10. 지역여건과 특성을 반영한 신규사업

출처: 보건복지부(2020b).

생각해 볼 문제

- 정신건강전문요원의 협력적 실천에 대하여 논의해 봅시다.
- 정신장애인을 위한 지역사회정신건강 실천에서 정신건강증진시설들의 협력에 대해 토의해 봅시다.

참고문헌

권진숙 · 김정진 · 전석균 · 성준모(2017). 정신건강사회복지론. 경기: 공동체.

김규수(2004). 정신보건사회사업실천론. 서울: 형설출판사.

김기태 · 박병현 · 최송식(2007). 사회복지의 이해. 서울: 박영사.

김승연 · 장익현 · 김진우 · 권혜영(2018). 해외 사례와의 비교를 통한 한국형 커뮤니티 케어 개념 정립 필요성과 추진방향. 보건복지부, 10, 117-121.

김용득(2018). 탈시설과 지역사회 중심의 복지서비스 구축 방안—자립과 상호의존을 융합하는 커뮤니티 케어. 보건사회연구, 38(3), 492-520.

보건복지부(2016). 정신건강종합대책.

보건복지부(2017). 2016년 정신질환실태조사.

보건복지부(2018). 지역사회 중심 복지구현을 위한 커뮤니티케어 추진방향.

보건복지부(2020a). 2020년 정신건강사업안내.

보건복지부(2020b). 통합정신건강증진사업 안내.

보건복지부 국립정신건강센터(2020). 국가 정신건강현황 보고서 2019.

양옥경(1996). 지역사회정신건강. 경기: 나남출판.

양옥경(2006). 정신보건과 사회복지. 경기: 나남출판.

오혜경(1999). 장애인과 사회복지실천. 서울: 아시아미디어리서치.

이영호 · 심경순 · 김태준(2006). 정신보건사회복지의 이해. 서울: 학지사.

이충순 · 한은선 · 황태연(1996). 현대 정신보건과 지역사회. 경기: 용인정신병원.

이혜원 역(2005). 인권과 사회복지실천(Human rights and social work). UN Center for Human Rights 저. 서울: 학지사.

최송식(2008). 지역사회정신건강과 사례관리실천. 경기: 공동체.

한국정신건강복지연구소 편(1994). 만성정신장애와 사회복지서비스. 서울: 도서출판 인간과 복지.

황의경 · 배광웅(1993). 심신장애인재활복지론. 서울: 홍익재.

Bachrach, L. (1986). Dimensions of disability in the chronic mentally ill. *Hospital & Community Psychiatry, 37*, 981–982.

Bloom, B. L. (1984). *Community mental health: A general introduction* (2nd ed.). Monterey, CA: Brook/Cole.

Borus, J. F. (1978). Issues critical to the survival of community mental health. *American Journal of Psychiatry, 135*, 1029–1035.

Goldman, H. H. (1984). Epidemiology. In J. A. Talbott (Ed.), *The chronic mental patient: Five years later*. Orlando: Grune & Stratton.

Langsley, D. G. (1985). The community mental health center: Does it treat patients? *Hospital & Community Psychiatry, 31*, 815–819.

Sanders, I. T. (1966). *The community: An introduction to a social system*. New York: Ronald Press.

Sands, R. G. (2001). *Clinical social work practice in behavioral mental health: A postmodern approach to practice with adults* (2nd ed.). Boston & Toronto: Allyn and Bacon.

Warren, R. L. (1972). *The community in america* (2nd ed.). Chicago, Ill: Rand McNally.

Wolfensberger, W. (1972). *The principle of normalization in human service*. Toronto: National Institute on Mental Retardation.

砂原茂一(1980). リハビリテーション(第1刷). 岩波書店.

精神保建福祉士養成セミナー編輯委員會(1998). 精神保建福祉援助技術各論. 東京: へるす出版.

제13장
정신장애인의 인권

학습 목표

- 정신건강복지영역에서 정신장애인 인권의 중요성을 이해하고 설명할 수 있다.
- 정신장애인의 인권보호를 위한 다양한 제도와 관련 개념을 설명할 수 있다.

1948년 유엔총회에서 채택된「세계인권선언」제1조는 "모든 사람은 태어날 때부터 자유롭고, 존엄성과 권리에 있어서 평등하다. 사람은 이성과 양심을 가지고 태어났으니, 서로 형제애의 정신으로 행해야 한다."고 규정하고 있다. 이것은 모든 사람은 태어날 때부터 존엄성을 지니고 있으며, 이에 걸맞게 대우받아야 함을 천명하고 있는 것이다.

그러나 이러한 원칙적 입장에도 불구하고 인권을 인식하는 수준과 내용은 정치, 경제, 사회적 여건, 문화적 전통과 개인적 배경에 따라 다르며, 인권의 실행 모습도 사회마다 다양하게 나타나는 것이 현실이다. 즉, 모든 인간이 인간으로서의 기본적 권리를 충분히 누리며 살아가고 있지는 않다. 특히 정신건강복지현장에서 만나게 되는 정신질환자는 이러한 권리 당사자로 자신들의 인권을 보장받고, 이것이 기본적 권리로 인정받기 쉽지 않은 세월을 살아왔다. 이러한 현실에서 사회복지사로서 실천현장에서 이러한 인간의 권리가 더욱 적극적으로 실현되게 할 수 있는 방법은 무엇일까를 고민하는 것이 우리의 역할이며 그러한 변화를 가져오도록 노력해야 할 것이다. 이 장에서는 정신건강복지 현장에서 이슈가 될 수 있는 인권에 대한 개념과 인권보호제도 그리고 관련해서 고민해 볼 수 있는 고지된 동의와 클라이언트의 자기결정권 등에 대해서 살펴보겠다.

1. 인권의 개념과 특징

1) 인권의 개념

인권은 시대와 사회적 조건에 따라 변화하는 역동적 개념이기 때문에 한마디로 규정하기는 쉽지 않다. 그러나 '인간으로서 당연히 가지는 권리', '사람이 사람답게 살아가기 위해서라면 반드시 누구에게나 보장되어야 하는 권리'가 인권이라는 개념에는 모두가 동의한다.

인권의 개념은 근대 이후 자연법 사상에 의해 구체화되어 각 국가의 헌법이 보장하는 권리로 자리 잡았다. 이것은 천부적인 것이지만 법 안에서는 기본권으로 규정되는 것으로 이는 인간이 세상에 태어나면서 바라게 되는 것, 희망하는 것, 요구하는 것들을 권리의 개념으로 정립한 것이라 할 수 있다. 즉, 인권은 인간의 권리를 말하는 것으로 인간이라면 당연히 가지는 자연법상의 권리를 말한다.

인권은 인종, 성별, 사회적 신분 등에 구애받지 아니하고, 모든 인간이 누려야 한다는 점에서 '보편성', 인간이 타고난 고유의 권리이자 국가나 헌법에 의해 창설된 권리가 아니라는 점에서 '천부성', 일정 기간 동안 보장되는 것이 아니라 장래의 국민에게도 적용된다는 점에서 '항구성', 국가권력도 인권을 최대한 존중하고 보장해야 하며 그 본질적인 부분에 대해서 절대로 침해할 수 없다는 점에서 '불가침성'을 특질로 한다.

인간이 존엄하다는 것은 한 사회가 가진 도덕성의 지표이기도 하다. 하지만 인권의 내용에서 '존엄성을 갖고 안녕과 복지를 추구하며 사람다운 삶을 누린다는 것'이

사회적 맥락에 따라 전혀 다르게 해석될 수 있다. 인권을 인식하는 수준과 내용은 정치, 경제, 사회적 여건, 문화적 전통과 개인적 배경 등에 따라 다르며, 인권의 실행 모습도 다양하게 나타날 수 있기 때문이다. 따라서 인권이란 자연법의 원리에 따른 필연적 결과가 아니라 당시 각 국가가 처한 구체적 상황에서 정치적 이해관계의 고려와 갈등에서 빚어진 결과물이기도 하다. 이런 관점은 인권이 철저하게 현실적 맥락에서 해결하고 노력해야 할 과제이기도 함을 보여 준다.

2) 인권의 특징

인권이란 '각 개인이 오로지 인간이라는 이유 하나만으로 가지는 권리'이다. 이 권리는 어떤 국가나 법체계가 권리로 인정하는가와 상관없이 우리 각자에게 인정되는, 실정법 이전의 권리로서 모든 인간(조직, 사회, 국가, 국제조직 등)이 존중하여야 할 의무로서 다음과 같은 특징을 지닌다(국가인권위원회, 2013).

(1) 권리 주체의 보편성과 권리 상대방의 일반성

인권은 개인으로서의 모든 인간에게 당연히 부여된 권리로서 자신의 노력이건, 품성이건, 제도적 승인과 같이 어떤 후천적 기준을 충족함으로써 획득되는 권리가 아니다. 그리고 인권은 그 상대방이 모든 개인뿐만 아니라 집단, 사회, 국가 등을 포함하고 있다(국가인권위원회, 2006).

(2) 도덕적 정당성

인권은 그 내용이 보편적으로 정당하기 때문에 국가와 사회에 제도화할 것을 요구할 수 있는 강한 정당성을 가진다. 즉, 인권은 실정법적 권리로 바로 전환될 수 있는 권리이다. 인권은 그 내용과 효력을 실정법이 '확인'하고, 보장해야 할 의무를 가지는 '준-실정법적 권리'이다(국가인권위원회, 2006).

(3) 권리 내용의 중요성

인간으로서 가지는 근본적인 이익들과 욕구들이 인권의 대상이 된다는 점에서, 어떤 권리의 대상이 되는 이익과 욕구가 근본적이면 근본적일수록 인권으로서의 정당화는 보다 손쉬울 것이다. 따라서 인간의 신체적 안전, 최소한의 생존, 자주성의 핵심 영역 보장은 인권의 대상이 될 것이다(국가인권위원회, 2006).

(4) 실정법에 대한 우선성

인권은 제도적 권리 및 실정법적 권리에 우선하는 지위를 갖는다. 실정법적 권리가 인권 형성과 평가의 규준이 되는 것이 아니라, 인권이 실정법적 권리의 내용을 형성하고 평가하는 규준이 된다는 의미에서 인권은 실정법에 대한 우선성이라는 속성을 갖는다.

2. 인권의 유형

인권은 세 가지 흐름으로 발전되어 왔으며, 이것은 사회복지를 인권실천 활동으로 구조화하는 데 중요한 틀을 제공한다(국가인권위원회, 2006).

1) 제1세대 인권

제1세대 인권은 18세기 자유주의적 정치철학의 발달과 계몽주의에 그 기원을 두며, 시민권과 정치권으로 지칭된다. 제1세대 권리는 개인주의에 기반하고 있으며, 민주주의와 시민사회를 효과적이고 공정하게 조직화하는 데 필수적인 것으로 간주되는 기본적 자유에 관심을 집중한다. 신체의 자유, 투표권, 언론의 자유, 집회의 자유, 공정한 재판과 법 앞의 평등, 사생활 보장, 종교의 자유, 차별받지 않을 권리 등을 포함한다. 이러한 권리는 개인의 가치에 대한 자유주의적 견해에 기초하며, 공권력 등으로부터의 보호가 강조되기 때문에 소극적인 권리로 지칭되기도 한다(국가인권위원회, 2006).

2) 제2세대 인권

제2세대 인권은 경제적, 사회적 그리고 문화적 권리로 알려진 권리들이다. 이는 개인 또는 집단이 인간으로서의 잠재성을 완전히 실현할 수 있도록 하는 다양한 형태의 사회적 급여와 서비스 등을 받을 권리로서 취업할 권리, 적정 임금을 받을 권리, 적절한 의식주에 대한 권리, 교육을 받을 권리, 적절한 의료보호를 받을 수 있는 권리, 사회보장에 대한 권리, 노령기에 존엄 있게 대우받을 권리, 적당한 레크리에이션과 여가에 대한 권리 등을 포함한다.

제2세대 인권은 19세기와 20세기 사회민주주의 또는 사회주의, 그리고 여타 집단 운동에 지적 기원을 둔다. 제2세대 권리는 국가가 훨씬 능동적이고 적극적인 역할을 할 것을 의미하기 때문에 적극적 권리로 지칭된다. 국가는 다양한 사회적 급여를 통하여 이러한 권리의 실현을 실질적으로 보장하도록 기능할 것을 요구받고 이를 위해서 자원을 집중적으로 투자할 것을 요구받는다. 세계인권에서 사회권과 관련된 부분은 '사회보장에 대한 권리, 일할 수 있는 권리, 건강과 행복에 필요한 생활수준을 누릴 수 있는 권리, 교육을 받을 권리' 등이 있다.

3) 제3세대 인권

제3세대 인권은 집단적 수준에서 정의될 때에만 의미가 통하는 권리들이다. 즉, 제3세대 인권은 그 실현에 의해 개개인이 명백히 혜택을 볼 수 있지만, 그것은 개개인에게 적용되기보다는 지역사회, 전체 국민, 사회 또는 국가에 해당되는 권리들이다. 경제개발에 대한 권리, 세계무역과 경제성장으로부터 혜택을 받을 권리, 결집력 있고 조화로운 사회에서 살 권리, 그리고 오염되지 않은 공기에서 숨 쉴 권리, 깨끗한 물을 마실 권리, 자연을 경험할 권리 등과 같은 환경권을 포함한다. 이러한 집단적 권리는 식민지 국민들의 자기결정권을 쟁취하고자 하는 투쟁, 환경 운동가들의 투쟁, 식민주의와 지속 불가능한 경제적 · 사회적 개발에 대항한 투쟁 등에 의해 20세기 들어서야 실질적 인권으로 인식되었다(국가인권위원회, 2006).

3. 정신장애인과 인권

1) 정신장애인에게 필요한 인권

정신장애인의 인권은 비장애인들과 마찬가지로 기본적 인권을 보장받아야 한다. 국내법과 동등한 효력을 갖는 UN장애인인권선언과 헌법의 기본권 조항들이 보장하고 있는 것처럼 인간의 존엄성 보장, 시민권, 자유권, 참정권, 사회권 등 기본적인 인권을 향유할 수 있는 주체가 되어야 한다(최말옥, 2002).

그럼에도 인권의 주체로서 정신장애인은 자신의 권리를 인식하거나, 인권이 침해된 사실을 인식하지 못하는 경우가 많고 사회적 편견으로 인해 인권의 주체로서도 인정받기 쉽지 않다. 특히 정신장애인의 질환 특성으로 인하여 입퇴원 및 시설수용과정에서 자신의 의사가 무시될 가능성이 높으며, 사회적으로 위험한 존재라는 인식은 인권침해의 가능성을 높이게 된다.

무엇보다도 정신장애인에게는 시민적 자유권과 사회권이 요구되는데 정신장애인을 상대로 한 인권침해 행위는 대부분 자유권침해에 해당된다. 그리고 장애로 인한 고용기회의 제한과 그 결과로 생존권 내지 사회권 보장도 쉽지 않다. 이러한 현실에서 정신장애인에게 일차적으로는 사회구성원으로서 부정당하지 않고 지위를 확보하는 성원권이 우선되어야 할 것이다. 또한 다른 사회복지서비스 대상자들과 마찬가지로 기본적인 생존권 및 치료받을 권리로서의 건강권과 같은 사회권이 특별히 요구된다. 생존권과 사회권의 보장을 전제로 인간의 자율성을 위한 권리도 함께 보장되어야 하며, 정신장애인의 재활과 사회복귀를 위한 근로권을 보장함으로써 동등한 사회구성원으로서의 삶을 향유할 수 있는 권리를 누릴 수 있도록 해야 할 것이다.

「장애인복지법」에서 장애인은 인간으로서 존엄과 가치를 존중받으며 이에 상응하는 처우를 받고 국가 사회의 구성원으로서 정치, 경제, 사회, 문화 등 모든 분야의 활동에 참여할 권리가 있다고 규정하고 있다(「장애인복지법」 제4조). 정신장애인을 대상으로 독자적으로 만들어진 국제기준에는 1991년 12월 UN(국제연합총회)에서 결의한 「정신장애인보호와 정신보건의료 향상을 위한 원칙(Principles for the

Protection of Persons with Mental Illness and the Improvement of Mental Health Care: MI Principles)」이 있다. 이 원칙에서는, 정신장애인은 자신이 거주하는 지역사회에서 치료받고 보호받을 권리가 있으며, 정신보건시설에서의 입원치료가 종료된 환자는 즉시 지역사회에 복귀하여야 한다. 또한 지역사회에 거주하는 정신장애인은 가능한 범위 내에서 주거와 노동의 원리를 가지며 국가는 이를 노력할 의무가 있음을 제시하고 있다.

2) 정신장애인의 인권과 사회질서

정신장애인의 인권은 그 자체만이 관심의 대상이 되는 것이 아니라 타인의 인권과의 관련성이 동시적으로 고려된다. 그리하여 정신장애인의 인권보호에 중점을 둘 것인가 아니면 일반인의 권리와 사회의 안전유지에 중점을 둘 것인가에 따라 정신장애인의 권리보장 수준은 달라질 수 있다. 이것은 정신보건의 외부체계가 정신장애인의 인권에 어떻게 작용하는가를 살펴보는 것이다.

일반적으로 정신장애인은 인간으로서 기본적인 권리능력을 소유하고 있어도 법률행위를 할 수 있는 기본적인 의사능력이 없는 것으로 인정된다. 정신장애인은 법적으로 심신상실의 상태로 보아 금치산자가 될 것이다. 이에 따라 법원에 의해 금치산자로 선고된 자는 재산상의 거래뿐만 아니라 투표권도 가질 수 없으며, 공무담임권도 제한되고 법인의 이사 등에도 취임할 수 없게 된다. 이것은 이들이 정치적, 사회적 활동에 참여함으로써 야기하게 될 사회적 혼란을 예방하기 위한 것이다.

전통적으로 정신장애인을 병원이나 시설에 수용하는 것은 정신장애인의 치료와 요양이 명시적인 목적이라 할지라도 사회의 혼란과 피해를 막기 위해 격리시키려는 잠정적 목적을 배제할 수 없는 것이다. 특히 정신장애인이 범죄행위를 하거나 할 위험이 있을 경우 사회는 이들에 대해 더욱 격리를 요구하게 된다. 이러한 경우 실질적으로 정신장애인의 권리를 제한하는 영역이 설정되는데, 정신장애인의 권리와 사회안전 및 질서가 충돌할 경우 정신장애인의 격리는 어느 정도까지는 필연적이라 할 수 있을 것이다. 그러나 이러한 경우에도 헌법 제37조 제2항, 기본권 제한의 과잉금지의 원칙은 준수해야 할 것이다.

그러므로 정신장애인이 사회질서 및 공공복리를 해치는 경우가 아니라면 기본적

인권들은 보장되어야 한다. 여기에는 정신장애인의 특성에 대한 편견 없는 이해가 필수적이다. 정신장애인이 기피의 대상이 아니라 도움을 필요로 하는 사람이라는 것이 기본적으로 인식되어야 할 것이다(윤찬영, 2000: 32-40).

3) 지역사회에 있는 정신장애인의 인권

지역사회에 있는 정신장애인의 인권에 대한 최대의 문제는 정신장애인에 대한 차별과 편견의 문제이다. 정신병원을 퇴원하고, 아파트를 임대하거나 일을 가지려고 할 때 입원사실을 알리면 '임대해 줄 수 없다', '고용할 수 없다' 등의 이야기를 듣는 것이 현실이다. 때문에 많은 정신장애인은 이력서를 쓰는 방법, 면접을 하는 방법 등에 관한 훈련을 받기도 하고, 필요 이상의 스트레스를 받고 노력을 기울이게 된다. 이러한 차별과 편견은 정신장애인을 위한 병원이나 복지시설을 지역사회에 설립하는 데 어려움을 가져오기도 한다. 시설의 필요성은 인정하지만 우리 지역에는 안 된다는 이기심 때문이다. 교통이 편리한 지역에 설립되어 회원들의 사회복귀를 도와주는 사회복귀시설이나 정신병원들이 지역사회에 설치할 수 없는 이유도 여기에 있다.

이러한 차별과 편견의 문제를 해결하기 위해 필요한 것은 우선 법률과 제도상의 차별규정을 폐지하는 것이다. 정신병을 이유로, 혹은 병을 앓았다는 이유로 자격이나 시설 이용에 제한을 받는 것은 인간으로서의 권리와 생존권에도 위배되는 것이다. 동유럽에서는 결격사항의 폐지와 함께 '지역주민에 대한 올바른 인식과 계몽, 시설과 지역주민과의 교류 등을 도모하고, 정신장애인에 관한 오해와 편견의 시정을 도모한다'고 한다(精神保健福祉士養成セミナ編集委員會, 1998: 112-115). 우리나라에서도 정신장애인을 위한 활동에 있어 형식에 그치지 말고, 정신장애인에 대한 올바른 인식을 가지도록 계몽하고 그들이 가진 고유의 권리를 바르게 행사할 수 있도록 도와주어야 할 것이다.

또한 정신장애인의 상황에 따라 적절한 기관에서 서비스를 받을 수 있도록 하고, 정신장애인 전반에 대한 주택정비, 소득보장, 고용촉진, 주택서비스 등을 통하여 지역 내에서 다른 장애인처럼 자원이나 서비스를 이용하면서 생활을 할 수 있도록 하는 것이 지역사회에 있는 정신장애인의 인권보장에 있어 중요한 사항이다.

이를 위해서는 국가뿐만 아니라 정신장애인 당사자, 전문직 종사자, 시민운동 등 여러 수준에서의 권익보장이 추진되어야 하고, 장애를 이유로 차별을 받지 않도록 해야 할 것이다. 이러한 일련의 운동을 위하여 정신건강사회복지사는 클라이언트의 사회복귀와 복지를 위한 전문사회활동의 한 부분을 담당하여야 할 것이다.

4. 정신건강복지법[1]상의 정신장애인 인권보호제도

정신질환자들이 인간으로서 존엄과 가치를 가지고 살기 위해서는 그들에 대한 특별한 보호와 치료 그리고 부당한 인권침해를 받게 된 경우에 이를 시정할 수 있는 장치가 필요하다. 가정 대표적인 장치가 법적인 절차에 따른 보호장치일 것이다. 「정신건강복지법」상에서는 '제4장 복지서비스의 제공(제33조~제38조), 제5장 보호 및 치료(제39조~제52조), 제6장 퇴원 등의 청구 및 심사 등(제53조~제67조), 제7장 권익보호 및 지원 등(제68조~제83조)'에서 정신장애인을 위한 복지서비스 제공과 입·퇴원과정에서의 인권보호와 권익보호를 위한 조항들을 두고 있으며 이를 위반할 경우 그에 상응하는 과태료와 벌칙이 주어진다. 다음에서는 「정신건강복지법」상에서 정신장애인의 인권보호를 위해 규정된 내용들을 간략히 살펴보겠다.[2]

1) 삶의 다양한 영역에 대한 복지서비스의 제공

정신장애인들을 위한 복지서비스 제공을 위해 「정신건강복지법」상에 정신질환자를 위한 복지서비스 개발, 고용 및 직업재활 지원, 평생교육 지원, 문화·예술·여가·체육활동 등 지원, 지역사회 거주·치료·재활 등 통합지원, 가족에 대한 정보제공과 교육 등에 대한 규정을 포함하고 있다. 이것은 정신질환자를 질병을 가진 치료의 대상만이 아닌 고용과 문화생활에 이르는 삶의 전반에 대한 복지서비스 지원에 대한 규정을 통해 그들이 보다 나은 삶을 향유하며 사람답게 살도록 하기 위한

---

1) 「정신건강증진 및 정신질환자 복지서비스 지원에 관한 법률」의 약칭
2) 이 절의 내용은 관련 법의 전문이 아니며, 인권보호와 관련된 부분만을 간단히 발췌하여 기술하였다.

인권실현을 위한 규정들을 제공하고 있다.

2) 보호 및 치료와 입퇴원 과정에서의 인권보호

정신장애인들은 질환의 특성상 스스로 활동하는 데 어려움이 발생하거나 보호를 받는 과정에서 그들의 권익이 훼손될 가능성이 있다. 그러므로 타인의 보호를 받아야 하는 상황에서 보호의무자를 지정하고 보호자들의 의무를 명시하여 정신질환자가 적절히 보호되고 그들의 권익을 실현할 수 있도록 함으로써 정신질환자가 자신이나 다른 사람을 해치는 일이 발생하거나 재산상의 불이익 등을 받는 일이 없도록 하고 적절한 치료와 사회적응훈련을 받을 수 있도록 보호하였다.

특히 치료 및 입원하는 과정에서는 명확한 규정 없이 정신질환자의 의사와 무관하게 수용되거나 인권이 침해되는 것 등을 방지하기 위하여, '자의입원, 동의입원, 보호의무자에 의한 입원, 행정입원, 응급입원 등' 각 입원 과정에서 필요한 절차와 세부사항을 명확히 규정하고 있다. 또한 각 국립정신병원 등 대통령령으로 정하는 기관 안에 입원적합성심사위원회를 설치하며 입원 등에 대한 적합성 여부를 심사하여야 한다. 시·도지사 소속으로 '광역정신건강심의위원회'를 두고, 시장·군수·구청장 소속으로 '기초정신건강심의위원회'를 두어 정신건강증진시설에 대한 감독에 관한 사항, 재심사 청구, 입원 등 기간 연장 심사 청구, 퇴원 등 또는 처우개선 심사 청구 등을 심의 또는 심사하며, 정신건강심의위원회는 정신질환자에 대한 인권침해 행위를 알게 되었을 때에는 국가인권위원회에 조사를 요청할 수 있도록 하고 있다.

3) 정신장애인의 권익보호

응급입원의 경우를 제외하고는 정신건강의학과전문의의 대면 진단에 의하지 아니하고 정신질환자를 정신의료기관 등에 입원 등을 시키거나 입원 등의 기간을 연장할 수 없다. 그리고 정신질환자라는 이유로 교육, 고용, 시설이용의 기회를 제한 또는 박탈하거나 그 밖의 불공평한 대우를 하여서는 아니 되며, 동의 없이 녹음·녹화 또는 촬영 금지 및 치료와 재활의 목적이 아닌 노동을 강요하여서도 안 된다.

정신건강증진시설의 장과 종사자에 대해서는 인권교육을 받을 것을 규정하고 있으며, 직무의 수행과 관련한 비밀을 유지에 대한 의무, 가혹행위 금지, 격리 등 제한의 금지, 특수치료의 제한 그리고 통신과 면회의 자유 제한의 금지 등을 법으로 규정하고 있다.

5. 고지된 동의

1) 고지된 동의의 발달

고지된 동의(informed consent)는 치료자 측이 행하고 있는 치료에 대해 충분한 설명을 하는(inform) 것과 환자가 그 설명을 이해해서 동의·선택하는(consent) 것이라고 하는 두 가지의 요소를 포함하는 치료자와 환자의 교환과정이다.

고지된 동의의 사고방식은 그다지 오래된 것이 아니다. 나치에 의한 인체실험을 재판했던 뉘른베르크 재판을 시작으로, 1964년 세계의사회가 공개적으로 했던 헬싱키 선언에 의해, 의학연구에 대한 인체실험을 할 때의 윤리기준이 처음 발표되었다. 즉, 연구대상이 되는 본인의 자발적 승인을 절대조건으로 그 기준이나 절차를 검토하는 가운데서 발달한 사고방식이다.

한편, 미국에서는 주민인권운동이나 소비자 운동 가운데서 의사나 병원에 의해 권리침해를 받았다고 하는 환자 측의 소송제기가 많아져, 1970년대에는 환자의 권리보장을 진행시키는 의료 관련 법의 개정이 진행되었다. 1973년에는 미국병원협회가 '환자의 권리장전'을 제시하였다. 이것은 같은 취지하에 있지만, 의학연구대상자로서가 아니라 환자로서 치료의 설명을 받을 권리로서 동의 또는 거부하는 권리를 가지는 것이 분명히 명문화되어 있다. 1983년에는 고지된 동의를 국가의 방침으로서 확인하는 '미국 대통령 위원회·생명윤리총괄보고'가 제출되었다. 이른바 '고지된 동의는 법적으로 발달했지만, 윤리적 성격을 가지는 개념이다. 서류를 暗唱(암창)하는 양식으로서가 아니라, 협력해서 의사결정을 하는 과정에서 행해지는 윤리적으로 유효한 동의 내용이다. 고지된 동의는 지적으로 합리적인 개인을 전제로 한다고 설명되어 왔지만, 당위원회는 전체 환자에 대해서 의사결정을 위한 정보제공이나, 개인을 존중하는 의사소통에 의하는 것이 보편적인 이상이라고 생각한다.' 등한 단계 높은 것으로, 정신과도 예외가 아니라는 것은 분명하다.

일본 후생성도 '고지된 동의의 본연의 자세에 관한 검토회'를 만들어, 1995년 6월에는 보고서가 공개적으로 발표되었다. 여기에서의 검토의 초점 중 하나가 의료법 개정 시 국회에서 논의되었던 고지된 동의의 법제화 문제였다. 이때 법률가들을 중심으로 '고지된 동의를 일률적으로 법률상 강제하는 것은 책임회피를 위한 형식적·획일적인 설명이나 동의의 확인에 빠지는 두려움도 있는 것 등 적절하지는 않다.'고 법제화를 부정했다. 그리고 고지된 동의 보급을 위해서 ① 바람직한 설명과 동의를 위해 모델 문서의 작성과 보급, ② 환자와의 의사소통능력을 높이기 위한 교육, ③ 국가시험으로서의 의사소통기술의 평가법 검토 등을 제언하고 있다. 환자의 권리라고 하는 관점으로 본다면, 법제화시키지 않으면 권리로서 자리잡았다고는 말할 수 없다. 각각 의사의 사고방식, 재량에 맡겨 버리는 것으로 되기 때문이다. 의사에게는 전문적인 지식의 근원에 환자의 생명을 지킬 책임을 지고, 환자에 대해서 최선의 이익을 결정한다고 하는 전통적인 직업윤리가 있다고 하더라도 환자의 비합리적인 반응이나 선택에 부딪쳤을 때 의사는 직업윤리와의 사이에서 갈등을 느낄 수 있다.

2) 국제연합원칙에서 고지된 동의의 권리

국제연합원칙은 정신과 강제입원환자의 고지된 동의의 권리를 원칙11－치료의 동의로 인정하고서, 그 내용이나 예외에 대해서 자세하게 규정하고 있다. 이것은 고지된 동의에 관한 최저한의 국제기준이다. 그 내용은 다음과 같다.

① 치료는 나중에 규정하는 경우를 제외한 환자의 고지된 동의 없이는 행할 수 없다. 고지된 동의는 위협이나 부적당한 유도 없이 환자가 이해할 수 있는 서식이나 언어로서 ⓐ 진단, ⓑ 치료목적, 치료법, 예상치료기간, 기대되는 이익, ⓒ 많은 차이가 없는 방법을 포함하는 다른 치료방법, ⓓ 예상되는 고통·불쾌·위험성 및 부작용 등에 관한 정보를 바르게 설명한 뒤, 자주적으로 얻어진 승낙을 말한다.

② 또한 환자는 자신이 바라는 사람의 동석을 요구하는 것이 가능하다. 환자는 나중에 규정하는 경우를 제외하고, 치료를 거부하거나, 또한 중지시킬 권리를 가진다. 중지의 결정에 대해서는 환자에게 설명하지 않으면 안 된다. 환자가 고지된 동의의 권리를 방치하려고 할 때는 고지된 동의 없이 치료는 행해지지 않는다는 것을 본인에게 설명한다. 상기 예외규정으로는, ⓐ 강제입원으로서, 독립된 기관이 환자가 고지된 동의의 능력이 부족하거나, 혹은 부당하게 유보되고 있다고 판단될 때, 그 치료가 환자에 의해 최선의 이익이라고 인정하는 경우, ⓑ 환자의 치료에 대해서 동의하는 권한을 가진 법정대리인이 승낙하는 경우, ⓒ 자격 있는 정신보건종사자가 환자 및 다른 사람에게 절박한 피해를 방어하기 위하여 긴급하게 필요하다고 인정하는 경우로 최소한의 기간하에, 환자의 고지된 동의 없이 치료를 행할 수 있다. 이 경우도 환자에 대해서, 가능한 한 치료의 특징이나 대체할 수 있는 치료법에 대해 알리거나, 또 치료계획에 환자가 참가하도록 모든 노력을 기울인다. 전체 치료에 대해서 환자의 동의 유무를 차트에 기록한다.

③ 환자의 신체구속, 비자발적 격리는 행해지지 않는다. 하지만 공적으로 인정된 절차에 따라, 그 환자 자신 또는 다른 사람에의 절박한 해를 방어하는 유일의 수단인 경우는 최저한의 기간으로 행할 수 있다. 행해진 경우, 그 이유·내용·정도를 차트에 기록한다.

④ 정신외과수술 등의 치명적·불가항력적인 치료는 강제입원환자에 대해서는 행할 수 없다.

⑤ 의학적·외과적인 큰 조치, 특히 임상시험, 실험적 치료는 고지된 동의 없이 행할 수 없다. 다만, 환자가 고지된 동의를 주는 것이 불가능하고, 독립된 심사기관이 인정한 경우는 예외로 한다.

3) 정신건강영역에서 고지된 동의

정신과에서 강제입원이나 강제치료 등의 경우 여태까지는 본인의 의사를 존중하기보다는 보호자의 동의에 의해 모든 것이 이루어져 왔다. 따라서 정신과에서 고지된 동의를 구하는 논의에서는, 환자의 이해력·동의능력에 초점이 맞추어진다. 명확하게 증상은 사고를 방해하기도 하고, 집중하는 것을 곤란하게 하지만, 그 종류는 다양하다. 증상이 있는 경우에도 천천히, 정확하게, 조리 있게 설명한다면 많은 경우에 꽤 이해를 한다는 주장이 있다. 고지된 동의는 현실적으로 실현 가능한 면도 있지만, 그것이 성립되기 위해서는 의료종사자 교육, 시민의 권리의식향상 등 직접적인 것 외에 의료에 대한 지원, 치료선택범위의 확대와 같은 제조건의 정비가 필요하다.

클라이언트의 권리를 보호하는 가장 좋은 방법은 정보를 선택할 수 있는 원조과정(절차)을 개발하는 것이다. 정보와 함께 클라이언트에게 제공되는 과정도 전체의 면담과 상담이 지속되는 치료관계에서 실제적 참여자가 되는 것이 필요하다. 고지된 동의는 클라이언트에게 너무 많이 그리고 너무 적게 이야기되지 않도록 균형을 유지하여야 한다. 대부분의 전문직에서는 윤리원칙에 의해 클라이언트와의 치료적 관계에서 클라이언트에게 정보를 제공하는 것이 잔인하다는 것에 동의하지만 어떤 것을 얼마만큼 숨겨야 하는지에 대한 의견일치는 없다. 다른 한편으로 한번에 자세한 정보를 너무 많이 주는 것은 해롭다고 하고, 다른 한편으로는 중요한 정보를 쥐고 있는 것은 실수이며 오히려 클라이언트의 치료프로그램에 관한 현명한 선택을 방해한다고 한다. 무엇을 얼마만큼 이야기하느냐 하는 것은 클라이언트의 성향에 따라 결정되는 것이다. 대부분 고지된 동의는 초기과정에서, 즉 초기단계에서 제공된다.

전문가들은 모든 중요 사실, 절차의 본질, 절차상 가지는 본래의 어려움, 더 적합한 결과를 위하여 클라이언트에게 합리적으로 관련된 사실을 알리고 드러낼 책임감을 가진다. 실천가들이 클라이언트의 복지에 영향을 끼칠지도 모르는 적절한 정보를 클라이언트에게 제공하는 것에 실패했을 때는 클라이언트의 권리가 침해되었다는 논의가 제기될지도 모른다. 그리고 부주의나 부당한 치료 또는 계약위반에 의해 고지된 동의를 얻는 데 실패할 수 있다.

4) 고지된 동의의 세 가지 요소

법적으로 고지된 동의에는 적절한 세 가지 요소가 있다. 능력(capacity), 정보에 대한 이해력(comprehension of information), 자발성(voluntariness)이 해당된다.

능력은 클라이언트가 가진 합리적인 결정을 할 수 있는 능력을 말한다. 능력이 부족할 때는 부모나 후견인이 동의를 하게 된다. 정보에 대한 이해력은 클라이언트가 이해할 수 있도록 치료자가 클라이언트에게 정보를 제공해 주는 것이다. 정보는 절차상의 이득과 위험, 보류된 치료의 위험, 이용 가능한 대안절차 등이 포함된다. 자발성은 동의를 할 때 의사결정과정을 자유스럽게 한다는 것이다. 고지된 동의는 클라이언트와 치료자가 문제의 본질과 가능한 치료에 관해 논의할 때 적용된다. 치료 전에 클라이언트는 그것에 동의를 해야 하고, 치료자는 동의할 권한을 클라이언트에게 주어야 한다. 고지된 동의절차는 서면으로 동의서에 서명하여 클라이언트와 치료자와의 치료계약을 하기도 하고, 구두로 하기도 한다.

고지된 동의는 법적인 논의에 초점을 두기보다는 클라이언트가 상담과정에 관하여 이해력을 증가시키고, 치료가 불만족스러울 때 이의를 제기할 수 있도록 하는 것이다(Corey et al., 1988: 168-170).

6. 정신장애인의 자기결정권

정신건강사회복지사는 모든 사람이 각자 자신의 결정을 내릴 권리를 가진다고 믿는다. 사회복지사 Charlotte Towle은 "클라이언트의 자기결정권은 무엇보다 일차적인 것이고, 일차적이지 않다면 적어도 시위현장에서 볼 수 있는 구호 중의 하나처럼 항상 주장되고 고려되어야 하는 것"이라고 강조하였다. 클라이언트의 자기결정권을 실현함에 있어서 사회복지사들은 윤리적 딜레마를 갖는다. 갈등을 야기하는 윤리적 딜레마는 ① 결정에 의해 가장 영향을 받는 사람이 그 결정을 내려야 한다고 말하는 '자기결정 혹은 자율성 원칙'과 ② 전문사회복지사는 긍정적인 결과를 최상으로 보장하는 데 필요한 지식과 기술을 가지고 있기 때문에 지금의 자기결정이 클라이언트에게 최적의 혜택이 될 수 있도록 책임지는 '혜택 원칙'이다.

사회복지 실천에서 또 다른 윤리적 딜레마는 모든 사회복지사가 받아들이고 있는 다음의 두 가지 전문가 원칙이 서로 모순되기 때문에 제기된다. ① 개인의 복지를 보증하거나 개선하기 위해서 클라이언트가 필요로 하거나 클라이언트에 의해 전문적인 도움이 요구될 때는 도움을 제공하여야 하는 원칙과 ② 개인의 자유를 간

섭하지 않을 원칙이다. 이상적으로 사회복지사는 이러한 두 가지 권리 사이에서 어떠한 갈등도 경험해서는 안 된다. 그리고 모순에 대한 확실한 증거가 없는 한 어떤 사회복지사도, 어떤 클라이언트라도 다른 사람의 자유에 개입하기를 원치 않는다 (서미경 외, 2000: 138-141).

원조전문가로서 사회복지사는 무엇보다도 클라이언트의 자기결정이 클라이언트의 천부적이고 양도할 수 없는 권리이며 동시에 욕구라는 인식이 있어야 한다. 왜냐하면 클라이언트의 자기결정은 가장 기본적이고도 중요한 사회복지의 철학과 가치에 직결되기 때문이다. 사회복지사는 모든 사람은 자신의 문제에 대해 결정할 권리를 갖는다고 믿으며 동시에 사회복지사는 클라이언트의 권리와 욕구를 성취할 기회를 극대화하도록 도와야 하는 전문적인 의무를 지닌다(양옥경 외, 1993: 49).

1) 자기결정의 개념

현대철학의 초기거장인 Kant는 인간이 자신의 운명을 결정할 권리는 무조건적인 권리라고 주장하였다. 미국 사회에서 자기결정은 역시 제1순위 원칙(first-order principle)이다. 헌법에서 구체적으로 나열하지 않아도 대법원은 일련의 적정과정사례(due-process cases), 평등보호사례(equal protection cases), 그리고 사생활보호사례(privacy cases)에서 자기결정을 제9차와 제14차 개정안에 의해 보호되는 기본적인 권리로서 발전시켜 왔다(서미경 외, 2000: 137).

자기결정이란, 첫째, 외부의 압력을 받지 않고 스스로 결정하는 것, 둘째, 스스로 거주지를 선택하며 다른 사람의 충고를 받지 않고 결정하거나 행동하는 자유, 셋째, 다른 국가가 원하는 바와는 상관없이 국민 스스로 정부 형태를 결정하는 것 등으로 정의 내릴 수 있다. 자기결정은 일반적으로 자율성과 동의어로 사용되는데, Frankle은 자율성이란 "자기 스스로 동의한 것만 실행하고, 외부의 압력 없이 자발적으로 받아들인 의무 외에는 받아들이지 않으며, 개인 스스로 주인 역할을 하는 것"이라고 하면서 자기결정에도 이러한 차원을 강조하였다(문인숙 외 공역, 1985: 49). 그러나 클라이언트 자기결정의 원리는 건설적인 결정을 할 수 있는 클라이언트의 실천능력, 법률, 윤리적인 기준, 그리고 사회사업기관의 기능에 의해서 제한을 받는다(김만두 역, 1982: 149).

자기결정이나 자율성의 개념을 실현하는 데는 많은 제한이 있어서 실제적으로 이러한 것들이 존재하는가 하는 점에서 의문이 생긴다. 그러나 Salzberger는 인간 존재의 현상으로서 자기결정을 설명하면서 그는 무엇보다도 클라이언트의 권리라는 점에 초점을 맞추고, 인간 존재의 현상으로서 자기결정을 옹호했다. 그는 어떤 면에서 무능력하여 자기결정을 실천할 능력이 없는 클라이언트라 할지라도 그것은 그가 자기결정의 권리를 잃은 것이 아니고 다만 자기결정을 사용할 기회를 잃어버린 것에 불과하다고 주장하였다(양옥경 외, 1993: 52).

　클라이언트들이 자발적인 결정을 내려야 하지만 지식이나 능력이 제한적이기 때문에 사회복지사는 클라이언트가 합리적인 선택을 하여 혜택을 극대화할 수 있게끔 도와주어야 할 특별한 윤리적 의무를 갖는다.

2) 자기결정의 범위

(1) 치료과정

　치료상에 나타나는 상황묘사를 상세하게 하는 것이 힘들지라도 상담기간에 나타날 고통과 긴장에 관해 지지를 해 주어야 하며, 상담과정에서 그들의 생활에서 좌절과 혼란으로 변화를 경험할지도 모른다는 것을 알릴 필요가 있다. 어떤 클라이언트들은 많은 지식과 정보로 인해 좌절하기보다는 오히려 한정된 지식만을 원할지도 모른다. 그리고 초기단계에서 재정비용이나 개인적 사항에 관해 적절한 방법으로 솔직하게 논의되어야 하며, 환자는 치료절차와 치료목표에 관한 지식을 가져야 한다.

(2) 치료자의 배경

　치료자의 배경에 대해 알리는 것은 치료자의 전문적 발달과정을 밝히는 것으로 클라이언트가 전문가의 서비스를 이용하도록 원조하는 최고의 방법이다. 치료자들은 클라이언트에게 그들의 훈련과 교육, 특별한 전문적 기술, 다루어 왔던 문제와 클라이언트의 형태 등에 관해 제공하여야 한다. 만일 상담이 인턴이나 준전문가에 의해 제공된다면 그것도 알려 주어야 한다.

(3) 치료비용

환자의 권리장전에서는 합리적인 재정적 동의가 포함되어 있다. 초기단계에서 스케줄에 따른 모든 비용에 관한 정보를 제공하여 동의가 되어야 하고, 불필요한 진단이나 치료가 없어야 하며, 예기치 않은 비용은 없어야 한다. 비용 부분은 미묘해서 초기에 명확하게 하지 않으면 환자와 치료자 사이의 관계에 영향을 미칠 수가 있다. 따라서 비용에 관한 고지된 동의는 환자와 치료자 사이의 치료관계에 영향을 미치는 중요한 문제이다.

(4) 치료의 범위

어떤 치료자들은 클라이언트에게 대략적인 치료범위를 논의할지도 모른다. 또 다른 치료자는 치료가 전형적으로 복잡하고, 오랜 기간 걸리며, 오래 기다려야 하므로 이론적 범위 내에서만 논의하여야 할지도 모른다. 그리고 클라이언트의 개인차로 인해 치료상황을 예견하는 것이 불가능하므로 초기단계에서 치료범위에 대해 논하려 하지 않으려는 치료자도 있을 수 있다.

그럼에도 클라이언트들은 치료에 참여함으로써 최선의 이득을 얻었을 때 종결할 것이라는 기대를 가진다. 종결에 관한 논의는 치료자와 환자 사이에 오픈하여 전개되어야 한다.

(5) 동료의 자문

일반적으로 학생이나 신입사회복지사들은 상담상의 문제나 과정에 대해서 슈퍼바이저에게 규칙적으로 자문을 얻는다. 상담가를 위해서는 상담과정 중에 일어나는 사항을 슈퍼바이저나 다른 동료들에게 이야기하는 것은 좋지만, 클라이언트에게는 상담과정을 다른 사람들에게 이야기하는 것이 되므로 이러한 일이 발생할 가능성에 대해서 클라이언트에게 허락받아야 한다.

(6) 클라이언트의 파일에 접근할 수 있는 권리

윤리적이고 법적인 문제 사이의 갈등은 클라이언트의 파일과 기록을 볼 수 있는 클라이언트의 권리를 허락하느냐의 여부이다. 이 문제는 상담가, 정신의학자, 사회복지사, 가족치료자의 윤리적 부분에 직접적으로 관련되어 있지는 않다.

클라이언트에게 그들의 파일을 보여 준다는 것은 정신건강, 상담, 재활, 교육의 분야에 영향을 주고 있는 고객권리운동의 측면이다. 의료부분에서 법적 문제를 줄이는 하나의 방법은 클라이언트의 의료기록을 환자에게 허락하는 것이다. 클라이언트에게 그들의 파일에 접근할 수 있도록 하는 것이 결과적으로 클라이언트와 치료자에게 가치 있는 일이 될지도 모른다.

(7) 진단적 낙인을 허락할 권리

클라이언트와 파일을 공유하는 데 있어 주요 장애물은 심리학적인 서비스를 제공하기 위해 클라이언트에게 필요로 하는 진단적 분류이다. 대부분의 클라이언트는 낙인을 원하지 않지만 자료제공 시 필요한 경우도 있다. 클라이언트들의 기본적 권리 중의 하나는 심리학자와 정신의학자에 의해 분류되는 데 있어 선택의 자유가 있다. 심리학자들은 클라이언트의 재보증의 목적을 위해 진단될 때 클라이언트의 동의를 획득해야 한다고 한다. 만일 치료절차상 공식적 진단이 치료자와 클라이언트의 관계에서 포함된다면, 클라이언트의 상태에 관해서 클라이언트와 충분히 논의가 되어야 한다.

(8) 테이프 기록과 비디오 촬영

많은 기관은 훈련과 슈퍼비전의 목적을 위하여 상담의 기록을 요구한다. 클라이언트는 초기단계에서 이러한 절차에 관한 동의를 할 권리가 있다. 그리고 기록이 왜 필요하며, 그것이 어떻게 사용되고, 누가 그것을 볼 것인지에 관해 이해하는 것이 중요하다. 종종 치료자들은 기록을 통해 경청의 자료를 얻고, 동료로부터 자문을 얻으며 다시 클라이언트에게 환원시켜 줄 수 있다. 하지만 만일 그렇게 한다면, 반드시 클라이언트의 동의를 획득하여야 한다.

(9) 개인적 관계와 고지된 동의

치료자가 슈퍼바이지, 학생, 고용인, 동료, 밀접한 친구, 클라이언트와 관련된 사람을 받아들이기 전에 예상되는 클라이언트와의 이중관계(dual relationship)로 알려진 것 등에 관해 논의하는 것이 필수적이다. 이중관계는 윤리적 문제와 관련되어 치료자에게 스트레스를 준다. 클라이언트는 근본적으로 치료자가 당연히 그들의 복지에 관심을 가질 것으로 기대한다. 치료자의 이러한 관심은 치료적 거리나 책임성의 정도에 따라 다르게 나타날 수도 있으며, 또한 치료자가 역전이를 어떻게 인식하느냐에 따라 달라질 수 있다.

(10) 전통적 치료의 대안

클라이언트는 대안적 원조체계에 관해 알 필요가 있다. 따라서 치료자는 클라이언트에게 치료적 대안이 될 수 있는 지역사회자원에 관한 지식을 제공해야 한다. 예를 들어, 개인적 자조집단, 개인-효율성 훈련을 위해 계획된 프로그램, 동료자조집단, 위기개입체계, 그리고 제도적 원조체계 등이다. 치료와 대안치료의 논의에서 어떤 클라이언트는 대안치료를 선택할 수도 있지만, 클라이언트가 치료를 선택하는 결정을 재강화시켜 줄 수도 있다(Corey et al., 1998: 170-174).

3) 자기결정과 그 한계

자기결정의 개념은 사회복지전문직에 있어 대단히 중요하게 여겨져 왔다. 그러나 대부분의 사회복지사는 클라이언트의 자기결정이 모든 상황에 적용되는 절대적인 권리가 아니라는 데 동의한다. 그러나 앞서도 언급하였듯이 클라이언트 자기결정의 원리는 궁극적 그리고 건설적인 결정을 할 수 있는 클라이언트의 수용능력, 그리고 법률, 윤리적인 기준, 사회사업기관의 기능에 의해서 제한을 받게 된다.

클라이언트의 자기결정의 원리를 제한하는 한계는 크게 두 가지로 나눌 수 있다. 첫 번째 한계는 클라이언트와 사회복지사가 처해 있는 환경에 대한 현실적인 평가에 따른 것이고, 두 번째 한계는 사회복지과정이 가지는 계약적인 성격 자체에 내포된 것이다(양옥경 외, 1993: 54-56).

(1) 현실평가에 따른 한계

사회복지사들은 클라이언트로 하여금 비현실적인 목표 추구로부터 벗어나 실현가능하고 만족할 수 있는 결정을 내릴 수 있도록 도와주어야 한다. 이러한 과정에서 생기는 제한으로 다음과 같은 것들이 있다.

① 클라이언트에게서 생기는 한계

가. 클라이언트가 선택에 대한 대안이 전혀 없는 경우

현실적으로 클라이언트가 선택할 수 있는 대안이나 자원이 부재하는 경우이다.

나. 클라이언트의 선택능력에 의한 경우

자기결정은 클라이언트의 선택능력을 포함하며 그 선택은 자신의 성장과 발전을 위한 긍정적인 선택을 전제로 한다. 그러나 모든 사람이 이러한 선택을 할 능력을 다 가지고 있다고 볼 수는 없다. 법적으로 아동이나 정신장애인에게는 이러한 능력이 결여된 것으로 간주하고 이들에 대해 법적인 후견인에 의하여 결정을 위임하게 되기 때문이다. 또한 법적인 규정에 포함되지는 않지만 임상가들이 주장하는 것처럼 어떤 위기상황이나 질환에 의하여 일시적으로 클라이언트의 선택능력에 제한이 생기는 경우도 있다. 즉, 우울증이 심한 환자의 경우나 갑작스러운 사고로 가까운 사람을 잃은 경우 또는 불치의 병을 진단받은 지 얼마 안 되는 때에 정서상의 혼란이 심한 경우가 그 예가 될 수 있다.

다. 클라이언트의 자기결정이 가져올 예상에서 생기는 제한

클라이언트의 선택이 자신에게 해를 끼치는 부정적인 결과를 초래할 것이 분명한 경우나 타인의 권리와 부딪히게 될 것이 예상되는 경우에 클라이언트의 권리는 제한을 받게 된다. 예를 들면, 어린 자녀들이 있는 부인이 자살을 하려는 경우에 자살이 성공하면 자신은 물론이고 어린 자녀들이 정신적이고 물질적인 고통을 받게 된다.

② 사회 규범이나 법률에 의한 제한

클라이언트가 선택한 행동이 사회규범에 위배될 경우 사회복지사는 클라이언트의 선택을 극대화시켜 줄 수 없다.

③ 기관의 기능에 의한 제한

모든 기관은 각 기관 나름대로의 특정한 기능을 수행하기 위하여 여러 가지 규정을 설정하고 그에 따른 기능을 구체화하고 있다. 클라이언트가 기관의 서비스를 활용하려면 기관의 기능에 부합되어야 한다.

④ 사회복지사에 의한 제한

사회복지사는 클라이언트에게 도움을 주는 원조전문가이고 클라이언트는 사회복지사에게 도움을 요청하는 수혜자이기 때문에 사회복지사는 클라이언트보다 더 많은 힘을 가질 수 있다. 또한 사회복지사는 전문적인 지식과 기술로 클라이언트로 하여금 더 나은 결정을 하도록 도와야 한다는 의무를 가지고 있다. 이러한 과정에서 사회복지사는 알게 모르게 클라이언트의 의사결정에 영향력을 미치게 함으로써 클라이언트 자기결정의 권리에 제한을 가하게 된다.

(2) 사회복지과정의 계약적 성격에 내포된 한계

원조과정이 가지는 계약적인 성격 그 자체가 클라이언트 자기결정의 권리를 제한시키는 경향이 있다. 면접과정에서 클라이언트나 가족은 자신들의 사생활을 노출할 수밖에 없다. 그러한 노출은 자신이나 가족에게 해가 될 수도 있고, 또한 사회복지사에게도 자신들의 약점을 드러내어 취약해질 수도 있다. 원조과정에서 클라이언트가 선택한 결정은 사회복지사의 동의하에 진행되는데 이때 사회복지사는 명백하게 또는 묵시적으로 이 결정에 대하여 거부권을 행사하기 때문에 클라이언트 자기결정에 대한 권리에 제한을 줄 수 있다.

7. 정신건강복지현장에서의 인권감수성

정신건강복지영역에서 정신장애인의 인권은 정신장애인에 대한 사회적 편견과 차별, 전문가와 클라이언트 관계의 불균형, 정신장애인의 인권 등 관련된 이슈들이 복잡하게 얽혀 나타난다. 그러므로 정신건강복지서비스 현장에서 서비스 제공자의 인권감수성은 매우 중요하다. 특히 직접적으로 정신장애인 또는 가족과 대면하는 가운데 인권감수성의 부족은 일차적으로 정신장애인과 가족들의 인권경험과 직결되기도 한다. 이 과정에서 사회복지사가 인권침해의 주체가 될 수도 있고 또는 인권보호의 주체가 될 수도 있다는 점은 사회복지사의 인권감수성 향상의 필요성을 보여 준다.

1) 인권감수성의 개념

인권감수성(human right sensitivity)은 학술적인 개념으로 윤리적 민감성, 인권민감성, 인권감수성 등 다양한 용어로 사용되고 있다. 인권감수성은 인권 관련 상황에서 민감하게 반응하고 인권의식에 초점을 두어 반인권적 상황에 대해 정서적인 책임의식을 갖는 과정이다(이은희, 2016: 19). 국가인권위원회에서는 인권감수성 지표를 도덕적 민감성을 근거로 정의내리고 있다. 국가인권위원회에서는 인권감수성을 인권문제가 제기되고 있는 상황을 인권 관련 상황으로 지각하고, 어떠한 행동을 할 때 다른 사람에게 어떠한 영향이 미치게 되는 것을 알고 그 상황을 해결하려는 책임을 갖게 되는 심리적 과정이라고 정의하였다(국가인권위원회, 2002).

이 개념은 인권의식과는 차이가 있다. 인권의식(human right awareness)은 인권 관련 지식을 바탕으로 한 인권적인 것과 반인권적인 것을 분별하는 능력이다. 반면, 인권감수성은 인권 관련 상황에 대해 타인의 인권침해로 받을 고통을 자신의 아픔처럼 공감하고 개선에 대한 책임을 가지는 정서적인 개념이다. 이러한 인권감수성은 인권의식의 근원으로 인권옹호의 출발을 의미한다.

Rest(1983)는 도덕민감성을 토대로 인권감수성을 4구성 요소 모형으로 설명하였다. 제1요소: 도덕민감성은 주어진 상황에서 어떤 상황을 도덕적 상황으로 지각하고 해석하는 것이다. 제2요소: 도덕판단력은 주어진 상황에서 어떤 행동이 도덕적으로 정의로운가를 판단하는 것이다. 제3요소: 도덕적 동기화는 도덕적 가치를 다른 가치보다 우선시하는지 여부를 결정하는 것이며, 제4요소: 상호작용은 도덕행동의 산출과 관련되어 있다고 보았다. 즉, 도덕행동을 촉진시키는 정서와 인지는 분리되어 있지 않고, 도덕민감성은 인지와 정서의 통합적인 것으로 설명하였다(Rest, 1983: 이은희, 2016: 17 재인용).

2) 정신건강사회복지사의 인권감수성에 영향을 미치는 요인

인권감수성에 영향을 미치는 중요한 요인들로는 자아존중감, 공감능력, 사회적 지지경험 등이 있다(정선영, 2006; 홍선우 · 김지수 · 한혜진, 2011; 오선영, 2016). 즉, 자아존중감이 높고, 공감능력이 높으며, 사회적 지지의 경험이 많을수록 인권상황을 지각하는 능력이 높다. 공감능력은 인권침해 상황에 대해 타인의 고통을 이해하고 자신도 인권침해의 피해자 또는 가해자가 될 수 있다고 느끼는 직접적인 요인으로서 인권침해 가능성에 대한 보호요인이다. 또한 정신건강사회복지현장에서 사회적 지지체계가 잘 구축되어 있을 경우 긍정적 사회관계 속에서 업무상의 문제, 즉 인권침해 상황에서도 더 잘 대처할 수 있다.

또한 인권과 직무만족감에 대한 연구결과들은 직무만족감의 결여나 소진은 인권감수성에 대한 인식부족과 반인권적 상황에 대한 판단에 어려움을 가져올 수 있다고 보고하고 있다.

이은희(2016)의 연구결과에 따르면 여성, 학력, 인권교육 유무 등이 인권감수성에 영향을 주었고, 정신과병의원에 근무하는 정심건강사회복지사보다 사회복귀시설 등에 근무하는 정신건강사회복지사의 인권감수성이 더 높은 것으로 나타났다.

정신건강복지 현장에서의 인권감수성 증진을 위한 노력들은 정신장애인 당사자가 인권에 대한 인식을 갖고 스스로 권리를 옹호하는 삶을 살아가는 데 도움이 될 수 있을 것이며, 나아가 서비스 제공자로서의 인권을 보호받을 수 있는 주요한 실천방법이 될 것이다.

생각해 볼 문제

- 정신장애인에게 필요한 인권에 대해 토의해 봅시다.
- 클라이언트의 자기결정권 실현과정에서 발생할 수 있는 문제점들에 대해서 논의해 봅시다.
- 각자의 인권감수성에 대해 이야기해 봅시다.

참고문헌

강지영(2002). 인권에 대한 인지능력과 정서적 공감이 인권옹호행동에 미치는 영향. 서울대학교 대학원 석사학위논문.

국가인권위원회(2002). 인권감수성 지표개발 연구.

국가인권위원회(2006). 사례분석을 통한 지역사회 정신지체장애인 인권침해 실태연구.

국가인권위원회(2013). 사회복지사 인권상황 실태조사.

국가인권위원회(2015). 정신장애인 인권실태와 개선방안.

김만두 역(1982). 케이스워크. 서울: 홍익제.

문인숙 외 공역(1985). 임상사회복지학. 서울: 집문당.

서미경 외(2000). 사회복지윤리와 철학. 서울: 양서원.

양옥경 외(1993). 사회복지실천과 윤리. 서울: 한울.

오선영(2016). 아동의 인권침해경험이 심리적 안녕감에 미치는 영향, 인권상황인식과 인권감수성의 매개효과를 중심으로. 이화여자대학교 대학원 석사학위논문.

유성남(2008). 청소년의 인권태도에 영향을 미치는 요인에 관한 연구. 공주대학교 대학원 석사학위논문.

윤찬영(2000). 정신장애인의 인권운동. 한국정신보건사회사업학회춘계학술대회자료집, 32-40.

이은희(2016). 정심보건사회복지사의 인권감수성에 영향을 미치는 요인. 이화여자대학교 대학원 석사학위논문.

정선영(2006). 정신의료기관 종사자들의 인권민감성에 관한 연구. 정신보건과 사회사업, 23, 59-87.

최말옥(2002). 정신장애인의 임파워먼트 증진을 위한 자기옹호프로그램의 효과. 부산대학교 대학원 박사학위논문.

홍선우 · 김지수 · 한혜진(2011). 간호대학생의 인권의식에 영향을 미치는 요인. 한국콘텐츠학회논문지, 11(6), 260-269.

精神保建福祉士養成セミナ編集委員會(1998). 精神保建福祉論, へるす出版.

Corey, G., Corey, M. S., & Callanan, P. (1998). *Issues and ethics in the helping professions*. Pacific Grove, CA: Brooks/Cole Publishing Company.

Rest, J. R. (1983). Morality. *Handbook of Child Psychology, 3*, 556-629.

제14장

생애주기별 정신건강

학습 목표

- 영유아기 정신건강문제에 대해 이해하고 설명할 수 있다.
- 아동 · 청소년기 정신건강문제에 대해 이해하고 설명할 수 있다.
- 성인기 정신건강문제에 대해 이해하고 설명할 수 있다.
- 노년기 정신건강문제에 대해 이해하고 설명할 수 있다.

사회복지는 인간의 행복한 삶에 가장 큰 관심을 두고 있다. 따라서 인간에 대한 기본적인 이해는 사회복지를 공부하는 데 가장 기본이며, 인간의 생애주기에 따른 발달과 성장에 대한 이해는 사회복지 실천의 지속적인 관심사였다. 이것은 정신건강사회복지 분야에서도 마찬가지이다. 따라서 이 장에서는 생애주기에 따른 정신건강에 대해서 살펴보고자 한다. 생애주기를 영유아기, 아동 · 청소년기, 성인기, 노년기로 분류하여 각 생애주기별로 이해해야 하는 주요한 정신건강문제와 개입방법에 대해서 알아보고자 한다.

1. 영유아기 정신건강문제

영유아기는 출생 후부터 초등학교 진학 전인 6세에 이르는 시기를 말한다. 학자에 따라서는 영유아기를 영아기와 유아기를 나누어 설명하기도 한다. 영아기(infancy)는 출생 이후부터 만 2세까지를 말하는데, 제1의 성장 급등기로 신체와 뇌성장이 급속도로 이루어진다. 유아기는 일반적으로는 영아기 이후부터 초등학교 진학 전인 학령전기(preschool childhood)까지 6세에 이르는 시기를 말한다. 특히 이 시기는 이후의 발달과 성장의 기초가 된다는 측면에서 매우 의미 있는 발달의 시기이다. 이 시기의 사회정서적 발달의 기본이 되는 애착형성은 중요하며 부적절한 애착형성이 가져오는 문제는 아동의 성격 형성에 크게 영향을 미치는 요인이 될 수 있다. 또한 영유아기에 발견되는 주요 장애 중 지적장애와 자폐성 특징은 이후 아동 · 청소년기 발달에까지 심각하게 영향을 미칠 수 있는 질환으로 발견 초기부터 관심 있게 살펴보아야 하는 문제이기도 하다. 그러므로 여기서는 영유아기부터 나타날 수 있는 '자폐스펙트럼장애'와 '지적장애' 그리고 양육자와의 긴밀한 상호작용의 결과로서 발생할 수 있는 '반응성 애착장애'와 '탈억제성 사회적 유대감 장애'에 대해서 살펴보고자 한다.[1]

1) 자폐스펙트럼장애

자폐스펙트럼장애(Autism Spectrum Disorder)는 기존에 분리되어 있었던 자폐성장애(자폐증), 아스퍼거장애, 아동기 붕괴성장애, 레트장애, 달리 분류되지 않는 전반적 발달장애와 같은 장애들을 통합하여 만들어진 단일진단으로 DSM-5에서 더욱 명확하게 정의되었다. 자폐스펙트럼장애의 두 가지 큰 특징은 아동이 다른 사람과 관계를 맺는 능력의 문제와 일련의 고정된 관심이나 반복적인 행동을 보이는 것이다. 미국과 다른 국가의 연구를 보면 일반인구 가운데 전체 아동과 성인의 1%가 자폐스펙트럼장애를 가지고 있다는 보고가 있다. 증상은 흔히 2세 이전에 나타나

---

1) 영유아기의 정신장애 진단과 관련된 내용은 박용천 · 오대영 공역(2017)을 참고함.

기 시작하는데, 12개월 이전에 나타날 수도 있으며, 증상이 경미하면 24개월 이후에 드러나는 경우도 있다. 좀처럼 잘 웃지도 않고 부모와 소통하는 옹알이를 잘하지 않는 아기들은 자폐스펙트럼장애를 보이는 것일 수도 있다. 또 걸음마 시기의 아이가 말이 늦고 사회적 접촉에 관심이 적은 것이 첫 증상이기도 하다. 어떤 아동들은 2세 동안에 말이나 사회적 기술이 느리게 발달하거나 소실되는 경우도 있다. 그렇게 기술이 소실되는 경우는 다른 장애에서 드문 일로 자폐스펙트럼의 징후일 수 있다. 또한 자폐스펙트럼을 가진 사람들은 지적장애, 언어장애, 주의력결핍 과잉행동장애, 발달성 협응장애, 불안장애, 우울장애를 동반할 수 있다. 뇌전증이나 수면문제, 변비와 같은 또 다른 의학적 상태가 동반될 수도 있다. 회피적/제한적 음식섭취장애는 꽤 흔하게 나타나는데 극도의 편식이 지속될 수도 있다. 자폐스펙트럼장애를 조기에 진단하고 치료하는 것은 장애를 가진 아동과 그 가족에게 증상을 경감시키고 삶의 질을 증진시키는 데 있어서 중요하다. 자폐스펙트럼의 원인으로 알려진 것은 없지만, 고령의 부모, 저체중 출산, 임신기간 동안에 산모가 뇌전증과 양극성장애 치료를 위해 벨프로에이트를 복용한 경우에 자폐스펙트럼장애가 생길 가능

〈표 14-1〉 자폐스펙트럼장애의 심각도 수준

단계	심각도 수준	사회적 의사소통	제한적이고 반복적인 행동
3단계	상당히 많은 지지를 필요로 하는 수준	• 상호작용에 있어서 언어적, 비언어적 의사소통의 심각한 결핍 • 이해할 수 있는 단어를 거의 말하지 않고 좀처럼 사회적 접촉을 시작하지 않음	• 모든 영역에 혼란을 초래하는 집착, 고정된 습관, 반복적인 행동을 보임 • 의례적인 절차나 일상적인 것을 하지 못하게 할 때 매우 고통스러워 함
2단계	많은 지지를 필요로 하는 수준	• 언어적, 비언어적 의사소통의 분명한 결핍 • 단순 문장을 말하고 매우 이상한 비언어적 의사소통을 함	• 제한적이고 반복적인 행동이 나타나 쉽게 눈에 띔 • 행동이 변화되거나 하지 못하게 했을 때 고통과 좌절이 두드러짐
1단계	지지가 필요한 수준	• 적절한 지지가 없을 때 손상된 의사소통으로 인해 두드러진 문제 발생 • 완전한 문장으로 말할 수 있고 대화에 참여할 수 있지만 다른 사람과 주고받는 대화는 못함	• 반복적인 행동이 일상 기능에 큰 불편을 초래함 • 임무를 전환하기 어려움 • 독립적인 생활이 방해가 될 정도로 조직화하고 계획하는 데 문제가 있음

출처: 박용천 · 오대영 공역(2017).

성이 크다. 그리고 가족 중에 이 장애를 가지고 있다면 자폐스펙트럼장애의 위험도
는 훨씬 더 크다. 대부분의 사례에서 자폐스펙트럼장애는 평생 지속되는 장애이다.
비록 치료법이 없기는 하지만 조기에 진단받고 치료를 시작한 아동은 더 좋아질 수
가 있다. 단일요법보다는 각 아동에게 맞춰서 다양한 접근법을 시도하는 것이 행동
과 의사소통을 증진시킬 수 있다. 가족 중 자폐스펙트럼장애를 가진 아동이 있을 경
우 스트레스가 크고 장애를 관리하는 데 많은 시간을 필요로 한다. 그럴 때 가족들
이 가능한 한 관련된 정보를 많이 아는 것, 체계적이고 규칙적인 생활을 하는 것, 다
른 부모들과 교류, 장애아동의 권리를 알고 관련 서비스나 제도를 이용할 수 있도록
하는 것이 도움이 될 수 있다. 특히 부모의 죄책감과 좌절감을 해소시켜 주고 유아
와 신뢰관계를 유지하도록 도와주어야 한다. 약물치료가 보조적으로 도움이 되며,
특수교육이나 행동요법을 병행하는 것이 효과적이다(최옥채 · 박미은 · 서미경 · 전석
균, 2015).

자폐스펙트럼장애를 가진 사람들은 매우 다양한 능력과 특성의 차이를 보이고
있기 때문에 어느 한 사람도 똑같은 식으로 증상이 나타나지 않는다. 다만, 다음 증
상들이 아동의 초기 발달단계에 반드시 나타나야만 자폐스펙트럼장애로 진단할 수
있다.

• 많은 상황에서 자주 나타나고 지속적으로 보이는 사회적 의사소통과 상호작용의 문제들
  - 소리 내거나, 표현 혹은 말에서 주고받는 대화의 제한점
    예) 사회적 접촉을 시작하거나 반응하는 것에 실패
  - 눈맞춤, 가리키거나 손 흔들기와 같은 몸짓, 웃거나 찡그리는 얼굴표정의 결여와 같이 사회
    적 접촉에서 사용되는 비언어적인 의사소통의 문제
    예) 누군가 가리키는 곳을 쳐다보지 못함
  - 관계를 이루고 유지하며 이해하는 것에 대한 문제
    예) 친구를 사귀거나 또래에 대한 관심 부족
• 행동이나 관심, 활동에서 고정되고 반복적인 패턴이 다음 중 최소 두 가지 이상이 나타남
  - 신체 움직임이나 물체의 사용, 말하기가 반복적임
    예) 소리나 문장 반복, 장난감 반복해서 일렬로 세우기 등
  - 똑같은 일상적인 것과 행동에 대한 고집

예) 고집스러운 인사법이 있거나 날마다 같은 음식만 먹고 싶어 할 수도 있음
- 정상적인 것을 넘어서서 극도로 혹은 강렬하게 집중하면서 확고하게 고정된 관심을 가짐
  예) 청소기, 선풍기 같이 특정 물체에 애착을 가짐
- 특정한 장면과 소리, 냄새, 감촉, 맛에 대해 큰 반응을 보이거나 아무 반응을 보이지 않음
  예) 통증, 열감, 냉감에 아무 반응이 없거나 둔함, 특정 소리나 감촉을 극도록 혐오하거나 빛이나 동작을 너무 좋아할 수도 있음

2) 반응성 애착장애와 탈억제성 사회적 유대감 장애

두 장애는 일부 아동들이 심한 방임에 대한 고통(즉, 아주 어렸을 때 필요한 사랑과 양육을 충분히 공급받지 못하는 것)에 어떻게 반응하는지를 보여 준다. 이들은 아동의 반응이 내적으로 향하는지 아니면 외적으로 향하는지를 보여 준다. 이 장애들은 9개월 이상 된 아이가 1년 이상 증상이 나타날 때 진단을 내린다. 이 장애들은 영양실조와 언어, 사고능력의 지연과 함께 나타날 수 있다. 이 장애들은 아동이 필요로 하는 양육이 극도로 결여되어 있다는 하나의 중요한 양상을 공통적으로 가지고 있고 다음에 기술된 것들 중 적어도 한 가지 이상으로 나타난다.

- 사회적 방임(부모나 양육자로부터의 위안, 관계 맺기, 애정이 결여됨)
- 위탁가정에서 자라는 것처럼 주 양육자가 자주 바뀜, 이것은 기존 양육자와의 안정적인 애착관계가 형성될 수 있는 기회를 제한함
- 특정양육자와 가깝게 애착을 형성할 수 있는 기회를 크게 제한하는 환경에서 자람(아동은 많은데 양육자가 부족한 기관처럼)

가족치료와 양육기술은 부모와 양육자가 아이를 지켜주는 것과 같이 더욱 안정적이며 애정 어린 양육을 해 줄 수 있도록 돕는다. 아동과 정신건강보호 제공자 사이의 건강하고 배려 깊은 관계가 도움을 주기도 한다.

(1) 반응성 애착장애(Reactive attachment disorder)

유아와 아주 어린 아동에게서 나타난다. 주요양상은 아동과 양육을 하는 중요한 성인 사이에 애착이 거의 없거나 아예 없는 것이다. 고통스러운 상황에 노출되어도 이 장애를 가진 아동은 양육을 하는 성인에게서 위안이나 지지, 양육, 보호를 얻으려고 하지 않는다. 이 장애는 위탁가정이나 기관에서 자라는 아동들 중 10% 미만에서 나타난다. 5세가 넘은 아동에게는 주의 깊게 진단해야 한다. 행동은 자폐스펙트럼장애로 인한 것이 아니고 다음의 증상들이 5세 이전에 나타난다.

• 부모나 다른 성인 양육자를 향한 위축되고 억압된 행동이 다음과 같이 반복적인 패턴으로 나타남

    − 고통스러운 상황에서 위안을 얻으려는 노력을 거의 하지 않거나 드물게 함

    − 고통스러운 상황에서 위안을 받아도 거의 반응하지 않거나 드물게 반응함

• 다음의 잦은 사회적 · 정서적 문제가 최소한 두 가지 이상 나타남

    − 타인에 대한 사회적 · 정서적 반응이 거의 없음

    − 긍정적인 정서가 거의 없음(미소 짓기 등)

    − 성인 양육자와 함께 있는 동안 위협이나 위험이 없는데도 과민해지거나 슬퍼하거나 두려움에 떠는 행동이 갑작스럽게 나타남

---

(2) 탈억제성 사회적 유대감 장애(Disinhibited social engagement disorder)

이 장애를 가진 아동들은 자신의 부모나 다른 성인 양육자와 관계를 맺는 것과 동일한 방식으로 낯선 사람과도 관계를 맺는다. 주변의 낯선 성인들에게 수줍어하거나 주저하지 않고 오히려 너무 친근하다. 이 장애가 10대가 되어서도 지속될 때 사회적 유대감은 피상적 수준에서 형성될 수 있고, 친구관계에 갈등이 생길 위험이 높다.

> • 아동이 낯선 사람에게 다가가 상호작용하는 반복적인 패턴들이 다음 중 최소 한두 가지 이상
>   나타남
>   - 낯선 성인에게 다가가 상호작용하는 데 수줍음이 거의 또는 전혀 없음
>   - 낯선 사람과 매우 수다스럽게 대화를 하거나 잘 안김
>   - 낯선 환경에서조차 주변을 돌아다니거나 부모나 양육자가 뒤에 있는지 확인을 거의 또는
>   전혀 하지 않음
>   - 낯선 성인을 거의 또는 전혀 조심 없이 따라가려고 함

3) 지적장애

　지적장애(Intellectual disorder)는 과거에 정신지체로 불리기도 했다. 이 장애를 가진 경우 아이들은 지적능력과 일상생활에 필요한 기술의 학습과 실행에 어려움이 있으며 시간이 흐르면서 증상의 정도가 변하기도 하지만 보통은 평생 지속되는 경향이 있다. 2세까지 운동능력(걷기 등)과 언어능력, 사회성 발달이 지체되는 것은 심각한 지적장애임을 가리킬 수도 있는데 1,000명 중 약 6명이 발견된다. 경도의 지적장애는 아이가 학교에 다니기 시작하면서 학습문제가 두드러지게 나타나기 전까지는 알아보기 힘들 수도 있다. 지적장애를 가진 사람들은 의사소통에 어려움을 겪을 수 있고 자신을 분명하게 표현하지 못한다. 이 때문에 소리를 지르거나 점점 강하게 말하게 되기도 한다. 또한 자신이 또래들보다 뒤처진다는 생각 때문에 수치심을 느끼기도 하는데, 그 결과 과격해지거나 걱정이 많거나 다른 사람들과 떨어져 혼자 있으려고 하거나 우울증상, 섭식문제, 수면문제 등이 생기기도 한다. 지적장애를 가진 사람들은 종종 다른 정신과적, 신경발달, 신체적 질환을 같이 가지고 있다.

　출생 전 혹은 이후 아기의 정상 뇌 발달에 영향을 주는 모든 것이 지적장애의 원인이 되거나 위험을 증가시킬 수 있다. 유전적으로는 다운증후군과 같은 염색체 이상의 질환, 환경적으로는 산모가 알코올 및 약물을 섭취하거나 특정 감염이나 질환에 노출되는 경우에도 위험요인으로 작용할 수 있다.

　지적장애의 경우 치료목표는 아이가 가족 안에 머물면서 충실한 삶을 누릴 수 있도록 돕는 것에 초점을 맞춘다. 부모와 전문가 팀이 함께 양육계획을 세우고, 필요

한 경우 언어치료, 작업치료 , 물리치료, 가족상담과 같은 특정서비스를 이용한다.

〈표 14-2〉 **각 기능의 종류에 따른 지적장애의 심각도 수준**

지적 장애의 심각도 수준	개념적 영역	사회적 영역	실행적 영역
경도	• 학령전기 아동에게 두드러진 문제가 나타나지 않을 수도 있음 • 학령기 아동과 성인에게서 읽기, 쓰기, 수학능력이나 시간, 돈 관리에 어려움 있음. 이 영역들 중 한 가지 이상에서 나이에 맞는 표준을 따르기 위해 도움이 필요 • 성인에게서 계획, 우선순위 설정, 단기기억력, 일상에서의 학습기술 사용에 장애	• 다른 사람과 대화하고, 단어의 뜻을 알고 사회적 신호를 인식하는 데 나이 기준보다 뒤처짐 • 또래와 비교해서 감정이나 행동을 통제하는 데 어려움이 있음 • 이러한 문제들을 사회적 상황에서 또래들이 알아볼 수 있음	• 자기관리와 개인위생을 실행할 때 잘 기능할 수 있음 • 성인에게서 장 보기, 교통수단 이용, 가사와 아이 돌보기, 건강관리 및 법률과 관련된 결정이나 은행업무 및 돈 관리에 대한 도움이 필요할 수도 있음 • 성인은 직장을 꾸준히 다니면서 일과 관련된 기술들을 익힐 수도 있음
중등도	• 학령전기 아동에게서 언어기술이 늦게 발달 • 학령기 아동에게서 읽기와 쓰기, 수학, 시간과 돈에 대한 이해가 또래보다 더디게 발달 • 성인에게서 학업기술(읽기, 쓰기 등)이 초등학생 수준에 머묾. 작업과 일상생활에서 이러한 기술들을 사용하기 위해 매일 도움이 필요	• 가족, 친구들과 유대관계를 형성할 수 있고, 성인이 되어 연애를 할 수도 있음 • 인생의 중요한 결정은 보호자가 도와주어야 함 • 사회적 규범(매너, 인사 등)을 배우고 적용하는 데 도움이 필요	• 성인기가 됐을 때 가르치고 상기시켜 주는 것으로 자기관리와 가사 일을 해낼 수 있음 • 성인은 일과 관련하여 보호자뿐만 아니라 다른 사람에게 지속적인 도움을 받으면서 직장을 꾸준히 다닐 수 있음 • 직장 업무, 스케줄, 대중교통 이용, 의료보험, 돈 관리에 도움이 필요함
고도	• 글이나 숫자, 분량, 시간, 돈과 관련된 개념에 대해 거의 이해하지 못함 • 보호자가 인생 전반에 걸쳐 문제 해결을 하는 데 많은 도움을 주어야 함	• 한 단어나 문장 정도로만 말을 할 수 있음 • 단순한 말이나 몸짓 정도만 이해할 수 있음 • 가족구성원이나 친밀한 사람과의 관계가 즐거움이나 도움을 주고받기의 원천이 됨	• 식사나 옷 입기, 목욕하기, 화장실 쓰기와 같은 모든 일상생활에서 도움이 필요 • 안전과 안녕을 위해 항상 보호를 해 주어야 함 • 성인기에는 가사, 여가생활, 일에 참여하기 위해 지속적인 지원과 도움이 필요 • 기술습득을 위해 장기적인 교육과 지속적인 지원이 필요

2. 아동·청소년기 정신건강문제

청소년기는 13~24세 시기를 말하며 성장급등기라고 할 만큼 급격한 신체의 변화를 보인다. 이 시기는 신체발달과 함께 인지와 자의식이 발달하고 긴장과 불안 등의 감정을 경험하게 된다. 특히 청소년기는 기분의 변화가 심하여 우울, 불안 및 절망감을 보이다가도 의기양양하고 정열적인 상태를 보이기도 하며, 어떤 때에는 열심히 공부하고 철학에 관심을 보이다가도 주체할 수 없는 외로움, 부모에 대한 압박감, 기성세대에 대한 분노와 적대감정, 자살에 대한 공상, 이성에 대한 관심 등 변화가 극심한 시기이기도 한다. 그리고 현대사회의 청소년들은 학업 및 입시 등 다양한 사회적 스트레스, 부모님의 불화, 이혼 등 가정 내 환경의 변화와 같은 다양한 요소로부터 영향을 받으면서 그들의 불안정한 심리상태와 더불어 정신건강에 위협을 받고 있다. 이처럼 아동·청소년기의 정신건강에 영향을 주는 요인들은 개인적 차원에서부터 가족, 지역사회 등 다양하며, 학대, 방임, 가정불화, 입시 등의 위험적 요인들이 있다. 하지만 아동·청소년의 정신건강을 위한 개인의 긍정적 기질, 가족의 지지, 사회적 연대 등과 같은 다양한 보호요인에 대해서도 관심을 놓치지 말아야 한다.

여기서는 최근 청소년기와 관련된 정신건강문제 중 아동기의 연장선상에서 중요하게 여겨지고 있는 '주의력결핍과잉행동장애', 자살 증가와 관련하여 관심의 주요 대상이 되고 있는 우울증 및 청소년기에 나타나는 여러 가지 중독문제 중 인터넷 중독과 전반적인 청소년들의 일탈행동과 관련된 품행장애에 대해서 살펴보겠다.

1) 주의력결핍과잉행동장애

아동기에 일반적으로 나타날 수 있는 장애로 우리나라 학령기 아동의 약 2~9%, 국내 소아정신과 환자 중 8.7% 이상이 ADHD 증상을 나타나는 것으로 보고되고 있다. 보통 7세 이전에 발병하며 지속적인 주의결핍, 과잉행동, 충동성 그리고 또래관계의 어려움 등의 특징을 보인다. 주의력결핍과잉행동장애(Attention-Deficit/Hyperactivity Disorder: ADHD)의 구체적인 행동특성은 DSM-5의 진단기준에 잘 제시되어 있다. ADHD를 가진 아동들은 집이나 학교에서 가만히 앉아 있지 못하고 자리에 앉아서도 안절부절못하며 지나치게 많이 움직이고 부산하다. 학교에서는 교사의 지시대로 따라 하지 못하거나 말썽을 피워 지적을 당하게 되는데, 문제아동 으로 지목되어 교사가 특별지도를 하거나 부모가 자주 학교에 불려 가게 된다. 아동 은 지능수준에 비해서 학업성취도가 저조하고 또래아이들에게 거부당하거나 소외 될 가능성이 높고, 흔히 학습장애, 의사소통장애, 운동조정장애를 동반하는 경우가 많다.

DSM-5에서는 이를 주의력결핍형, 과잉행동-충동형, 혼합형의 세 하위유형으 로 구분하고 있으며 증상의 심각도에 따라 세 수준으로 평가하고 있다.

(1) 진단기준 및 증상

A. (1) 또는 (2) 가운데 한 가지 이상이 만족되어야 한다.

(1) 부주의: 다음 중 6개 또는 그 이상의 부주의 증상이 부적응적이며 발달수준에 맞지 않는 정도로 최소 6개월간 지속되어야 한다.

ⓐ 학업, 일, 기타 활동 중 세심한 주의를 기울이지 못하거나, 부주의한 실수를 자주 한다.

ⓑ 과제수행이나 놀이 중 지속적 주의집중에 어려움을 자주 갖는다.

ⓒ 대놓고 이야기하는데도 듣지 않는 것처럼 보일 때가 자주 있다.

ⓓ 지시를 따라 오지 않고 학업이나 심부름을 끝내지 못하는 경우가 자주 있다.
   (반항적이거나 혹은 지시를 이해하지 못해서가 아니다.)

ⓔ 과제나 활동을 체계적으로 조직하는 것에 곤란을 자주 겪는다.

ⓕ 지속적으로 정신을 쏟아야 하는 일을 자주 피하거나, 싫어하거나, 혹은 거부한다.

ⓖ 과제나 활동에 필요한 것을 자주 잃어버린다(예: 숙제, 연필, 책 등).

ⓗ 외부에서 자극이 오면 쉽게 주의가 산만해진다.

ⓘ 일상적인 일을 자주 잊어버린다.

(2) 과잉행동-충동성: 다음 중 6개 또는 그 이상의 과잉행동, 충동성 증상이 부적응적이며 발 달수준에 맞지 않는 정도로 최소 6개월간 지속되어야 한다.

ⓐ 손발을 가만두지 않거나, 자리에서 꼬물락거린다.

ⓑ 앉아 있도록 요구되는 교실이나 기타 상황에서 돌아다닌다.

ⓒ 적절하지 않은 상황에서 지나치게 달리거나, 혹은 기어오른다. (청소년이나 성인은 주관적인 좌불안석으로 제한될 수 있다.)

ⓓ 조용하게 놀거나 레저활동을 하지 못하는 수가 많다.

ⓔ 쉴 사이 없이 활동하거나 혹은 마치 모터가 달리는 것 같이 행동한다.

ⓕ 자주 지나치게 말을 많이 한다.

ⓖ 질문이 끝나기도 전에 대답해 버리는 수가 많다.

ⓗ 차례를 기다리는 것이 어렵다.

ⓘ 다른 사람에게 무턱대고 끼어든다(예: 말참견).

B. 심각한 부주의나 과잉행동-충동적 증상이 12세 이전에 나타난다.

C. 심각한 부주의나 과잉행동-충동성의 증상이 2가지 또는 그 이상의 환경(학교, 직장, 집)에서 나타난다.

D. 이러한 증상들이 사회, 학업 또는 작업 기능을 방해하거나 그 질을 저하시킨다는 명백한 증거가 존재한다.

E. 이러한 증상들이 다른 정신증적 장애의 경과 중에서 나타나는 것이 아니며 다른 정신장애에 의해 더 잘 설명되지 않는다.

(2) 원인 및 치료

ADHD로 진단되는 아동들은 매우 다양하고 이질적인 집단이어서 원인 역시 다양하다. 정확한 원인은 아직 밝혀지진 않았지만 한 가지 일치된 견해는 한 가지의 어떠한 원인이 우리가 ADHD라고 부르는 모든 사례를 설명할 수는 없다는 것이다. 최근 연구에 의하면 ADHD에서 나타나는 증상은 유전적 요인이나 대뇌의 전두부 기능 이상에 의한 것이라는 증거들이 밝혀지고 있다. 그 외에 부모의 양육방식과 같은 심리사회적 요인이 복합적으로 작용하여 유발되는 것으로 여겨지고 있다.

청소년기나 성인기까지 지속되기도 하고 사춘기가 되면 호전되기도 한다. 대개 과잉행동증상은 사춘기까지 일찍 회복되나 주의력결핍과 충동성 문제는 오래 지속되는 수가 많다. 청소년기 이후에도 지속되는 경우에는 행동장애가 발생될 위험이 크다.

약물치료가 가장 효과적인 것으로 알려져 있으나 약물치료만으로는 만족스러운 결과를 기대할 수 없다. ADHD는 심리치료와 부모교육에 의해 호전될 수 있다. 심리치료는 행동치료방법과 인지치료방법이 있다. 행동치료는 바람직한 행동을 증가시키고 문제행동을 줄이기 위해 보상과 처벌을 체계적으로 사용한다(권석만, 2013). 인지행동치료는 행동치료기법을 포함하지만 아동의 생각이나 문제해결방식의 변화를 유도한다. 그 외에 사회기술훈련, 부모교육, 아이의 교육프로그램 조정을 포함한 다른 접근들을 병행하는 것이 효과적이다. 아동의 증상개선과 함께 그 가족의 삶을 변화시키고 심리적 문제도 함께 해결하는 것으로 확대되고 있다.

2) 품행장애

소아청소년기에 가장 흔히 관찰되는 질환 중의 하나로서 18세 이전에 발병한다. 주요 특성으로는 반복적으로 다른 사람의 권리를 침해하거나 자신의 나이에 지켜야 할 사회규범을 어기는 행동이 나타나는 것이다. 품행장애(Conduct disorder)의 유병률은 18세 이하의 남아에서는 6~16%, 여아에서는 2~9%로 남아가 많다. 반사회적 인격장애나 알코올의존이 있는 부모의 자녀에서 빈번하며 사회경제적 요인과 밀접한 관련성이 있다.

(1) 진단기준 및 증상

A. 다른 사람의 기본 권리나 사회적 규범을 위배하는 행동패턴이 지난 12개월 동안 다음의 15개 기준 중 3개 이상 나타나야 하고, 그중 1개 이상의 기준은 지난 6개월 이내에 나타나야 한다.

사람과 동물에 대한 공격성
(a) 흔히 다른 사람을 괴롭히거나, 위협하거나, 협박한다.
(b) 흔히 육체적 싸움을 도발한다.
(c) 다른 사람에게 심각한 신체적 손상을 일으킬 수 있는 무기를 사용한다(예: 곤봉, 벽돌, 깨진 병, 칼 또는 총).
(d) 사람에게 신체적으로 잔혹하게 대한다.
(e) 동물에게 신체적으로 잔혹하게 대한다.
(f) 피해자와 대면한 상태에서 도둑질을 한다(예: 노상강도, 날치기, 강탈, 무장강도).
(g) 다른 사람에게 성적 행위를 강요한다.

재산파괴

    (h) 심각한 손상을 입히려는 의도로 일부러 불을 지른다.

    (i) 다른 사람의 재산을 일부러 파괴한다. (방화는 제외)

사기 또는 절도

    (j) 다른 사람의 집, 건물, 차를 파괴한다.

    (k) 물건이나 호감을 얻기 위해, 또는 의무를 회피하기 위해 거짓말을 흔히 한다(예: 다른 사람을 속인다).

    (l) 피해자와 대면하지 않는 상황에서 귀중품을 훔친다(예: 파괴와 침입이 없는 도둑질, 위조문서).

중대한 규칙위반

    (m) 13세 이전에 부모의 금지에도 불구하고 밤늦게까지 집에 들어오지 않는다.

    (n) 친부모 또는 한부모와 같이 사는 동안 적어도 두 번 가출한다(또는 오랫동안 돌아오지 않는 한 번의 가출).

    (o) 13세 이전에 시작하여 무단결석을 자주 한다.

(2) 원인 및 치료

품행장애는 유전적, 생물학적, 심리사회적 요인들에 의해 복합적으로 발생한다고 본다. 유전적 요인은 반사회적 인격장애나 알코올중독증 등으로 설명하고 있지만, 가장 주목받는 원인적 요인은 부모의 양육태도와 가정환경이다. 부모의 강압적이고 폭력적인 양육태도, 무관심하고 방임적인 양육태도의 영향력이 크다고 하는데, 부모의 불화, 아동학대, 결손가정, 부모의 정신장애나 알코올 사용장애 등과 밀접한 관련성이 있다고 본다. 특히 품행장애를 지닌 아동들은 성숙한 대인관계에 필요한 '좌절감에 대한 인내력'이 결핍되어 있고, 타인의 고통에 무관심하고 사회규범을 지키지 않는데, 정신분석적 관점에서 초자아의 기능 장애가 있다고 보기도 한다. 신경생물학적 요인으로는 세로토닌 이상, 전두엽 활성화의 차이 등이 알려져 있고, 이 외에 TV나 대중매체의 폭력행동 등의 영향을 들 수 있다.

품행장애는 다각적인 방법을 통해 접근이 이루어져야 한다. 이 장애는 변화에 대한 동기가 낮은 탓에 치료관계를 성립하기가 어려운 특징이 있기 때문에 부모, 교사, 정신건강전문가의 협력이 필요하다. 아울러 품행장애 아동에게는 좌절과 불만을 사회가 용인할 수 있는 방법으로 표현할 수 있도록 교육하는 것이 필요하다. 환경적으로 일관성 있는 규칙을 만들어 다양한 문제행동을 조정하도록 도와주고, 내적 억제력, 긍정적 자아상 회복, 새로운 적응기술을 획득하도록 한다. 때로는 개인 정신치료와 불안, 충동성이나 공격행동의 감소를 위해 약물치료를 할 수 있다. 예후가 좋은 경우는 품행장애가 가볍고 공존병리가 없으며 지능이 정상일 때이며, 나쁜 경우는 발병연령이 낮거나 증상 수가 많으며, 지능이 낮거나 또래관계가 적어 사회 적응기술이 부족하고, 형제, 부모의 지지가 없을 때이다.

3) 아동·청소년기의 우울장애

우울장애는 발달시기에 따라 그 발생빈도가 달라진다. 평균 20대 중반에 발병하는 경향성이 크며, 12세 미만의 아동에게서는 2% 이하로 유병률이 매우 낮지만, 청소년기에 접어들면서 급증하는 것으로 알려져 있다. 또한 아동기에는 남아가 여아보다 높은 유병률이지만, 청소년기에는 여자가 남자보다 2배 정도의 높은 유병률을 나타낸다(권석만, 2013). 우울장애를 가진 아동은 자주 슬퍼하고 울거나 어떤 일에 대해 희망이 없다고 자주 말하고 놀이 및 활동에 대한 흥미가 감소하는 증상을 보인다. 소아는 자신의 상태를 언어로 표현하기 어렵기 때문에 두통, 복통, 야뇨, 식욕부진과 같은 신체증상을 주로 호소하고 문제 행동이나 등교거부 등 행동장애 증상을 나타낸다. 충동성이 강한 청소년은 우울상태에서 자살하는 경향이 높다. 또한 청소년기의 우울증은 성인의 증상과 비슷하나, 무단결석, 가출, 비행, 학업능력 저하, 대인관계 및 사회적 활동의 위축과 함께 학습장애, 약물남용, 품행장애 등으로 문제가 될 수 있다.

아동·청소년기의 우울장애에 대한 근본 원인은 아직 밝혀지지 않고 있지만, 유전적, 생물신경학적, 심리사회적 요인들에 대한 연구가 이루어지고 있다. 유전적 요인으로는 가족 내 우울증 환자가 많다는 것, 신경생물학적 요인으로는 신경내분비계의 이상, 신경전달물질의 이상 등을 들며, 심리사회적 요인으로는 부모갈등, 이혼, 아동학대, 성폭행 등에서 우울장애가 높게 발생한다고 본다. 아동기 우울증의 치료는 아동의 생물학적 기질, 유전적 취약성, 인지-정서발달수준, 가정환경 등의 다양한 요소를 고려한 다각적 접근이 필요하다. 자살 등의 위험성이 있을 경우 입원

치료를 비롯한 약물치료, 개인정신치료, 놀이치료, 가족치료 등을 통해서 문제해결에 도움을 줄 수 있다.

3. 성인기 정신건강문제

성인기는 개인의 삶에서도 사회에서도 가장 중요한 역할을 하는 시기이자 가장 의미 있고 긴 생애주기이다. 이 시기의 개인은 급격한 사회·경제적 변화로 인해 성인으로의 적응, 자녀양육, 경제적 문제, 직장 내 경쟁 등으로 심각한 스트레스를 경험하게 된다. 이 시기는 개인뿐 아니라 가족과 사회적으로 늘어난 책임, 갈등, 분노 등으로 정신적·사회적 스트레스가 증가되는 시기라고 하겠다. 여기서는 이러한 성인기의 정신건강문제에 대해서 구체적으로 살펴보고자 한다.

1) 결혼생활과 정신건강

초기 성인기의 발달적 특성에 관해 살펴본 바와 같이 초기 성인기의 가장 중요한 심리사회적 과업은 친밀감과 관련되어 있고, 이는 결국 결혼생활과 가장 크게 연결된다. 대부분의 결혼이 초기 성인기에 이루어지고 있고, 이 시기의 발달과업으로 인식되고 있기 때문이다. 이전까지의 시기가 주로 부모 및 친구와의 관계 형성이 주요했다면 성인기부터는 배우자와의 관계가 매우 중요하다. 따라서 결혼은 초기성인기 정신건강에 중요한 영향 요인으로 판단된다. 배경이 서로 다른 부부들이 결혼생활에서 적응해 나가는 데는 많은 어려움을 겪는다. 그러나 결혼 연령이 결혼 안정성을 예측하는 가장 안정된 예측인자로 알려져 있다. 10대와 20대 초반에 결혼한 사람들은 늦게 결혼한 사람보다 이혼할 가능성이 더 높다고 알려져 있는데, 이는 일찍 결혼한 사람은 성숙한 부부의 유대를 형성하기 위한 안정된 정체감이나 충분한 독립성을 발달시키지 못한 경우가 많기 때문이다. 가정을 일찍 구성하는 것은 부부로서 인생에 적응하는 것을 복잡하게 한다(Heaton, 2002; Berk, 2007: 이옥경 외 공역, 2009 재인용).

여성의 권리가 신장되고는 있으나 남편과 부인의 역할이 분명하게 구분되어 있는 전통적 혼인(traditional marriages)이 서양에서도 여전히 존재한다. 이러한 형태의 혼인에서는 남성은 집안의 가장이고, 주요 책임은 가족의 경제적 안녕을 지키는 것이다. 여성은 남편과 자녀를 돌보는 일에 헌신한다. 그러나 최근에는 이러한 형태의 혼인이 바뀌고 있는데, 자녀가 어릴 때는 어머니 역할에 집중하였다가 후에 직장으로 되돌아가는 여성이 증가하고 있다.

평등적 혼인(egalitarian marriages)에서는 남편과 부인이 동등하여, 힘과 권위를 함께 공유한다. 직업과 양육 그리고 부부간의 관계에 할애하는 시간과 에너지를 남편과 부인 모두 균등하게 하려고 한다. 대부분의 교육수준이 높고 일 지향적인 여성들은 이런 형태의 혼인을 기대한다(Berk, 2007; 이옥경 외 공역, 2009).

(1) 결혼만족도와 정신건강

남성들은 여성들에 비해 자신의 결혼에 대해 약간 더 행복하게 느끼는 것으로 보고하는 경향이 있다(Dillaway & Broman, 2001; Kurdek, 2005: Berk, 2007 재인용). 이와 관련하여 과거에 결혼만족도는 여성들의 정신건강에 영향을 미치는 유의미한 요소로 알려져 왔다(Steil & Turetsky, 1987: 김미령, 2009 재인용). 그러나 오늘날에는 양성의 정신건강을 비슷한 정도로 예측하는 것으로 알려지고 있다(Kurdek, 2005; Williams, 2003: Berk, 2007 재인용).

〈표 14-3〉 **결혼만족도와 관련된 요인들**

요인	행복한 결혼	불행한 결혼
가정배경	사회경제적 지위, 교육, 종교, 연령이 유사한 배우자	사회경제적 지위, 교육, 종교, 연령이 매우 다른 배우자
결혼연령	23세 이후	23세 이전
연애기간	적어도 6개월	6개월 이하
첫 임신시점	결혼 1년 후	결혼 전이나 결혼 첫 해
확대가족과의 관계	따뜻하고 긍정적	부정적, 거리 유지를 원함
확대가족의 결혼패턴	안정적	불안정, 흔한 별거와 이혼
재정상태와 고용상태	안정적	불안정
가정 책임	공유함. 공정하다고 지각됨	대부분 여성의 책임. 불평등하다고 지각됨

성격특성	정서적으로 긍정적, 좋은 갈등 해결 기술	정서적으로 부정적이고 충동적, 부족한 갈등해결 기술

주: 더 많은 요인을 가지고 있을수록 결혼의 행복/불행 가능성이 커진다.
출처: Bradbury, Fincham, & Beach (2000); Johnson et al. (2005); Waldinger et al. (2004): Berk (2007) 재인용.

결혼생활이 만족스럽지 못할 때 본인, 배우자뿐 아니라 자녀의 정신건강, 신체건강 등 전반적 삶에 부정적인 영향을 미치게 되므로 결혼만족은 개인 및 가정의 복지뿐 아니라 건강한 사회를 위해서도 중요하다(김미령, 2009). 이러한 결혼만족도와 관련된 요인들은 〈표 14-3〉에서 제시하고 있는 바와 같다. 행복한 결혼과 불행한 결혼과 관련된 요인이 가정배경, 확대가족과의 관계, 성격특성까지 다양한 측면에서 제시되고 있다.

(2) 자녀양육과 정신건강

과거에는 자녀를 낳겠다는 결정이 대부분의 성인에게 당연한 것이었지만 오늘날 산업화된 국가에서 부모가 되는 것은 개인적인 선택의 문제가 되었다. 부모가 되겠다는 선택은 재정상태, 개인적·종교적 가치관, 건강상태와 같은 여러 요인의 영향을 받는다. 전통적인 성정체감을 가진 여성들은 일반적으로 자녀를 가지기로 결정하는 반면, 취업한 여성들의 경우는 직업이 무엇인가가 자녀의 출산에 더 영향을 미친다고 알려져 있다(Berk, 2007).

아이가 태어난 후 가정 내에는 많은 변화가 나타나는데 이런 변화는 양육과 가사에 대한 새로운 의무, 수면 방해, 부부가 함께할 수 있는 시간의 감소, 경제적인 부담의 증가 등이 있다. 많은 연구에서 아이의 탄생이 결혼생활에 심각한 긴장을 초래하지 않는다고 보고하며, 전반적인 행복의 정도도 아이 없는 결혼 상태와 유사하였다. 그러나 문제가 있었던 결혼에서는 아이 출산 후 문제가 심각해지는 경우가 많았다. 또한 가사 노동의 분업이 제대로 이루어지지 못할 때 자녀를 갓 출산한 부모의 안녕에 영향을 미친다. 맞벌이 가정에서 여성과 남성 간의 양육 책임의 차이가 클수록 출산 후의 결혼만족도가 크게 감소하는 것으로 알려져 있다. 또한 첫 출산에 비해 두 번째 출산은 아버지로 하여금 보다 적극적으로 양육에 관여하고 아이와 손위 아이 모두를 돌보아야 하는 힘든 일을 나누어 하도록 하는 것으로 나타났다(Cowan

& Cowan, 1995: Berk, 2007 재인용).

이렇듯 부모의 역할을 수행하는 것은 스트레스이다. 양육스트레스에 대한 연구는 다른 스트레스 연구에 비해 상대적으로 그 수가 적지만 현재까지 진행된 연구를 통해 볼 때 양육스트레스란 유아의 발달과 행동과 관련된 부모의 인식과 개인적 성격과의 상호작용을 통해 복잡하게 만들어지는 변화과정으로 설명되고 이 과정에서 경험하게 되는 양육스트레스는 정상적인 생활의 일부로 인식된다. 따라서 일상생활에서 부모 역할을 수행할 때 느끼는 스트레스를 양육스트레스라고 정의하고 양육스트레스에 영향을 주는 요인들은 아동의 특성, 부모의 특성, 일반적인 생활사건에서 오는 스트레스로 나누어 설명을 한다. 생활사건에는 오는 스트레스는 부모들이 일상에서 겪는 스트레스를 의미하며 경제적인 여건, 주거환경, 취업, 사회적 지지기반에 영향을 받는다(고혜진, 2005).

과거에는 가정생활이 세대 간에 거의 변하지 않았고, 성인은 모델링이나 직접 경험을 통해서 양육에 대해 알아야 할 것을 배울 수 있었으나 오늘날은 부모로서 성공할 수 있는 능력에 영향을 미치는 수많은 요인을 부모들이 고려해야 한다. 따라서 부모에게 아동 양육의 가치를 알려 주고, 가족 의사소통을 증진시키며, 아동이 어떻게 발달하는지에 대해 알려 주고, 보다 효과적인 양육방법을 적용할 수 있도록 부모를 돕는 부모교육은 매우 중요하다(Berk, 2007).

(3) 이혼과 정신건강

가족체계의 변화는 가족구성원의 행동이나 상호 피드백 과정을 통해 다른 가족에게도 영향을 주게 된다. 그러므로 가족 환경의 변화는 가족 전체의 위기가 된다. 가족은 이러한 위기에 대처해 가족의 구조와 기능에 어떠한 변화를 요구하게 되는데 이러한 변화에 적응하지 못하면 이혼은 하나의 역기능으로 작용하게 된다(주소희, 1992). 대부분의 부부는 이혼을 고려하기 시작할 때부터 이미 신체적ㆍ정신적 건강 문제를 경험한다. 또한 이혼 후 자녀와의 분리로 인한 박탈감 때문에 심리적 고통을 받기도 한다. 여성은 이혼으로 인해 배신감과 자괴감을 갖기도 하고 분노와 용서의 양가감정, 고독감, 불행, 죽고 싶은 감정을 경험한다. 또한 사회의 부정적 시각 때문에 이혼녀라는 꼬리표를 달게 된다. 이혼한 남성은 여성보다 감정적 혼란과 신체적 어려움을 더 많이 보인다(유수현 외, 2012).

특히 이혼은 자녀의 전체 생활에 영향을 주어 학교에서의 무단결석이나 남겨진 부모에게 과도한 집착을 보이고 야뇨증, 퇴행, 사회적 위축, 악몽, 불안의 원인이 되기도 한다. 이러한 증상은 자녀의 심리적, 정서적, 육체적 손상을 가져오므로 부모의 이혼은 아동기의 중요한 부분을 불완전하게 만든다고 볼 수 있다. 부모들 또한 이혼 후 정서적인 스트레스를 갖게 되어 자녀에게 일관성 있는 양육을 하지 못하고, 덜 애정적이고, 정서적으로 불안정하여 자신의 분노에 덜 통제적이어서 오히려 정서적으로 자녀에게 의존하게 되어 자녀로부터 오히려 지지를 받으려고 한다. 그러므로 이러한 부모-자녀관계의 변화는 자녀의 정서나 행동에 더 영향을 준다(주소희, 1992).

따라서 이러한 이혼으로 인한 부부, 부모, 자녀의 정신건강문제의 해결을 위한 개입 방안으로는 교육, 가족상담, 이혼 후의 위기개입서비스 등이 있을 수 있다. 자녀에게 미치는 이혼의 심각성, 예상되는 자녀의 반응 그리고 문제를 어떻게 조절하는가에 대한 정보는 교육을 통해서 알려져야 한다. 이를 통해 부모가 이혼을 하더라도 아동들은 정상적인 발달과 심리적 안정을 찾을 수 있도록 지원해야 할 것이다. 이외에도 중재 서비스 및 위기개입 서비스 등이 필요하다(임혁 · 채인숙, 2010).

2) 직업과 정신건강

직업은 정신건강에 필수적인 개인의 만족감, 성취감, 대인관계 및 경제적 안정의 원천으로 정신건강의 보호요인이기도 하지만, 실업이나 취약한 근무환경 등 근로자의 정신건강에 부정적 영향을 주는 위험요인이 되기도 한다(송진희 · 홍현숙, 2009). 특히 생애 발달주기에서 성인기에 가장 중요한 발달 과업 중의 하나가 직업의 선택과 유지에 관련된 것인 만큼 직장 및 직업과 관련한 요인은 성인의 삶에서 가장 중요한 것 중 하나라고 해도 과언이 아니다. 또한 성인기는 사회적으로 경제활동 인구의 높은 점유율을 차지하고 있다. 그러나 최근 고용의 불안정성, 임시직의 증가, 경쟁적인 환경과 과중한 업무, 사회문화적 변화에 따른 직장환경의 변화 등이 직장인의 스트레스를 가중시키고, 이러한 스트레스는 정신건강에 크게 영향을 미치고 있다. 이러한 성인 근로자의 정신건강문제는 근로자 본인의 삶의 질 저하뿐 아니라 가족, 고용주, 정부 등 여러 이해관계자에게 영향을 준다. 직장과 관련한 정신건강문제로 인한 비용은 GNP의 3~4%를 차지하며, 고용과 생산성에 많은 손실을 가져오고 있다(송진희·홍현숙, 2009). 이와 관련하여 국민건강보험공단의 국내 남녀 직장 가입자 정신질환 현황조사 결과에 따르면 정신질환을 겪은 남성 직장인은 2000년 16만 3,213명에서 2007년 21만 1,299명으로 증가하였고, 여성 직장인의 경우 2000년 4만 8,634명에서 2007년 14만 1,338명으로 3배 이상 급증하였다. 성인 근로자들의 경우 결혼생활상 어려움, 직업상 문제가 생길 경우 정신과적 장애가 발생할 수 있으며, 이는 성인의 다중적인 역할 부담과 스트레스로 사회적 기능과 역할 수행에 문제를 발생시키고, 정신건강에 악영향을 미치기 때문에 이와 관련하여 직장 차원에서의 정신건강문제에 대한 관심이 요구된다고 하겠다(부산복지개발원·부산광역시정신보건사업지원단, 2013).

따라서 직장인 정신건강관리는 근로자의 사회·정서적 문제 및 정신건강에 대한 개입이 개인, 사회, 기업의 생산성 향상 차원에서라도 보다 조직적으로 이루어져야 함을 시사하며, 관련 예방 및 대처 프로그램의 개발이 요구된다고 하겠다. 여기서는 주요 국가의 직장인 정신건강 프로그램에 관해 간략히 살펴보고, 우리나라의 직장인 정신건강 프로그램 및 정책의 방향에 대해 제시하겠다.

(1) 호주의 beyondblue

호주의 국가 우울증 사업인 'beyondblue 직장 프로그램'은 근로자 정신건강문제에 대해 더 나은 정보를 제공하고, 적절하고 효과적으로 대처할 수 있는 역량을 회사가 갖추고 관리할 수 있도록 개발되었다. 이 프로그램은 워크숍, 캠페인 지원, 컨설턴트와 자문 서비스, 콘퍼런스, 산업체 브리핑 등의 서비스를 제공하고 있다. 이것은 훈련 스태프가 직접 기술을 전달하는 자문과 회사에 프로그램을 전달하기 위해 사내 관련 스태프를 훈련시키는 훈련자 훈련 모델(train-the trainer model) 프로그램이 있다.

호주의 beyondblue 직장 프로그램의 효과성과 훈련가에 의한 대규모의 프로그램 전달가능성을 기반으로 영국의 보건부 등 다양한 조직에서 시범사업을 실시하고 있다(송진희·홍현숙, 2009).

(2) 미국의 근로자 지원 프로그램

미국 주정부는 근로자가 그들의 직무수행, 인간관계, 건강 및 복지에 부정적인 영향을 주는 모든 개인적 문제를 해결하는 데 도움을 주는 포괄적인 프로그램인 근로자 지원 프로그램(Employment Assistance Program: EAP)를 지원하고 있다. 근로자 지원 프로그램(EAP)은 물질남용과 정신건강 및 신체건강, 경제적·사회적 문제에 역점을 두고 있는 프로그램으로서 근로자들의 요구도 확인 및 근로자들의 다양한 요구도를 해결하기 위한 서비스를 제공한다.

주요서비스 내용은, 첫째, 근로자 및 가족의 평가, 상담, 의뢰, 위기관리를 위해 전문 상담가와 365일 24시간 전화 서비스, 둘째, 정신건강, 물질남용, 직장 및 일상생활문제에 대한 전문적 평가, 셋째, 개인, 부부, 가족을 위한 상담, 넷째, 치료 및 다양한 지역사회 자원으로의 의뢰, 다섯째, 웹사이트를 통한 교육, 자료인쇄, 여섯째, 직장복귀를 위한 지원, 일곱째, 위기상황스트레스관리(Critical Incident Stress Management: CSIM), 마지막으로 근로자 건강과 복지에 영향을 주는 사내정책 및 프로그램에 대한 근로자 의견청취 및 자문 등이 있다.

EAP 참여 근로자 건강상태를 평가한 경우 근로자의 건강, 결근, 직무생산성 등의 성과가 매우 높게 향상되었으며, 보건의료서비스 비용 감소에 효과가 있는 것으로 나타났다(송진희·홍현숙, 2009).

(3) 미국의 직장예방개입: 직장 및 가족 스트레스 대처

직장 및 가족 스트레스를 대처하기 위한 이 프로그램은 16회기로 구성되어 있으며, 매주 진행되는 집단 프로그램으로 직장에서의 정신건강 예방프로그램이다. 이는 직장과 가정에서의 스트레스 요인을 효과적으로 다루기 위한 것으로서 근로자들의 대처 전략을 개발하고 적용하며, 사회적 지지를 증가시킴과 더불어 상황의 회피 등 부정적인 대처기술을 줄이는 방법 등을 주로 교육시킨다(송진희·홍현숙, 2009).

(4) 미국의 직장웰니스 아웃리치

미국의 직장웰니스 아웃리치(Wellness Outreach at Work) 프로그램은 직장의 모든 근로자에게 제공되는 것으로서 근로자의 건강을 위협하는 직장 내 모든 위험을 줄이기 위한 것으로 건강검진을 활용한 직장인 건강증진 프로그램이다. 모든 근로자

셋째, 스트레스뿐 아니라 근로자의 정신건강 실태 전반에 대한 파악과 위험요인 등에 대한 조사가 필요하며 근거기반의 실천과 정책 수립을 위한 근로자 정신건강에 대한 정보의 구축 및 보급이 필요하다.

마지막으로, 직장인 정신건강증진은 국가나 기업 어느 한쪽의 노력만으로는 결코 성취할 수 없다. 국가와 기업, 그리고 근로자 모두의 파트너십을 통해서 이루어질 수 있다.

4. 노년기 정신건강문제

현재까지 알려진 바에 의하면 노인 인구의 20~30%는 정신과적 질환을 보이며, 그중에서 가장 흔하고 많이 알려진 것이 바로 치매와 우울증이라 할 수 있다. 노년기에 이러한 정신건강문제가 잘 생기는 원인으로는 사회적 역할의 상실, 독립성의 상실, 인척의 죽음, 신체건강의 악화, 외로움, 경제적 곤란, 인지기능의 저하 그리고 약물 사용 등을 들 수 있다.

1) 노년기의 우울

우울증은 노인들의 정신질환 중에서 가장 흔하게 볼 수 있는 질병으로 노년기에 우울증이 어느 정도 나타나는지 상세한 연구 보고는 없지만, 대체로 지역사회 노인들에서 우울증의 유병률은 10~15% 정도라고 한다. 노년기의 고독은 청년기의 고독과는 의미가 다르다. 청년기의 고독은 그것이 절망적이든 소망적이든 미래와 관련이 깊은 반면 노년기의 고독은 모든 것이 끝이라는 절망적인 것이라는 특징이 있다(최순남, 1997). 특히 이러한 고독감과 우울감, 소외감 등은 얼마 남지 않은 생을 스스로 마감하게 만드는 자살 요인으로 작용한다는 점에서 노년기의 정신건강문제로 다루어질 필요가 있다.

흔히 우울증은 노년기 정신질환 중 가장 대표적인 질병이다. 노인의 경우 주요 우울증보다는 2차적이거나 반응적인 우울이 더 많은데, 여기서 2차적이거나 반응적인 우울이라는 것은 개인이 대처하기 힘든 주요한 일상생활상의 사건에 대한 반응으로 일어나는 우울을 의미한다. 우리나라에서 이루어진 노인의 우울에 대한 많은 연구결과를 보더라도 노인에게 있어 우울은 노인 자신이 혼자라고 생각하고 느끼는 것이며, 사랑을 받을 수도 없다고 생각하고 따라서 사랑받을 가치도 없다고 생각하는 것이다(김미혜 · 이금룡 · 정순둘, 2001). 또한 우울은 일상생활에서 흔히 발생하는 스트레스에서나 특이한 생애 사건에서 비롯되어 불안이나 갈등과 더불어 흔히 나타나는 부정적 정서상태이며, 일반적으로 침울함, 무력감, 무가치함을 나타내는 기분장애를 말한다(신은영 · 이인수, 2002 재인용). 우울의 범위는 일상 활동에서의 관심과 즐거움을 상실하는 'blues'로부터 죽음이나 자살의 생각까지 다양하다. 노인에게 우울한 생각은 종종 나이에 맞는 행동이 무엇인가를 생각하는 데에 영향을 받는다. 그러나 평균적으로 치료를 받는 경우는 적은데 그 이유는, 첫째, 노인의 우울은 젊은 성인에 비해 비교적 가벼운 편이다. 이는 사별, 은퇴, 수입 감소, 건강악화와 같이 노년기에 발생하는 상실이나 스트레스 요인에 대한 정상적이고 전형적인 반응이기 때문이다. 노인에게 우울증은 종종 많은 만성적인 의료적 질병과 동반된다(Tice & Perkins, 1996). 노인 클라이언트와 일할 때 사회복지사는 우울증의 위험요소를 인지하고 적절한 개입을 해야 하는데, 노년기 우울의 위험요소를 사정하는 데 있어 고려해야 할 사항으로는 유전적인 경향과 가족사, 성(gender), 독거 여부, 신체적인 건강 정도, 약의 효능 및 부작용 등이다. 노인의 우울은 정상적인 노화과정의 일부는 아니며, 치료하지 않은 채로 내버려 두면 삶의 질을 떨어뜨리고 더 큰 감정적 · 신체적 고통과 위기를 가져다준다(McInnis-Dittrich, 2002).

　　노년기 우울증에 영향을 미치는 요인들은 매우 다양하다. 우선, 인구학적 요인으로 성별이 가장 대표적이다. 여성이 남성에 비해 우울증의 빈도가 높은 것으로 나타났는데, 이는 여성호르몬의 성격과 관계가 있는 것으로 알려져 있다. 보통 여성노인의 경우 생활사건의 수가 증가함에 따라 친척이나 친구와의 접촉 수준이 감소하여 우울하게 되는 경향이 높은 것으로 보며, 남성노인이 여성노인에 비해 삶의 만족도가 높아 우울성향이 낮다는 보고가 있다(이형근 · 장동철 · 김형준 · 윤방부, 2002; 여인숙 · 김춘경, 2005). 또한 연령은 우울증의 정도에 차이를 유발시키는 요인으로서 남녀 노인 모두 연령이 높을수록 우울증의 발생 가능성이 높아지는 경향이 있다. 아직 그 원인은 명확하게 밝혀져 있지 않지만, 성격적으로도 나이가 들면 우울증적 성향이 증가하는 것으로 알려져 있다. 경제적 상태나 교육 수준도 우울증에 영향을 미치는 요인으로 보고되고 있는데, 학력이 낮을수록, 경제적으로 빈곤할수록 우울감이 높은 것으로 나타난다(신은영 · 이인수, 2002; 고승덕 · 손애리 · 최윤신, 2001).

한편, 노인의 신체적 건강수준은 다양한 측면이 모두 연쇄적으로 얽혀 있다. 물론 모든 인간이 그렇겠지만 특히 노인의 경우 신체적 건강과 정신적 건강 상태는 상관관계가 매우 높다. 노인들은 자신들이 생각할 때 건강상태가 나쁠수록, 그리고 지병이 있는 경우 우울증은 더욱 높게 나타났다. 또한 심한 관절염, 심장병, 뇌졸중, 치매, 파킨슨병 등과 같은 만성적 질병들은 우울증과 많은 관련이 있는 것으로 알려져 있다. 그러나 이러한 신체질환과 우울증은 분명 빈도에 있어서는 높은 상관성을 나타내나, 그것이 신체질환으로 인해 우울증이 나타나는 것인지, 우울증으로 인해 신체질환이 나타나는 것인지를 구별하는 것은 힘들기 때문에 신체질환이 어떠한 방식으로 우울증에 영향을 주는지는 명확하게 밝혀지지 않고 있다(권석만 · 민병배, 2005). 아무래도 신체적으로 건강하지 못하면 사회적 활동이나 독립적인 생활 수행에 제약을 받게 되어, 지지적인 접촉의 빈도가 되므로 우울증이 증가한다고 볼 수 있을 것이다.

심리사회적 요인으로 가족과의 접촉이나 사회적인 접촉의 빈도가 낮고, 소득활동을 하지 않는 노인, 여가활동에 참여하지 않는 노인, 그리고 대인관계가 원만하지 못한 노인들에게서 우울증의 정도는 높게 나타나는 것으로 알려져 있다. 특히 우울증은 성격과 관계가 깊다. 권석만 · 민병배(2005), 허준수 · 유주현(2002) 등은 꼼꼼하고 완벽주의적인 강박적 성격과, 다른 사람의 반응에 예민하고 정서적인 기복이 심하며 모호한 성격의 소유자들은 우울증과 관련이 높다고 하였다. 또한 내성적인 성격으로 대인관계를 기피하는 경우도 우울증의 발생가능성은 높아진다고 할 수 있다. 노년기 우울증은 '자신의 과거는 잘못되었다'든가, '주위 사람들에게 죄를 지었다'는 등의 우울증적 망상을 쉽게 갖는 중증에서부터 경미한 사항까지 여러 가지 특징이 있다(김희철, 2005).

노년기의 우울증은 노인들에게 흔한 질병이라고 할 수 있지만 때로는 치매로 오해하기 쉽기 때문에 전문가의 정확한 평가가 필요하다. 기능성 우울증에 치매증상이 동반될 때 이를 우울성 가성치매라고 하는데, 노년기 우울증은 적절한 시기에 치료가 이루어진다면 비교적 회복률이 높은 질병이다. 그러나 대부분의 경우 노년기에 나타나는 초기 우울증의 증세를 단순히 나이가 들어서 나타나는 자연스러운 현상이라고 치부해 버리기 때문에 치료시기를 놓치는 경우가 많다. 노년기 우울증은 조발성(早發性) 우울증과는 몇 가지 측면에서 다르다. 원인으로서 가족력이 덜 중요하고, 약물복용이나 내과적 또는 신경학적인 질병, 즉 생물학적 요인이 더 중요하며, 재발도 더 빈번하게 일어나는 편이다.

2) 노인과 알코올중독문제

한국인들은 전통적으로 술을 많이 마셔 왔으며, 오늘날도 알코올의 소모량은 세계에서 아주 높은 나라에 속한다. 특히 농촌인구의 경우 도시화와 산업화가 진행되면서 청년인구는 거의 남아 있지 않고, 대부분 노인세대로 구성되어 있으며 자신의 알코올 문제가 있는지 제대로 파악하지 못한 채 서서히 술에 의존되어 간다고 할 수 있다.

(1) 노년기 알코올중독의 요인과 위험성

노년기는 사별이나 퇴직과 같이 스트레스적인 사건들이 많은 시기이다. 이로 인하여 노년기는 음주와 폭음을 하는 경향이 나타나거나, 원래 가지고 있던 음주의 문제가 더 심해질 수도 있다. 특히 이전에 알코올중독의 전과가 없는 노인에게 알코올 중독을 진단내리기는 어렵다. 신체 증상이 부족하며 술을 마시는 사실이 친구, 친척 그리고 의사에게 드러나지 않는다. 노인은 슬픔과 고독을 위로해 준다는 근거로 과음을 정당화하며, 심지어 가족이 이런 상황을 알고 있는 경우라도 그것이 노인의 몇 되지 않는 즐거움 중의 하나라고 정당화함으로써 그 문제를 극소화시킨다 (Hooyman & Kiyak, 1996).

그러나 노년기의 알코올 남용은 같은 양을 사용하더라도 젊은이에 비해 더 심각한 영향을 미치게 된다. 그 이유는 나이가 들어 감에 따라 나타나는 신체 변화로 인하여 중추신경체계, 간 그리고 신장이 술에 견디지 못하게 된다.

또 한 가지 노년기 음주의 심각한 문제는 노인은 흔히 술과 함께 수면제, 감기약, 고혈압 약, 당뇨병 약 등을 함께 복용함으로써 약의 효과도 떨어지고, 호흡곤란이나 구토와 같은 부작용이 나타날 수도 있다는 사실이다. 의외로 노인은 만성적인 질병의 보유로 인하여 여러 가지 약물을 동시에 남용하거나 의존하는 경향이 높으며, 니코틴이나 카페인, 진통제, 설사제 등도 흔히 남용한다. 그렇지만 젊은이들에 비해 범죄성향은 적다.

알코올의존을 가진 노인은 대개 젊어서부터 과음을 해 온 사람들인데, 대개 간질환, 신체질환이나 영양장애, 사고에 의한 신체상해, 우울증 등이 동반되어 있다. 이혼·사별 및 독신인 남자의 경우에 많으며, 전과기록이 있고 노숙인이나 주거가 일정하지 않은 사람이 많다. 노인에서 보게 되는 갑작스러운 섬망은 알코올 금단에 의한 경우가 흔하다.

(2) 노인의 문제 음주 유형

노인의 문제 음주는 크게 세 가지 유형으로 나누어 볼 수 있다(Gomber, 1982: 하지선, 2005 재인용). 조기음주시작(early-onset), 후기음주시작(late-onset), 그리고 후기음주강화(late-rise pattern) 유형으로 구분할 수 있다. 조기음주시작 유형은 젊은 시절부터 음주와 문제음주를 경험하였으며, 노년기에도 과거와 유사한 음주양태를 유지하고 있는 경우이다. 이러한 경우 대부분 문제음주 유형 중 유지형에 해당하는 경우가 많은데, 이 유형은 폭음은 하지 않지만 매일 꾸준히 일정한 양의 술을 마신다. 상대적으로 신체적 의존증상이나 일상생활기능의 손상이 적게 나타나기 때문에 음주로 인한 가족적, 사회적 문제의 발생이 적은 편이며 노년기까지 꾸준하게 유지된다.

후기시작 유형은 과거에는 음주를 하지 않았거나 하였더라도 소량만 하였으나 노년기로 접어들면서 노후에 파생하는 노인문제들에 대한 반응으로 문제음주를 보이기 시작한 경우이다. 후기시작 문제음주를 유발하는 스트레스는 퇴직이나 사별, 부부관계, 경제적 변화 그리고 신체적 건강문제 등을 포함한다. 이러한 경우 알코올의존에 대한 가족력은 거의 없는 편이고, 회복가능성이 높은 편이라 위기적 사건에 대한 사회적 지지망 개입이 효과적으로 활용될 수 있다.

후기음주강화 유형은 과거에는 과음하는 경우가 간헐적으로 있었으나, 노년기 이후 음주의 빈도와 양이 오히려 증가한 경우이다. 노년기의 알코올 남용은 여러 가지 신체적 문제를 초래하게 되는데, 전반적인 신체 기능의 저하로 인해 조금만 마셔도 빨리 취하게 되며, 이로 인한 손상의 정도가 높아진다. 또한 치료 목적으로 사용하는 약물의 효과가 감소하고, 마취도 잘되지 않는 등 여러 가지 부작용을 불러일으킨다.

(3) 치료적 접근

노인 알코올중독에 대한 치료는 젊은이들에 대한 치료와 크게 다른 것이 없어 왔다. 그러나 신체적 쇠약으로 인하여 알코올의 2차적 효과에 좀 더 취약하게 되는 노인 알코올중독자의 의료 상황에 좀 더 중점을 두는 것이 중요하다. 알코올중독과 같은 경우 우울증이나 고독감, 외로움 등의 감정을 동반하여 자살을 유발할 가능성이 높기 때문에 예방적인 개입이 필요하다고 할 것이다.

하지선(2005)은 노인의 문제음주에 대한 예방단계를 다음과 같이 소개하고 있다.

노년기 알코올중독자에 대한 적용성은 조금 미약하지만 집단치료 등도 함께 실시하면 훨씬 효과적이다. 집단치료에서 자신과 아주 비슷한 문제로 어려움을 겪고 있는 다른 사람이 그 문제와 싸워 나가는 과정을 듣고, 자신의 문제와 문제해결을 위한 앞으로의 계획을 다른 중독자와 치료자에게 털어놓고 의견을 교환하는 것이다.

토론내용은 과거의 음주로 인해서 치러야 했던 대가를 정리 검토하고, 술을 마시게 되는 위험한 상황과 술을 마시고 싶은 충동이 일어날 때를 해결하기 위한 적절한 계획을 설계하며, 퇴원 후에 어떤 방식으로 금주를 향한 동기를 유지할 것인지를 토론한다. 주된 초점은 지금, 여기 상황에서 앞으로 어떻게 할 것인가에 두어야 한다. 과거의 시시콜콜한 이야기를 늘어놓는 것은 큰 도움이 되지 않을 때가 많다. 기본방침은 지금 현재 술 문제가 있다는 것이다. 따라서 어떻게 해결할 것인가에 주안점

〈표 14-4〉 **문제음주의 예방단계**

1차적 예방	2차적 예방	3차적 예방
• 스트레스 대응 프로그램 • 건강 프로그램 • 사회참여 프로그램 　－취업활동 　－지역사회활동 　－자원봉사활동	• 노화와 음주문제에 관한 교육프로그램 • 사례발견 및 아웃리치 프로그램 　－게이트키퍼 프로그램 　－지역사회의뢰체계 구축 　－홍보프로그램	• 치료과정 　－문제발견 　－해독과정 　－재활과정 　－사후관리 • 노인전용 음주치료 프로그램 　－문제음주 원인 및 결과분석 　－문제(음주 및 일상생활)해결능력의 향상 　－연령동질적인 단주자조집단과 사회지지 집단의 활성화

을 두는 것이다.

집단치료는 강의, 중독증과 관련된 시청각 교재, 치료자와 다른 중독자와의 집단 토론으로 구성되며, 다른 사람의 경험을 통하여 금주가 실제로 달성·유지되고, 구체적으로 중독증에서의 회복이 어떻게 이루어지는지 배우는 과정이 포함된다. 이런 과정을 통해서 왜 금주가 중요한지를 깨닫게 되며 다른 중독자들이 금주를 달성하고 있는 것을 봄으로써 자신도 할 수 있다는 자신감을 갖게 된다(김기태·성명옥·박봉길·이경남·최희경, 2002).

> 생각해 볼 문제
>
> • (정신건강)사회복지사가 생애주기별 정신건강문제를 이해해야 하는 이유에 대해 이야기 나누어 봅시다.
> • 생애주기별로 정신건강에 영향을 미치는 요인에는 어떤 것이 있는지 생각해 봅시다.

 참고문헌

고승덕·손애리·최윤신(2001). 노인의 일반적 특성에 따른 우울감에 관한 연구. 한국가족복지학, 6(1), 3-15.

고혜진(2005). 양육스트레스와 양육태도의 관계에 미치는 자아탄력성의 중재효과 및 매개효과. 숙명여자대학교 대학원 석사학위논문.

권석만(2013). 현대이상심리학. 서울: 학지사.

권석만·민병배(2005). 노년기 정신장애. 서울: 학지사.

김기태·성명옥·박봉길·이경남·최희경(2002). 노인복지실천론. 서울: 양서원.

김미령(2009). 연령대에 따른 여성의 결혼만족도 차이 및 영향요인 비교. 한국가족복지학, 26, 35-62.

김미혜·이금룡·정순둘(2001). 재가노인의 우울증 예방 프로그램 개발과 효과성 연구─사회복지관 이용노인을 중심으로. 한국사회복지학, 44, 318-345.

김희철(2005). 노년기 정신질환의 예방적 접근. 한국정신보건사회사업학회 추계학술대회 자료집.

박용천 · 오대영 공역(2017). DSM-5 정신장애 쉽게 이해하기. 서울: 학지사.

부산복지개발원 · 부산광역시정신보건사업지원단(2013). 제1차 부산광역시 정신보건사업계획.

송진희 · 홍현숙(2009). 직장인 정신건강을 위한 정책 동향 및 사례. 정신건강정책포럼, 3, 41-57.

신은영 · 이인수(2002). 고령기 우울에 영향을 미치는 가족사회속성과 행동양식. 노인복지연구, 봄호, 147-267.

여인숙 · 김춘경(2005). 노년기 죽음 불안과 사회적 활동이 우울에 미치는 영향. 한국가족복지학, 16, 75-101.

유수현 · 천덕희 · 이효순 · 성준모 · 이종하 · 박귀서(2012). 정신건강론. 경기: 양서원.

이옥경 · 박영신 · 이현진 · 김혜리 · 정윤경 · 김민희 공역(2009). 생애발달 II(Development through the lifepan, 4th ed.). Berk, L. E. 저. 서울: 시그마프레스.

이은희(2016). 인간행동과 사회환경. 경기: 공동체.

이형근 · 장동철 · 김형준 · 윤방부(2002). 교육정도와 우울성향과의 관계. 대한가정의학회지, 23(2), 189-196.

임혁 · 채인숙(2010). 정신건강의 이해. 경기: 공동체.

주소희(1992). 이혼 가정 자녀의 정신건강에 관한 연구. 이화여자대학교 대학원 석사학위논문.

최순남(1997). 인간행동과 사회환경. 경기: 한신대학교 출판부.

최옥채 · 박미은 · 서미경 · 전석균(2015). 인간행동과 사회환경. 경기: 양서원.

하지선(2005). 노인알코올상담의 필요성과 개입전략. 한국정신보건사회복지학회 학술발표논문집, pp. 249-273.

허준수 · 유수현(2002). 노인의 우울에 영향을 미치는 요인에 관한 연구. 정신보건과 사회사업, 13, 7-22.

Berk, L. E. (2007). Development through the lifepan (4th ed.). London: Pearson Education Inc.

Hooyman, N. R., & Kiyak., H. A. (1996). Social gerontology. Boston: Allyn and Bacon.

McInnis-Dittrich, K. (2002). Social work with elders. Boston: Allyn and Bacon.

Tice, C. J., & Perkins, K. (1996). Mental health issues & aging. Pacific Grove, CA: Brooks/Cole Publishing Company.

근로복지공단 홈페이지(https://www.kcomwel.or.kr)

제15장
사회문제로서의 정신건강

학습 목표

- 자살의 현황과 원인, 예방에 대해 설명할 수 있다.
- 중독의 개념과 유형 및 개입방법에 대해 설명할 수 있다.
- 재난정신건강의 개념과 우리나라 재난정신건강개입 체계에 대해 설명할 수 있다.

대중매체를 통해 정신건강과 관련한 다양한 이슈를 접하는 것이 더 이상 낯설지 않은 상황이다. 자살, 중독, 재난과 같은 다양한 상황과 문제들이 우리의 삶과 정신건강에 미치는 영향이 무척 크다. 이 장에서는 사회문제로서의 정신건강이라는 주제로 자살, 중독, 재난과 관련한 정신건강문제에 대해 구체적으로 살펴보고자 한다.

1. 자살과 정신건강

자살위험에 있는 사람을 이해하고 돕기 위해 가장 중요한 것 중의 하나는 자살의 다양한 측면을 이해하는 것이다. 그러나 자살에 대해 논하는 것은 실로 어려운 일이

다. 그 원인과 현상이 매우 복잡하고 다면적이어서 이해가 어려울 뿐만 아니라 어떻
게 도울 것인가 하는 것도 쉽지 않기 때문이다. 자살을 개인적인 취약성이나 정신건
강 차원에서만 이해해도 좋을 것인지, 개인을 넘어 사회병리의 문제로 이해해야 하
는지에 대한 논란도 존재하고 있다. 자살은 정신건강, 심리학, 사회학, 사회복지학,
종교학 등 다양한 입장에서 통합적 이해와 다각적인 노력이 이루어져야 할 것이다.
여기서는 자살의 현황, 원인, 예방, 원조적 접근전략 등에 관해 간략히 살펴보고자
한다.

1) 우리나라 자살 현황

우리나라는 10여 년 이상 OECD 가입국 중에서 자살률 1위를 보고하였고, 여전히
높은 자살률이 심각한 사회문제로 제시되고 있다. 우리나라의 자살률은 금융위기
시기 및 경제적 위기상황, 유명인 또는 연예인의 자살시기 등에서 높은 자살률을 보
고하고 있다. 또한 노인인구에서의 자살 증가, 경제적 위기상황에서의 청·장년의
자살 증가, 모방자살의 증가, 동반자살의 증가 등의 특징을 보이고 있다.

우리나라가 여전히 OECD 국가에서 자살률 상위에 위치하여 있으나 2012년 이후
지속적으로 감소하는 긍정적 신호들을 보이고 있다. 이러한 변화에는 사회가 자살

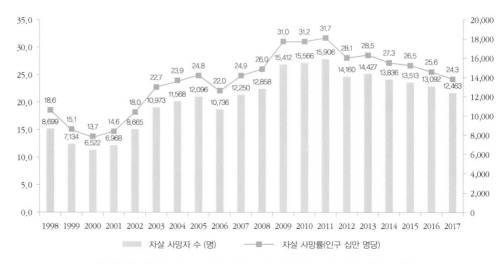

| 그림 15-1 | 우리나라 자살 사망자 수 및 인구 10만 명당 자살 사망률

출처: 통계청(2018).

순위	1992	1997	2002	2007	2012	2017
			사망원인별 추이(1992~2017)			
1	암	암	암	암	암	암
2	뇌혈관질환	뇌혈관질환	뇌혈관질환	뇌혈관질환	심장질환	심장질환
3	심장질환	심장질환	심장질환	심장질환	뇌혈관질환	뇌혈관질환
4	운수사고	운수사고	당뇨병	자살(12,250명)	자살(14,160명)	폐렴
5	간질환	간질환	만성하기도질환	당뇨병	당뇨병	자살(12,463명)
6	고혈압성질환	당뇨병	간질환	운수사고	폐렴	당뇨병
7	당뇨병	만성하기도 질환	운수사고	만성하기도질환	만성하기도질환	간질환
8	만성하기도 질환	자살(6,125명)	자살(8,665명)	간질환	간질환	만성하기도질환
9	호흡기결핵	고혈압성질환	고혈압성질환	고혈압성질환	운수사고	고혈압성질환
10	자살(3,533명)	호흡기결핵	호흡기결핵	폐렴	고혈압성질환	운수사고

| 그림 15-2 | 우리나라 사망원인

출처: 통계청(2018).

을 개인적 문제로 전가하지 않고, 사회적 문제 · 공적 책임의 영역으로 인식하고 정부와 사회 전체가 자살률 감소를 위한 노력을 기울인 결과라고 볼 수 있다. 대표적으로는 2011년 「자살예방 및 생명존중문화 조성을 위한 법률」의 제정, 자살예방센터의 개설, 자살예방인력의 확충, 자살예방을 위한 연구수행 등이 있다. 특히 2018년 관계부처 합동으로 발표는 「자살예방 국가 행동계획」은 국가의 자살예방을 위한 로드맵으로 제시되었다. [그림 15-2]에서 볼 수 있듯 교통사고에 의한 사망은 범사회적인 노력으로 감소하여 사망원인의 순위가 지속적으로 낮아지고 있는 것을 볼 수 있다. 자살률이 감소하고 있기는 하나 여전히 국민의 사망원인에서는 증가 추세이며, 사망원인의 높은 순위를 보고하고 있다.

2) 자살의 원인

(1) 위험요인

위험요인은 개인적 요인, 가족적 요인, 사회적 요인으로 나누어 이해할 수 있다. 첫째, 개인적 요인은 자신에 대한 부정적 평가와 낮은 자존감, 우울한 성향, 과거 자살시도 경험, 충동적 · 공격적 성향, 술, 담배, 약물남용, 스트레스 대처기제 부족,

도박 및 컴퓨터 중독, 상실의 경험과 같은 심한 스트레스 사건 등이 이에 해당한다. 둘째, 가족적 요인은 이혼율, 자살의 가족력, 핵가족화, 가족중심의 지원체계 약화, 가정폭력 및 학대, 가족결손 및 상실, 의사소통 및 지지체계의 부족 등이 해당한다.

마지막으로 사회적 요인은 경제적 요인, 사회지지요인, 사회자원요인, 사회구조의 불평등, 언론요인 등으로 설명될 수 있다. 경제적 요인으로는 경제적 지위가 낮을수록 자살률이 높다. 그러나 이러한 견해는 전체 사회의 소득수준의 저하를 의미하기보다는 경제적 양극화와 소득불평등이 주는 요소가 더욱 강하다고 볼 수 있다. 특히 청장년의 남자 자살의 중요한 원인으로 파악되고 있으며, 청소년에서는 다른 양상을 보인다.

사회지지요인은 지역사회모임의 참여, 사회구성원과의 상호작용, 사회적 접촉빈도 등을 의미한다. 다양한 연구결과에 의하면 지역사회 모임에 참여하지 않고 고립되어 지내는 경우 자살의 위험성이 높다고 보고하고 있으며, 특히 노인(독거노인)에게서는 사회적 지지의 유무는 자살의 위험성을 높이는 요소로 중요하게 파악되어야 한다.

사회자원요인은 자살위험에 처한 사람이나 어려움을 경험하고 있는 사람이 이용할 수 있는 지역사회의 정도가 자살에 영향을 준다는 것이다. 정신의료기관, 정신과 의사, 보건복지 인력, 사회복지관, 노인복지관 등이 자살에 영향을 주는 사회적 자원으로 파악된다. 그 외에 정신보건의 역사, 정부의 사회보장제도, 보건의료의 접근성 등도 자살에 영향을 주는 사회적 자원이다.

사회구조의 불평등과 관련하여 높은 노인인구율, 농촌과 도시의 자살률 차이, 낮은 사회통합 정도 등은 자살에 영향을 주는 사회구조 및 문화로 알려져 있다. 또한 사회구조가 지나치게 경쟁중심이거나, 취업 및 학업스트레스가 가중되고, 자살도구에 접근성이 높다면 자살에 영향을 주는 사회구조 및 문화로 간주될 수 있다.

언론요인과 관련하여 우리나라의 언론은 자살에 대한 보도권고지침이 잘 지켜지고 있지 않고, 지나치게 자세하고 선정적으로 보도하는 경향이 있어 평소 자살생각을 갖고 있던 사람의 모방자살을 강화하는 경향이 있다. 제목을 자극적이지 않게 하고, 자살이라는 직접적인 용어 사용의 자제, 자살방법에 대한 보도 자제, 자살현장사진 보도 자제 등의 자살보도권고지침의 준수를 통한 언론의 자살예방에 대한 적극적인 노력이 요구된다.

(2) 보호요인

앞서 언급한 위험요인이 모든 사람에게 동일하게 자살행동이나 자살생각에 직접적으로 영향을 주는 것은 아니다. 자살위험성이 있다고 하더라도 개인에게 도움을 줄 수 있는 보호요인을 갖고 있다면 자살위험성은 낮아진다. 또한 자살을 예방하고자 할 때 위험요인을 감소시키는 것도 하나의 방법이지만 보호요인을 강화시키는 방향의 접근이 역시 유용하다. 김정진(2009)은 〈표 15-1〉과 같이 자살의 보호요인을 제시하고 있다.

〈표 15-1〉 자살의 보호요인

내적인/개인적인 보호요인	• 삶의 가치나 의미에 대한 강한 믿음 • 뚜렷한 목표의식 • 사회적 기술(문제해결이나 분노를 다루는 방법 등) • 신체적, 정신적 건강 • 친한 친구나 지지적인 타인 • 미래에 대한 희망과 낙관적 태도 • 절제력 • 약물치료에 순응적 태도 • 충동 통제력 • 강한 자기-가치감 • 자기-통제감
사회환경적인 보호요인	• 대인관계에서의 강한 연대감(특히 가족구성원이나 돌봐 주는 다른 어른과의 관계) • 지지적인 가정과 응집력 높은 가족 • 학교나 사회적 활동에 다양한 참여 기회 • 자살예방에 대한 지역사회의 관심과 지원 • 미디어 매체, 인터넷 매체 등의 건강한 문제해결정보 • 위기 시 도움받을 수 있는 기관 • 자원봉사활동 • 종교활동 • 애완동물

3) 자살예방개입

(1) 자살예방프로그램 유형

자살예방프로그램은 1980년대 서구사회에서 처음 소개되었는데, 유명한 예가 1986년에 시작한 핀란드(Finland)의 국가자살예방프로그램(National Suicide Prevention Program)이다. 미국, 영국, 유럽 각국, 일본 또한 핀란드와 유사한 국가자살예방프로그램을 개발하여 운영하고 있는데, 이들 국가들이 개발한 국가자살예방프로그램들은 거의 유사하며 내용을 종합하면 다음 세 가지로 살펴볼 수 있다.

① 1차 자살예방

1차 자살예방은 일반국민을 대상으로 하는 자살예방사업이라고 할 수 있다. 자살의 위험성은 특정한 집단에 있는 것이 아니라 살아가면서 위기에 직면할 수 있는 모든 사람에게 자살의 위험성이 있다. 따라서 1차 예방은 모든 국민을 대상으로 생명존중 인식을 강화하고, 사회 일반의 생명존중 사회문화 조성을 통해 자살을 예방하고자 하는 접근이다. 또한 모든 국민이 자살의 위험성이 있는 자신 및 타인을 조기에 발견하여 즉각 보호체계로 연계될 수 있도록 민감성을 강화하는 훈련도 포함된다. 1차 예방에 포함될 수 있는 사업은 다음과 같다.

- 지역사회와 작업장에서의 정신건강 인식개선을 위한 건강교육 프로그램
- 학교 중심 건강교육 프로그램
- 정신건강 훈련을 통한 보건인력 강화 프로그램
- 지역사회 정신건강 상담기회 증진
- 대중매체와 정보기술을 통한 건강정보 교환 확대
- 지역사회 정신건강서비스 접근성 강화
- 실업 및 노동환경 개선을 위한 사회정책
- 자살예방과 정신건강 연구 강화
- 위기개입 활동 강화를 위한 비영리조직 지원

② 2차 자살예방

앞에서 소개한 다각적이고 통합적인 자살예방활동과 노력에도 불구하고 자살시도는 계속 일어나고 그중 일부는 사망에 이르는 경우도 발생한다. 아직 예방대책이 미비하고 효과적 예방활동이 충분히 실시되지 않는 사회에서는 많은 위기에 처한 사람들이 예방서비스의 혜택 없이 자살을 시도하고 있다. 따라서 사회는 이러한 자살을 생각하거나 자살을 시도하는 사람을 원조할 수 있는 대책을 수립하고 개입하여야 한다. 따라서 이러한 2차 예방은 위기개입과 치료/상담이 핵심을 이루며 다음의 사업을 포함한다.

- 우울증 및 기타 정신장애 조기발견 및 치료
- 자살시도자와 정신질환자를 위한 응급보호의 개선
- 신체질병의 심리사회보호의 개선
- 알코올 및 약물오용 관리 개선
- 자살위기개입 강화−개인/집단/가족상담의 강화
- 치명적 자살방법의 유용성 약화

③ 3차 자살예방

자살을 예방하고자 하는 다양한 활동에도 불구하고 자살이 일어난다면 그 이후에도 자살생존자 및 자살에 영향을 받은 사람을 위한 자살예방사업이 필요하다. 이것이 3차 자살예방에 해당한다. 자살생존자의 경우 자살을 시도하였으나 다행히 살아남은 사람으로, 이들은 이후 또 자살을 시도할 수 있는 위험성 및 자살로 인한 후유증으로 고통을 경험할 수 있기 때문에 이들에 대한 지속적인 관심과 서비스가 필요하다. 다양하고 포괄적인 자살예방사업을 수행한다고 해서 모든 자살을 막을 수 있는 것은 아니다. 한 사람이 자살로 사망하게 되면 그 사람을 둘러싸고 있는 환경에 다양한 영향을 준다. 특히 가장 영향을 받는 사람은 가족이라고 할 수 있다. 자살자의 유가족은 자살로 인한 충격, 부정, 분노, 죄책감, 수치심 등의 복잡한 감정과 갈등을 느낀다. 또한 이러한 복합적인 감정으로 인해 자살을 고민하기도 한다. 따라서 3차 자살에 대한 접근은 자살생존자 및 자살유가족에 사업을 포함한다.

(2) 우리나라의 자살예방 정책

우리나라에서는 지속적으로 증가하는 자살문제에 대처하기 위하여 [그림 15-3]과 같이 범국가적 자살예방 및 개입전략을 수립하고 있다. 그간의 노력은 예산의 투입이 전무하거나 최소한으로 이루어진 다소 선언적인 성격이 강하였으나, 2011년 3월 「자살예방 및 생명존중문화 조성을 위한 법률」을 제정·공포하고 2012년 3월부터 시행에 들어갔다. 2011년 중앙자살예방센터를 설치·운영하고, 2013년에는 전국의 기초정신건강복지센터 자살예방인력 배치·응급실 내 자살사후관리인력을 배

│그림 15-3│ **국가자살예방 정책**

출처: 보건복지부(2014).

치하면서 본격적인 국가 차원의 자살예방대책을 수립하고 시행해 오고 있다. 그 결과 2012년에 우리나라는 2006년 이후 처음으로 자살률이 감소하게 되었다.

우리나라에서는 앞서 살펴본 다른 나라와 유사하게 1, 2, 3차 자살예방사업을 포함하는 국가적 자살예방 정책을 수립하고 있다. 범부처 간 협력을 통한 자살예방사업을 수행하고자 추진하나 보건복지부에서 자살예방을 담당하는 주부서는 자살예방센터라고 할 수 있다. 현재 중앙자살예방센터는 독립적으로 설치 · 운영되고 있으나 광역자살예방센터는 광역정신건강복지센터에서, 기초자살예방센터는 기초정신건강복지센터에서 그 역할을 수행하고 있다. 중앙자살예방센터, 광역자살예방센터, 기초자살예방센터의 주요업무는 [그림 15-4]와 같다.

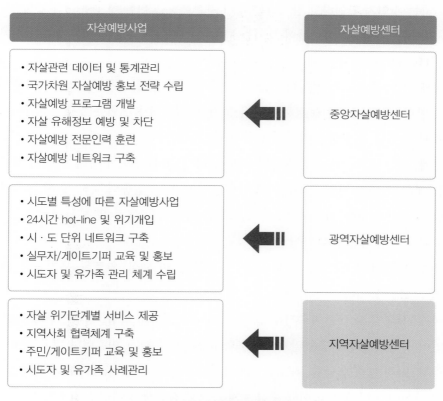

| 그림 15-4 | 자살예방센터의 업무

출처: 보건복지부(2013).

(3) 자살예방개입의 실제

여기에서 소개하고자 하는 자살예방개입은 자살고위험군을 발견하고 적절한 서비스에 대상자를 연계할 수 있도록 자살에 대한 민감성을 증가시키는 것에 초점을 두고자 한다. 왜냐하면 모든 사람이 자살의 위험에 있다는 전제에 근거하여, 이들을 조기에 발견하고 적절한 개입이 이루어질 수 있도록 원조할 수 있다면 궁극적인 자살을 예방할 수 있기 때문이다.

① 자살위험요소의 발견

자살위험에 처한 사람은 이전의 생활에서 보이지 않던 변화들을 보이게 된다. 이러한 변화가 자살을 의미할 수도 있고 의미하지 않을 수도 있지만, 최소한 자살을 의미하는 것인지 확인하고 탐색하는 것이 자살예방을 위한 첫 관문이라고 할 수 있다. 자살을 암시하는 사람들이 보이는 변화에는 다음의 요소가 포함된다(중앙자살예방센터, 2012).

첫째, 언어적 요소는 자살이나 살인, 죽음에 대한 말을 자주 하며, 자기비하적인 말을 한다. 사후 세계를 동경하는 말을 하거나, 신체적 불편함을 호소, 자살하는 방법에 대한 질문, 자살한 사람들에 관한 이야기를 꺼낸다.

둘째, 행동적 요소는 수면 상태와 식사 상태의 변화, 주변의 정리, 자신의 자살에 대한 계획, 평소와 다른 기괴하거나 비일상적인 행동, 집중력 저하 및 사소한 일에 대한 결정의 어려움, 대인기피, 외모관리에 대한 무관심, 화 및 짜증의 증가, 자해행동이나 물질 남용 등이 해당한다.

셋째, 감정적 요소는 죄책감의 호소, 우울감, 흥미 상실, 외로움, 무기력감, 절망감 및 무망감 등이다.

넷째, 상황적 요소는 가족과의 갈등, 동료나 친구와의 다툼, 이성친구와의 결별, 애인이나 배우자의 부정을 알게 됨, 가족이나 친구의 죽음, 이혼이나 별거, 구타, 가혹행위, 성적 학대를 당함, 과도한 업무 부담, 좌절이나 실패, 사회적 지위 상실, 공개적 망신이나 비난, 도박이나 주식 투자 등으로 감당하기 어려운 경제적 손실을 겪음, 가족의 심각한 경제적 어려움, 자유의 상실, 신체적 질병이나 손상 등이다.

② 위험성 검토

자살을 생각하는 사람이 보이는 변화에서 자살을 탐색했다면 다음으로 해야 할 일은 위험성을 검토하는 것이다. 과연 그 사람이 보이는 변화가 자살을 의미하는 것인지, 그 위험성은 어느 정도인지 검토하는 것이 필요하다. 자살위험성을 검토하기 위해서는 다음의 사항을 질문하여야 한다.

• 자살생각

평소와는 변화된 행동, 감정, 상황에 처한 개인을 발견하여 자살에 대한 의문에 든다면, 가장 중요한 것은 그 사람이 자살생각을 가지고 있는가는 확인하는 것이다. 이러한 확인은 질문을 통해서 가능하다. "그 말씀은 혹시 자살을 의미하시는 건가요?", "'살아서 뭐 하나'라고 느끼시는 건가요?", "그만 세상을 끝내야겠다고 생각하신 적이 있으세요?", "자살생각을 해 보신 적이 있으세요?" 등과 같은 질문으로 자살생각을 확인할 수 있다. 자살 관련 질문을 하는 것은 상당히 어렵다. 그리고 이러한 질문을 하는 것이 오히려 자살을 생각하지 않는 사람에게 '자살이 하나의 방법임을 알려 주는 것은 아닐까'라는 의문도 든다. 그러나 많은 연구에서는 이러한 질문이 자살을 생각하는 사람에게 자살이라는 주제는 누군가와 의논할 수 있으며, 터놓고 이야기할 수 있는 주제라는 인식을 주어 오히려 안도감을 느끼게 하고, 개방적으로 자살을 논의할 수 있는 분위기를 형성하여 자살을 예방하기 위한 중요한 과정임을 설명하고 있다.

• 자살계획 및 치명성

자살에 대한 질문을 하였는데 "예"라는 대답을 접하게 된다면 과연 그 사람이 그 생각을 실행에 옮길 위험성은 어느 정도인지를 파악해야 한다. 우리가 이사를 하기 위해 막연하게 이사를 해야지 생각하는 것과, 이사할 지역·비용 마련·일시 등에 대한 계획을 세우고 있는 것 중 어느 쪽이 더 이사할 가능성이 높겠는가? 물론 계획을 세우는 경우의 가능성이 높다. 자살도 동일하다. 그러므로 자살생각이 있다면, 자살계획의 구체성(시간, 장소 등), 자살방법, 자살장소의 이용가능성 등의 계획을 확인하여야 한다. 특히 자살방법에서 치명적 방법을 선택하고자 한다면 더욱 위험성이 증가한다.

• 자살시도의 과거력 및 가족의 자살에 대한 과거력

자신의 자살 과거력이 있거나 가족 중에서 자살한 사람 있는 경우는 일반인에 비해 4배에서 20배의 자살위험성이 높다. 특히 본인의 자살시도나 가족의 자살이 있었던 1년 이내가 자살위험성이 가장 높은 시기로 알려져 있다. 자신의 자살과거력과 가족의 자살과거력이 있다면 그 사건에 대한 감정을 탐색하고 현재 자살생각이나 계획성을 면밀히 검토하여야 한다.

• 정신장애의 과거력

과거에 정신장애를 앓고 있었는지는 자살위험성에서 중요한 요소이다. 특히 우울증, 알코올중독에 대한 과거력이 있는지를 검토한다. 또한 과거에 정신장애를 앓았던 과거력뿐만 아니라 현재의 치료 여부 · 진단명 · 과거의 치료경력 및 효과 등의 검토를 통해서, 정신장애의 유무뿐 아니라 정신장애가 자살에 영향을 줄 수 있는 관련성을 검토하는 것이 필요하다.

• 사회적 지지

앞서 자살의 위험요인에서 살펴보았듯이 사회적 지지의 부재는 자살의 중요한 위험요인이 된다. 특히 서구사회의 가치관이 전파되어 개인주의적 문화가 강하게 자리 잡은 현대사회에서 외로움은 자살의 주요 고려 요인이 된다. 따라서 힘들 때 의논할 상대가 있는지, 자신을 이해해 주는 누군가가 존재하는지를 검토하는 것이 필요하다.

• 신체적 건강상태 및 장애

최근 의학의 발달로 많은 신체질환의 치료가 가능해지고 있기는 하나, 악성 종양 · 심폐질환 · 만성질환 등을 앓고 있는 사람은 질병으로 인한 우울증이 동반되어 자살위험성이 높을 수 있다. 특히 질환과 관련해 중요하게 파악하여야 할 사항은 질환을 앓고 있는 사람이 그로 인해 고통을 경험하는 정도이다. 고통이 심할수록 자살의 위험성이 높으므로 고통의 정도와 고통을 통제할 수 있는 대안을 검토하여야 한다.

- 알코올 사용

알코올은 중추신경계를 억제하여 판단력 감소, 충동성 증가, 자기연민 증가 등을 초래한다. 알코올과 자살의 직접적인 관련성도 중요하지만, 무엇보다도 알코올 섭취는 죽음에 대한 두려움을 감소시키고, 충동성을 증가시켜 자살행동을 실행할 위험성을 높인다. 따라서 평소의 음주 여부를 확인하는 것은 자살의 위험성 검토에서 중요한 확인사항이다.

- 현재의 스트레스 사건

위험에 처한 사람이 경험하고 있는 현실적인 스트레스 사건을 확인해야 한다. 스트레스에서 느끼는 개인적인 상실감은 개인에 따라서 달라진다. 따라서 동일한 사건(예를 들어, 실연, 금전적 손실, 실직 등)을 경험한다 하여도 더 중요하게 파악하여야 할 것은 그 사건에 대한 대상자가 부여하는 의미, 특히 상실의 의미이다.

③ 자원 연계

앞서 고찰한 위험요소를 검토하면, 그 사람의 위험성 정도를 파악할 수 있다. 강렬하고 지속적인 자살생각을 보이고, 분명하고 구체적인 자살계획을 세우고 있으며, 자살에 사용할 수단을 확보하고 있고, 분명한 자살의도를 가지고 있으며, 정서적으로 매우 불안정하며, 심한 정서적 고통과 우울감을 호소하고, 자살시도의 과거력이 있고, 알코올을 섭취하고, 사회적으로 고립되어 있다면 자살고위험군으로 분류할 수 있다. 이와 같은 고위험군을 위해서는 즉각적으로 119와 112에 신고하여 안전을 확보하고, 응급입원을 고려해야 한다. 안전보장 이후에도 지속적으로 사례관리를 유지할 수 있도록 정신보건관련기관 및 자살예방센터에 연계하는 것이 필요하다.

자살생각이 지속적이고, 치명적이지 않은 자살방법을 생각하고 있으며, 보통의 우울감을 호소하고, 여러 가지 위험요인은 존재하나 다소의 보호요인이 존재한다면 중위험군이라 할 수 있다. 중위험군의 자살위험자가 24시간 자살예방상담이 가능한 전화번호를 확보[1]하고 이용할 수 있도록 지원해야 하며, 상담기관 및 사회복

---

1) 24시간 자살예방상담이 가능한 곳은 보건복지상담센터 129, 보건복지부 24시간 자살예방 및 정신건강상담전화 1577-0199, 생명의 전화 1588-9191, 소방본부 119 등이 있다.

지기관[2]에 사례관리 서비스를 받도록 연계하는 것이 필요하다.

자살에 대해 일시적 또는 간헐적으로 생각하고, 구체적인 자살계획을 세우지 않았으며, 자살시도 과거력이 없고, 정신질환 과거력이 없고, 가벼운 우울감을 호소하고, 알코올 사용이 거의 없거나 드물며, 다소 불안정한 심리적 상태일 수 있지만 자기 통제가 가능하고, 도움을 수용하고 치료에 협조적이고, 사회적 지지 자원을 포함한 보호요인이 존재한다면 자살 저위험군으로 분류될 수 있다. 이와 같은 대상을 위해서는 평소 이용하는 기관에서 지속적으로 상담 및 관리를 받을 수 있도록 원조하는 것이 필요하다.

2. 중독과 정신건강

최근 들어 일중독, 성중독, 쇼핑중독 등 다양한 중독 대상들이 문제로 인식되면서 약물중독뿐 아니라 다양한 중독문제가 사람들의 관심을 끌게 되었다. 중독은 크게 물질중독과 비물질중독으로 나뉘는데 물질중독은 말 그대로 알코올이나 약물처럼 실재하는 어떤 화학물질에 의해서 신체적, 심리적으로 의존하는 현상을 의미하고, 비물질중독이란 물질이 아닌 어떤 심리적 현상이나 행동을 반복하는 데 의존하는 현상을 의미한다. 도박중독, 쇼핑중독 등이 대표적인 비물질중독이다. 중독의 대상은 다르지만 물질중독이든 비물질중독이든 심리적으로 똑같은 '중독' 증상을 나타내기 때문에 그 과정은 비슷하다고 하겠다. 따라서 중독의 경우 원인과 과정, 치료방법 등은 거의 유사하다. 여기서는 물질중독으로서의 알코올중독과 비물질중독으로서의 도박중독에 관해 간략히 살펴보고자 한다.

---

2) 자살위험자를 위한 사례관리 서비스를 제공하는 상담기관 및 사회복지기관은 생명의 전화, 청소년상담지원센터, 건강가정지원센터, 종합사회복지관, 노인복지관, 생명나눔 실천본부 산하 자살예방센터, Wee센터 등이 있다.

1) 알코올중독

(1) 알코올중독 진단

미국정신의학회에서 발간하는 『정신장애의 진단 및 통계 편람(DSM-5)』에 따르면 알코올-관련장애(Alcohol-Related Disorders)는 알코올의 사용으로 인해 발생되는 다양한 심리적 장애를 말하며 크게 알코올 사용장애와 알코올 유도성장애로 분류된다. 알코올 유도성장애에는 알코올중독, 알코올 금단, 그리고 다양한 알코올 유도성 정신장애들이 포함된다.

알코올 사용장애(Alcohol Use Disorder)[3]는 과도한 알코올 사용으로 인해 발생하는 부적응적 문제를 말한다. 알코올 사용장애에 대한 DSM-5 진단기준은 다음의 표와 같다. DSM-5에서는 11개의 기준 중 2개 이상에 해당하면 알코올 사용장애로 진단되는데, 진단기준의 2~3개에 해당하면 경도(mild), 4~5개에 해당하면 중등도(moderate), 6개 이상에 해당하면 중증도(severe)로 심각도를 세분화하여 진단하도록 되어 있다.

〈알코올 사용장애에 대한 DSM-5의 진단기준〉

임상적으로 심각한 기능손상이나 고통을 유발하는 알코올 사용의 부적응적 패턴이 다음 중 2개 이상의 방식으로 지난 12개월 이내에 나타났어야 한다.

1. 알코올을 흔히 예상했던 것보다 더 많은 양 또는 더 오랜 기간 마신다.
2. 알코올 사용을 줄이거나 통제하려는 지속적인 노력을 기울이지만 매번 실패한다.
3. 알코올을 획득하고 사용하고 그 효과로부터 회복하는 데 많은 시간을 허비한다.
4. 알코올을 마시고 싶은 갈망이나 강렬한 욕구를 지닌다.
5. 반복적인 알코올 사용으로 인해서 직장, 학교나 가정에서의 주된 역할 의무를 수행하지 못한다.

---

3) 알코올 사용장애는 DSM-IV에서의 알코올 의존과 알코올 남용을 모두 통합한 것이다. 그동안 여러 연구에서 알코올 의존과 알코올 남용의 상관이 매우 높은 것으로 나타나서 하나의 진단범주로 통합할 필요성이 제기되어 왔다(권석만, 2013).

6. 알코올의 효과에 의해서 초래되거나 악화되는 사회적 또는 대인관계적 문제가 반복됨에도 불구하고 지속적으로 알코올을 사용한다.

7. 알코올 사용으로 인해서 중요한 사회적, 직업적 또는 여가 활동이 포기되거나 감소된다.

8. 신체적 위험이 존재하는 상황에서도 반복적으로 알코올을 사용한다.

9. 알코올에 의해서 초래되거나 악화될 수 있는 지속적인 신체적 또는 심리적 문제가 있음을 알면서도 알코올 사용을 계속한다.

10. 내성(tolerance)이 다음 중 하나의 방식으로 나타난다.

　　a. 중독(intoxication)이 되거나 원하는 효과를 얻기 위해서 현저하게 증가된 양의 알코올이 필요하다.

　　b. 같은 양의 알코올을 지속적으로 사용함에도 현저하게 감소된 효과가 나타난다.

11. 금단(withdrawal)이 다음 중 하나의 방식으로 나타난다.

　　a. 알코올의 특징적인 금단 증후군이 나타난다.

　　b. 금단증상을 감소하거나 피하기 위해서 알코올(또는 관련된 물질)을 마신다.

알코올 유도성장애는 알코올의 섭취나 사용으로 인해 나타나는 부적응적인 후유증을 말한다.

① 알코올중독

과도하게 알코올을 섭취하여 심하게 취한 상태에서 부적응적 행동(예: 부적절한 공격적 행동, 정서적 불안정, 판단력 장애, 사회적 또는 직업적 기능손상)이 나타나는 경우를 말한다. 알코올중독(Alcohol Intoxication) 상태에서는 다음 중 1개 이상의 증상이 나타난다.

- 불분명한 말투
- 운동조정 장애
- 불안정한 걸음
- 안구 진탕
- 집중력 및 기억력 손상
- 혼미 또는 혼수

② 알코올 금단

지속적으로 사용하던 알코올을 중단했을 때 여러 가지 신체생리적 또는 심리적 증상이 나타나는 상태를 말한다. 알코올 금단(Alcohol Withdrawal)은 알코올 섭취를 중단한 이후 몇 시간 또는 며칠 이내에 다음 중 2개 이상의 증상이 나타날 때 해당된다. 이러한 증상으로 인해 사회적, 직업적 또는 다른 중요한 기능 영역에서 임상적으로 심각한 고통이나 장해를 나타내는 경우에 진단된다.

- 자율신경계기능항진
- 손 떨림 증가
- 불면증
- 오심 및 구토
- 일시적 환시, 환청, 환촉 또는 착각
- 정신운동성 초조증
- 불안
- 대발작

(2) 알코올중독 치료

가장 기본적으로 수준별 치료는 크게 입원치료(inpatient treatment)와 외래치료(outpatient treatment)로 나눌 수 있으며 그 사이에 부분입원 혹은 낮치료 프로그램이 위치하고 있다. 여기서는 먼저 입원치료와 외래치료에서 모두 이루어지는 해독치료와 집중치료를 살펴본다.

① 해독치료

해독치료(detoxification programs)란 알코올중독의 치료를 시작하면서 곧바로 신체에 남아 있는 알코올 성분을 제거하는 과정이다. 해독치료는 본격적인 중독증 치료를 위한 준비 단계의 임시치료로 간주되기도 하지만 다른 어떤 치료적 요소보다 중요한 치료로, 알코올을 중단함으로써 생기는 신체적인 급성적 증상들을 치료하는 것이 주된 목적이다. 의료적인 절차를 통해 생리적 의존을 감소시키며, 구체적인 평가와 함께 중독에 대한 치료를 의뢰할 때 가장 효과적이다. 해독과정은 약물해독과 사회적 해독과정이 있다. 약물의 해독은 몸 안에 있는 알코올을 몸에 무리를 주지 않으면서 재빨리 해독시키는 것으로 이 방법은 한국이나 외국이나 별반 차이가 없다. 그러나 이때 중요한 것은 입원 초기 1주일 이내에 이루어지는 사회적 해독(위기개입)이다. 이것은 치료 초기에 치료진이 매우 적극적으로 환자와 가족에 개입하는 것이다. 이때 치료에 대한 주도권 다툼이 일어나게 되는데 치료자가 환자보다 얼마나 주도권을 갖게 되느냐 하는 것이 앞으로의 치료성공의 열쇠가 된다.

② 집중치료 프로그램과 기법

Hester와 Miller(1995) 그리고 Cox(1987)는 입원환자 치료 프로그램과 기법들을 매우 포괄적으로 제시하고 있다.

• 알코올 교육

강의, 비디오나 슬라이드를 통한 시청각 교육, 단주교본 및 12단계의 학습지도 등의 방법을 사용하여 알코올중독증의 심각성을 중독자 본인에게 알리고 자신의 문제를 더 이상 부정하지 않고 인식하도록 돕는 방법이다. 알코올중독에 대한 객관적인 정보를 제공하고 중독자를 비난하지 않는 태도를 유지하면서 중독자가 단주를 위한 동기를 갖게 하는 데 초점을 둔다.

• 개인상담

가장 기초가 되고 중심이 되는 치료로 치료자와 환자가 1:1로 면담을 실시하는 것이다. 개인상담을 통하여 환자에 대한 정확한 평가와 다른 치료를 계획하고 실천하여 나간다. 치료자와 신뢰관계를 맺고 이를 통하여 문제를 파악하고 해결방법을 찾는다(Kaufman, 1994: 1-28).

• 집단치료

집단치료란 1~2명의 치료자와 같은 문제를 가진 여러 사람(보통은 4명에서 12명 정도)이 함께 참석하여 상담을 하는 과정이다. 알코올중독자의 집단치료에서 다루어지는 문제의 핵심은 간단하다. 자신과 아주 비슷한 문제로 어려움을 겪고 있는 다른 사람이 그 문제와 싸워 나가는 과정을 듣고, 자신의 문제와 문제해결을 위한 앞으로의 계획을 다른 중독자와 치료자에게 털어놓고 의견을 교환하는 것이다.

• 인지행동치료

중독자는 음주 그 자체뿐만 아니라 습관화된 부적응적인 행동양식인 중독행동이 더 문제가 되는 경우가 많다. 따라서 개인의 특성을 정확히 이해하고 자신의 일상생활 습관에서부터 문제행동을 자세히 분석해서 그 하나하나에 대해 스스로 평가하고 올바른 태도를 체득하는 치료방법이 필요하다(Monti et al., 1985: 김기태 · 안영실 · 최송식 · 이은희, 2005 재인용).

• 단주친목모임(A.A)

단주친목모임, 단주동맹 혹은 A.A는 음주를 조절할 수 있는 능력을 상실하고, 음주의 결과로 여러 가지 문제에 빠져 있는 자신을 발견한 남녀들의 자조모임이다. 그 목적은 자신들의 공통문제를 해결하고 다른 사람들이 알코올중독으로부터 회복되도록 돕기 위해 서로 간에 경험과 힘과 희망을 함께 나누는 것이다. 이 단주친목의 협심자가 되는 필요한 자격요건은 술을 끊겠다는 열망만 있으면 된다. 지금 170개 이상의 국가에서 단주친목 지부가 있고 5년마다 한 번씩 세계대회가 열리고 있는데 우리나라는 1988년에 처음으로 참석하였다. 우리나라에서 단주친목이 오랫동안의 부진한 시기를 거치면서 점차적으로 성장하여 오다가 최근에는 비약적인 발전을 하고 있다.

• 가족모임(Al-anon)

알코올중독자가 있는 가족들의 모임인 가족회는 알코올중독자 문제해결을 위해서 국회나 지방행정 그리고 사회에 호소하고 추진하는 역할과 상호 연대하여 지지하고 함께 성장하는 자조조직의 역할을 하는데 이것이 가족모임의 원형이다. 우리나라의 가족모임은 전자의 역할보다는 후자의 역할에 치중하고 있다고 할 수 있다. 그러나 이처럼 같은 병을 가진 환자들의 가족－부모나 형제자매, 남편이나 처가 모여서 공통된 고민을 서로 호소하며 같은 목적을 향해 나아가고, 괴로워하는 사람이 자신뿐만이 아니라는 것을 알고 마음 속 깊은 이야기를 할 수 있는 기회를 갖는 것은 가족들의 마음의 안정과 성장을 위해 가장 필요하며 환자의 회복이나 재활을 위해서도 매우 중요하다.

• 부부 및 가족상담

치료자와 중독자 그리고 부부 혹은 가족들이 함께 참석하여 중독증의 특성에 관하여 배우고 중독성 음주로 일어난 문제에 대처하기 위하여 배우고 상담하는 시간이다. 이 시간의 초점은 중독자와 부부 혹은 가족의 원만한 관계회복과 중독자의 회복을 촉진시키고 중독문제와 연관된 가족의 고통을 감소시키는 데 있다.

• 심리극(사이코드라마)

중독자가 치료자들과 보조자들의 도움을 받아서 지난날의 자기의 삶을 연극을 통하여 재조명해 보고 재경험하는 과정을 통하여 자신의 문제를 객관적으로 이해하고 통찰할 수 있는 기회를 가지며 이런 과정을 통하여 자신의 새로운 면을 발견하고 변화해 갈 수 있도록 돕는 집단치료의 한 방법이다.

• 자서전 발표와 생존계획 수립

자신이 살아온 과정을 정해진 양식에 따라 기록하고 여러 사람 앞에서 솔직하게 발표한 후 토론하는 과정을 통하여 자신에 대해서 타인에게 알리고 자신에 대한 이해를 더욱 깊게 할 수 있는 시간이다.

• 약물치료

단주제와 항우울제, 항불안제 등이 약물치료에 쓰이고 있다.

이와 같이 우리나라에서 알코올중독자들에게 시행되고 있는 기법은 〈표 15-2〉에서 제시되고 있는 것과 같다.

〈표 15-2〉 알코올중독자에게 시행되고 있는 기법

구분		내용
의료기관	개별치료	개인면담, 정신약물요법, 개별상담, 개인정신치료, 동기화면접
	집단치료	집단치료, 집단상담, 집단활동, 외래집단치료, 의미치료, 대그룹회의, 환경치료, 음악치료, 미술치료, 사이코드라마, 표현요법, 현실치료, 경험담 나누기, 공동체 모임
	교육	알코올교육, 알코올회복교육, 물질교육, 중독 강의, 건강교육, 치매·건망증 예방교실
	인지행동치료	인지행동치료, 자아존중감 향상프로그램, 여성알코올중독자 자아성장프로그램, 문제해결, 잠재력개발훈련, 나를 찾아서, 자아발견교육
	사회기술훈련	대인관계훈련, 사회기술훈련, 사회적응훈련, 생활기술훈련, 알코올극복기술훈련
	재발예방	재발예방교육, 스트레스 대처훈련, 자기주장훈련, 음주거절훈련
	재활훈련	작업요법, 재활원 자원봉사, 봉사활동, 재활교육, 직업재활, 정신과적 재활요법
	자조모임	A.A, Al-anon, 단주 메시지, 인지행동치료 추후모임
	단주교본	강독, 자서전, 12단계, 알코올교본 교육, 심층분석자료
	명상·요가	명상, 요가, 이완요법, 자아성찰, 마음수련
	취미·여가	차 모임, 노래방, 운동요법, 산책, 음악감상, 영화감상, 예배, 오락, 종이접기, 꽃꽂이, 활동요법, 취미클럽
	가족교육	가족교육, 가정의 역할
	가족치료	가족치료, 가족상담, 가족관계 강화프로그램, 가족사례관리, 보호자 상담
	가족모임	가족모임, 가족친목모임, 가족야유회, 집단가족모임
	지역예방교육	물질남용 예방교육, 약물의 폐해, 음주예방교육, 지역사회 예방교육, 청소년 알코올 예방교육, 시민 강연
지역사회기관	예방	기본교육, 순회(출장)교육, 학교약물남용예방교육, 지역사회초중고교생·지역주민·대상자 예방교육, 전문가·실무자를 위한 워크숍, 목회자·일반인을 위한 약물교육, 음주문제예방교육, 준법운전교육, 직장인 음주교육, 또래상담자훈련
	캠페인	지역사회주민·대상자 홍보, 음주예방을 위한 청소년 참여 이벤트, 성·약물 책자 배포, 자원봉사 홍보단, 가두 캠페인, 포스터 공모전, 알코올 인식주간 프로그램, 유해환경 감시단, 지역사회 알코올문제 대처 도움위원 구성 및 포럼
	상담	집단상담, 전화상담, 인터넷상담, 면접상담, 전문의 상담, 음주운전 및 수강명령 프로그램
	치료	12단계 프로그램, 명상, 생활선, 최면심리치료, 의존자 치유교육, 영화치료프로그램, 영적 생활프로그램, 단주교실, 음악치료
	재활	농장, 컴퓨터, 이미용, 노숙·부랑인 대상 자기사랑 프로그램, 회복의 집, 부적응 학생 프로그램, 노숙자 재활 프로그램, 재활작업장
	사례관리	사례관리

주: 지역기관의 가족교육·모임·상담치료 및 자조집단은 병원과 동일
출처: 김기태 외(2005).

(3) 알코올중독의 가족과 회복

① 중독자의 가족역동과 공동의존증

중독자의 가족은 중독증에 의해 야기된 혼란스럽고 붕괴된 환경에서 생활한다. 술을 남몰래 숨기어 마시려는 충동은 중독자의 성격변화를 일으켜 온 가족을 괴롭히는 혼동을 조장한다. 중독자가 보이는 방어체계에서 가장 핵심적이며 가족구성원이 가장 받아들이기 힘든 부분은 음주양상을 모호하게 만들기 위해 만들어진 부정의 사용이다. 이러한 부정은 정신병적 정도로까지 발전할 수 있으며 이러한 부정에 직면한 가족은 좌절감을 느끼고 고통받으며, 최악의 경우에는 그들 자신조차 중독자의 음주문제에 관해 의문을 가지게 된다.

부정과 더불어 공동의존자를 괴롭히는 문제는 중독자가 자신의 정신적 문제를 외부의 탓으로 돌리는 방어기제인 투사를 자주 사용한다는 사실이다. 중독자는 음주에 대한 책임을 종종 다른 사람에게 전가하며, 자기의 음주를 정당화한다. 공동의존자는 중독증 진행과정의 본질을 모르기 때문에 비난과 합리화를 받아들이며 "가정에 문제가 있기 때문에 남자가 술을 마신다"는 전통적인 사회적 관념을 받아들인다. 종종 중독자는 이러한 잘못된 믿음을 더욱 악용하여 투사와 합리화를 더 자주 사용한다. 이 결과로 가족은 중독증에 대해서 책임감을 더 느끼게 되고, 죄책감 때문에 나타나는 조장행동은 회복을 더욱 어렵게 만든다.

한국에서도 알코올중독자 부부는 흔히 서로 비난하며 책임을 전가하는 관계를 갖는다고 보고된다. 즉, 배우자는 알코올중독자가 가정생활을 파괴한다고 비난하며, 알코올중독자는 배우자가 빚어 내는 문제의 가정에서 적응하기 위해서는 술을 마시지 않을 수 없었다고 합리화한다. 이러한 상호 비난의 상황에서 부부관계는 예측할 수 없는 기복을 보이는데 결국 알코올중독자는 단주와 폭주를 반복하게 되고, 배우자는 이런 어려운 상황을 도피하려는 노력과 함께 병든 환자를 도와야 한다는 양가 감정을 갖는다(임완빈 · 김승팔 · 강병조, 1986: 587). 이처럼 알코올중독자와 지속적 관계를 가지며 생활하는 가족(특히 배우자와 자녀)이 삶의 조절이 불가능해지고 문제처리를 건강하게 하지 못하게 되는 상태를 공동의존증이라 한다(Beattie, 1987: 10-12).

다시 말하면 공동의존증이란 중독자와 긴밀한 관계를 맺고 있는 사람들이 함께 오랫동안 생활하는 가운데 중독자와의 일상적 상호작용의 결과로 나타내는 정신의학적 장애이다. 그 특징은 비적응적이며 강박적인 행동, 더 나아가 자기파괴적 행동을 동반한다. 또한 대인관계상 장애(감정을 인식하고 표현하는 것의 어려움, 자신의 욕구보다 중독자의 욕구에 치중하는 과도한 책임감, 타인에 대한 불신) 그리고 자율성의 저하로 인한 비합리적 문제 처리방식 등을 나타내는 진행성이며 만성적 경과를 밟는 것이 보통이다(최송식, 1995: 31).

② 공동의존증의 정신의학적 특징

Nyman과 Cocores(1991: 897-882)는 공동의존증을 가진 사람은 여러 가지 정신의학적 문제를 갖게 된다고 하였다.

• 조장

중독자 가족의 초기의 바람은 진실된 염려에서 나오며 문제상황(예: 술을 마시기 위해 돈을 빌렸는데 갚지 못한다, 숙취로 인하여 출근하지 못한다)에서 중독자를 단순히 구해 주려는 것이다. 조장행위는 곤궁에 빠져서 도움, 보호, 격려 등을 필요로 하는 중독자에게 처음에는 도움이 될 수 있지만, 결국에는 중독자가 음주로 인하여 발생하는 여러 문제를 경험하지 못하게 방해하여 중독증이 악화되는 결과를 초래한다. 책임 있는 행동보다는 오히려 부정이 지지된다. 중독자는 조장자의 도움을 받아서 중독성 음주로 인한 후유증을 피할 수 있게 되고, 조절하여 마실 수 있다는 환상을 계속 갖게 된다. 따라서 조장행동이 없어지지 않으면 중독증은 점점 악화된다. 중독자의 음주와 병적 행동이 자신도 의식하지 못하는 가운데 습관적으로 이루어지는 것처럼, 공동의존자의 행위도 무의식적으로 습관화된다.

• 무지

중독자의 가족은 자신들이 아무리 노력하여도 중독자가 술을 억제하지 못하는 현상을 이해하지 못한다. 가족은 자연적으로 자신들이 사랑하는 중독자가 자신들보다도 술을 더 좋아한다고 생각한다. 분노감과 버림받았다는 기분이 들고 좌절감과 스트레스가 심해진다. 이렇듯 중독증에 대한 무지로 인하여 공동의존증이 발생한다고 할 수 있다. 대부분의 사람처럼 중독자의 가족도 중독증에 관하여 잘 알지 못한다.

• 부정

중독증에서와 마찬가지로 부정은 공동의존증의 가장 큰 특징이다. 공동의존증이 있는 어떤 가족은 가족 내에 중독증이 있다는 것을 인정하는 데 심한 저항을 갖는다. 왜냐하면 이러한 인정은 가족 중의 한 사람이 문제가 있다는 사실을 인정해야 하기 때문이다. 또 다른 가족은 중독증을 부정하지는 않지만 공동의존증을 부정한다. 그들은 중독증이 가족에 영향을 끼치고 있다는 사실을 기꺼이 인정할 수 있으며, 종종 중독자로 하여금 치료를 받게 만든다. 그러나 그들이 인정하지 못하는 것은 공동의존증으로 인해 당하는 자신의 고통이다.

• 조절력에 대한 불합리한 기대

알코올중독자는 알코올을 조절하여 마실 수 없다는 증거가 많음에도 불구하고 음주를 자신의 의지를 통해서 조절할 수 있다는 믿음에 집착한다. 공동의존증이 있는 가족도 비슷한 방법으로 유사한 결과를 초래한다. 그들은 중독된 가족구성원을 조절하려는 시도를 줄기차게 하지만 그런 노력이 효과가 없다는 것은 깨닫지 못하고 있다. 그들은 이 목표를 위하여 자신의 시간과 노력을 희생하지만 계속되는 좌절과 실패만 경험한다.

• 손상된 자존심

통상적으로 중독자는 자신의 왜곡된 성격에서 기인하는 부정, 비난, 짜증으로 가족을 공격한다. 공동의존자는 대개의 경우 중독자의 공격을 자신의 잘못 때문으로 생각하고 감수하는데, 이로 인하여 죄책감을 느끼고 자신이 쓸모없는 인간이라고 생각한다. 중독자가 음주에 대한 조절력을 상실해 감에 따라서 음주에 대한 책임을 점점 더 가족에게 전가하는데 가족은 부가되는 책임을 기꺼이 떠맡는다.

• 스트레스와 관련된 질환

중독자의 가족 중 상당수에서 정신적 고통으로 인해 궤양, 장염, 편두통 등과 같은 스트레스와 관련된 질환을 앓고 있다. 이는 가족의 어려움을 자신의 탓으로 돌리는 경향과 이로 인한 스트레스 때문에 그 고통을 신체화하게 됨으로써 생기는 것이다.

③ 공동의존증의 유형

공동의존증의 증상과 증후군이 너무 포괄적이고 다양하기 때문에 어떤 전문가도 이것을 모두 다 설명하기는 어렵다. Wahlen은 특정 유형의 여자들이 자신의 무의식적 욕구를 충족시키기 위해 알코올중독자와 결혼한다고 주장하면서, 욕구에 따라 여자를 감내형(sufferer), 조절형(controller), 파도형(waverer), 처벌형(punisher) 등의 네 가지로 분류하였다(Wahlen, 1953: 632-641). 공동의존증의 유형을 다음의 몇 가지로 나누어 볼 수 있는데 임상실제에서는 다음에서 묘사한 것보다 훨씬 많은 유형이 나타날 수 있으며, 한 유형을 가진 가족이 동시에 다른 유형의 특성을 갖거나 변형된 의존형태를 보일 수도 있다(Cermak, 1986: 36-40).

• 순교자적 유형

이 유형에 속하는 부인은 "남편을 무조건 살려만 주세요. 병원이 시키는 일은 무엇이든 따르겠어요. 30년간 모든 것—굿도 하고, 절에도 가고, 교회도 다니고, 뭐도 먹이고—을 다 했는데……. 지금도 내 남편은 다른 문제는 아무것도 없고 술만 문제입니다." 하는 식으로 이야기한다. 이런 유형의 부인은 남편의 병이 진행하여 사망할 것이라고는 절대로 생각하지 않고 언젠가는 나의 희생과 노력에 따라 남편이 회복되어 나를 위해 살아 줄 것이라고 철석같이 믿고 있다. 대개 이런 부인은 병원에서 치료가 시작되면 불안을 가지게 되어 신경증적 반응을 나타낸다.

• 박해자적 유형

알코올중독자는 성기능상의 문제와 경제적 문제를 가지게 된다. 남성 알코올중독자의 가정은 부인이 실권을 쥐고 있다. 이런 부인은 남편에 대해 언어적·신체적 학대를 자행한다. "이 XX는 교통사고도 안 나나. 이런 자식은 회칼로 잘근잘근 회나 쳐서 먹어야지 쓸모도 없다"는 등의 이야기를 치료자 앞에서 서슴지 않고 한다. 또는 "저 XX 죽으면 좋아요, 죽여 주세요. 혹은 병원에서 알아서 하세요." 하면서 병원에 입원시키고는 나타나지도 않는다.

이런 유형의 부인은 치료가 시작되면 오히려 본인이 괴로워 치료에 저항한다. 왜냐하면 모든 관계에서나 밖에서는 "중독자(그 자식)가 그녀의 인생을 망쳤다"고 생각하고 부인은 천하에 그런 열녀가 없는 것으로 비쳐지고 있는데 환자가 술을 끊으면 남편에 대한 부인의 그런 행동이 제약을 받으므로 치료에 저항한다. 그러므로 이런 경우에는 치료자가 강하게 나가야 한다. 처음부터 언어적 쇼크를 줄 필요도 있다. 처음부터 강력하게 직면시키지 않으면 치료 도중에 중도퇴원시키는 경우가 80% 이상이다.

외국에서도 이런 박해자적 유형의 부인이 치료에서 굉장히 문제가 되고 있다. 그래서 실제로 환자가 입원하면 환자보다도 가족, 대개는 부인이 어떤 유형인가를 파악해서 어떻게 해야 할 것인가를 계획하고 행동해야 한다. 즉, 어떤 유형인가, 어떤 가족인가를 분류하여 어떻게 할 것인가를 결정한다. 이런 유형의 부인에게는 대개 처음부터 아예 '가족치료 혹은 개별가족 및 집단가족교육 프로그램에 성실히 참여할 것이며, 이를 지키지 않으면 입원시키지 않는다'는 각서를 받아 두는 것이 유용하다.

• 술친구적 유형

알코올중독자의 배우자는 중독자가 되는 비율이 다른 부류보다도 2배 이상 높다. 실제로 중독자의 부인 가운데는 중독자가 많거나 중독자의 가정에서 자란 경우가 많다. 이런 유형의 부인이나 가족은 환자를 면회하기 위하여 병원에 올 때 몰래 술을 숨겨서 가지고 들어온다. 발각되어 술을 가지고 온 이유를 물어보면 "오랜만에 만나서 회포를 풀려고 그런다."고 말한다. 어떤 병원의 가족교육 프로그램에 참가하는 부인이 입에서 술 냄새를 풍기면서 "나 술 안 마셨어요. 전혀 안 마셨어요." 하면서 들어오는 경우도 있었다. 이런 부인은 환자가 퇴원하자마자 "여보, 술을 어떻게 끊어요. 한 잔씩 해야지. 남자가 조절해서 마시면 되지 완전히 끊으면 재미없어." 하면서 남편에게 술을 먹인다. 이런 부인 중에는 알코올중독자가 많으므로 한국에서는 이런 부인을 대상으로 삼아서 원조서비스를 제공해야 한다.

• 아주 냉담한 유형

이 유형은 중독자가 죽든 말든 상관하지 않으려는 부인이다. 이런 경우는 배우자가 환자를 병원에 입원시키는 것이 아니라 주위에 있는 사람이 하도 답답하여 병원에 데리고 오는 경우가 많다. 따라서 배우자가 입원시키지 않을 경우에는 배우자가 아주 냉담한 유형일 가능성이 많다는 것을 알아야 하며, 특히 이런 경우를 치료자는 주의해야 한다. 외국이나 한국에서 이런 유형의 배우자는 대개 정신질환을 가지고 있는 경우가 많으므로 정확한 정신평가(mental evaluation)를 하는 것이 필요하다. 특히 이런 사람에게서 자살률이 굉장히 높으므로 주의해야 한다. 이런 가족은 환자를 입원시켜 놓고 확신하듯이 "저 사람 절대로 술 끊지 못해요. 나는 알아요."라고 말하므로 치료에 굉장히 방해가 되며, 또한 자살이나 이혼을 하거나 환자를 입원시켜 놓고 간통을 하기도 한다.

• 공모자적 유형

어떤 공동의존자는 알코올중독자가 단주를 유지하려고 노력할 때 계속 방해한다. 공동의존자는 활동적 약물의존 가족 내에서 발달된 자아정체성에 강하게 결합되어 있기 때문에 회복된 가정에서 새로운 자아정체성을 발달시켜야 하는 것에 대단한 불안을 느낀다. 그래서 변화보다는 중독자에게 공모자나 협조자가 되기 시작한다. 이런 행동은 자신의 질병을 부인하거나 감추려는 알코올중독자의 노력을 돕게 된다. 가장 깊이 돕는 행동은 공모자가 알코올중독의 존재조차도 부정할 때 일어난다. 이런 부정은 너무 심하여 알코올중독자가 치료에 들어간 이후에까지 오랫동안 지속되는 경우가 많다. 대다수의 공모자는 단지 가족이 문제를 가졌을지도 모른다는 외부의 가정에도 쉽게 감정을 상한다. 공모자들은 알코올중독이 바람직한 상태가 아니라는 것을 알면서도 이를 인정할 수 없다. 일부 공모자는 가족구성원이 알코올중독자라는 것을 인정할 수 있으며, 때로는 그 성원을 걱정하기도 한다. 그러나 그때 그들은 태도를 전환하고 중독자가 술 마시는 것을 허용하거나 자발적으로 사다 주기도 한다. 이러한 일관성 없는 태도를 지적받으면 이들은 그 행동이 문제에 기여했다는 것을 부인하며, 자신이 전혀 다르게 행동한 적이 없다고 주장한다.

④ 알코올중독자의 자녀가 지니는 어려움

알코올중독자의 자녀가 겪는 어려움에 대해서는 여러 사람이 관심을 가지고 연구해 왔다(Beletsis & Brown, 1981: 187-203; Giglio & Kaufman, 1989: 263-290). 중독자의 자녀는 일반가정의 자녀보다 대인관계상의 어려움, 음주문제, 법적 문제, 학업문제, 심한 죄책감과 불안감, 낮은 자아상과 반사회적이며 공격적 행동 등의 문제를 많이 경험한다. 이들은 술 마시는 아버지와 아버지의 예측할 수 없는 행동, 지켜지지 않는 약속을 자주 경험하면서 자신의 감정을 솔직히 표현하지 못하고 다른 사람을 불신하는 경향을 가지게 된다. 자녀는 경험이나 사고상에 일관성이 없으며 폭력의 가능성이 높고 욕구충족의 실패로 인한 역할혼동을 경험하며 자란다. 또한 중독자의 자녀는 신체적 폭력과 심한 언어적 학대를 포함한 가정폭력의 목격자이거나 그 학대의 직접적 대상이 되기도 한다. 심지어 소수이기는 하지만 만성 알코올중독 환자는 자기의 딸에게 성적 학대를 하기도 한다. 어떤 조사에 의하면 중독자의 성인 자녀는 이혼할 위험이 높고, 아들은 음주문제에 처할 위험이 높으며, 딸은 우울증에 걸릴 가능성이 높다는 보고도 있다.

일반적으로 자녀의 출생순위에 따라 그들이 가족 내에서 담당하는 역할이 차이가 나는 것으로 밝혀져 있다. 가장 나이 든 자녀의 기능은 가족체계에 가치감을 제공하는 고분고분한 과잉성취자로 흔히 가족의 '영웅'이다. 내부적으로 영웅은 가족의 고통에 책임감, 부적절감 및 분노를 느낀다. 흔히 가장 나이 든 자녀는 책임 있는 부모 같은 자녀로 기능해야 하며 알코올중독자가 아닌 부모와 깊은 연관을 맺는다. 갈등을 딴 데로 돌리며 가족체계에 초점을 맞추는 말썽꾸러기 역할을 하는 '속죄양'은 대개는 둘째나 중간이 담당한다. 속죄양은 위축되고 파괴적이며 무책임한 방식으로 화, 외로움 및 느껴진 거부감을 폭발시킨다. '없는 것 같은 자식'은 단지 문제를 추가시키지 않음으로써 가족체계가 계속 유지되게 하고 정서적 및 신체적으로 위축되어 있는데 흔히 셋째 자녀가 이런 역할을 담당하며 거의 관심이나 양육을 받지 못한다. 겉으로는 냉담하고 독립적으로 보이나, 내적으로는 상처받고 외로움 및 부적절감을 갖는다. 가장 어린 자녀는 흔히 고통에 찬 가족체계에 웃음과 유머를 제공하는 역할을 하는 가족의 '마스코트(귀염둥이)'이다. 이 자녀는 미성숙하고 불안전하며, 혼란 및 외적 광대 짓 속에서 외로움을 경험한다(Wegscheider-Cruse, 1989).

⑤ 공동의존증으로부터의 회복과 그 방법

공동의존증이란 중독자와 함께 생활하는 개인의 정신적·신체적·사회적·영적 전반에 영향을 미치는 극복되어야 할 장애이다. 회복이란 이러한 자기파괴적이고 강박적인 행동 및 이에 수반되는 문제점을 점진적으로 인식, 수용하여 변화가 일어나는 통합적인 하나의 치료과정을 의미한다. 특히 알코올중독자나 그와 관련된 공동의존증에서 회복된다는 것은 자신들이 그동안 익숙해진 역기능적 삶 전체를 단계적 인식과 수용과정을 통하여 변화시키는 것을 말한다(최송식, 1995: 43).

무엇보다도 현행의 알코올중독 치료기관에서 치료 매개체로 가장 많이 활용할 수 있는 대상이 가족-배우자라는 점을 감안할 때, 중독자의 가족이 공동의존증에 대한 명확한 인식을 갖게 함으로써, 알코올중독 치료효과와 가족과의 유기적 관계를 증진시키는 데 도움을 주게 된다. 알코올중독이 진행되면서 가족체계와 점점 더 결합하면 가족은 계속적으로 가족항상성을 유지하고 달성하기 위하여 노력하며 이러한 과정을 통하여 가족은 알코올중독에 적응한다. 중독자의 병적인 한 증상으로서의 왜곡된 행동은 가족의 모든 구성원에게 역기능적이고 병적인 관계를 발생시킨다. 따라서 알코올중독자가 치료과정에 혼자만 참석하면 중독자가 치료된 후 가정으로 돌아가더라도 가족구성원은 중독자가 음주하던 동안에 발달시켰던 강박적이고 파괴적인 행동유형을 가지고 역기능적으로 반응하게 된다. 따라서 공동의존증을 해결하기 위한 가족 개입 프로그램을 살펴보면 다음과 같다(최송식, 1995: 47-50).

● 가족사정

가족 혹은 다른 의미 있는 사람은 입원 시 혹은 가능한 한 빨리 포괄적인 가족면접지를 작성하도록 요청받는다. 개별면담으로부터의 정보와 더불어 여기서 나온 정보는 각 가족구성원에 대한 적절한 개입계획을 결정하기 위하여 치료자에 의해 사정된다. 사정과 개입계획은 계속적 가족개입, 치료, 그리고 가족을 위한 구조화되고 지속적인 프로그램 속으로의 통합을 위한 길잡이가 된다. 모든 가족구성원의 참여가 격려된다. 가족오리엔테이션 집단은 참여자들이 서로를 소개하고 프로그램을 설명할 수 있도록 일주일마다 이루어진다.

이 기법에서는 이용 가능한 모든 가족구성원과 고용주, 이웃사람, 친구 및 성직자와 같은 가장 의미 있는 지원망 구성원이 중독 환자를 직면시키도록 지도받는다. 직면은 깊은 관심에서 적의가 없이 행해진다. 참여자들은 구체적 사건과 약물 사용에 연이은 행동을 목록으로 작성하고 일단 개입모임이 배열되면 비심판적 견지에서 그것들을 제시한다. 가족구성원은 자기들의 두려움과 사랑에 의해 움직이지 못할 수 있으며, 그리고 이런 아이디어를 협박으로 이해할지도 모른다. 그들은 자기들의 무조처(inaction)의 치명적 결과에 관하여 교육받을 필요가 있으며, 그들은 어떻게 말해야 할 것인지에 대한 지시를 필요로 한다. "우리는 당신을 사랑하며 그리고 우리가 당신을 사랑하기 때문에 당신이 알코올과 약물을 남용하는 한 당신과 함께 계속하여 살지 못할 것이다. 만약 당신이 제안되고 있는 치료를 받아들이고 회복을 위해 계속 노력한다면, 우리도 당신에게 우리 삶을 새롭게 해 나갈 것이다." 가족은 더 나아가 어떤 치료가 필요한지에 관하여 동의하고, 그것을 일관성 있고 단호한 태도로 주장하고, 설정된 한계를 따를 필요가 있다.

• 가족 프로그램
프로그램의 초점은 개인치료보다 집단상호작용에 강조점을 둔 교육적이며 정신치료적이다. 이런 방식은 가족구성원의 정서적 고립과 부정을 다루는 데 중요하다. 프로그램은 가족의 사정에 맞추어 낮 동안이나 밤 동안에 실시된다. 여기서 가족이 알아 두어야 할 것은 가족이 아무리 노력한다고 하더라도 중독자의 행동을 바꾸어 놓을 수 없으며 조절할 수도 없다는 것이다. 가족이 할 수 있는 것이란 가족 스스로의 태도를 바꿀 수 있다는 것뿐이다. 가족이 이제까지 해 왔던 역할을 포기할 수 있어야만 중독자가 무엇을 하든 그것을 하게 내버려 두어야만 중독자 스스로가 성장한다는 것을 알아야 한다.

가족으로서는 초연함의 뜻을 깊이 인식해야 할 필요가 있다. 이것의 의미는 중독자가 어떤 일을 하든 내버려 두고 그의 행동을 그 사람과 분리하여 생각하라는 것이다. 가족이 중독자가 겪게 될 어려움을 대신 겪어 주면 중독자 스스로가 중독자임을 깨닫지 못하게 방해할 뿐이다. 가족이 취할 수 있는 바람직한 행동은 다음과 같다.

- 알코올문제를 잘 알고 기꺼이 도와주려고 하는 친구를 만난다.
- 현재에 충실하게 살며, 미래의 어려움에 움츠리지 말고, 과거의 어려움에 얽매이지 않는다.
- 비슷한 문제를 가졌었던 사람들의 이야기를 경청한다.
- 해결방법을 찾아서 실천한다.
- 알코올중독이 무엇인지 스스로 공부한다.
- 내부의 힘을 키우고 서두르지 않는다.
- 스스로를 존중한다.
- 스스로에 대한 책임을 진다.

• 희망을 가지고 모든 일에 현실적으로 대처한다.

부모는 다음과 같은 방법으로 자녀가 약물문제를 비켜 가도록 해 줄 수 있다.

• 건전하게 사는 방법을 배우고 그대로 실행한다.
• 스스로의 느낌에 대해 솔직하고 정직하며, 자녀와 대화할 경우에는 화를 나게
  하거나 두렵게 만들지 않는다.
• 문제를 축소시키지 말고, 부정하지도 않는다. 무시하는 것은 쉬운 일이지만 무
  시만으로는 문제해결이 되지 않는다.
• 책임 있게 행동한다. 꾸짖고, 비난하고, 위협해서는 도움을 줄 수가 없다.
• 기준을 세워서 필요할 때에는 정해진 대로 행하고 적절할 때 거절할 수도 있어
  야 한다.
• 도움을 청한다. 찾아보면 안심하고 도움을 청할 수 있는 곳이 있다. 그곳에서
  는 문제를 어떻게 다루어야 하는지 도와줄 수 있다.

• 다중적 가족 프로그램

원가족, 출산, 부부를 포함하는 다중적 가족으로 이루어지는 집단치료가 알코올
중독자와 약물중독자의 가족을 치료하는 데 지극히 도움이 된다. 분리된 배우자, 청
소년, 혹은 자녀의 집단도 또한 유용하다. 가족치료와 병행한 이들 집단은 중독되지
않은 새로운 가족형태로의 이행을 촉진할 수 있다. 집단은 각 가족체계에 가족의 경
계와 구속을 명료화하고 수정할 수 있는 기회를 제공한다. 개별가족 외부에 있는 집
단성원으로부터의 피드백은 가족신념과 방어에 도전하고, 다른 가족은 대안적 행
동을 위한 역할모델을 제공한다. 흔히 가족은 다른 가족체계와의 유사성을 먼저 인
식함으로써 자신의 문제를 파악할 수 있다. 집단성원은 지지를 제공하고 확대된 혹
은 대리적 가족으로 기여한다.

다중적 가족집단치료의 주요 목적은 알코올중독자가 아닌 자기에게 초점을 맞
추고, 감정과 행동을 탐색하고 발견하는 것이다. 집단치료의 구성원은 감정의 표현
을 방해하는 방어를 확인할 수 있는 기회를 갖는다. 이것은 흔히 문제를 공개적으
로 끌어내고 죄책감, 부끄러움, 두려움, 상처 및 고통에 대한 자신들의 감정을 자유

로이 표현하는 최초의 시간이 될 수도 있다. 이들 집단에서 출현하는 몇 가지 공통된 주제가 있다. 예를 들면, 가족구성원은 문제를 덮어 주고, 보호해 주고, 숨겨 주고, 피난시켜 주는 것과 같은 조장하는 행동, 역할 변화, 신뢰의 부족, 무력감, 그리고 조종하려는 열망을 탐색하게 된다. 이런 것들은 성격특성으로 해석되기보다는 살기 위한 방어와 적응적 행동으로 간주된다. 이들 집단에 적용되는 구체적 기법은 가족안무 혹은 조각, 역할극, 정신치료극 혹은 공간과 자리배치를 조작하는 것 등을 포함한다.

• 가족강의 및 교육

알코올중독자의 치료를 위한 가족의 인식도 조사에서 알코올중독에 대한 가족의 인식도는 낮았지만 알코올중독에 대한 가족교육 프로그램에 대한 참여욕구는 높게 나타나고 있어 가족교육의 필요성(서화정, 1993: 61-64)이 현실적으로 절실한 실정이다. 그러나 중독자의 회복뿐만 아니라 가족의 회복을 위해서도 알코올중독과 공동의존증에 대한 가족교육이 필요하다.

김철권(1993: 24-25)도 정신분열병 환자 가족에 대한 교육의 필요성을 역설하면서 질병에 대한 가족교육의 유용성을 다섯 가지로 요약하여 제시하고 있다. 첫째로 환자가 병원에서 퇴원한 후에 결국은 가정 혹은 사회로 복귀하기 때문에 병원 밖에서 환자를 돌보는 가족의 올바른 태도가 중요하며, 둘째로는 환자가 앓고 있는 질환에 대하여 많이 알면 알수록 환자의 재발률과 재입원율을 현저히 낮출 수 있다. 셋째로는 하루 24시간 환자와 함께 지내면서 야기되는 가족 내 갈등과 부담을 보다 현실적으로 해결함으로써 환자와 가족구성원 모두의 각자 생활을 보호할 수 있으며, 넷째로는 가족이 올바른 교육을 받을 경우 환자의 경과 및 예후가 훨씬 더 좋아진다. 마지막으로, 사회에 팽배해 있는 정신질환과 알코올중독에 대한 편견과 낙인을 극복하기 위해서는 가족교육을 통한 개개인의 각성이 절대로 필요하기 때문이다.

가족교육의 방식에 대해서도 김철권(1993)은 다양한 방법을 다음과 같이 요약하여 제시하고 있다. ① 비슷한 문제점을 가진 수준의 여러 집단을 조직하여 교육하는 방법, ② 한 집단만을 조직하여 반복적으로 교육하는 방법, ③ 서로 다른 수준의 여러 집단을 조직하여 교육하는 방법, ④ 개방적 집단으로 조직하여 가입과 탈퇴가 언제라도 가능한 교육방법, ⑤ 1~2일간의 집중적 워크숍 형태로 교육하는 방법,

⑥ 환자가 퇴원한 직후에 환자가 거주하는 집으로 직접 방문하여 전 가족을 대상으로 3~4시간에 걸쳐 필요한 부분만 집중적으로 교육하는 방법 등이다.

　가족교육의 내용은 서화정(1993: 63)의 연구에서 보면 알코올중독 질병 자체에 대한 이해를 위한 교육보다는 알코올중독의 치료법, 중독자의 성격특성, 중독의 원인에 대한 교육을 받고 싶은 욕구가 높은 것으로 나타났다. 김경빈(1992: 59-60)은 공동의존자인 가족을 위해서는 ① 공동의존증이란 무엇인가, ② 알코올중독자와 가족의 조장행동, ③ 공동의존증으로부터의 회복, ④ 알코올중독 가족체계, ⑤ 알코올중독으로부터의 회복 등을 주제로 한 교육을 통하여 그들이 공동의존의 상태에서부터 벗어날 수 있도록 돕는 것이 중독자의 지속적 회복과 가족의 건강한 삶의 유지에 필수적이라고 강조하고 있다.

　강조점은 위협적이지 않은 방식으로 알코올중독과 공동의존증, 그리고 그것의 영향에 대한 실제적 정보를 제공하는 것이다. 다양한 주제가 망라되고, 그런 정보는 개인에게 다른 관점에서 문제를 비추어 볼 수 있는 기회를 제공한다. 이런 비심판적 방식으로 정보를 얻는 것은 죄책감을 완화하고 방어를 더욱 낮추고 그들이 자신들의 회복을 위해 행동패턴을 개발하는 데 도움을 준다. 가족은 알코올중독에 책임이 없으며 알코올중독을 야기하지 않았음을 배운다. 가족의 역할이 설명됨에 따라 부정의 방어를 깨뜨리고 가족생존의 과정에서 자신들의 참여를 인식하도록 허용하는 자각을 얻게 된다. 강의, 비디오 관람, 책자, 선배의 경험담, 레크리에이션/레저 시간계획 활동 모든 것이 치료과정의 구성요소가 될 수 있다.

• 가족친목모임/자녀친목모임

　가족은 또한 가족자조집단에 참여하도록 요청받으며 이것은 초기의 치료계약의 일부로 협상된다. 가족친목은 단주친목(AA)과 균형 맞춘 운동의 일환으로 단주친목의 12단계와 12전통[4]에 기반을 둔, 미국에서 1940년대 후반에 제기된 알코올중독자 가족의 성원을 위한 집단이다. 우리나라에서는 1980년 후반 이후부터 가족친목모임과 자녀친목모임을 포함한 다른 지지집단이 중요한 요소가 되고 있다.

　이들 자조집단에의 참여가 가족치료의 유용한 보조물이다. 단기적으로 그것들은

---

4) 단주친목 연합단체 한국지부에서 펴낸 12단계와 12전통을 참고하라.

가족에게 한계를 설정하고 알코올중독자나 중독자들이 자기파괴적 방식으로 행동하도록 조장하는 것을 멈추는 데 필요한 지지를 제공한다. 가족구성원은 또한 다른 가족의 경험과 공통된 문제를 공유하는 장점에서 도움을 받을 수 있다. 비록 그 가족의 중독자들이 단주친목, 마약중독친목, 자녀친목에 연루되는 것이 더욱 효과적일지라도 중독자가 아무것도 하지 않을 때조차도 집단은 가족이 중독문제에 관하여 무엇인가를 하도록 도울 수 있다.

장기적으로 그것들은 알코올 및 약물중독을 하나의 가족질병으로 믿기 때문에 가족이 치료에 적극적으로 참여하고 중독을 하나의 가족문제로 규정하도록 고무시킨다. 이들 모든 집단은 가족이 환자에 대한 과도한 죄책감과 책임감을 버리도록 하는 데 매우 도움이 된다. 가족구성원은 집단이 후원하는 동료애로부터 혜택을 입고, 가족에서 약물과 알코올의 사용과 연관된 자기들 자신의 갈등을 탐색하도록 자극받을 것이다. 성원은 집단에서 다른 성원에 의해 공유되는 많은 비슷한 이야기에서 스스로를 깨닫도록 고무되고, 자기들의 행동을 집단의 작동원리에 조정시킨다.

이들 모든 조직에 의해 실시되는 가족집단모임은 영적 강조점을 갖고서 자조를 위한 구조화된 형태라는 점에서 단주친목과 유사하다. 성공적 구성원들은 알코올중독자나 약물중독자들은 무책임하게 행동하는 것이 아니라 전체적으로 통제할 수 없는 하나의 질병을 갖고 있다는 알코올중독과 약물중독의 질병모델을 받아들여야 한다. 따라서 다른 가족구성원은 '개인적으로' 그 질병을 책임지려고 하지 않아야 한다. 구성원은 알코올중독자나 약물중독자로부터 사랑하지만 떨어지며(loving detachment), 자존심과 독립의 재확립, 위대한 힘에 대한 의지라는 세 가지 원칙을 따른다.

• 공동세션

중독자가 병원에 머무는 동안에 부부와 치료자가 참여하는 최소한 한 번씩의 가족 공동세션이 도움이 된다. 그 목적은 계속적 가족치료를 계약하는 것이 아니라 가족의 주요 문제를 파악하고, 의사소통방식을 사정하고, 개인과 가족의 회복을 위한 사후지도계획을 세우는 것이다. 가족 내 폭력, 부정망상, 성적 문제, 결혼과 가족의 미래에 관한 감정이 탐색된다. 이 시간을 통하여 부가적 치료가 권유되기도 하고, 단순히 가족이 다루고 싶은 것을 물어만 보기도 한다. 이 세션은 흔히 참석자들이 서로에 대해 긍정적 감정을 함께 나누면서 끝나기도 한다. 이것은 또한 어느 한 가족성원의 부정이나 질병의 축소화와 같은 방어기제에 개입할 수 있는 기회가 되기도 한다.

• 가족중심치료 접근법

Kaufman(1989: 1397-1416)은 가족치료 접근법에 대해서 포괄적 치료 접근법을 서술하고 있다. 치료의 단계는 ① 약물에 자유로운 상태를 형성하고 유지하는 방법을 개발하기, ② 실행 가능한 가족치료체계, ③ 약물 및 알코올중독의 중단 이후에 가족재적응이라는 3단계로 제시하였다.

먼저, 알코올중독에 대한 가족치료는 알코올 사용의 범위와 그것이 환자와 가족에게 미치는 어려움에 대한 사정으로 시작한다. 가족의 존재는 흔히 구성원 사이의 의사소통을 촉진하고 개방시킨다. 게다가 확인된 환자는 때때로 더욱 정확한 이야기를 제공할 수도 있는 가족 앞에서는 더욱 정직해질 것이다. 그러나 어떤 환자들은 혼자일 때에만 자신들의 사용 정도를 노출시킬 것이다. 약물 사용에 대한 가족의 반응형태가 실증된다.

가족치료가 효과적으로 실시될 수 있도록 하기 위하여 해독과 절주를 위한 어떤 방법이 설정되는 것이 중요하다. 이것은 중독행동의 심각성에 달려 있으며 입원 혹은 외래치료, 약물치료, 자조집단(이를테면 단주친목), 그리고 대안적 대처기술을 포함한다. 만약 그 형태가 심하면(예를 들어, 환자가 만취되어 세션에 참석한다), 병원입원이 지속적 치료를 위한 필수요건으로 설정될 것이다. 가족참여는 환자가 절주를 유지하는 어떤 방법에 대한 승인을 강화할 수 있다.

둘째 단계는 실행 가능한 가족치료체계의 발달을 포함한다. 정확한 진단이 개인치료에서 중요한 것만큼 가족치료에서도 중요하다. 가족 상호작용 관계, 갈등 및 의사전달 형태가 검토된다. 가족규칙, 경계 그리고 전환이 탐색된다. 적응능력과 갈등해결 유형도 또한 밝혀진다. 전형적 가족체계가 이해되고 절주를 유지시킬 수 있는 어떤 방법(단계 1)이 활용되기만 하면, 어떠한 가족치료체계도 알코올과 약물중독에서 잘 작동될 수 있다. 치료기법은 상이한 개인과 가족의 욕구를 충족시키기 위하여 가족치료자에 의해 다양해질 것이다. 흔히 기법에서 수정을 필요로 하는 것은 알코올의 형태가 아니라 사용의 정도, 생활주기의 단계, 성별 및 질병의 단계와 같은 그런 다른 변인이 융통성 있고 숙련된 치료자에게 필요하다.

치료자는 한계설정에 순응하지 못하는 가족과 혹은 사용이 없을 때 지속적 가족치료는 변화를 의미할 것이기 때문에 확인된 환자가 계속하여 알코올을 사용하면 가족치료를 종료하는 것이 도움이 될 것이다. 치료의 필수조건에 대해 가족과 논의하는 것도 또한 적절한 한계설정을 시범보이는 데 도움이 될 수 있다. 치료가 자기들의 최상의 이익에서 종료된다고 이해하는 가족은 흔히 나중 시간에 더 많은 책임을 갖게 된다.

셋째 단계는 알코올과 약물 사용이 중지된 후의 가족 재적응과 관련된다. 가족은 주요한 갈등이 부정되고 부정적 감정의 억압과 완화에 바탕을 둔 피상적 조화가 존재하는 '신혼' 단계로 들어갈 것이다. 가족체계는 다른 가족구성원의 어려움, 즉 깔려 있는 가족체계 병리의 증상을 제기하는 곳에 재적응할 것이다. 중독된 사람은 예전의 항상성으로 체계를 안정시키기 위하여 약물을 사용한다. 가족도 알코올과 약물중독이 우선 치료된 후에 약물에서 해방된 상태가 계속되려면 수개월 그리고 흔히는 수년간 치료받아야 한다.

2) 도박중독

(1) 도박중독의 진단
도박중독은 문제성도박과 병적도박[5]을 포함하는 것으로 도박으로 인하여 본인,

---

5) 이것은 미국 정신의학회(2013)의 공식적인 임상진단기준을 충족하는 것을 의미한다. DSM-5에서는 비물질-관련장애(NON-Substance-Related Disorder)에 도박장애를 포함시키고 있다.

> A. 도박장애(Gambling Disorder)는 12개월 동안에 다음 중 4개 이상의 항목에 해당하는 도박행동이 지속적이고 반복적으로 일어나서 사회적, 직업적 부적응을 초래할 때 진단된다.
> 1. 원하는 흥분을 얻기 위해서 점점 더 많은 액수의 돈을 가지고 도박을 하려는 욕구를 지닌다.
> 2. 도박을 줄이거나 중단하려고 시도할 때는 안절부절못하거나 신경이 과민해진다.
> 3. 도박을 통제하거나 줄이거나 중단하려는 노력이 거듭 실패로 돌아간다.
> 4. 도박에 집착한다(예: 과거의 도박경험을 계속 떠올리고, 다음번에 돈을 걸었을 때 승산을 예상하거나 계획하고, 도박을 해서 돈을 벌 수 있는 방법을 생각한다).
> 5. 정신적인 고통(예: 무력감, 죄책감, 불안감, 우울감)을 느낄 때마다 도박을 하게 된다.
> 6. 도박으로 돈을 잃고 나서 이를 만회하기 위해 다음날 다시 도박판으로 되돌아간다.
> 7. 도박에 빠져 있는 정도를 숨기기 위해서 거짓말을 한다.

가족 및 대인관계의 갈등과 재정적·사회적·법적 문제가 발생하고 있음에도 불구하고, 자신의 의지로 도박행위를 조절하지 못하고 지속적으로 도박을 하게 되는 것을 의미한다(김미선, 2011). 이러한 도박중독은 중독의 한 유형으로 분류되고 이해된다. 중독은 물질중독과 행위중독으로 나눌 수 있는데, 물질중독이란 기분을 변화시키는 화학물질의 사용으로 인한 중독을 말하고, 행위중독이란 행동에 있어서 중독의 특징(3C)[6]을 보이는 행위를 말한다. 과거에는 중독을 알코올 및 약물들로 인해 생기는 경우로 제한하였으나, '신경적응(neuroadaptation)'[7]은 도박중독, 포르노, 섭식, 과다한 일, 쇼핑, 그리고 그 밖의 지나친 강박적 행위중독에서도 동일하게 나타난다는 것이 증명되었다. 또한 Custer의 연구결과에서 문제성 도박과 약물중독의 특징이 80% 유사하다고 밝혀졌다(유채영 외, 2008). 따라서 도박중독은 행위중독의 대표적인 유형이라고 하겠다.

(2) 도박중독의 원인

첫째, 도박중독의 개인적 요인을 살펴보면 유전적인 요인, 성장기의 외상경험, 개인의 스트레스 대처방식 등의 개인적인 특성으로 도박에 빠지게 된다. 또한 개인이 사회에서 받는 스트레스를 도박과 같은 유희로 풀면서 도박중독에 빠지게 된다. 도박의 경우 위험을 가지면서 동시에 감각과 자극을 추구하는 놀이이기 때문에 도박에 몰입하는 경우 스트레스가 해소되는 결과를 가져올 수 있기 때문이다(오세연, 2011). 병적 도박중독자들 중에는 부정적 사고, 미신적 사고, 지나친 믿음, 혹은 왜곡된 권력의 힘 등과 같이 사고가 왜곡되어 있는 경우가 있다. 도박중독의 경우 돈 자체보다는 도박행위가 문제이지만 일부 병적 중독자들은 돈이 모든 문제의 원인이며, 해결책이라고 믿는 경우가 있다(권정아, 2011: 김우준, 2012 재인용). 이런 경우 도박중독의 원인은 개인의 심리와 성격에 원인이 있다고 하겠다.

---

8. 도박으로 인해서 중요한 대인관계, 직업, 교육이나 진로의 기회를 위태롭게 하거나 상실한다.

9. 도박으로 인한 절망적인 경제상태에서 벗어나기 위해 다른 사람에게 돈을 빌린다.

B. 도박행동이 조증삽화로 인한 것이 아니라야 한다.

6) 중독의 다음과 같은 세 가지 특징이 있다. 첫째, 강박적 사용(compulsive preoccupation), 둘째, 조절능력의 상실(control failure), 셋째, 나쁜 결과에도 불구하고 계속되는 사용/행동(negative consequence)이다.

7) 내성과 금단증상의 생물학적 과정에 관한 전문용어이다.

둘째, 생물학적 요인이다. 최근 도박중독의 원인으로 임상학계에서 주목하고 있는 것이 '도파민' 분비와 관련된 것이다. 도파민은 흥분과 쾌감이 주어졌을 때 상승하게 되는데 도박중독을 경험하는 사람들의 경우 도박을 하였을 때 도파민이 크게 상승하여 그 쾌감과 즐거움에 중독된다는 것이다. 이러한 점에서 도박중독은 쾌감에 중독되었다고 하고, 도파민 억제를 통한 도박충동 조절에 대하여 논의가 되고 있다. 그러나 도파민 분비는 도박을 처음 접하게 한 근본적인 원인이기보다는 도박중독에 빠지게 하는 주요한 촉발요인으로 이해할 수 있다(송진아, 2009).

셋째, 사회적 요인이다. 사회적 요인으로는 도박에 대한 사회적인 인식과 태도, 도박의 합법화 그리고 도박에 대한 가용성 및 접근성을 들 수 있다. 도박에 대한 사회적인 태도가 긍정적이냐 아니면 부정적이냐에 따라서 쉽게 도박에 접근할 수 있느냐 없느냐의 문제가 발생한다. 도박에 대한 사회적인 태도가 긍정적이고 접근가능성이 높을수록 도박은 증가할 수 있다. 특히 정부주도형 사행산업에 대한 통제가 완화되고 합법적인 지위를 갖는다면 도박중독은 증가할 수밖에 없을 것이다.

(3) 도박중독의 과정

도박중독 과정은 승리단계-손실단계-절망단계-포기단계-결심단계-재건단계-성장단계로 설명되며 구체적인 내용은 [그림 15-5]에서 제시되는 바와 같다.

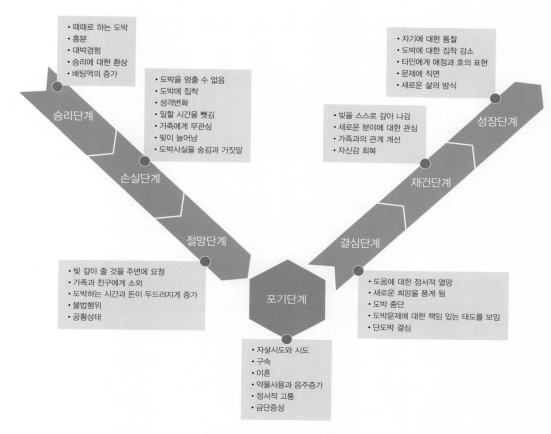

| 그림 15-5 | 도박중독의 과정

출처: 한국도박문제관리센터(http://www.kcgp.or.kr).

(4) 도박중독의 치료와 예방

① 치료방안

• 약물치료 방안

중독의 생물학적 원인이 밝혀짐에 따라 이를 치료하기 위한 약물요법에 큰 관심을 가지게 되었다. 선택적 세로토닌제제(SSRI)가 강박증에 효과적인 사실로 인해 병적 도박에도 효과가 있을 것으로 기대되고 있어서 이 약물이 병적 도박 환자들의 충동적 행동을 감소시킬 수 있을 것으로 기대되고 있다. 또한 날트렉손(naltrexone)은 갈망이 주가 되는 여러 정신과 질환에 시도되어 효과가 있는 것으로 알려지고 있는 데, 특히 알코올중독 환자들의 갈망을 줄여 주는 것으로 알려져 있어 같은 기전으로 병적 도박에도 효과가 있을 것으로 생각되어 왔다. 그 외에도 기분조절제를 비롯한 기타 약물들이 사용되고 있다(신영철, 2002: 김우준, 2012 재인용).

• 인지행동치료

도박중독자들의 도박욕구를 감소시키기 위해 과거에는 혐오요법이나 체계적 탈 감작 기법 등을 시도했다. 이러한 치료요법으로 인한 몇몇 성공사례가 보고되고는 있으나 큰 성과는 없었다. 1980년대 이후에는 중독자들의 인지구조에 왜곡이 존재 하고 이로 인해 지속적인 도박행동을 보인다는 이론을 바탕으로 다양한 형태의 인 지행동치료가 시도되고 있다. Ladouceur는 도박중독자들이 도박습관을 갖게 되고, 되풀이되는 패배에도 불구하고 이 습관을 버리지 못하게 되는 심리적 메커니즘에 대해 연구했는데, 승리의 유혹은 도박을 하는 유일한 동기로 볼 수 없으며, 치료적 접근의 방향을 설정하기 위해서는 통제에 대한 헛된 인식, 충동효과, 비합리적 인지 행동이라는 세 가지 요소를 함께 고려해야 한다고 하였다(최의선 역, 2010). 일반적 으로 사용되는 인지행동치료는 인지적 교정, 문제해결기술훈련, 사회기술훈련, 재 발방지의 4단계로 구성되어 있다.

• 자조집단

익명의 도박자 모임(Gamblers Anonymous: GA)은 1957년 익명의 알코올중독자 모 임(Alcoholics Anonymous: AA)을 모델로 하여 창설되었으며 전 세계적으로 18만 명 이상이 이 모임에 회원으로 참가하고 있다. 독창적이지는 않지만 모든 형태의 새로 운 중독들에 대해 전 세계적으로 통용되는 해법이 될 것으로 보이는 12단계 '회복 치료법'을 도박중독문제에 적용했다는 점이 중요하다(최의선 역, 2010). 우리나라에 서는 1984년 한국단도박모임으로 결성되어 현재 서울 및 전국 각지에 50개 이상의 지부가 운영 중이다. 이 모임은 급성기는 물론이고 재활 및 재발방지에 중요한 역할 을 한다(한국단도박모임 홈페이지, www.dandobak.co.kr). 도박중독자 가족모임 역시 '알코올중독자 가족모임(Alanon)' 또는 '약물중독자 가족모임(Naranon)' 모델에 기 초해 설립되었다. 이 모임은 도박중독자 가족들이 서로의 경험을 듣고 공유하며 정 신적 버팀목을 찾는 곳이다. 일반적으로 도박중독자 가족은 고통스러운 상황에 처해 있으며 도박중독자의 친구나 혈족은 상호 의존되어 있다. 도박이나 약물에 의존을 나타낸 사람에게 의존하는 사람들로 설명된다. 따라서 단도박 모임에 기초해 만들어진 12단계 프로그램이 이 모임의 활동을 구조화한다. 이 프로그램의 목적은 무엇보다 도박중독자의 문제를 좀 더 파악하는 데 있으며, 그가 중독을 가지고 있음을 인정하고 경제적 지원은 아무런 쓸모가 없음을 확인하는 것이다(최의선 역, 2010). 한국에서는 한국도박중독자 가족모임으로 운영되고 있다(도박중독자가족모임 홈페이지, www.dandobakfamily.kr).

• 가족치료

도박중독자가 도박을 하는 것이 가족의 잘못은 아니지만 가족들의 비난이나 집착, 과거 빚에 대한 질책 등이 환자의 도박행동을 더 강화시킬 수 있다. 가족들이 도박에 대해 충분히 이해하고 중독이 질병이라는 사실을 이해해야 한다. 더 이상 중독자의 도박행동에 대해 집착하지 않도록 하되 그 결과에 대해 반드시 스스로 책임지도록 해야 한다. 가족들의 지나친 간섭과 집착과 같은 잘못된 태도나 가족 간의 갈등, 건강한 의사소통의 부족 등이 치료를 방해하고 재발을 일으키는 요인이 될 수 있으므로 가족 및 자녀들에 대한 교육이 필요하다. 가족관계의 다양한 영역에서 병적 도박 집단이 일반 집단에 비해 문제가 유의미하게 더 많다는 것이 밝혀진 만큼 이들의 가족 문제에 대한 사회복지적 차원의 개입 프로그램인 가족교육, 가족여가 활용프로그램, 가족상담 치료 프로그램의 개발과 시행이 꼭 필요하다(이영분 · 이은주, 2003).

• 집단치료

1970년, Boyd와 Bolen은 도박중독자와 그 배우자를 대상으로 실시한 집단정신치료의 긍정적인 결과를 상세히 기술했다. 집단치료는 치료 프로그램들과 결합, 또는 치료 프로그램 내에서 상당히 폭넓게 적용된 듯하다. 하지만 엄밀한 형식을 갖춰 실시되지는 못했다(최의선 역, 2010).

② 예방방안

도박중독과 관련하여 우리나라에서 시행 중인 정책 및 제도는 사행산업총량제,

이용자 보호 전자카드제도, 불법사행산업 감시신고제도, 도박중독 예방 및 치유를 위한 도박중독예방치유센터 설치 운영 등이 있다.[8]

3. 재난과 정신건강

1) 재난정신건강의 개념과 필요성

재난정신건강이란 사회적으로 큰 파급력을 일으키는 재난의 전후 상황에 대해 심리적으로 안정을 찾는 상태를 의미할 수 있겠다. 다시 말해, 재난정신건강서비스를 필요로 하는 사람은 재난으로 인해 일상적 생활이 크게 변화되었거나 변화될 가능성이 있는 모든 사람을 의미한다. 여기에는 재난의 직접 피해자 외에도 다수가 포함될 수 있다. 재난정신건강서비스의 대상은 우선 재난의 1차적 피해자로 외상 사건에 직접적으로 노출된 사람이 일반적으로 최대의 피해자이며, 2차 피해자는 1차 피해자의 친인척을 들 수 있다. 3차 피해자는 재난 상황에서 구조 및 복구에 참여한 의료진, 응급구조요원, 자원봉사자, 긴급구호직원, 경찰관 등이다. 4차 피해자로는 재난이 일어난 지역사회에 사는 주민들, 보도진, 정부 관계자들이 있고, 5차 피해자는 재난 관련 매스미디어의 보고를 접한 후 심리적 스트레스와 혼란을 경험하는 불특정 다수인 개개인이다(김연희, 2011: 8-9).

우리나라에서는 성수대교 붕괴, 삼풍백화점 붕괴, 태풍 매미, 대구지하철 화재, 경주마우나오션리조트 붕괴, 세월호 침몰 등 적지 않은 인명피해가 동반된 재난들이 발생하였다. 최근에는 코로나바이러스감염증-19라는 신종감염병으로 인한 재난적 상황에 직면해 있다. 이러한 반복적인 재난에도 불구하고 재난 대책은 여전히 많은 한계점이 존재하고, 특히 생존자, 피해자, 유가족, 구조자 등 재난경험자를 대상으로 하는 재난정신건강지원(disaster behavioral health services) 체계에서는 더욱 그러하다. 실제 재난 이후 발생하는 재난경험자의 정신건강에 대한 피해는 심각하

다. 이들 중 많은 사람이 외상후스트레스장애, 우울장애, 공황장애, 불안장애, 알코올 사용장애 등으로 인해 고통받으며, 이러한 정신장애는 짧게는 수개월에서 심지어 일생 동안 지속되기도 한다(박성용·안현의·박주언, 2016: 131). 최근 재난을 정신건강 측면에서 관리하는 필요성이 더욱 강조되고 있는데, 이는 사회 전반적으로 심리적 외상 등 정신건강에 대한 인식이 높아짐과 함께 재난 후 물리적 복구 및 신체 건강의 확보와 별개로 정신건강적 문제에 따른 사회적 비용이 증가한다는 연구 결과들에 기반하고 있다. 많은 선행 연구가 재난 이후 급성 스트레스장애(acute stress disorder), 외상후 스트레스장애(post traumatic stress disorder)를 경험하거나 우울증, 자살 등 정신건강문제가 급격하게 증가함을 보고했다(민문경·이나빈·이수상·안현의, 2016: 84). 뿐만 아니라 정부 및 정책에 대한 불신과 같이 재난을 지켜보는 사람들이 받는 심리적 피해 또한 간접적인 정신건강 피해라고 볼 수 있다. 재난 상황의 어지러움과 무질서, 재난에 대한 정확한 정보가 없어서 오는 불필요한 오해나 루머도 이러한 피해자들을 괴롭히는 요인에 속하는 것이다. 대부분의 경우 심각한 재난 상황에 직면한 이후의 충격적인 심리적 상태가 시간 경과에 따라 완화되지만, 방치하거나 다른 부정적 요인이 결합되는 경우 장기적인 문제로 발전할 수 있다. 따라서 조기에 보이는 부정적 상태를 적절하게 처리할 수 있도록 돕는 것이 바람직하다. 재난 피해자 지원과정에서 직접적인 재난의 충격을 해소할 수 있도록 돕는 것 외에 재난을 수습하는 과정에서 발생하는 다양한 지역사회 및 주민들의 갈등과 혼란을 해소하는 지원 프로그램은 매우 중요하다. 적절한 자원의 활용과 협력은 재난의 부정적 여파를 줄이고 긍정적이고 장기적인 기회를 찾을 수도 있다(김태형·이경수·임지온·이상열·김기정, 2017: 82-83).

2) 우리나라 재난정신건강관리 체계

재난(화재, 건물 붕괴 등 대형 재난이나 사고) 발생 후 그로 인한 정신적 외상에 시달리는 사람이 늘어 감에 따라 「재난 및 안전관리 기본법(법률 제13440호)」에 이에 대한 심리회복 지원 등을 할 수 있는 근거를 두고, 시·도별로 심리회복 지원을 위한 재난심리회복지원센터를 운영하도록 하였다. 그러나 대형 재난이나 그 밖의 각종 사고로 인하여 정신적 충격을 받은 사람에 대한 체계적인 심리지원을 위해서는 컨

트롤타워로서 모든 피해자에 대한 심리지원을 총괄하여 관리하며, 심리지원 매뉴얼 개발 및 트라우마 조사 · 연구 등을 수행할 중심 기관이 필요하다는 의견이 제기되었다. 이에 보건복지부장관이 국립트라우마센터를 설치 및 운영할 수 있도록 하고, 동 센터에서는 심리지원지침의 개발 · 보급, 트라우마 환자 심리지원, 트라우마에 관한 조사 · 연구 및 관련 기관 간 협력체계 구축 등의 업무를 수행하도록 함으로써 국가 차원의 효과적인 심리지원체계를 마련하고자 2018년「정신건강증진 및 정신질환자 복지서비스 지원에 관한 법률」을 개정하였다.[9]

따라서 이 법에 의거하여 정부는 국가트라우마센터를 국립정신건강센터에 설치하여 운영하고 있으며, 재난이나 그 밖의 사고로 정신적 충격을 받은 트라우마 환자의 심리적 안정과 사회 적응 지원을 목적으로 재난정신건강서비스를 제공하고 있다. 국가트라우마센터는 재난정신건강서비스 제공을 통해 재난경험자(재난 피해자부터 전 국민에 이르기까지)의 심리적 고통 완화와 정신적 안정을 도모하는 것을 목적으로 한다. 재난 경험자는 5단계로 구분하여 정신건강 고위험군을 조기에 발견하고 시기적절한 치료 개입을 제공함으로써 궁극적으로 전체 지역사회의 회복을 지원하는 것을 목표로 하고 있다(이은환, 2020: 14).

〈표 15-3〉 국가트라우마센터 재난정신건강서비스 대상자

	구분	정의
1차	재난 피해자	재난으로 인해 직접적인 충격이나 손상을 받은 사람
2차	재난 피해자의 친구, 가족, 동료 등	1차 피해자의 가족이나 친인척, 가까운 지인
3차	재난 지원인력	재난 상황에 참여했던 재난업무종사자들로 구조 및 복구작업에 참여한 소방관, 경찰관, 응급대원, 의사, 간호사, 사회복지사, 상담가, 성직자 등
4차	지역사회	재난이 일어난 지역사회에 거주하는 주민
5차	전 국민	매스컴이나 대중매체를 통하여 간접적인 심리적 스트레스를 겪는 사람

출처: 국가트라우마센터(https://www.nct.go.kr).

---

9) 법제처(https://moleg.go.kr) 참고.

재난 정신건강 위기개입	재난 정신건강 서비스 기반 구축	트라우마 대국민 인식 전환

• 대규모 재난 발생시 재난 심리지원 직접 수행
  - 재난 관련 정보 수집 및 상황 모니터링
  - 대응체계 구축 및 통합심리지원단 구성
  - 현장 재난 심리지원 본부 가동 및 현장 상담소 운영
  - 찾아가는 안심버스 운영
• (소)·중규모 재난 심리지원 지원
	• 재난 정신건강 서비스 현황조사
	• 권역별 재난 심리지원 거버넌스 체계 구축 워크숍
	• 재난 정신건강 서비스 운영 표준 매뉴얼 개정
	• 재난 현장 맞춤형 위기 대응 지침 개발 및 보급
	  - 마음건강안내서, 현장대응지침서, 재난 유형별 회복 가이드북(화재·유해화학물질·방사능 편/애도 편등)
	• 재난 대비 유관기관 방재 합동훈련 (예). 방사능)
	• 재난 정신건강 사례관리시스템 및 국가트라우마센터 홈페이지 개설·관리
		• 각종 매체 등을 통한 재난 정신건강 대국민 인식개선 캠페인·광고

| 그림 15-6 | 국가트라우마센터의 역할

출처: 국가트라우마센터(https://www.nct.go.kr).

재난 정신건강 서비스 운영 체계

| 그림 15-7 | 재난정신건강서비스 운영 체계

출처: 국가트라우마센터(https://www.nct.go.kr).

또한 국가트라우마센터는 재난 유형별, 시기별, 대상자별로 표준화된 지침을 제 공하는데 호우, 태풍, 대설, 가뭄, 지진, 산불 등의 자연재해 및 교통사고, 테러, 방사 능, 감염병 등의 상황별 대처 방법을 표준화하여 제공하고 이를 기반으로 재난이 발 생할 경우 신속한 대응을 위한 거버넌스를 구축한다. 또한 재난정신건강서비스 운 영체계를 통해 국가적 재난이나 대규모 사고 발생 시 관련 기관과의 협력 네트워크 를 통해 신속한 개입체계를 구축하여 현장에서 재난 위기대응서비스를 제공한다 (이은환, 2020: 15).

💡 생각해 볼 문제

- (정신건강)사회복지사에게 사회문제로서의 정신건강을 다루는 것이 왜 필요한지 논의해 봅 시다.
- 여러분은 각자 자살, 중독, 재난 등의 사회적 이슈에 대한 개입방법이 어떠해야 한다고 생각합 니까? 각자의 관점에 대해 이야기하고 토의해 봅시다.

참 고문헌

권석만(2013). 현대이상심리학. 서울: 학지사.

김경빈(1992). 한국에서의 알콜 중독 치료 모델. *Culture and alcoholism* (Proceeding of the Seminar on the Prevention and Treatment of Alcoholism). Department of Psychiatry. College of Medicine. Yonsei University.

김기태 · 안영실 · 최송식 · 이은희(2005). 알코올중독의 이해. 경기: 양서원.

김미선(2011). 도박중독과 범죄와의 관련성 검토. 한국중독범죄학회보, 1(1), 1-21.

김연희(2011). 재난 정신건강서비스에서 사회복지분야의 역할과 개입전략: 다차원적 접근 모 델. 사회복지연구, 42(4), 5-34.

김우준(2012). 도박문제의 현황 및 치료적 처우방안. 한국중독범죄학회보, 2(1), 13-27.

김정진(2009). 자살위험 사정과 개입. 지역사회 정신보건전문가를 위한 자살예방 가이드북. 한국 자살예방협회 · 생명보험사회공헌공단.

김철권(1993). 정신분열병 환자의 가족을 위한 교육 프로그램. 부산정신의학, 2. 부산대학교 의

과대학 정신과학교실.

김태형·이경수·임지온·이상열·김기정(2017). 국내·외 재난심리지원체계 분석을 통한 문제점 및 개선방안. *Crisisnonmy, 13*(4), 81-93.

민문경·이나빈·이수상·안현의(2016). 국내 정신건강분야의 재난 연구동향-언어 네트워크 분석을 중심으로. *Crisisnonmy, 12*(6), 83-102.

박성용·안현의·박주언(2016). 국내 재난정신건강지원의 현재 한계 및 향후 개선을 위한 실무자들의 경험 조사. **신경정신의학**, 55(2), 131-139.

보건복지부(2013). 정신보건사업안내.

보건복지부(2014). 정신보건사업안내.

서화정(1993). 알콜중독에 대한 가족의 인식도에 관한 연구. 부산대학교 대학원 석사학위논문.

송진아(2009). 도박중독 과정에 관한 사례연구. 성균관대학교 일반대학원 석사학위논문.

오세연(2011). 사례분석을 통한 도박중독의 실태와 대응방안에 관한 연구. **한국중독범죄학회보**, 1(1), 23-45.

유채영·신성만·신원우·박정민(2008). 도박중독예방교육 프로그램 개발. 사행산업통합감독위원회.

이영분·이은주(2003). 충청지역의 도박중독 실태와 가족관계에 대한 연구. **한국사회복지학**, 54, 177-202.

이은환(2020). 코로나19세대, 정신건강 안녕한가! **이슈 & 진단**, 2020. 5, 1-25.

임완빈·김승팔·강병조(1986). 주정중독 환자 배우자의 불안과 우울 성향 및 가정생활. **신경정신의학**, 25, 584-590.

중앙자살예방센터(2012). **자살예방교육 매뉴얼**.

최송식(1995). 알콜중독 가족의 공동의존증에 대한 사정과 개입 전략. 부산대학교 대학원 박사학위논문.

최의선 역·김성이 감수(2010). **도박중독**. 마크발뢰르·크리스티앙 뷔쉐르 저. 서울: 도서출판 NUN.

American Psychiatric Association (2013). *Diagnostic and statistical manual of mental disorders* (5th ed.). Washington DC: APA.

Beattie, M. (1987). *Codependent no more*. New York: Hazelden Foundation.

Beletsis, S., & Brown, S. (1981). A developmental framework for understanding the adult children of alcoholics. Focus Women. *Journal of Health and the Addictions, 2*(winter), 1-32.

Cermak, T. L. (1986). *Diagnosing and treating co-dependence*. Minesota: Johnson Institute

Book.

Cox, W. M. (Ed.). (1987). *Treatment and prevention of alcohol problems: A resource manual.* Orlando: Academic Press, Inc.

Giglio, J., & Kaufman, E. (1989). The relationship between child and adult psychopathology in children of alcoholics. *Int. J. Addict, 25,* 263-290.

Hester, R. K., & Miller, W. R. (1995). *Handbook of alcoholism treatment approaches: Effective alternatives* (2nd ed.). Boston: Allyn and Bacon.

Kaufman, E. (1989). *Family therapy in substance abuse treatment* (pp. 1397-1416). Washington, DC: APA. Treatment of Psychiatric Disorders: A Task Force Report of the American Psychiatric Association.

Kaufman, E. (1994). *Psychotherapy of addicted persons.* New York: Guilford Press.

Nyman, D., & Cocores, J. (1991). Coaddiction: Treatment of the family member. In N. S. Miller (Ed.), *Comprehensive handbook of drug and alcohol addiction.* New York: Marcel Dekker. Inc.

Wahlen, T. (1953). Wives of alcoholics: Four types observed in a family service agency. *Quart J. Stud. Alc, 14,* 632-641.

Wegscheider-Cruse, S. (1989) *Another chance: hope and health for the family.* California: Science and Behavior Books, Inc.

국가트라우마센터 홈페이지(https://www.nct.go.kr)

도박중독자가족모임 홈페이지(http://www.dandobakfamily.kr)

법제처 홈페이지(https://www.moleg.go.kr)

사행산업통합감독위원회 홈페이지(https://www.ngcc.go.kr)

한국단도박모임 홈페이지(http://www.dandobak.or.kr)

한국도박문제관리센터 홈페이지(https://www.kcgp.or.kr)

제5부

정신건강사회복지의 미래

제16장 ㅣ 정신건강사회복지의 미래

정 신 건 강 사 회 복 지 론

제16장
정신건강사회복지의 미래

학습 목표

- 정신건강사회복지의 미래를 설명할 수 있다.
- 미래의 정신건강사회복지사의 역할을 설명할 수 있다.

21세기가 10년이 지나갔고, 우리 사회에는 기존의 사회질서(사회문화=빈곤에서 벗어나는 중요한 수단인 경제성장을 주요 가치로 생각하는 사람)와 새로운 사회질서(사회문화=공존과 성장을 동시에 중시하는 가치를 지닌 사람들)에 익숙한 가치와 태도를 지닌 사람들이 서로 섞여서 공존하고 있다. 동일한 사회에서 살아가고 있지만, 또한 엄청나게 다른 문화와 가치를 가진 사람들이 공존해야 하는 처지에 놓여 있다.

따라서 이 장에서는 급속한 사회변동(4차 산업혁명 시대와 다중적 재난이 발생하는 위험사회 시대)이라는 시대적 배경에 따라 등장하게 될 정신건강복지를 통해 정신건강사회복지의 미래를 고찰해 볼 것이다.

1. 자본주의 사회와 정신건강복지문제

현대의 자본주의 사회는 체제 유지를 위해 인간에게 끊임없이 욕구와 욕망을 부추기고 있다. 체제가 유지되려면 소비자의 소비욕구를 계속해서 자극해야 생산체제를 유지할 수 있기 때문이다. 그 결과 사회는 과잉공급 속에서 우리를 유혹하고 자제하기 어렵게 만들고 있다. 사유재산을 인정하고 경쟁을 추구하는 원리에 입각하여 작동하는 자본주의 사회의 특징은 사회 속에서 살아가고 있는 사람들에게 무한대의 스트레스를 조장하게 되고, 많은 사람을 정신적으로 건강하지 못하게 만든다. 한국 사회의 높은 자살률(청소년 자살률과 노인 자살률)은 이런 방증이 될 것이다. OECD 국가들 중에서 자살률이 2003년 이래 [2017년(리투아니아가 1위)을 제외하고는] 세계 1위를 달리는 오명을 이어 왔고, 인구 10만 명당 26.6명으로 OECD 평균인 11.5명보다 2배 이상 높은 것을 볼 수 있다. 정부도 이런 문제의 심각성을 인식하고 자살예방대책을 꾸준히 추진하였으나, 효과가 미미하였다. 이에 2018년 2월 보건복지부에 자살예방정책과를, 국무조정실에는 '국민생명지키기추진단'을 신설하였으며, 「자살예방 및 생명존중문화 조성을 위한 법률(약칭 자살예방법)」을 제정하였고, 2018년 1월 자살예방 국가 행동계획을 수립하여, 범정부적으로 대책을 추진하게 되었다. 2022년까지 자살률을 20명 이내(2016년 25.6명이었음)로 낮추려고 하는 정책목표를 세워 추진하기에 이르렀다(서울대학교 · 원광대학교, 2019).

스트레스만이 인간을 자살하게 만드는 유일한 원인이라고 할 수는 없을 것이다. 자살자에 따라서는 자살이 생물학적 요인, 심리학적 요인, 사회학적 요인, 경제학적 요인 등 다양한 생태체계와의 부조화의 결과로 발생한다고 할 수 있다. 이런 문제의 해결에도 다차원적 접근이 필요한 이유이다.

2. 4차 산업혁명시대와 정신건강복지문제

오늘날의 변화는 예측하기가 어렵다. 4차 산업혁명이라는 표현으로 상징되고 있듯이, 정보와 통신기술의 발전과 결합을 통해 이루어 낸 IT(정보통신사회), 가상현실

체험, AI 등은 물론이고, 사용하기 편리한 스마트폰 등을 통한 인간의 소비행동의 편의성과 즉각적인 즐거움의 추구는 개인 혼자서 통제하거나 조절하기에는 어려운 상황으로 치닫고 있다. 이에 전 생애과정에 걸쳐서 중독문제를 양산하게 되었다. 과거에는 연속성을 가지고 진행되는 변화였던 반면에, 오늘날의 사회 변화는 불연속적으로 이루어지고 있다. 그 결과 자신의 주체성과 자기중심을 잡는 것이 어렵게 되어 가고 있다. 이처럼 실용적 중도를 추구하는 능력이 없이 사회 변화에만 부응하게 되면, 많은 사람이 부적응 상태에 빠지거나 극단적으로 행동하는 사람들이 늘어나게 될 것이다. 이는 많은 사람의 정신적으로 건강하지 못한 문제를 초래하게 되는 악순환을 가져오게 될 것이다.

3. 1인가구의 증가 및 사회적 관계 단절과 정신건강복지문제

2019년도 1인가구의 비중은 지난 2017년(28.5%, 558만 3천 가구)보다 1.3% 상승한 것으로, 2027년 32.9%(711만 4천 가구), 2037년 35.7%(807만 6천 가구), 2047년에는 37.3%(832만 가구)로 지속해서 늘어날 전망이다.

1인가구가 크게 증가하는 가장 중요한 요인은 평균수명의 증가로 인한 고령화비율이 높아지고, 그에 따라 배우자를 상실한 노인단독가구의 증가라고 하겠지만, 그 외에도 이혼가정의 증가, 결혼하지 않는 청년들의 증가도 중요한 요인이다. 1인가구가 증가하는 상황에서, 가족기능의 약화와 사회적 보호의 부족이 겹치게 되면, 1인가구의 사회적 관계 단절과 보호체계 미비로 인한 자살자의 증가나 고독사 등의 문제도 나타나게 된다.

4차 산업혁명 시대의 특징으로 인한 청년층의 고용 감소와 중년기 남성의 조기퇴직 후 보호체계의 미작동 등으로 성인남성의 정신건강과 건강한 삶의 추구 등에도 문제가 생겨나고 있다.

4. 빈번하고 다층적인 재난발생, 재난불평등 및 정신건강복지문제

인종, 계층, 성별, 연령 등으로부터 발생하는 불평등은 재난이 개인 혹은 지역사회에 미치는 영향과 재난 이후의 회복 과정에서 불평등을 초래하는데, 이를 재난불평등(disaster disparities)으로 정의할 수 있다(Finch, Emrick, & Cutter, 2010: 부산대학교 사회복지학과 BK21플러스 재난복지전문인력양성사업단 편, 2019: 11 재인용). 그리고 이 불평등은 재난주기의 전 단계와 주기(재난 전, 재난 시, 재난 후 회복, 장기 효과)에서 부정적인 영향을 미치면서 사회적 취약성을 가속화시킨다.

사회경제적 불평등과 차별은 재난의 사회적 원인이다. 이는 계급적 불평등뿐만 아니라 지역 간 격차로도 생겨난다. 또한 한 국가의 정치구조와 정치적 부패정도는 재난에 대한 취약성을 유발하고 결과적으로 재난불평등을 심화시킬 수 있다. 재난 불평등은 지식과 정보에서의 불평등으로 야기되기도 한다(부산대학교 사회복지학과 BK21플러스 재난복지전문인력양성사업단 편, 2019: 17-21). 동일한 재난이 발생하더라도 자원이 풍부한 선진국에서는 지진해일이나 태풍을 예측하여 피해를 줄일 수 있는 반면에, 자원이 부족한 남반구의 나라(예: 아이티, 아프리카 등)와 북반구의 동남아시아 국가들에서는 그 피해가 더 크게 나타난다.

재난의 사회적 구성에 대해서는, 재난이란 유인이 되는 자연현상으로서의 해저드(hazards)와 소인이 되는 사회의 취약성의 상호작용에 의해 일어나는 사회적 현상이라는 점을 이해하여야 한다. 이것을 공식으로 표현하면 다음의 식(1)처럼 된다(Wisner, Blaikie, Cannon, & Davis, 2003).

재난리스크 = hazards × 취약성(개인적 요인 × 환경적 요인)---(1)

여기서 취약성이란 재난의 피해를 생겨나게 만드는 직접적 원인이 되지는 않지만, 위험을 초래하게 된다. 재난에 취약한 특성을 갖는 자들은 사회복지서비스 대상자의 특성과 중첩되는 경우가 많다. 여기에 해당하는 자들은 혼자 사는 고령자나 장애인, 임산부와 영유아, 아동, 외국인, 노숙자, 질병 등의 요양자 등이다.

한국에서 이미 태풍이나 지진, 폭염 등의 자연재난이나 일본의 동일본대지진 후의 자연환경 및 사회적 시스템 붕괴와 인명 피해, 그리고 오랫동안 이어지는 후속적인 고통과 재난복구의 지연으로 인한 물질적 및 정신적 고통이 상당하여 많은 사람들이 정신건강문제를 야기하고 있다.

코로나바이러스감염증-19가 온 세계를 고통으로 몰아넣고 있으면서 인간의 생명을 위협하고 있다. 한국도 초기에 대구·경북지역에서 특정종교집단을 중심으로 급속하게 전파되어, 방역체계는 물론이고 의료전달체계를 마비시킬 지경에 이르렀다. 한국은 질병 전염 속도와 피해규모를 감안하여 감염병 위기경보 수준을 가장 높은 단계인 심각 단계로 발령한 후, 국가적 대응역량을 총동원하여 비교적 신속하게 진화해 나가면서 K 방역의 우수성에 대한 세계적 인식이 달라지고 있으며, 그 과정에서 질서를 지키는 국민들의 공공성 발휘가 세계적 주목을 받고 있기도 하다.

코로나바이러스감염증-19라는 감염병은 치사율이 다른 질병보다 월등히 높지는 않지만, 국가마다 상당한 사망자들이 생겨나고 있으며 사망자들 중 많은 수를 차지하는 계층은 기저질환을 가지고 있거나 노년층들이다. 생명을 위협하는 감염 전파를 막기 위해 사회적 거리를 유지하는 등의 조치로 사람들 간의 심리적 간격도 멀어지고 있어 기존의 중증신체질환이나 정신질환을 가진 자들에게 특히 위험을 초래하고 있다. 감염병에 본인이나 가족이 걸리면 어떻게 하나 하는 걱정과 두려움, 공포, 사망자의 등장으로 인한 공포감과 불안증, 사후의 PTSD 등의 정신건강문제가 전 연령층에 걸쳐서 더 많이 생겨날 가능성이 높다.

5. 정신장애인 돌봄의 탈가족화 지원 필요

정신장애인은 스스로 자립하기가 쉽지 않다. 그 결과 정신장애인들은 대체로 다른 클라이언트들과는 달리 가족들에게 부양과 돌봄부담을 부여하는 것을 당연하게 생각하는 사회적 인식이 널려 퍼져 있다. 가족의 돌봄부담 완화를 위해 정신장애인이 가족에게 의존하지 않고도 지역사회 자립생활이 가능할 수 있도록 소득보장 및 주거지원 등을 강화해야 한다는 '탈가족화' 담론이 최근에 제기되었다(김문근, 2019). 정부는 정신장애인에 대한 가족돌봄을 당연시하고 있는데, 이미 아동돌봄, 장애인 활동지원, 노인돌봄 등은 사회서비스를 통해 탈가족화되었다. 따라서 지역사회에서 정신장애인이 가족에게 의존하지 않고 자립생활을 시도할 수 있도록 소득보장, 주거지원 등이 뒷받침되지 않는다면, 가족 등 보호의무자는 의료보장제도를 통해 나타나는 저렴한 비용효과로 인해 입원 및 시설수용을 통한 돌봄의 탈가족화를 추진할 개연성이 높다는 것이다. 그동안 지속되어 온 장기입원 및 시설수용을 해소하기 위해서라도 정신장애인의 소득보장 및 주거지원 강화가 필수적이라 하겠다.

🔍 생각해 볼 문제

- 미래의 정신건강사회복지는 어떻게 변화할지에 대해 논의해 봅시다.
- 미래의 변화를 예측하며 정신건강사회복지사는 어떤 역량을 키우고 준비해야 하는지 논의해 봅시다.

 고문헌

김문근(2019). 우리나라 정신장애인복지의 탈가족화 기반에 관한 검토. 비판사회정책, 62, 7-52.

김문근·하경희(2016). 장기입원 정신질환자의 탈시설화를 위한 정신보건서비스전달체계 개편 방안: 정신보건기관 기능 개편에 관한 전문가 인식을 중심으로. 사회복지정책, 43(3), 31-57.

김용득(2018). 탈시설과 지역사회 중심의 복지서비스 구축 방안: 자립과 상호의존을 융합하는 커뮤니티 케어. 2018년 보건사회연구 콜로키움 자료집.

김용익(2018). 새로운 커뮤니티 케어의 방향과 전략. 커뮤니티 케어와 보건복지의 재편. 2018년 보건사회연구 콜로키움 자료집.

보건복지부 커뮤니티케어 추진단(2018). 지역사회 중심 복지구현을 위한 커뮤니티케어 추진 방향.

부산대학교 사회복지학과 BK21플러스 재난복지전문인력양성사업단 편(2019). 재난불평등 완화를 위한 사회복지실천. 경기: 공동체.

서울대학교·원광대학교(2019). 2018년 자살실태 조사. 보건복지부 연구용역사업 보고서.

이명수(2017). 중증정신질환자 전달체계 구축 핵심 전략.

精神保健福祉士養成セミナ編集委員會(1998). 精神保健福祉論, へるす出版.

Marks, E., & Broskowski, A. (1981). Community mental health and organized health care linkages. In A. Broskowski, E. Marks, & S. H. Budman (Eds.), *Linking health and mental health*. Beverly Hills & London: SAGE Publications.

Wisner, B., Blaikie, P., Cannon, T., & Davis I. (2003). *At risk: natural hazards, people's vulnerability and disasters* (2nd ed.). London: Routhledge.

찾아보기

내용

저자 소개

김기태(Kim Ki Tae) 부산대학교 사회복지학과 명예교수

최송식(Choi Song Sik) 부산대학교 사회복지학과 교수

최말옥(Choi Mal Ok) 경성대학교 사회복지학과 교수

김경미(Kim Kyoung Mee) 동의과학대학교 사회복지과 교수

이미경(Lee Mi Kyung) 부산가톨릭대학교 사회복지상담학과 교수

박은주(Park Eun Ju) 울산과학대학교 사회복지학과 교수

최윤정(Choi Youn Jeong) 경남정보대학교 사회복지과 교수

정신건강사회복지론

Social Welfare in Mental Health

2021년 3월 5일 1판 1쇄 인쇄
2021년 3월 10일 1판 1쇄 발행

지은이 • 김기태 · 최송식 · 최말옥 · 김경미 · 이미경 · 박은주 · 최윤정
펴낸이 • 김진환
펴낸곳 • ㈜ **학지사**

04031 서울특별시 마포구 양화로 15길 20 마인드월드빌딩
대표전화 • 02-330-5114   팩스 • 02-324-2345
등록번호 • 제313-2006-000265호

홈페이지 • http://www.hakjisa.co.kr
페이스북 • https://www.facebook.com/hakjisa

ISBN 978-89-997-2290-5 93330

정가 23,000원

출판 · 교육 · 미디어기업 **학지사**

간호보건의학출판 **학지사메디컬** www.hakjisamd.co.kr
심리검사연구소 **인싸이트** www.inpsyt.co.kr
학술논문서비스 **뉴논문** www.newnonmun.com
원격교육연수원 **카운피아** www.counpia.com